Grundeinkommen – Von der Vision zur schleichenden sozialstaatlichen Transformation

Rolf G. Heinze · Jürgen Schupp

Grundeinkommen – Von der Vision zur schleichenden sozialstaatlichen Transformation

Rolf G. Heinze
Fakultät für Sozialwissenschaft
Ruhr Universität Bochum
Bochum, Deutschland

Jürgen Schupp
SOEP
Deutsches Institut für
Wirtschaftsforschung & Freie Universität
Berlin, Deutschland

ISBN 978-3-658-35550-0   ISBN 978-3-658-35551-7   (eBook)
https://doi.org/10.1007/978-3-658-35551-7

Die Deutsche Nationalbibliothek verzeichnet diese Publikation in der Deutschen Nationalbiblio-grafie; detaillierte bibliografische Daten sind im Internet über http://dnb.d-nb.de abrufbar.

Planung/Lektorat: Cori Antonia Mackrodt
Springer VS ist ein Imprint der eingetragenen Gesellschaft Springer Fachmedien Wiesbaden GmbH und ist ein Teil von Springer Nature.
Die Anschrift der Gesellschaft ist: Abraham-Lincoln-Str. 46, 65189 Wiesbaden, Germany

Vorwort

Zum bedingungslosen Grundeinkommen (BGE) sind in den letzten Jahren eine Reihe von Büchern und Aufsätzen erschienen und auch in den politischen Parteien, Gewerkschaften, Wirtschafts- und Sozialverbänden wurde das Thema diskutiert. Inhaltlich wurde es sowohl interdisziplinär als auch im internationalen Vergleich ausgeleuchtet. Zumeist verliefen die Debatten bipolar: man war dagegen oder dafür und es kam zu normativ und emotional vorgetragenen Argumentationslinien. Aber auch in den ausgewogen argumentierenden (oft sozialwissenschaftlichen) Publikationen wurde die Frage nach der Umsetzung bzw. den Gelingensbedingungen und der Identifizierung möglicher Blockaden nur am Rande behandelt. Auch jüngste Veröffentlichungen zu einem BGE, die in den Medien breit rezipiert werden, weisen diese politisch-institutionelle „Blindheit" auf, etwa indem gefordert wird, das institutionelle Gefüge des Sozialstaats einfach abzuschaffen. „Damit entfallen auch die Sozialabgaben. Es gibt neben dem über Steuern finanzierten Grundeinkommen keine durch Lohnabgaben gespeiste sozialstaatliche Parallelstruktur mehr. Damit wird der Anachronismus beseitigt, dass heutzutage nur für einen Teil der Bevölkerung bis zu einer gedeckelten Beitragsbemessungsgrenze eine Sozialversicherungspflicht gilt – nämlich für die unselbständigen Beschäftigten – für alle anderen nicht" (Straubhaar 2021, S. 45). Wenn es keine Überführungsstrategie gibt, wird die Idee mit dieser Implementierungsnaivität scheitern, auch wenn viele Sachverhalte zur Grundsicherung treffend analysiert werden. Im Folgendem soll deshalb der Diskussionsstand zum Grundeinkommen insofern weiterentwickelt, wenn nicht gar überwunden werden, dass eine Einbindung in wohlfahrtsstaatliche Entwicklungsverläufe und aktuelle Herausforderungen für die „Sicherung der sozialen Sicherung" vorgenommen wird.

Zudem werden die Gründe für das bisherige *Scheitern* solch weitreichender sozialstaatlicher Umbaustrategien thematisiert. Trotz einer großen Ablehnungsfront sickerten dennoch Elemente eines Grundeinkommens zunehmend in die Sozialstaatsrealität ein. Die historische Verortung zeigt diesen seit längerem ablaufenden „stillen" Wandel zum sozialinvestiven Wohlfahrtsstaat auf und verweist auf aktuelle Allianzen für den Ausbau einer *universalistischen Grundsicherung.* Im Herbst 2021 trat in der letzten Phase des Bundestagswahlkampfs ein breites Bündnis von 22 zivilgesellschaftlichen Organisationen, Verbänden und Gewerkschaften mit einer gemeinsamen Forderung zur Einführung einer Kindergrundsicherung an die Öffentlichkeit, um in der nächsten Legislaturperiode die seit Jahren hohe Kinderarmut in Deutschland zu beseitigen. Eine solche steuerfinanzierte Grundsicherung zur finanziellen Gleichbehandlung *aller* Kinder wäre ein weiterer konkreter Schritt zu einer grundlegenden sozialstaatlichen Transformation in Deutschland.

Dass dem Narrativ des Grundeinkommens aktuell so viel Aufmerksamkeit geschenkt wird, liegt auch an der seit Frühjahr 2020 grassierenden Corona-Pandemie, durch die auf bestehende Schwächen in der sozialstaatlichen Architektur hingewiesen wird und welche seit längerem verschleppte systemische Veränderungen im sozialen Sicherungssystem bewirkte. So wurde in der Corona-Krise im Feld der Sozialpolitik eine *bedingungsarme Grundsicherung* etabliert, die die Funktionsdefizite der traditionellen sozialpolitischen Maßnahmen wenigstens temporär überwindet. Ein bedingungsloses Grundeinkommen birgt nicht nur temporär die Chance, Energie zehrende existenzielle Ängste zu mildern und Menschen gerade in Zeiten notwendiger umfassender Veränderungen, wie der Digitalisierung und der Dekarbonisierung der Wirtschaft, Zuversicht zu geben. Auch in anderen sozialpolitischen Feldern haben sich – vorangetrieben durch die neuen sozialen Medien – Diskussionsforen und Netzwerke ausgebreitet, die ähnlich wie in vergleichbaren Ländern gesellschaftliche Experimente fordern, um näher zu erfahren, wie ein bedingungsloses Grundeinkommen real wirkt und vielleicht auch eine überlegene Alternative zum Status quo darstellen könnte. Auch wenn die Personengruppen sicherlich nicht repräsentativ sein können, sind sie ein Hinweis auf die *Erschöpfungszustände* des klassischen Sozialstaates, der gerade in der jüngeren Generation unter Legitimationsverlusten leidet.

Aber nicht nur die professionell inszenierten Aktionen zum Grundeinkommen weisen auf das gesteigerte Interesse an einer *Transformation* des traditionellen Systems sozialer Sicherung hin. Dies gilt auch für die Alterssicherung, deren Zukunftsfähigkeit zwar durch einige Kommissionen von Regierungsseite immer wieder beschworen wurde, aber dennoch gerade auch von wissenschaftlicher

Seite erhebliche Zweifel aufkommen lässt, ob dies mit den herkömmlichen Maß-
nahmen zu lösen sein wird. Im Frühsommer 2021 erregte ein Gutachten zur
Rentenreform Aufsehen, dass ebenfalls seit längerem vorliegende Daten noch
einmal pointiert zusammenführte und auf die Notwendigkeit einer grundlegenden
Reform verwies. Wie auch andere Reformvorschläge verhallten diese, so dass der
Eindruck entsteht, die verantwortlichen Akteure in dieser politisch-institutionellen
Arena haben kein Interesse an einer öffentlichen Debatte zu komplexen Themen
(non-decision-making).

Es gibt also viele Gründe, das Grundeinkommensthema jenseits der eingefahrenen und oft ideologisch gefärbten Argumentationsstränge als eine Antwort auf
wohlfahrtsstaatliche Problemlagen zu behandeln, zumal die Herausforderungen
nicht nur durch externe Effekte wie die Corona-Pandemie eher größer werden. Hier ist an den schon seit einigen Jahrzehnten ablaufenden demografischen
Wandel und insbesondere die Alterung der Bevölkerung sowie an die Digitalisierungsprozesse mit all ihren Auswirkungen auf das erwerbsarbeitszentrierte
deutsche Modell der sozialen Sicherung zu denken. Es sind nicht nur die mit der
Corona-Krise ausgelösten und sich schlagartig verbreiteten Home-Offices, die auf
eine *Transformation der Arbeit* hinweisen, sondern insgesamt beschleunigt die
Digitalisierung und die damit gewachsene Flexibilisierung und Individualisierung
in einzelnen Wirtschaftssektoren die seit vielen Jahren zu beobachtende Erosion des traditionellen kollektiven Schutzes der Beschäftigten. Dies betrifft nach
Schätzungen fast die Hälfte der derzeitigen Arbeitsplätze und erfordert neue institutionelle arbeits- und sozialpolitische Absicherungen. Der bisher übliche *time lag*
bspw. bei der politischen Bearbeitung demografischer Herausforderungen dürfte
nicht mehr die adäquate Antwort sein, denn wie auch in der Klimapolitik drängt
sowohl die Zeit als auch formieren sich zivilgesellschaftliche Gegenbewegungen.

Den Verlusten an kollektiver Sicherheit stehen Freiheitsgewinne durch die
Digitalisierungsprozesse gegenüber, die bislang aber überwiegend nur von
den privilegierten Erwerbstätigengruppen genutzt werden. Diese Ambivalen-
zen erschweren einen kollektiven Konsens, was auch daran ersichtlich wird,
dass die Gestaltungsmacht der Gewerkschaften in den letzten Jahren erheblich geschwächt wurde. Bei der Betrachtung dieser öffentlich breit geführten
Fragen fällt auf, warum trotz der seit einiger Zeit bereits absehbaren Entwicklungsverläufe und damit verbundener Risiken, die nun im Krisenmodus wie
im *Brennglas* aufscheinen, die sozialpolitischen Akteure an der Fiktion eines
zukunftsfähigen Modells festhalten. Ein Grund mag darin liegen, seit Jahren
sich abzeichnende Fehlentwicklungen nicht zum Gegenstand politischer Thematisierungen gemacht zu haben und grundlegende Reformvorschläge vorzulegen.

Diese Versäumnisse einzugestehen, könnte den Regierungsparteien weitere Legitimationsverluste einbringen und wird von daher nicht nur vermieden, sondern die (bisherige) Funktionsfähigkeit des Sozialstaates wird zur eigenen Profilierung genutzt. Allerdings breitet sich auch in dieser Frage in Deutschland eine ansteigende *Skepsis* aus, so dass dieser Legitimationsstrang zu verblassen droht.

Wir haben deshalb die politikwissenschaftliche Forschung über die Rationalitätsgrenzen und Leistungsfähigkeit von Politik in unsere Betrachtung einbezogen und den Multiple-Streams-Ansatz bemüht, um die Verzögerungen und Normalitätsbeschwichtigungen analytisch einzuordnen. Deutlich wurde – und dies gilt nicht nur für die Arena der Sozial- und Arbeitsmarktpolitik, sondern auch markant für die Klima- und Energiepolitik –, dass mehrere „Ströme" zusammenkommen müssen, um systemische Reformen, die bestehende Organisationskulturen und -strukturen und damit Bestandsinteressen tangieren, einzuleiten. Und da gerade in Deutschland die soziale Sicherung ein *sensibles Thema* ist, das viele Menschen insbesondere in Krisenphasen schnell berührt, neigen die parteipolitischen Akteure dazu, eher auf Fortsetzung des Status-quo zu setzen und damit den Kontinuitätserwartungen zu entsprechen. Wenn an einigen Stellen Korrekturen unumgänglich sind (etwa bei der Rente), werden diese in kleinen Dosierungen vorgenommen. Hinsichtlich der Lebensarbeitszeit wurden bspw. solche Korrekturen eingeleitet und schon diese sorgten für erhebliche Unruhe. Aufgrund solcher Erfahrungen mit negativen Wirkungen auf die Wahlergebnisse der verantwortlichen Parteien, wenn größere systemische Veränderungen (wie etwa mit der „Agenda 2010" unter Kanzler Gerhard Schröder) vorgenommen werden, wird eine defensive, auf Verlässlichkeit bedachte Politik weiterhin präferiert. Durch die kurzfristigen politischen Vorteile einer *Verdrängung der Realität* bzw. die mit einem time lag einsetzende Reaktion – sei es bei den Klimaherausforderungen oder der mangelnden Zukunftsfähigkeit der traditionellen Sicherungssysteme – verschärfen sich allerdings mittelfristig eher die Handlungszwänge und es fehlt die Zeit, Risiken einer Transformation mittels checks and balances und ohne Notverordnungen demokratisch legitimiert und auch verfassungskonform in der Umsetzung durchzuführen. Zumeist wurde die Regierungspolitik erst durch externe Effekte wie die Atomunfälle oder Pandemien in der Grundausrichtung korrigiert. Aus der Behandlung des Themas und auch bei einem Handlungskonsens kann aber noch kein Umsetzungskonsens abgeleitet werden, was derzeit in der deutschen Energie- und Klimapolitik nachhaltig zu studieren ist.

Wenn auch aus politikwissenschaftlicher Perspektive eine Interpretationsfolie für die unzureichende Responsivität des politisch-administrativen Systems und

die Grenzen der politischen Steuerung mit Blick auf die Grundeinkommens-
forderungen geboten wird, gibt es dennoch Optionen für einen Politikwandel.
Einerseits ist eine *schleichende Transformation* zu verzeichnen und zum anderen
kann die Politik von externen Akteuren und Aktionen unter Druck gesetzt werden.
Vor dem Hintergrund der nachlassenden Bindungskraft der großen Volksparteien
schaffen es politische Themen auch durch neue Protestformen und die sozialen Medien auf die Tagesordnung, die von den etablierten politischen Akteuren
vernachlässigt wurden. So wird die Politik zu Reaktionen getrieben, die durch
neue Regierungskonstellationen Auftrieb bekommen können. Wann sich ein solches Fenster („window of opportunity") öffnet, kann jedoch nicht prognostiziert
werden. Aus sozialwissenschaftlicher Sicht versuchen wir nicht nur den zögerlichen Verlauf von systemischen Reformen zu rekonstruieren und den stillen
Wandel zu skizzieren, sondern auch Perspektiven für ein neues Sozialstaatsprojekt
aufzuzeigen.

Aber auch hier gilt es, bipolare Argumentationsstränge zu überwinden. Es geht
nicht um die Alternative zwischen einem bedingungslosen Grundeinkommen versus eines sozialökologischen und demokratischen Infrastrukturstaates, vielmehr
muss eine zukunftsfähige soziale Sicherung sowohl Elemente des Grundeinkommens als auch eine gemeinnützige Daseinsvorsorge auf lokaler Ebene umfassen.
Ein solcher Pfadwechsel wird allen Erfahrungen nach schrittweise ablaufen und
dem schleichenden Wandel der wohlfahrtsstaatlichen Steuerungslogiken in Richtung auf eine *universalistische Sozialstaatlichkeit* folgen. Da der Sozialstaat aber
auch ein kulturelles Gut darstellt und hohe Anerkennung genießt, wird sich ein
neues Leitbild langsam verbreiten und schrittweise die Signatur der Gesellschaft
prägen.

Ob es mittel- oder langfristig zu einem bedingungslosen Grundeinkommen
kommen wird oder in den einzelnen Zweigen des Sozialsystems zumindest
bedingungsärmere Formen einer Grundsicherung oder gar Elemente eines partiellen Grundeinkommens für einzelne Bevölkerungsgruppen eingeführt werden,
ist derzeit noch nicht entschieden. Diese offene Frage war für die Autoren des
Buches der Anlass, eine aktuelle sozialwissenschaftlich motivierte Einordnung
des derzeitigen Diskussionsstandes zu einem bedingungslosen Grundeinkommen
vorzunehmen und die politische Landschaft hinsichtlich dieses Themas zu „ver-
messen". Dabei liegt unser Fokus an den derzeitigen *Schnittstellen* eines BGE
und den institutionalisierten sozialpolitischen Überlappungen und Erweiterungen.
Gleichwohl reicht die Vision eines bedingungslosen Grundeinkommens weiter als
in die reine Sozialpolitik. Es stellt auch Herausforderungen und mögliche neue
Antworten im Bereich der Arbeitsmarkt-, Familien- und Gesellschaftspolitik dar.
Zudem zählt zu unserer gemeinsamen Überzeugung, dass die gegenwärtigen –

vielfach sehr leidenschaftlich vorgetragenen – Frontstellungen von Befürwortenden eines BGE einerseits sowie Ablehnenden andererseits überwunden werden
sollten, um aufgrund von Denkblockaden mögliche künftige Entwicklungspfade
nicht ungeprüft vorzeitig zu verwerfen.

Zwar eint die Autoren die hohe Wertschätzung des derzeitigen Systems der
sozialen Sicherung in Deutschland, aber nicht minder skeptisch wird auch die
mittel- und langfristige Zukunftsfähigkeit dieses Systems bewertet. Vor diesem
Hintergrund bekennen wir uns deshalb zu einer *Auslotung* möglicher neuer garan-
tistischer Elemente sozialer Sicherung, und verknüpfen diese Option aber mit
der sozialkomparativen Förderung einer öffentlichen Infrastruktur und aktivierenden Sozialräumen, die das vorhandene Engagementpotential unterstützen. Derzeit
bereits schwelende normative Wertekonflikte der sozialtheoretischen Grundlagen
bedürfen einer breiten gesellschaftlichen Debatte über anzustrebende oder zu
verhindernde künftige Gesellschaftsstrukturen.

Allerdings fehlen bislang auf der politischen Bühne überzeugende politische
Akteure (political entrepreneurs), die offensiv für eine strukturelle Neuausrichtung der sozialen Sicherung verknüpft mit mehr lokalen Ermöglichungsräumen
werben. Anstelle einer offensiven Debatte über eine Strategie des Umbaus
werden eher lautlos neue, systemfremde Elemente in das bestehende System
ergänzt (bspw. die aktuellen Forderungen nach einer Kindergrundsicherung, der
im Sommer 2021 wieder einmal aufflackernde grundlegende (und schon länger verdrängte) *Reformbedarf* im Bereich beitragsfinanzierter Alterssicherung
und auch die gegenwärtigen arbeitsmarktpolitischen Akzentsetzungen wie die
bedingungsarme Grundsicherung in Folge der Corona-Pandemie). Diese verschiedenen Mosaiksteine sind Belege für eine anhaltende *Aktualität* sozial- und
arbeitsmarktpolitischer Umbaustrategien, die aber über die klassische Pro- und
Contra-Debatte zum bedingungslosen Grundeinkommen hinausgehen müssen und
auch den Wunsch in der Bevölkerung nach Erprobungen zu diesem Thema ergebnisoffen aufgreifen sollte, ohne dabei in moralisch diskreditierende Abwehrreflexe
zu verfallen.

Bochum/Berlin   Rolf G. Heinze
im September 2021   Jürgen Schupp

Inhaltsverzeichnis

1 Krisen als Brennglas sozioökonomischer Problemlagen 1

1.1 Die Corona-Pandemie als Katalysator für eine sozialstaatliche Transformation 1

1.2 Narrative und Konjunkturen der öffentlichen wie wissenschaftlichen Grundeinkommensdebatte 9

1.3 Hauptformen und Alternativen einer Grundsicherung 15

1.4 Offene Fragen sowie wahrscheinliche oder zumindest mögliche Hindernisse eines Weges zu einem BGE 31

1.5 Legitimitätsprobleme beitragsfinanzierter Sozialstaatsmodelle und gewachsene Zustimmung zu einem BGE 43

1.6 Das Verhältnis der im Bundestag vertretenen Parteien zum BGE 48

1.7 Zivilgesellschaftliche Bewegungen und Organisationen zur Erprobung eines BGE 50

2 Konjunkturen der Sozialstaatskrise: Die Risse werden tiefer 61

2.1 Sozialstaatliche Grundarchitektur 61

2.2 Exkurs: Ein Blick zurück nach vorn 73

2.3 Konstanz und Dynamik: Umbau- und Reformkonzepte für die soziale Sicherung 84

2.4 Auswege aus der Beschäftigungskrise: Reformansätze seit der rot-grünen Regierungsära 88

2.5 Das Grundeinkommen erreicht die Regierungsparteien 102

2.6 Lehren aus der bedingungsarmen Grundsicherung 113

3   Der stille Wandel zum Transfer- und Investitionsstaat 123
   3.1   Sozioökonomische Einordnung 123
   3.2   Die Ausweitung des öffentlichen Sektors und
         sozialstaatlicher Leistungen 129
   3.3   Das Pendel schwingt zurück oder: Das Leitbild des
         Marktes zersplittert 140
   3.4   Spezifika des deutschen Sozial-, Gesundheits- und
         Pflegesektors 144
   3.5   Auf dem Weg zum hybriden Wohlfahrtsmix 163

4   Vom „Muddling Through" zum Politikwechsel: Hindernisse
und Gelingensfaktoren 175
   4.1   Der zähe Wandel der traditionellen Wohlfahrtsstaatlichkeit 177
   4.2   Ausdifferenzierte Politikströme und
         politisch-organisatorische Silos 183
   4.3   Institutionelle Erstarrungen statt nachhaltiger
         Reorganisation: das Beispiel Demografie- und Rentenpolitik ... 188
   4.4   Annäherungspfade an ein Grundeinkommen: zur
         Rolle wissenschaftlicher Politikberatung und des
         Politikmanagements 200

5   Risiken der Status quo Fortschreibung ohne Strategiewechsel 219
   5.1   Sozialer Wandel: Individualisierung, Singularisierung 219
   5.2   Wandel der Arbeitswelt und Digitalisierung 223
   5.3   Zur Rolle von Mindestlöhnen 230
   5.4   Brüche im sozialpolitischen Leitbild der
         Bedarfsgemeinschaft 231

6   Fazit und Ausblick: Universalistische Sozialstaatlichkeit als
emanzipatorisches Leitmodell 235
   6.1   Systematische Erweiterung der Grundeinkommensdiskurse 236
   6.2   Wachsende Zeitkontingente, individuelle Freiheitsgewinne
         und neue Vergemeinschaftungen 239
   6.3   Daseinsvorsorge und kollektive Infrastruktur als öffentliche
         Aufgabe 253
   6.4   Umsetzungsoptionen (Kindergrundsicherung) 261
   6.5   Garantistische Grundsicherung in den Wahlprogrammen
         der im Bundestag vertretenen Parteien 264
   6.6   Konsumsteuer oder Geldtransaktionsbesteuerung 267
   6.7   Verknüpfung von Klima- und Sozialpolitik (CO_2 Steuer) 270

6.8 Zu guter Letzt: Konstruktive Formen zur Überwindung von
Denk- und Diskussionsblockaden 274

Literatur 279

Über die Autoren

Prof. Dr. Rolf G. Heinze, Ruhr Universität Bochum, Fakultät für Sozialwissenschaft

Prof. Dr. Jürgen Schupp, Senior Research Fellow am Deutschen Institut für Wirtschaftsforschung (DIW Berlin) und Freie Universität Berlin

Abbildungsverzeichnis

Abb. 1.1 Verlauf des preis-, saison-, und kalenderbereinigten
Bruttoinlandprodukts (BIP) – in Milliarden Euro (Basis
1. Quartal 2019) 3

Abb. 1.2 Entwicklung der Häufigkeit von Suchanfragen an Google
von 1.1.2004 bis 1.07.2021 12

Abb. 1.3 Entwicklung der Häufigkeit von Begriffen der in Deutsch
erfassten Buchbestände von 1.1.2004 bis 31.12.2019 14

Abb. 1.4 Hauptformen einer das sozio-kulturelle Existenzminimum
gewährleistenden Grundsicherung 22

Abb. 1.5 Deutschsprachige – *exemplarische* – Befürwortende
wie Ablehnende eines BGE gemäß deren Haltung zur
Entwicklung des Sozialstaats 30

Abb. 1.6 Grad der Zustimmung zu einem bedingungslosen
Grundeinkommen in Deutschland 44

Abb. 1.7 Vermutliche Folgen eines BGE auf die Höhe des eigenen
verfügbaren Nettoeinkommens 46

Abb. 1.8 Einstellung zum Grundeinkommen 47

Abb. 1.9 Zeit- und Erhebungsplan der Langzeitstudie Pilotprojekt
Grundeinkommen 53

Abb. 3.1 Verteilung des Sozialbudgets in Höhe von 1.040,3 Mrd.
Euro des Jahres 2019 132

Abb. 5.1 Entwicklung sozialer Lagen, 1984 bis 2017 223

Abb. 6.1 Initiativtext der Eidgenössische Volksinitiative „Leben
in Würde – Für ein finanzierbares bedingungsloses
Grundeinkommen" 268

Krisen als Brennglas sozioökonomischer Problemlagen

1.1 Die Corona-Pandemie als Katalysator für eine sozialstaatliche Transformation

Das Thema Grundeinkommen hat nicht nur in Deutschland mit dem Ausbruch der Covid-19-Pandemie an Popularität und medialer Aufmerksamkeit gewonnen. Der Ökonom Thomas Straubhaar (2021) beschwört in seinem aktuellen Buch sogar die „Rettung der Marktwirtschaft" durch die Einführung eines bedingungslosen Grundeinkommens. Mitte März 2020 wurde eine Petition zur Einführung eines Grundeinkommens bei dem Petitionsausschuss des Deutschen Bundestags eingereicht, die von rund 176.000 Menschen unterstützt wurde (Deutscher Bundestag 2020) und damit zu den erfolgreichsten Petitionen seit Langem gehörte. Darin wurde gefordert, aufgrund der wirtschaftlichen Auswirkungen der Corona Pandemie und der damit verbundenen Einkommensausfälle für viele Bürgerinnen und Bürger, kurzfristig und zeitlich begrenzt ein bedingungsloses Grundeinkommen für alle Bürgerinnen und Bürger in Höhe von rund 1000 € pro Monat einzuführen. Die Debatte im Petitionsausschuss fand freilich erst nach der Sommerpause Ende Oktober 2020 statt, während die Bundesregierung im parlamentarischen Rekordtempo den Sozialpakt I durch die Debatte im Bundestag brachte und bereits im Mai 2020 in Kraft setzten konnte. Sowohl mit einem Ausbau der Kurzarbeiterregelungen als auch einem vereinfachten Zugang zu Grundsicherungsleistungen wurde versucht, die sozialen wie wirtschaftlichen Folgen der Corona-Pandemie für die Bürgerinnen und Bürger abzufedern.

Im März 2021 wurden im Rahmen des Sozialpakt III eine Vielzahl an weiteren sozialpolitischen Leistungen beschlossen und die bisherigen Befristungen

R. G. Heinze und J. Schupp, *Grundeinkommen – Von der Vision zur schleichenden sozialstaatlichen Transformation*, https://doi.org/10.1007/978-3-658-35551-7_1

in der Regel bis zum Ende des Jahres 2021 verlängert. Die zusammengenommen 353 Mrd. an Hilfsprogrammen sowie 819 Mrd. an Garantien[1] spannten ein Schutzschild für Beschäftigte, Selbständige und Unternehmen. Es dient der sozialen Absicherung von existenziell Betroffenen und wird sowohl im Rahmen bereits bestehender sozialrechtlicher Möglichkeiten vorgenommen als auch werden darüber hinaus neue Bevölkerungsgruppen mit negativen Steuerzahlungen einbezogen. Zudem wurden mit Soforthilfen für Solo-Selbständige und Kulturschaffende temporär Netze steuerfinanzierter sozialer Sicherung gespannt. Denn die Einschränkungen aufgrund der Pandemie führten plötzlich in großem Umfang dazu, dass Menschen, die bislang ihren Lebensunterhalt selbst durch Ausübung einer Erwerbstätigkeit sichern konnten, auf die Leistungen der Grundsicherungssysteme angewiesen waren. Insgesamt hat die Bundesregierung für ihren Haushalt im Jahr 2020 in Höhe von rund 130 Mrd. und im Jahr 2021 nochmals in Höhe von 240 Mrd. € im Rahmen eines Nachtragshaushalts aufgenommen[2]. Als Folge wurde auch die Schuldenobergrenze des Grundgesetzes erheblich überschritten und mit einer Rückführung der Verschuldung wird derzeit nicht vor 2023 gerechnet.

Das Institut der Deutschen Wirtschaft (IW) geht gar in einer im Frühjahr 2021 vorgestellten Simulations-Studie davon aus, dass der Schuldenstand von Bund, Ländern und Kommunen bis 2022 auf eine Höhe von 650 Mrd. € anwachsen wird, wovon etwa 480 Mrd. € als Corona-bedingt eingestuft wurden (Beznoska et al. 2021). So schlugen noch stärker als die Corona-bedingten Konjunktureinbrüche seit Frühjahr 2020 eine Vielzahl an finanzpolitischen Maßnahmen (Unterstützung des Gesundheitssystems, Unternehmen oder privater Haushalte) zu Buche, die zur Bewältigung wie Überwindung der Pandemie von Bund, Ländern und Kommunen ergriffen wurden. Da diese Corona-Maßnahmen in der Regel temporär ausgestaltet sind, belasten sie den Staatshaushalt nur vorübergehend. Gleichwohl geht die Deutsche Bundesbank[3] davon aus, dass diese Maßnahmen zusammengenommen das Staatsdefizit allein im Jahr 2020 um geschätzte drei Prozent des BIP erhöht hat. Oder anders ausgedrückt: das Staatsdefizit 2021 hat sich nach Berechnungen des Bundesfinanzministeriums im Jahr

---

[1] Bundesfinanzministerium – Kampf gegen Corona: Größtes Hilfspaket in der Geschichte Deutschlands

[2] https://www.bundesfinanzministerium.de/Content/DE/Standardartikel/Themen/Oeffentli che_Finanzen/Bundeshaushalt/2020-09-23-bundeshaushalt-2021-und-finanzplan-bis-2024. html

[3] Deutschen Bundesbank (2021). Öffentliche Finanzen. Monatsbericht, Februar 2021, S. 70–84.

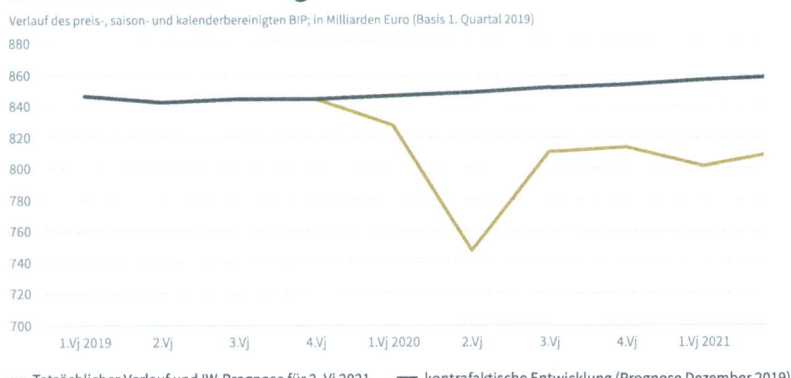

Abb. 1.1 Verlauf des preis-, saison-, und kalenderbereinigten Bruttoinlandprodukts (BIP) – in Milliarden Euro (Basis 1. Quartal 2019). (Quelle: IW 2021)

2021 auf neun Prozent des Bruttoinlandprodukts erhöht, was mehr als doppelt so viel wie in 2020 wäre (Abb. 1.1).

Nach den Schätzungen des IW vom April 2021 sowie basierend auf einer Modellierung einer intakten Wirtschaft ohne Corona und einem Vergleich mit der realen Entwicklung werden die Verluste des BIP von Januar 2020 bis Juni 2021 insgesamt rund 300 Mrd. € betragen.

Vor diesem Hintergrund kann davon ausgegangen werden, dass es einige Jahre dauern dürfte, bis in der Wirtschaft die ökonomischen Rückschläge bewältigt sein werden. Angesichts dieser aktuellen Entwicklungen sowie der milliardenschweren Hilfspakete an öffentlichen Ausgaben, die vom verantwortlichen Bundesfinanzminister Olaf Scholz auch als „Bazooka"[4] beschrieben wurden, relativierte sich selbst das gegen ein BGE üblicherweise vorgebrachte Hauptargument eines schlicht gar „nicht aufzubringenden Finanzaufwands".[5] In der Arbeitsmarktpolitik und der Arbeitsverwaltung wurden mit Beginn des Lockdowns im März 2020 innerhalb weniger Tage die bestehenden Prozesse im Verwaltungshandeln und als unabdingbar geltende Regelungen angepasst und teils in Gänze neu

---

[4] https://www.bundesfinanzministerium.de/Content/DE/Interviews/2020/2020-05-10-Tagesspiegel.html

[5] https://www.fr.de/meinung/corona-coronavirus-wirtschaftskrise-bedingungsloses-grundeinkommen-olaf-scholz-13601317.html

konzipiert, wobei die Neuregulierungen eindeutig in Richtung einer bedingungs-ärmeren Sicherung gegangen sind. Das Sozialschutz-Paket mit weitreichenden Verfahrensänderungen im SGB II, das Kurzarbeitergeld, Soforthilfen für Unternehmen in Milliardenhöhe und vieles mehr wurde innerhalb weniger Tage durch den Deutschen Bundestag, den Bundesrat und die Landesparlamente mit großen politischen Mehrheiten beschlossen. Die Akteure der öffentlichen Verwaltung, aber auch Kammern und Verbände, befanden sich im Ausnahmezustand, in dem viele Gewohnheiten, Rituale und als geradezu unumstößlich feststehende Verfahren und Notwendigkeiten binnen Stunden verworfen wurden und entsprechende Beschlüsse umgesetzt werden mussten.

Es ist nur schwer vorstellbar, dass nach der vielfach zum Jahresende 2021 auslaufenden befristeten Gesetzgebung innerhalb der Arbeitsmarkt- und Sozialpolitik alle Akteure wieder zu gewohnten bürokratischen Routinen und Verfahren, wie sie vor Corona galten, zurückkehren werden. Im Herbst 2021 zeichnet sich eher ab, dass dem Thema Sozialpolitik in Gestalt „sozialer Gerechtigkeit" innerhalb des Wahlkampfes zur Bundestagswahl gerade in seiner heißen Phase eine dominant wichtige Rolle beigemessen wird[6]. Allerdings ist noch unklar, ob eine künftige Regierungskoalition – nicht zuletzt auch zur Einleitung einer Verschuldungsbegrenzung – substanziell Mittel in der Sozialpolitik einzusparen beabsichtigt, zum Niveau vor der Corona-Krise zurückfindet oder vielleicht auch das *Momentum* nutzen wird, um weiterreichende Sozialstaatsreformen verbunden mit öffentlichen Infrastrukturinvestitionen anzupacken. „Das bedingungslose Grundeinkommen bietet mehr als eine utopische Reaktion auf die dystopischen Erfahrungen der Coronapandemie. Es ist eine zeitgemäße Modernisierung alter bewährter Prinzipien der Sozialen Marktwirtschaft, die Deutschland, Österreich und die Schweiz in der Nachkriegszeit so erfolgreich gemacht haben. Es ermöglicht ein neu ausbalanciertes Zusammenspiel von ‚Freiheit', ‚Sicherheit' und ‚Gerechtigkeit'. Es ist überparteilich und gleichermaßen liberal wie sozial. Damit wird es mehrheitsfähig für gesellschaftlich breit getragene Bewegungen jenseits alter Parteistrukturen" (Straubhaar 2021, S. 238). Die gesellschaftlichen Problemlagen scheinen unter dem Brennglas der Corona-Pandemie klarer auf und definieren vielfältige Aufgaben für die Regierungsakteure und das Politikmanagement. „Wir müssen über den Ausbau einer neuen resilienten Infrastruktur reden, über den unternehmerischen Staat, den investiven Staat, aber auch darüber, was

---

[6] Vgl. hierzu https://www.zdf.de/nachrichten/politik/politbarometer-bundestagswahl-spd-union-100.html?slide=1615298015943 sowie https://civey.com/umfragen/3013/welches-politische-thema-ist-ihnen-aktuell-am-wichtigsten

eigentlich eine Kultur der Kollektivgüter bedeutet und welche Bedeutung der Subsidiaritätsbegriff in so einer Kultur hat" (Bude 2021, S. 55).

Auch schon vor der Corona-Pandemie wurde vermehrt auf die Herausforderungen einer fragmentierten Gesellschaft mit wachsenden sozialen Polarisierungen und ökologischen Gefährdungen hingewiesen, die mittelfristig vermutlich nicht über die etablierten Institutionen wohlfahrtsstaatlicher Sicherung gelöst werden können. So wurde bspw. im Rahmen des sechsten Armuts- und Reichtumsberichts der Bundesregierung in einer Längsschnittstudie festgestellt, dass es in Deutschland über die letzten 30 Jahre zu einem systematischen *Rückgang* der Aufstiegsmobilität aus unteren sozialen Lagen der Armut oder Prekarität gekommen ist (vgl. Groh-Samberg et al. 2020). Ob und inwieweit derzeit eine komplette Überführung des überwiegend beitragsfinanzierten Systems der sozialen Sicherung in ein rein steuerfinanziertes System eines bedingungslosen Grundeinkommens bereits eine überlegene künftige Alternative darstellen könnte, wird in der aktuellen Debatte ausgesprochen skeptisch eingeschätzt, auch wenn sich kritische Stimmen mehren. So stellen bspw. die beiden Nobelpreisträger für Wirtschaftswissenschaften des Jahres 2019 in ihrem jüngsten Buch zum *grundlegenden Reformbedarf* von Sozialpolitik fest: „Das Ziel der Sozialpolitik in diesen Zeiten des Wandels und der Anpassung sollte darin bestehen, den Menschen zu helfen, die Umbrüche zu verkraften, ohne ihr Selbstwertgefühl zu beeinträchtigen. Leider ist das im bestehenden System nicht vorgesehen. Unsere soziale Absicherung ist immer noch von viktorianischen Vorstellungen geprägt, und allzu viele Politiker versuchen gar nicht erst, ihre Verachtung für Arme und Benachteiligte zu verbergen. Und selbst mit einer veränderten Einstellung muss die Sozialpolitik grundlegend überdacht werden und braucht dringend kreative neue Ideen und Ansätze" (Banerjee und Duflo 2020, S. 482 f.).

Diese Einschätzung findet aktuell vor dem Hintergrund der Pandemie einen fruchtbaren Resonanzboden und wird in den nächsten Jahren auch in Deutschland die Debatte um die Zukunftsfähigkeit des klassischen Sozialstaats beflügeln. Die in der Corona-Krisenpolitik abrupt eingeleitete Wende in der Arbeitsmarkt- und Sozialpolitik hat, so unsere These, sowohl im Feld der sozialen Sicherheit als auch der Arbeitsverwaltung zu einer (partiellen) Erosion traditioneller Verwaltungsprozeduren und engmaschiger Regulierungen geführt, die langfristige Auswirkungen einerseits auf der Mikro- und andererseits auf der Makroebene des Verwaltungshandelns haben wird. Diese nachhaltigen Folgen werden im Diskurs um ein Grundeinkommen oder um ein Sozialinvestitionsgehalt, das auf eine Förderung sozial produktiver Tätigkeiten zielt, wirksam werden und die bisherigen Narrative ergänzen und wahrscheinlich zuspitzen, da nun neue Erfahrungen mit einer *bedingungsarmen Grundsicherung* – wenn auch noch nicht mit einem Grundeinkommen – gemacht werden.

Zwar dürfte ein derzeitiges Referendum einer sofortigen Einführung eines Grundeinkommens in Deutschland ähnlich wie 2016 in der Schweiz und auch 2019 in Österreich, wo man bereits beim Quorum für eine Zulassung zu einem Referendum scheiterte, vollkommen aussichtslos sein. Jedoch mehren sich Initiativen, vor allem aus der Zivilgesellschaft, die sich mit dem Thema ernsthaft auseinandersetzen und ohne ideologische Scheuklappen auch wissenschaftlich begleitete praktische Erprobungen von Grundeinkommenszahlungen vornehmen. Zu nennen ist einerseits der Verein Sanktionsfrei, der sich vor allem für eine Streichung der Sanktionspraxis in der Grundsicherung Langzeitarbeitsloser einsetzt. Aber auch die Initiative Expedition Grundeinkommen unternimmt den Versuch, durch Landesreferenden in einzelnen Bundesländern sowie kommunale Bürgerbegehren einen befristeten mehrjährigen sowie wissenschaftlich begleiteten Feldversuch zu erwirken. Aktuell kommt ein in der Öffentlichkeit breit diskutiertes Experiment mit dem Grundeinkommen hinzu. So folgte auf die Mitte August 2020 vorgestellte Projektkooperation des Vereins Mein Grundeinkommen und des DIW Berlin in Form eines dreijährigen Feldversuchs mit einer Gewährung von monatlich 1200 € (Pilotprojekt Grundeinkommen) sowohl eine sehr breite mediale (selbst internationale) Berichterstattung (SPIEGEL 2020) mit zu erwartenden skeptischen Kommentierungen als auch eine unerwartet hohe Bereitschaft in der Bevölkerung, sich an der Langzeitstudie zu beteiligen. Diese möglicherweise auch dem „Sommerloch" geschuldete breite mediale Aufmerksamkeit des Themas Grundeinkommen provozierte zumindest auch eine Reihe spontaner, ablehnender Kommentierungen durch Regierungsverantwortung tragende Politiker.

Der *Soziologie* kommt in dieser gesellschaftlichen Debatte die Aufgabe zu, die derzeitige Sondersituation empirisch genau zu beobachten, sowohl beabsichtigte wie auch unbeabsichtigte positive wie negative Entwicklungen und Dynamiken festzuhalten und kritisch zu reflektieren sowie auf Anzeichen sich wandelnder institutioneller Politikarrangements aufmerksam zu machen. Zudem sollte sie benachbarte Disziplinen wie die Wirtschafts- oder Politikwissenschaft sowie die Psychologie bei einer multi- und interdisziplinären Bearbeitung von Themen und gesellschaftlichen Debatten mit ins Boot holen. Prämisse sollte sein, dass prinzipiell ungewohnte Situationen wider Erwarten auch positive Effekte haben können und Vertrauen in vielen individuellen wie auch institutionellen Momenten auch die überlegene effektivere Alternative zu Kontrolle darstellen kann. Hervorgetan hat sich in Richtung eines BGE Hartmut Rosa, der hierin das plausibelste sozialstaatliche Korrelat zur Postwachstumsgesellschaft sieht: „Es gewinnt seine

Attraktivität gerade nicht aus einem Steigerungs- und Zuwachsversprechen, wie es sich etwa in der abschließbaren Folge von Lohnkämpfen materialisiert, sondern daraus, dass es den Grundmodus des In-der-Welt-Seins von *Kampf* auf *Sicherheit* umzustellen vermöchte und damit die existenzielle *Angst* (vor dem sozialen Tod, den ich als umfassenden Resonanzverlust identifiziert habe) aus dem Spiel nähme, ohne eine positive ökonomische Anreizstruktur oder die Möglichkeit der Wiederentdeckung libidinöser Arbeitsverhältnisse, wie sie Marcuse skizziert hat, zu untergraben. Im Gegenteil: Erst auf Basis eines existenzsicherndes Grundeinkommens ließe sich die horizontale und diagonale Resonanzqualität der Arbeit wirklich zur Entfaltung und in Anschlag bringen. Produktivität und Innovationsfähigkeit würden dadurch womöglich sogar steigen, aber diese Steigerung würde nicht mechanisch erzwungen" (ders. 2016, S. 730).

In diesem Sinne besteht gegenwärtig die große *Chance,* dass die beteiligten Akteure bspw. die aktuelle Situation in der Arbeitsverwaltung als Laboratorium für inkrementelle Reformen im SGB II betrachten und dabei an das im BMAS entwickelte Konzept der Experimentierräume bzw. Innovationslabore anknüpfen. Generell sehen erfahrene Verwaltungskenner wie der Vorsitzende des Nationalen Normenkontrollrates (angesiedelt im Bundeskanzleramt), Johannes Ludewig, in der gegenwärtigen Krise eine Chance für grundlegende Reformen der staatlichen Verwaltung, nachdem der Staat in der Corona-Pandemie erhebliche Defizite im Verwaltungshandeln offenbarte. Gerade weil die Verwaltung das zentrale „Werkzeug" für die Politikumsetzung ist, sollten jetzt die Chancen für durchgreifende Reformen – ebenfalls in Koppelung mit den Digitalisierungsoptionen – gesucht werden. „Eine leistungsfähige, kundenorientierte Verwaltung ist heutzutage eine digitale Verwaltung" (ders. 2021, in: Bernau 2021). Dabei sollte die Maxime gelten: „Dass etwas formal richtig gemacht wird, ist die notwendige Voraussetzung für gutes Handeln, aber keine hinreichende. Hinreichende ist, dass Bürger und Unternehmen zufrieden sind. Dafür fehlen vielen Verwaltungsjuristen Blick und Gespür" (a. a. O.; vgl. zu Verwaltungsreformen auch Bogumil und Jann 2020, S. 290 ff.).

Deshalb sollten die in der Arbeitsverwaltung begonnenen Experimente verbreitert werden, obgleich der Zeitraum einer Erprobung von begrenzter Dauer und der Ausgang offen ist. Wichtig ist jedoch, vor einer Rückkehr zur gewohnten Tagesordnung die Erfahrungen auch neuer *innovativer Ideen* wissenschaftlich zu evaluieren oder zu begleiten und Erkenntnisse ergebnisoffen zu diskutieren. So erscheint es längst an der Zeit nachdem mehr als 15 Jahre nach Einführung der Hartz-Reformen immer noch keine Studie zur grundsätzlichen Wirksamkeit von Sanktionen vorliegt – auch im Lichte der verdeckten Kritik des BVerfG am Gesetzgeber –, dass zu diesem kontroversen Instrument derzeitiger sozialstaatlicher Praxis mehr experimentelle Untersuchungen zur Wirksamkeit sanktionsärmerer Regelungen durchgeführt werden. Daran ändert auch eine jüngst vorgelegte registerbasierte Studie des IAB wenig, in der die Erwerbsintegration von sanktionierten SGB II Beziehenden im Vergleich zu einer statistischen Kontrollgruppe untersucht wurde. Gleichwohl wird einmal mehr die ambivalente Wirkung der sozialstaatlich veranlassten Verhängung von Sanktionen empirisch belegt: „Sanktionen können sich sowohl auf den Erwerbsverlauf der Sanktionierten als auch auf ihre nachhaltige Integration in den Arbeitsmarkt negativ auswirken. Dies wiederum kann die in § 1 SGB II geforderte Stärkung der Eigenverantwortlichkeit von Leistungsbeziehenden und deren langfristige Erwerbsintegration erschweren. Bei der Anwendung von Sanktionen besteht also tendenziell ein Zielkonflikt zwischen schneller und nachhaltiger Beschäftigungsintegration" (Wolf 2021). Vermutet wird aber nach wie vor eine höhere Wirksamkeit von Sanktionen gegenüber einem Regime ohne Sanktionen. „Ob verhängte Sanktionen die Mitwirkungsbereitschaft durch eine Intensivierung der Arbeitssuche erhöhen, ist bislang empirisch nicht belegt. Ebenso ist bislang nicht untersucht und aufgrund der ubiquitären Wirkung auch kaum verifizierbar, wie hoch die sogenannte ex ante-Wirkung von Sanktionen" (BVerfG 2019, Absatz 61) ist.

Das Gericht verwahrte sich gegen paternalistische Interpretationen der im SGB II verankerten Mitwirkungspflichten. „Demgegenüber kann ein legitimes Ziel solcher Mitwirkungspflichten nicht darin gesehen werden, die Entfaltung der eigenen Persönlichkeit zu fördern. Dem Grundgesetz ist ein solcher Paternalismus fremd. Es gibt keine „Vernunfthoheit" staatlicher Organe über die Grundrechtsberechtigten; vielmehr fordert das Grundgesetz Respekt vor der autonomen Selbstbestimmung der Einzelnen" (BVerfG 2019, Absatz 12). Der vom BVerfG erteilte Auftrag an den Gesetzgeber, für die Sanktionspraxis eine verfassungsgemäße Reform im Sozialgesetzbuch vorzulegen, wird spätestens während der damit verbundenen parlamentarischen Debatte auch dem Thema „bedingungslose Gewährung von Grundsicherungsleistungen" eine breite öffentliche Bühne bereiten. Durch die Analyse des durch die Corona-Pandemie ausgelösten Gesellschaftsexperiments einer vereinfachten und bedingungsärmeren Grundsicherung im Feld der Arbeitsmarktpolitik könnte auch eine der wesentlichen Fragen hinsichtlich der Wirkungen eines breiter ansetzenden Grundeinkommens weitaus besser als in den bislang regional und sozial begrenzten Experimenten mit einer sanktionsfreien Basissicherung beantwortet werden.

Mit Blick auf grundlegende Reformen gibt es aber auch weiterer *Handlungsbedarf,* der über die Corona-Krise hinausgeht und schon seit Jahrzehnten diskutiert wird (etwa die demografischen Herausforderungen in der Alterssicherung, die durch die forcierten Digitalisierungsprozesse neu akzentuiert werden). Als eine verheißungsvolle Antwort auf die immer größer werdenden Defizite im traditionellen erwerbsarbeitszentrierten Sicherungssystem wurde schon vor einiger Zeit das bedingungslose Grundeinkommen als Zukunftslösung diskutiert. Wie wir noch zeigen werden, hat sich diese Diskussion aus dem Elfenbeinturm zunehmend in eine breitere Öffentlichkeit verlagert und bekommt insbesondere durch die digitalen sozialen Medien wie auch die Corona-Krise neuen Auftrieb. „Die Gesellschaft braucht jetzt eine positive Blaupause einer gelingenden, glücklichen Zukunft – gerade als Gegenwelt zur Dystopie der Corona-Zeit. Das Grundeinkommen erfüllt genau diese Forderung. Es ist das Herz eines New Deal für das 21. Jahrhundert – eines wahrhaftigen Generationenvertrags der Gesellschaft von heute mit ihren Kindeskindern. Es liefert ein Gerüst, das einem wirklich nachhaltigen Anspruch unserer Zeit gerecht wird: kommenden Generationen eine bessere Welt zu übergeben" (Straubhaar 2021, S. 227).

Damit werden auch wieder strukturelle Fragen zum Grundeinkommen aufgeworfen. Kovce und Priddat sehen bzgl. eines bedingungslosen Grundeinkommens dabei drei grundlegende Argumentationsstränge, mit denen sich deren Verfechter auseinandersetzen müssen: „Erstens: Wie ließe es sich finanzieren? Zweitens: Wer würde dann noch arbeiten? Drittens: Wie ließe sich damit experimentieren?" (dies. 2019, S. 17). Bezogen auf eine Implementierung und Verzahnung mit unserem bisherigen Sozialstaatsmodell wäre deshalb eine drängend notwendige vierte Frage: *„Wie überführen wir die gegenwärtige Nachrangigkeit der Bedarfsgemeinschaft als Antragsberechtigter für Leistungen in unserem Sozialgesetzbuch in ein rein individuelles Bürgerrecht auf ein Grundeinkommen?"*, was zudem eine Weiterentwicklung unseres Steuersystems in ein strikt individuell ausgerichtetes Besteuerungsmodell erforderlich machen würde. Zweifelsohne würden solche stärker garantistischen Leistungen von Bürgerrechten zwar zu hohen Kosten führen, aber bedingungslose Ansprüche machen es leichter, *alle* Bürgerinnen und Bürger bei der Gewährung von Leistungen einzubeziehen, da eine Nichtinanspruchnahme aufgrund von sozialer Scham, Stigma und Uninformiertheit nahezu ausgeschlossen wären.

1.2 Narrative und Konjunkturen der öffentlichen wie wissenschaftlichen Grundeinkommensdebatte

Das Jahr des Ausbruchs der Corona-Pandemie in Deutschland markiert hinsichtlich des Themas Grundeinkommen vermutlich einen vorläufigen historischen

Gipfel der öffentlichen Wahrnehmung. Der Wirtschaft-Nobelpreisträger des Jahres 2013 Robert J. Shiller beschäftigt sich in seinem jüngsten Buch mit ökonomischen Narrativen (ders. 2020) sowie mit ihrem Wiederauftreten und auch Mutationen. Ordnet man das Thema bedingungsloses Grundeinkommen wiederkehrenden Narrativen zu, so sind drei wiederkehrende Themen sowie Corona-bedingt noch ein viertes Thema zuzuordnen:

- Wandel der *Arbeitswelt* und die Furcht vor Massenarbeitslosigkeit (von Automatisierung, Digitalisierung, Künstlicher Intelligenz und dem Wegfall von Tätigkeiten/Jobs bis hin zur Unterstützung in der Care- und Alternativökonomie)
- *Demographischer Wandel* und die steigenden Belastungen eines „beitragsfinanzierten" Systems der sozialen Sicherung sowie der sinkende Glaube junger Kohorten einer langfristigen Beitragsäquivalenz (insb. bzgl. der Alterssicherung) – (Argument des Sozialbürokratieabbaus)
- *Gesellschaftspolitische Argumente (Autonomie)* mit der Forderung einer Existenz- und Mindestsicherung *als individuelles Bürgerrecht* sowie der *Entkopplung von Erwerbsarbeit und Einkommen* – Ende von „versteckter Armut" sowie von Sanktionen wie auch Fremdbestimmung von Arbeit – „motivieren statt strafen" – Weiterentwicklung oder gar Transformation des „konservativen Wohlfahrtsstaatsregime" (Esping-Andersen 1990) in ein garantistisches Teilhabemodell
- *Abbau von (Existenz-)Ängsten* im Fall externer Schocks (z. B. Corona-Pandemie oder auch den ökologischen Umbau mit Dekarbonisierung zur Erreichung der Klimaziele in 2030)

Allerdings gleicht die derzeitige inhaltliche Debatte über das Grundeinkommen bislang in guten Momenten nach wie vor einem philosophischen Salon, in schlechten Momenten hingegen immer noch vor allem einem Glaubenskrieg von persönlichen Meinungen oder Vermutungen und beruht selten auf fundiertem und evidenzbasiertem Wissen. Die Debatte ist – auf beiden Seiten – geprägt von *Klischees* wie *Stereotypen:* Gegner behaupten, mit einem Grundeinkommen würden die Menschen aufhören zu arbeiten oder sich sozial isolieren und die Spaltung der Bevölkerung in weiterhin Beschäftigte und ausschließlich auf Grundeinkommen angewiesene Gruppen vorantreiben. Befürworter argumentieren, die Menschen würden von ihrer künftigen Wahlmöglichkeit schlechte Arbeit ablehnen zu können keineswegs massenhaft Gebrauch machen und weiterhin erfüllender Arbeit nachgehen, kreativer und gemeinnütziger werden, den sozialen Zusammenhalt stärken und die Demokratie retten.

Zunächst zur *Begriffsbestimmung:* Was ist ein Grundeinkommen und welche zentralen Voraussetzungen blieben zunächst bestehen, selbst wenn ein Grundeinkommen politisch implementiert würde? Ein BGE gewährt jeder Bürgerin und jedem Bürger eines Landes dauerhaft und unbegrenzt (aus Sicht des Individuums lebenslang) ein individuelles existenzsicherndes – und Armut vermeidendes sowie gesellschaftliche Teilhabe ermöglichendes – Grundeinkommen. Ein solcher Rechtsanspruch bestünde ohne eine vorrangige Verpflichtung zur Ausübung einer Erwerbstätigkeit oder anderer Verpflichtung, sowie ohne Inanspruchnahme vorhandener eigener oder familiärer Einkommens- oder Vermögensressourcen des Ehepartners bzw. anderer unterhaltspflichtiger Personen.

Das Prinzip der Bedingungslosigkeit impliziert also, Individuen *ex-ante* zu ermächtigen, anstatt *ex-post* diejenigen zu unterstützen, deren eigene Ressourcen oder Rücklagen nicht mehr ausreichen. Darin wird das innovative emanzipatorisches Potenzial eines BGE gesehen und die gewonnene individuelle Freiheit „Nein sagen zu können" (Widerquist 2013, S. 187). Diese Abgrenzung, die in Deutschland vom Netzwerk Grundeinkommen propagiert wird, orientiert sich vom Anspruch der Existenzsicherung sowie Ermöglichung gesellschaftlicher Teilhabe eher am Sozialstaatsgebot des deutschen Grundgesetztes sowie der Sicherung des sozio-kulturellen Existenzminimums jedes Bürgers und ist von daher auch umfassender als der des Basic Income Earth Networks (BIEN)[7] oder auch von der Weltbank vertretene Ansatz, der auch dann bereits von einem Grundeinkommen spricht, wenn es lediglich partiell den Lebensunterhalt zu sichern vermag (vgl. Gentilini et al. 2020).

Auch ein BGE bleibt an notwendige erfüllte Voraussetzungen geknüpft; hierzu zählt, dass ein Nationalstaat in der Lage bleibt, mittels Steuereinnahmen nachhaltig ausreichend finanzielle Ressourcen zu generieren, um neben der in der Regel monatlichen Auszahlung eines BGE an die Bürgerinnen und Bürger auch seinen übrigen staatlichen Verpflichtungen in Bereichen wie Bildung, Justiz, innere und äußere Sicherheit, Straßenbau und regionale Mobilität, Energie, Kommunikationsinfrastruktur, Gesundheit, usw. weiterhin in ausreichendem Umfang nachzukommen und das Gemeinwesen auch künftig demokratisch, freiheitlich sowie solidarisch organisiert bleibt. Gleichwohl bestehen Unterschiede je nach Ausgestaltung der unterschiedlichen existierenden Grundeinkommensmodelle, inwieweit derzeit ausgezahlte Leistungen des Sozialstaats auch künftig an Personen mit speziellen Bedarfen (bspw. gesundheitliche Einschränkungen) ausgezahlt werden sollen, oder ob der Sozialstaat komplett durch das Modell eines Grundeinkommens ersetzt werden soll. Dies hat zur Folge, dass auch in der Debatte

---

[7] https://basicincome.org/

zum Grundeinkommen in Deutschland vielfach sehr unterschiedliche Vorstellungen bestehen, zumal die Geschichte des Grundeinkommens sowohl durch liberale Wurzeln als auch eine Reihe kapitalismuskritischer Ursprünge zur Überwindung von Verteilungsproblemen hat (vgl. hierzu Kovce und Priddat 2019).

Themen der Grundsicherung wie auch des BGE sind nicht erst seit Ausbruch der Corona-Pandemie in der öffentlichen Diskussion. Dies kann mit Hilfe von Abb. 1.2 visuell gezeigt werden, die auf Basis von Google-Suchanfragen die zeitliche Entwicklung ausgewählter Begriffe dokumentiert. So werden in Ökonomie wie auch den Sozialwissenschaften seit geraumer Zeit dank des wachsenden Zugriffs auf große Datenmengen und auf leistungsfähigere IT-Ressourcen auf Daten von Internet-Suchanfragen zurückgegriffen, um Konjunkturen von Stimmungen oder Themen in öffentlichen Debatten zu bestimmten. Daten von Google Trends (Choi und Varian 2012) zeichnen sich dabei dadurch aus, dass sie im Gegensatz zu teuren Erhebungen öffentlich verfügbar sind und auch leicht reproduzierbar wie auch aktualisierbar sind. Auch wenn jede Google-Suche aus jeweils ganz unterschiedlichen Gründen erfolgt, können mithilfe von vielen aggregierten

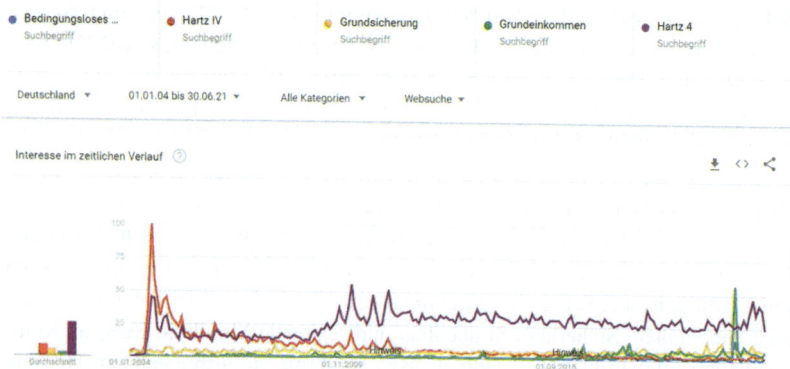

Abb. 1.2 Entwicklung der Häufigkeit von Suchanfragen an Google von 1.1.2004 bis 1.07.2021. (Quelle: https://trends.google.de/trends/explore?date=2004-01-01%202021-06-30&geo=DE&q=Bedingungsloses%20Grundeinkommen,Hartz%20IV,Grundsicherung,Grundeinkommen,Hartz%204)

Die Werte der Y-Achse geben das Suchinteresse relativ zum höchsten Punkt im Diagramm für die ausgewählte Region (Deutschland) im festgelegten Zeitraum (1.1.2004 bis 30.06.2021) an. Der Wert 100 steht für die höchste Beliebtheit dieses Suchbegriffs. Der Wert 50 bedeutet, dass der Begriff halb so beliebt ist und der Wert 0 bedeutet, dass für diesen Begriff nicht genügend Daten vorlagen.

Suchdaten Schlussfolgerungen zu den Interessen, Bedenken oder Absichten der Öffentlichkeit bei bestimmten Themen geschlussfolgert werden.

Abb. 1.2 stellt nun seit der letzten großen Sozialstaatsdebatte mit der Einführung der Hartz IV-Grundsicherung sowie der Reform der Sozialhilfe im Jahr 2005 die Entwicklung der Häufigkeit von Suchanfragen aus dem Feld der Debatte bis Mitte des Jahres 2021 dar. Als Suchbegriffe wurden folgende fünf Ausdrücke herangezogen: Bedingungsloses Grundeinkommen/Grundeinkommen, Hartz 4/IV sowie der Suchbegriff Grundsicherung.

Während über den gesamten Zeitraum der Suchbegriff Hartz IV dominierte und lediglich die von der Bundesagentur auf ihrer Homepage genutzte Schreibweise der römischen Ziffer IV etwa seit 2008 durch die arabische Ziffer 4 abgelöst wird, tauchen die Suchbegriffe bedingungsloses Grundeinkommen/Grundeinkommen erstmals etwas gehäuft im Jahr 2009 auf. Dies dürfte vor allem dem vom damaligen thüringischen Ministerpräsidenten Dieter Althaus propagierten Modells des „solidarischen Bürgergelds" aber auch dem von der FDP favorisierten liberalen Bürgergeld-Modells geschuldet sein. Wirklich deutlich erkennbare wachsende Aufmerksamkeit hat das Thema dann erstmals im Herbst 2013 genommen, als in der Schweiz eine erste Volksinitiative für ein bedingungsloses Grundeinkommen initiiert wurde. Als in der Schweiz im Juni 2016 ein Referendum in allen Kantonen stattfand, scheiterte zwar die Volksinitiative mit einer Zustimmungsquote von lediglich 23 % und einer Beteiligungsquote von 46 % aller wahlberechtigten Schweizer*innen.

Auch die Aktivist*innen der Volksinitiative erklärten, dass das Grundeinkommen trotz der Ablehnung durch die Schweizer Bevölkerung auf jeden Fall gewonnen habe, da ein Ziel der Abstimmung gewesen sei, mit einer international wahrnehmbaren Debatte das Thema Grundeinkommen sowie einen hierfür notwendigen Bewusstseinswandel voranzutreiben. Aktuell wird in der Schweiz eine zweite Initiative zum Thema Grundeinkommen vorbereitet (vgl. Abschn. 6.6).

Das Thema (bedingungsloses) Grundeinkommen war seitdem mit vergleichsweise geringer Suchfrequenz auch regelmäßig in der öffentlichen Debatte angekommen. So startete in Finnland 2017 ein von der Regierung finanziertes Pilotprojekt zum Grundeinkommen bei Langzeitarbeitslosen, wozu im Anfang 2019 ebenfalls international weit beachtet Zwischenergebnisse der experimentellen Studie vorgestellt wurden. Im Jahr 2020 führte dann vor allem die bereits erwähnten pandemiebedingten Forderungen zur Einführung eines befristeten Grundeinkommens zu stetig steigenden Suchanfragen zum Thema Grundeinkommen. Der peak-Index-Wert von über 50 im Monat August 2020 dürfte dabei vor allem der großen Aufmerksamkeit der Ankündigung des Pilotprojektes Grundeinkommen geschuldet sein, in dessen Folge sich binnen drei Tage mehr als

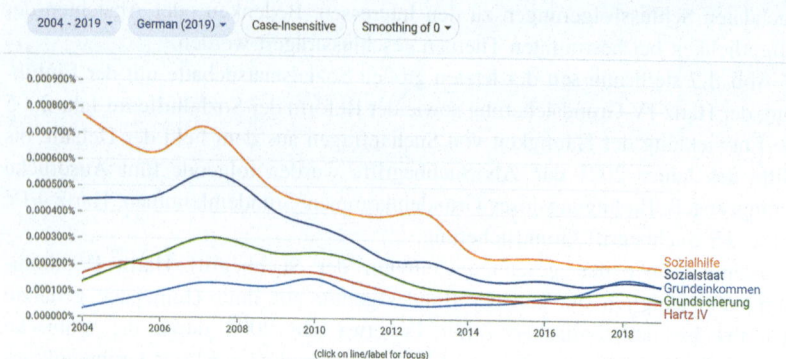

Abb. 1.3 Entwicklung der Häufigkeit von Begriffen der in Deutsch erfassten Buchbestände von 1.1.2004 bis 31.12.2019. (Quelle: https://books.google.com/ngrams/graph?content=Gru ndeinkommen%2CHartz+IV%2CGrundsicherung%2CSozialhilfe%2CSozialstaat&year_s tart=2004&year_end=2019&corpus=31&smoothing=0)
Anmerkung: Die y-Achse gibt den prozentualen Anteil der gesuchten Begriffe im Verhältnis zu allen Begriffen innerhalb der verfügbaren Literatur für die gesuchten Kriterien wieder. Die gesuchten Kriterien waren in diesem Fall die Begriffe von 2004 bis 2019 mit dem Suchbegriff „Hartz-IV, Grundsicherung, Grundeinkommen, Sozialstaat sowie Sozialhilfe". Die x-Achse zeigt die Jahre.

1 Mio. Interessierte auf einem Internet-Portal des gemeinnützigen Vereins Mein Grundeinkommen registrierten[8] (vgl. Abschn. 1.7). Dies führte zugleich erst-mals zu einer höheren Quote des Suchbegriffs Grundeinkommen als Hartz 4. Die zweite öffentliche Bekanntmachung des Auszahlungsstarts des Pilotprojek-tes im Juni 2021 führte hingegen zwar auch noch zu einem leichten Anstieg der Suchhäufigkeit aber signifikant niedriger als beim Aufruf zur Rekrutierung an der Studie.

Inwieweit handelt es sich beim Thema BGE jedoch innerhalb der wissen-schaftlichen Debatte ebenfalls um ein Thema mit gestiegener und weiter anwach-sender Aufmerksamkeit? Hierzu wird auf einen sog. „culturomics" Ansatz sowie auf die durch Google seit Jahren erfolgten Bibliotheksbestände zurückgegriffen (vgl. Younes und Reips 2017).

Abb. 1.3 zeigt basierend auf einer entsprechenden Abfrage, dass für fast

---

[8] https://www.spiegel.de/wirtschaft/soziales/grundeinkommen-studie-erreicht-eine-million-bewerber-binnen-70-stunden-a-380d1b7a-419f-4139-bad1-8f794dd80783

denselben[9] Zeitraum und denselben Begriffen Hartz-IV, Grundsicherung, Grund-
einkommen, Sozialstaat sowie Sozialhilfe, dass in der deutschsprachigen von
Google erfassten Literatur der Begriff Grundeinkommen kontinuierlich von nied-
rigerem Niveau anstieg und erstmals im Jahr 2010 einen ersten Gipfel erhöhter
Indexwerte aufwies und die folgenden drei Jahre dann die Frequenz absank. Diese
erste Konjunktur dürfte gleichfalls auf die Debatte der damaligen Bürgergeld-
Debatte zurückzuführen sein. Zugleich wird jedoch deutlich, dass in dieser ersten
Phase der wachsenden Relevanz des Grundeinkommens-Begriffs, die Begriffe wie
Hartz IV als auch Grundsicherung erkennbar häufiger in Bibliotheksbeständen
auftauchten.

Seit 2013 steigt dann die Häufigkeit des Begriffs Grundeinkommen kontinu-
ierlich an während die Begriffe Hartz IV und Grundsicherung bereits seltener als
Grundeinkommen in Bibliotheksbeständen auftauchen. Auch der Begriff Sozial-
staat, der im Jahr 2004 noch deutlich häufiger verwendet wird, sinkt seit dem
Jahr 2008 deutlich in der Häufigkeit und liegt 2019 gleichauf mit dem Begriff
Grundeinkommen. Einzig der Begriff Sozialhilfe wird während des gesamten
Beobachtungszeitraums am häufigsten von den fünf untersuchten Worten in Lite-
raturbeständen verwendet; jedoch halbierte sich auch bei diesem Begriff im
Zeitverlauf die Verwendung im Vergleich zum Ausgangsjahr. Diese sicherlich nur
oberflächlichen empirischen Belege dokumentieren gleichwohl, dass das Thema
Bedingungsloses Grundeinkommen in den letzten Jahren an Popularität gewonnen hat und offensichtlich die Neugier zu dem Thema gestiegen ist. Eine ganz
andere Frage ist freilich, ob diese gestiegene Aufmerksamkeit für Grundeinkommen bereits in der Lage sein wird, auch zunehmend die Reformdebatte zur
sozialen Sicherung beeinflussen oder gar dominieren zu können.

1.3 Hauptformen und Alternativen einer Grundsicherung

Der Begriff des Grundeinkommens genießt also in der öffentlichen wie auch der
wissenschaftlichen Debatte um den Sozialstaat seit geraumer Zeit Konjunktur,
gleichwohl können sehr unterschiedliche Formen innerhalb der Grundsicherungs-
debatte damit verbunden sein. Gemäß dem Sozialstaatsgebot des deutschen
Grundgesetzes[10] und in Verbindung mit dem in Artikel 1 verbrieften Schutz

---

[9] Der aktuelle Wert für 2020 liegt derzeit noch nicht vor, deshalb endet die Zeitreihe im Jahr
2019.
[10] Begründet in Artikel 20 und 28 des Grundgesetzes.

der Menschenrechte wird in Deutschland jeder Bürgerin und jedem Bürger die Sicherung des sozio-kulturellen Existenzminimum gewährt. Diesen Grundsatz und Zusammenhang hat auch das Bundesverfassungsgereicht (BVerfG) in seinem Urteil zur Rechtmäßigkeit von Sanktionen im Sozialrecht bestätigt.[11] Das Gericht bestätigte zwar in seinem Urteil einerseits die Rechtsmäßigkeit von Mitwirkungspflichten von Langzeitarbeitslosen und legte allerdings auch die maximale Höhe von Kürzungen des Grundsicherungsniveaus fest. Demnach dürfen seit Verkündung des Gesetzes künftig keine Sanktionen mehr verhängt werden, die 30 % der Grundsicherung überschreiten, da dies *nicht* mit Artikel 1 des Grundgesetzes als vereinbar gesehen wird. Die Kürzungen der Grundsicherung sollen nach Ansicht des Gerichts nicht dazu dienen, „regressiv Fehlverhalten zu ahnden", sondern Anreize zur Mitwirkung setzen, damit die existenzielle Bedürftigkeit vermieden, verkürzt sowie im besten Fall vollständig überwunden wird. Zudem wird der allgemeine Grundsatz bestätigt, dass staatliche Leistungen zur Sicherung einer menschenwürdigen Existenz nur *„nachrangig"* zu gewähren sind und sie deshalb auch an Mitwirkungspflichten gebunden werden können, soweit sie darauf zielen, die Hilfsbedürftigkeit zu überwinden, sofern sie gemessen an dieser Zielsetzung verhältnismäßig sind.

Das bei Einführung der Hartz-IV-Gesetze mitunter vielfach geäußerte Handlungs- und Werteprinzip „wer nicht arbeitet, soll auch nicht essen" wurde staatlichen Institutionen mit dem Urteil des BVerfG hingegen unmissverständlich untersagt. Auch die zuvor geltende starre Sanktionsdauer der Leistungsminderungen von drei Monaten wird nicht länger als verhältnismäßig eingestuft und kann seitdem durch vermehrte Prüfungen von außergewöhnlichen Härtefällen verkürzt werden. Den vom Gericht auferlegte Änderungen der entsprechenden Paragraphen des Sozialgesetzbuches werden seitdem mit ministeriellen Anweisungen und Verordnungen entsprochen.

Zu erinnern ist, dass sich an der Debatte um die garantierte Mindestsicherung in den 1980er Jahren „Sozialpolitiker" und „Ausstiegspropagandisten" gleichermaßen beteiligten: Den „Sozialpolitikern" ging es hauptsachlich um das Ziel des Schutzes vor Verarmung für ausgegrenzte Problemgruppen und Risiken. Bei den „Ausstiegspropagandisten" stand der Schutz vor Verarmung zwar auch auf der Liste, mindestens genauso bedeutend war jedoch die „Befreiung von falscher Arbeit" (Schmid 1984). Konkret bedeutete dies, für den Einzelnen die materiellen Voraussetzungen zu schaffen, inhumane Erwerbsarbeit abzulehnen, eine finanzielle Basis für die unkonventionelle oder alternative Erwerbsarbeit zu

---

[11] Siehe hierzu das Urteil des BVerfG vom 5. November 2019. https://www.bundesverfassun gsgericht.de/e/ls20191105_1bvl000716.html

garantieren sowie Selbsthilfe und gemeinschaftliche Formen des Arbeitens und Helfens wirtschaftlich und sozial abzusichern. Ebenfalls tauchte bereits in den 1980er Jahren die strategische Überlegung auf, über ein garantiertes Grundeinkommen könne die „Herausbildung eines neuen, alternativen Unternehmertums, das die nicht-technologiefeindliche Überwindung der fordistischen Produktionsweise praktiziert" (Schmid 1984, S. 16), gefördert werden. Zusammenfassend ist zu konstatieren, dass die „Sozialpolitiker" die Sockelungsmodelle favorisierten, während die „Ausstiegspropagandisten" mit der negativen Einkommenssteuer oder dem Bürgergehalt sympathisierten.

Im Modell der negativen Einkommenssteuer wird zwischen Arbeitseinkommen, negativer und positiver Steuer sowie dem verfügbaren Einkommen unterschieden: Unter Arbeitseinkommen ist das Entgelt für Lohnarbeit zu verstehen, negative Steuer meint Transferzahlungen vom Staat und positive Steuer die Abführungen an den Fiskus. Das verfügbare Einkommen resultiert bei niedrigen Bezügen, Löhnen oder Gehältern aus Arbeitseinkommen plus negativen Steuerzahlungen vom Staat; Beziehende höherer Einkommen dagegen zahlen nach wie vor positive Steuern. Bei einem Arbeitseinkommen von Null wird das Maximum an negativer Steuer, das heißt das garantierte Minimum, ausbezahlt. Die Höhe der staatlichen Zahlungen nimmt mit zunehmendem Arbeitseinkommen kontinuierlich ab. Normalerweise wird bei der negativen Einkommenssteuer mit einem festliegenden proportionalen Steuertarif gearbeitet, über den die Transferentzugsrate (beziehungsweise Steuerrate bei Einkommen oberhalb des garantierten Minimums) festgelegt wird. Denkbar sind aber auch Modelle, in denen die unteren Einkommen geringer belastet werden als die oberen. Eine *negative Einkommenssteuer* stellt eine Integration von Steuer- und Transfersystem dar. Damit würden zugleich diejenigen Teile der derzeitigen Sozialverwaltung entfallen, die derzeit sozialstaatliche Leistungsansprüche in der Höhe prüfen und auszahlen bzw. sie müssten zur personellen Verstärkung in Steuerbehörden wechseln. Bezieher*innen mit niedrigeren Einkommen könnten mit ihr über Steuergutschriften subventioniert werden, was enorme sozialpolitische Wirkungen hätte und die Notwendigkeit einer zusammenführenden Betrachtung des Steuer- und Sozialleistungssystems verdeutlicht. „Die Wirkung einer negativen Einkommensteuer kommt faktisch einem bedingungslosen Grundeinkommen gleich" (Wagschal 2019, S. 823).

In eine ähnliche Richtung zielt das Bürgergeld, das für alle gemeldeten Bürger in Deutschland ebenfalls eine einkommensunabhängige durch Steuern finanzierte Zahlung vom Staat vorsieht. Diese wäre wie auch der derzeitige Steuerfreibetrag steuerfrei, jedoch müssen für alle zusätzlich verdienten Einkommen Steuern abgeführt werden. Im Gegensatz zur negativen Einkommenssteuer wird beim *Bürgergeld* von den meisten deutschen Verfechtern keineswegs die Abschaffung der anderen Sozialleistungen mitgedacht. Dies ist anders als beim amerikanischen Ökonomen Milton Friedman, der von vielen „linken" Grundeinkommenskritikern gern als Zeuge für neoliberale „Geister" der Grundeinkommens-Community zitiert wird. In den von den sozialpolitischen Eliten durchaus als diskussionswürdig angesehenen Sockelungskonzepten soll das garantierte Minimum dadurch erreicht werden, dass alle bestehenden Transferzahlungen im vorhandenen System der sozialen Sicherung durch das Einziehen von bedarfsbezogenen Fundamenten auf ein am sozio-ökonomischen Existenzminimum bemessenes Niveau angehoben werden. Die zentralen Teilbereiche der sozialen Sicherung (Renten- und Arbeitslosenversicherung, Sozialhilfe) sollten um bereits bestehende universalistische Leistungen wie Kindergeld harmonisiert sowie um weitere auch künftig bedarfsabhängige Ansprüche (wie bspw. im Fall schwerer gesundheitlicher Einschränkungen) ergänzt werden.

Einen ersten mutigen Schritt solch einer Harmonisierung wurde zuletzt bei der Zusammenlegung von Arbeitslosenhilfe und Sozialhilfe im Jahr 2005 in den neu geschaffenen und synchronisierten Sozialgesetzbüchern II und XII umgesetzt. Schon seit Mitte der 1980er Jahre tauchten solche Vorschläge in gewerkschaftsnahen und sozialdemokratischen Konzeptionen auf. Generell sollten dadurch die Sozialversicherungssysteme für ihren jeweiligen Risikobereich zuständig bleiben, allerdings wird eine am Niveau der Sozialhilfe ausgerichtete Absicherung nach einheitlichen, aber bedarfsabhängigen und vor allem auch kontinuierlich bedarfsgeprüften Kriterien gesichert. Die soziale Grundsicherung in Deutschland folgt gegenwärtig genau dem verwaltungsintensiven Prinzip der Bedarfsprüfung nach Eingang eines entsprechenden Antrags auf Grundsicherungsleistungen sowie der Nachrangigkeit gewährter Leistungen.

Bei der bedarfsbezogenen Grundsicherung kann es zwar in der Regel nicht mehr zu Armutsfallen und Unterversorgung kommen, doch stehen für Personen im erwerbsfähigen Alter nach wie vor die Erwerbsarbeitsverhältnisse im Vordergrund. Ein gesockeltes System der sozialen Sicherung ist weiterhin um die Erwerbsarbeit herum konstruiert und erlaubt nach Auslaufen etwaiger beitragsfinanzierte Leistungsansprüche zum Arbeitslosengeld I nach in der Regel 12 Monaten weitergehende „freiwillige" Arbeitslosigkeit nur als Ausnahmezustand. Zudem bleiben die Bedürftigkeitsprüfungen erhalten und es war zumeist auch keine eigenständige, vom Einkommen des Ehepartners unabhängige Mindestsicherung für nichterwerbstätige Ehepartner*innen vorgesehen. Positiv schlug zu Buche, dass eine bedarfsorientierte Grundsicherung die Sozialhilfe enorm entlasten würde. Traditionell ist der Bundeshaushalt Ausfallbürge für Defizite des Sozialversicherungssystems, was auch zu einer Neuregelung im Rahmen der Hartz IV-Gesetzgebung führte und insbesondere die Kommunen finanziell entlastete.

Systematische Defizite im bestehenden Sozialversicherungssystem wurden von einer Vielzahl von ansonsten sehr unterschiedlich ausgerichteten Sozialpolitikern und Sozialpolitikforschern gesehen. Erhebliche Meinungsverschiedenheiten lassen sich jedoch bereits zum damaligen Zeitpunkt (in den 1980erJahren) bei den Vorschlägen über die Art und Weise ausmachen, wie eine erwerbsarbeitsunabhängige Leistungsbemessung, beziehungsweise eine garantierte Mindestsicherung aussehen sollte: Unterschiede lassen sich etwa bei der Größe der Zielgruppe ausmachen. So haben einige Vorschläge bspw. nur eine Grundsicherung im Rentensystem im Auge, während andere für ein garantiertes Minimum als Perspektive für die soziale Sicherung der Gesamtbevölkerung votieren. Ein weiteres wichtiges Unterscheidungskriterium stellt das Verhältnis der jeweiligen Grundsicherungsmechanismen zur traditionellen, erwerbsarbeitszentrierten Leistungsbemessungsgrundlage dar. Hier kann zum einen auf Konzepte verwiesen werden, die ein Mindest- oder Grundeinkommen an Stelle aller anderen sozialpolitischen Versicherungsleistungen (mit Ausnahme von Kranken-, Unfall- und Pflegeversicherung) garantieren wollen. Zum anderen wurde vorgeschlagen, in solchen Fällen eine Grundsicherung in Form von Aufstockungsbetragen zu den jeweils vorhandenen Versicherungsansprüchen zu garantieren, in denen die äquivalenzorientierten Versicherungsleistungen nicht hineinreichen. Dies ist immer dann der Fall, wenn über die Sozialversicherungen ein Sicherungsniveau unterhalb oder in der Nähe des Sozialhilfeniveaus erreicht wird, was insbesondere vielfach in Familien mit mehreren Kindern und nur einer erwerbstätigen Person der Fall ist.

Trotz der unterschiedlichen Ausformungen ist der zentrale Gedanke der Grundsicherungsmodelle gleich; allerdings bricht er in einem Aspekt mit dem deutschen Sozialstaatsmodell, indem das lohnarbeitszeitzentrierte und am Normalarbeitsverhältnis angebundene System sozialer Sicherung ergänzt wird um eine garantierte Mindestsicherung. Die Argumente für eine solche Reform wurden in der ersten Welle der Sozialstaatsumbaudebatte stark auf die Arbeitslosigkeits- und Armutsthematik sowie die bereits in den 1980er Jahren diskutierten Krise der Arbeitsgesellschaft bezogen. Wenn es nicht zu einer Rückkehr zur Vollbeschäftigung kommt, wird die Sozialpolitik aufgrund ihrer Konstruktionsprinzipien immer mehr strukturelle Selektivitäten produzieren und gerät in eine legitimatorische Abwärtsspirale. „Der Kerngedanke solcher Bürgerrechte auf Einkommen besteht darin, daß der Anspruch auf ausreichendes Einkommen von der Erwerbstätigkeit (bzw. von vorangegangener Erwerbsuntätigkeit, von der Bereitschaft zur Erwerbstätigkeit, vom nachweisbaren Vorliegen dispensierender Tatbestände usw.) abgekoppelt wird. Das würde dann konkret bedeuten, daß die heute auf breiter Front in der sozialpolitischen Debatte auftauchenden Vorschlage vom Typ ‚negative Einkommenssteuer', ‚Bürgergeld' bzw. degressive Einkommenssubventionen nicht erst dann greifen, wenn eine Person ihre Rolle am Arbeitsmarkt spielt (oder sich formell darauf vorbereitet, dies zu tun, vgl. Bafög), sondern schon dann, wenn sie nur in Besitz von Bürgerrechten ist" (Offe 1994, S. 804 f.).

Gegen die verschiedenen Varianten einer erwerbseinkommens*unabhängigen* Grundsicherung wurde seit Beginn der Debatten angeführt, sie liefen Gefahr, vor allem zu einer dann dauerhaften Subventionierung von prekären und schlecht bezahlten Beschäftigungsverhältnissen zu werden und das Wachstum eines Niedriglohnsektors zu beschleunigen. Ein schlecht bezahlter Teilzeitjob würde dann finanziell akzeptabel, solange man aus Mindesteinkommen und (geringem) Verdienst zusammen auf ein verfügbares Gesamteinkommen kommt, welches knapp oberhalb des Existenzminimums liegt. Diesem Einwand wurde allerdings entgegengehalten, die Subventionierung oder mittelbare Förderung von Arbeit im unteren Einkommensbereich böte auch eine Fülle sozial-, arbeitsmarkt- und sogar wirtschaftspolitischer Chancen. Sie können die Perspektive bieten, viele und vor allem abgesicherte (Teilzeit-)Arbeitsplätze im Bereich von alternativen Organisationsformen zu schaffen oder eine finanzielle Rückendeckung für die Gründung von Kleinstbetrieben abzugeben. Über eine soziale Grundsicherung könnten also Innovationen im Wirtschafts- und Arbeitssystem gefördert werden, was auch heute erneut in vielen Diskussionen hervorgehoben wird.

Außerdem ist von verschiedenen Seiten betont worden, dass in den „geschützten" Sektoren (vor allem bei den Humandienstleistungen) Beschäftigungschancen im Bereich gering qualifizierter Tätigkeiten brachliegen. Mit einer geregelten Einkommenssubventionierung durch die negative Einkommenssteuer wären auch Tarifabschlüsse unterhalb der zuvor geltenden Niedrigsätze möglich, ohne dass das privat verfügbare Einkommen zusammenschmilzt. Neben der technischen Dimension ist die Legitimation eines solchen Systems genauso bedeutsam. Insbesondere wenn offensichtlich wird, dass Mindesteinkommensbeziehende ohne vorherige Vorleistungen und ohne die Bereitschaft, zukünftig arbeiten zu wollen, staatlich unterstützt würden, ist möglicherweise mit einem Legitimationsverlust eines solchen Systems der sozialen Sicherung zu rechnen. „Wenn eine Minderheit ein erwerbsunabhängiges Bürgergeld bezieht, dann wird die (positiv) steuerzahlende strukturelle Mehrheit politisch dazu disponiert sein, das Niveau dieses Bürgergeldes so herabzudrücken, daß der angebotsentlastende Effekt gegen Null geht und nur der alterativlose Erwerbszwang übrigbleibt, den die marktliberalen

Urheber der Idee der negativen Einkommenssteuer ohnehin im Sinn haben" (Offe 1994, S. 805).

Zusammengefasst besteht der fundamentale bzw. systemische Unterschied zwischen einem bedingungslosen Grundeinkommen sowie den in Deutschland geltenden Formen einer das sozio-kulturelle Existenzminimum gewährleistenden Grundsicherung in der – auch vom BVerfG (2019) betonten – *Rangfolge* der Gewährung der Leistungen. Eine „nachrangige" Gewährung wie im Sozialgesetzbuch in Deutschland hat zur Folge, dass zunächst eine einkommens- und vermögensabhängige Bedarfsprüfung erfolgt. Grundsicherungsleistungen werden mit Ausnahme von Einpersonenhaushalten sog. „Bedarfsgemeinschaften" gewährt und begründen somit keinen individuellen Anspruch. Darin drückt sich im deutschen Sozialstaatssystem die grundlegende Idee der Subsidiarität aus. Demnach räumt der Staat kleineren sozialen Einheiten, wie bspw. der Ehe oder eben einer Bedarfsgemeinschaft einen Vorrang ein, bevor der Staat selbst hilfeleistend für die Individuen dieser sozialen Einheit aktiv wird.

Zudem muss ein entsprechender Antrag auf Gewährung von Grundsicherungsleistungen fristgerecht und sachgemäß eingereicht werden und von Sachbearbeitenden zur Leistungsgewährung nach entsprechender Prüfung auch als Verwaltungsakt bewilligt werden. So fordert das Sozialrecht sowohl Amtsermittlung, Beratung wie auch Prüfung der Anspruchsvoraussetzungen einer Grundsicherungsleistung seitens der Behörde, selbst wenn sie auf Selbstauskünften der Antragsstellenden beruhen. Antragstellenden und Hilfsbedürftigen steht anschließend der Rechtsweg offen, sich gegen einen solchen Bescheid zu wehren. Dies erfolgt zunächst über Einlegung eines Widerspruchs. Für das Jahr 2019 weist die Bundesagentur für Arbeit in ihrer Jahresstatistik 660.179 entschiedene Widersprüche (Abgänge) gegen einen Leistungsbescheid nach SGB II aus (BA 2020). Darunter wurde bei mehr als einem Drittel dem Widerspruch stattgegeben und mehr als die Hälfte zurückgewiesen. Auch gegen eine solche abschlägige Entscheidung steht der Rechtsweg einer Klage des Antragstellenden offen. Rechnet man dann die im Jahr 2019 im Klageweg stattgegebenen Entscheidungen hinzu, so lag der Gesamtanteil der Widersprüche bei rund 41 %. Nimmt man die rund 20 Mio. Hartz-IV-Bescheide des Jahres 2019 als Referenzgröße, so ergibt sich daraus rechnerisch eine *Widerspruchsquote* von 3 % und eine *Klagequote* von 0,5 % oder eine *Gesamtstattgabequote* nicht-sachgemäßer Leistungsbescheide in Höhe von 1,2 %. Eine solche nachrangige Gewährung von Mindestsicherungsleistungen erfolgt demnach nicht fehlerfrei und erfordert zudem erhebliche bürokratische Aufwendungen sowohl zur Anspruchsprüfung wie auch der Vorhaltung einer Sozialgerichtsbarkeit für rechtsstaatliche Widerspruchs- und Klagewege.

Bezeichnung der Grundsicherung	Deckungsgrad	Beiträge zu anderen Sozialversicherungen	Anspruchsvoraussetzungen	Rangfolge	Einbeziehung in die Einkommensbesteuerung
1. Einkommens- und vermögensabhängiges Grundeinkommen von Bedarfsgemeinschaften	Alle WohnsitzbürgerInnen	Kranken- und Pflegeversicherung; Altersversicherung (Anrechnungszeiten) zu gering	Wohnsitz und geringes Einkommen der Bedarfsgemeinschaft	nachrangig	Nein
2. Unbedingtes und universelles (bedingungs-loses) Grundeinkommen	Alle WohnsitzbürgerInnen	Zumindest Kranken- und Pflegeversicherung nötig	Geburtsschein und Wohnberechtigung	vorrangig	nein
3. Unbedingtes eingeschränktes (partielles) Grundeinkommen	Alte, Kinder, Erwerbsunfähige	Zumindest Kranken- und Pflegeversicherung nötig	Geburtsschein, Wohnberechtigung, med. Erwerbsunfähigkeitsfestellung	vorrangig	Nein
4. Negative Einkommenssteuer	Alle WohnsitzbürgerInnen	Zumindest Kranken- und Pflegeversicherung nötig	Wohnsitz und geringes Familien-einkommen	nachrangig	kombiniert
5. Einkommensabhängiges individuelles Grundeinkommen	Alle WohnsitzbürgerInnen	Zumindest Kranken- und Pflegeversicherung nötig	Wohnsitz und geringes Einkommen	vorrangig	Nein

Abb. 1.4 Hauptformen einer das sozio-kulturelle Existenzminimum gewährleistenden Grundsicherung. (Quelle: Hauser 2007, S. 63)

Dies impliziert, dass in einer Bedarfsgemeinschaft Grundsicherungsleistungen erst gewährt werden, wenn kein oder ein zu geringes eigenes Einkommen durch den Antragstellenden oder andere Mitglieder der Bedarfsgemeinschaft erzielt wird und auch etwaige „erhebliche" Vermögenswerte bereits aufgezehrt wurden. Die Leistungshöhe des sozio-kulturellen Existenzminimums wird in Deutschland[12] bundeseinheitlich festgelegt, während etwaige Kosten der Unterkunft, die ebenfalls im Bedarfsfall gewährt werden, sich an der regionalen Höhe der Mieten orientiert.

Die erste Zeile der von Hauser (2007) erstellten Abb. 1.4 beschreibt die „Ausgestaltung der gegenwärtigen institutionellen Regelungen zur Gewährung eines sozio-kulturellen Existenzminimums", die nebeneinander bestehen. Hierzu gehören:

---

[12] Die Regelbedarfe werden jährlich auf Grundlage der bundesdurchschnittlichen Preisentwicklung für regelbedarfsrelevante Güter und Dienstleistungen sowie der bundesdurchschnittlichen Entwicklung der Nettolöhne und -gehälter je beschäftigten Arbeitnehmer nach der volkswirtschaftlichen Gesamtrechnung als (Mischindex) vorgenommen (vgl. Bäcker et al. 2020, S. 257).

- Die Grundsicherung für Arbeitssuchende (SGB II), die sowohl langzeitarbeits-losen erwerbsfähigen Personen im Alter zwischen 15 und der Regelalters-grenze als auch Erwerbstätigen mit niedrigem Erwerbseinkommen als „Auf-stockung" gewährt wird. Weiterhin wird Sozialgeld für nicht-erwerbsfähige Familienmitglieder gezahlt und die Kosten der Unterkunft erstattet. Zu den Voraussetzungen der Leistungsgewährung zählt die Erwerbsfähigkeit von mehr als 3 h am Tag.
- Die Sozialhilfe (SGB XII), die nichterwerbsfähigen Personen – soweit sie nicht mit einem Empfänger von SGB II zusammenleben – unterhalb der Regelaltersgrenze in Form der Hilfe zum Lebensunterhalt gewährt wird. Als Leistungsvoraussetzung zählt die zweitweise volle Erwerbsminderung.
- Die Grundsicherung im Alter und bei Erwerbsminderung (SGB XII), die Personen im Alter oberhalb der Regelaltersgrenze und Erwerbsgeminderten gewährt wird.
- Leistungen nach dem Asylbewerberleistungsgesetz, die Asylbewerbenden sowie geduldeten und vollziehbar zur Ausreise verpflichteten Ausländern als Grundleistung gewährt wird.

Neben der Zahlung von Grundsicherungsleistungen werden zudem die Beiträge zur Kranken- und Pflegeversicherung für Leistungsempfänger voll übernommen. Die Beiträge zur gesetzlichen Rentenversicherung fallen hingegen ausgesprochen gering aus und orientieren sich an der Höhe von Erwerbseinkünften in Höhe geringfügiger Beschäftigungsverhältnisse.

Zusammengenommen stellen diese vier Systeme einen nahezu universellen steuerfinanzierten Grundsicherungsbedarf dar, obgleich „die Teilsysteme [] nach Bevölkerungsgruppen differenziert und hinsichtlich der Niveaus, der Bezugs-bedingungen wie auch der Rechtstellung der Betroffenen sozial hierarchisiert [sind]: Am oberen Ende der Hierarchie steht die Grundsicherung für Ältere, am unteren Ende stehen die Leistungen nach dem Asylbewerberleistungsge-setz." (Bäcker et al. 2020, S. 247). Diese staatliche Grundsicherung steht allen Wohnsitzbürger*innen in Deutschland im Bedarfsfall zu und wird zudem ergänzt durch karitative sowie altruistisch motivierte Leistungen der Zivilgesellschaft und gemeinnütziger Hilfsorganisationen, die bspw. Lebensmittel, die im Wirtschafts-kreislauf nicht mehr verwendet werden und ansonsten vernichtet würden, an Bedürftige verteilen oder gegen ein geringes Entgelt abgeben. Wenn sämtliche Personen im Mindestsicherungsbezug zusammengerechnet werden, so leben im Jahr 2018 *7,4 Mio.* der Bevölkerung für kürzere oder längere Zeit gegenwärtig auf dem Niveau eines einkommens- und vermögensabhängigen Grundeinkom-mens für Bedarfsgemeinschaften. Das entspricht rund *9 %* der Bevölkerung. Dies schließt nicht aus, dass es eine derzeit nicht genau bezifferbare, aber durchaus nennenswert große Gruppe an Personen gibt, die ebenfalls in Deutschland leben und die ihnen zustehenden Leistungen nicht beantragt haben (vgl. Bäcker et al. 2020, S. 248).

Eine nicht allein in Deutschland beobachtbare Folge der Notwendigkeit, einen Antrag auf Grundsicherungsleistungen stellen zu müssen sowie dessen anschließende Nachrangigkeit bei der Gewährung von Leistungen, besteht darin, dass diese vielfach gar nicht in Anspruch genommen werden, obgleich die Voraussetzungen zur Zahlung von Leistungen erfüllt sind. Sowohl in der Grundsicherung im Alter wie auch bei der Beantragung von Leistungen des SGB II (Hartz-IV) stellt derzeit ein hoher Anteil aus Scham oder unzureichender Informationen keinen Antrag auf staatliche Leistungen, obwohl ein Anspruch darauf bestehen würde. So wurde im Rahmen einer empirischen Studie des DIW Berlin ermittelt, dass rund 60 % der anspruchsberechtigten Senioren für die Gewährung von Grundsicherung im Alter diese nicht in Anspruch nehmen, obwohl sie es könnten. Die Folge ist verdeckte Armut, die durch den Bezug von Grundsicherung vermeidbar wäre. Bei voller Inanspruchnahme dieser Sozialleistung würden die Einkommen der Senioren im Schnitt um 30 % oder 220 € monatlich steigen (vgl. Busley et al. 2019).

Die Gewährung eines Grundeinkommens würde zumindest solche Nichtinanspruchnahmen beenden, so wie derzeit auch für jedes Kind in Deutschland Kindergeld gewährt und ausgezahlt wird, auch wenn die steuerliche Anrechnung sowie die transfermindernde Verrechnung dieses Einkommens für Kinder derzeit asymmetrisch erfolgt. So stellt auch der sechste Armuts- und Reichtumsbericht der Bundesregierung bilanzierend fest: „Insgesamt bezogen 2019 rund 6,9 Mio. Personen oder 8,3 % der Bevölkerung Leistungen der Mindestsicherungssysteme. Das ist der niedrigste Wert der Mindestsicherungsquote seit Beginn der Berechnungen" (BMAS 2021, S. 96). Als sozialpolitischer Erfolg gilt im derzeitigen System üblicherweise ein Absenken der Mindestsicherungsquote. Ob allerdings mit einem Absinken dieser Quote möglicherweise der Anteil derjenigen gestiegen ist, die den Weg zu den sozialstaatlichen Institutionen meiden, steht üblicherweise nicht im Fokus und bleibt ausgeblendet. In diesem Zusammenhang wäre es wünschenswert, wenn sich ein siebter Armuts- und Reichtumsbericht erneut wie bereits zuletzt 2003 dem Thema „Nichtinanspruchnahme von Grundsicherungsleistungen" widmen würde und eine aktuelle Dunkelfeldstudie in Auftrag geben würde.

Ein bedingungsloses Grundeinkommen würde stattdessen *vorrangig* gegenüber sonstigen Markteinkommen, aber auch möglichen weiter fortbestehenden Sozialleistungen wie möglichen familialen Unterhaltsverpflichtungen gewährt.

Als Anspruchsvoraussetzung reichten einzig die Existenz und der Wohnsitz in Deutschland und würde deshalb auch unabhängig von der Höhe der Vermögen und eigener Erwerbseinkommen oder sonstiger Einkünfte gezahlt. Da ein bedingungsloses Grundeinkommen auch nicht in die Einkommensbesteuerung einbezogen würde, müsste bei einem derzeit vielfach in der öffentlichen Debatte diskutierten Betrag in Höhe von rund 1000 oder selbst 1200 € ein BGE auch bereits der gegenwärtige Steuerfreibetrag in Höhe von 9984 € im Jahr 2022 deutlich angehoben werden, da sich der Steuerfreibetrag an der Höhe eines Einkommens orientiert, das zur Bestreitung eines Existenzminimums nicht durch Steuern gemindert werden darf. Hierbei ist zu berücksichtigen, dass das derzeitige Existenzminimum sich aus dem Regelsatz für Grundsicherungsleistungen und (pauschaliert) den Kosten der Unterkunft sowie Heizkosten zusammensetzt.

Die Festlegung der Höhe eines BGE müsste somit eng verzahnt werden mit solchen derzeitigen steuerlichen Freibeträgen. Weniger klar ist gegenwärtig der Stand der Diskussion, ob von einer solchen Höhe dann auch freiwillige Beiträge zur Kranken- sowie Pflegeversicherung entrichtet werden müssten. In einem BGE-System könnten eine Reihe an Leistungen des Familienlastenausgleichs (Kindergeld, Erziehungsgeld, Kindergeldzuschlag, BAföG) genauso entfallen wie die oben diskutierten Leistungen der Mindestsicherung. Unklar ist, ob auch das von Arbeitgebern- wie Arbeitnehmern beitragsfinanzierte Arbeitslosengeld I in einem BGE-System sozialer Sicherung entfallen könnte, denn die gegenwärtige Höhe des Arbeitslosengelds I bemisst sich im Unterschied zu Grundsicherungsleistungen am zuvor erhalten Nettoeinkommen und sichert – zumindest für mindestens zwölf Monate – den vor Eintritt der Erwerbslosigkeit in etwa erzielten Lebensstandard. Würde die allgemeine Arbeitslosengeldversicherungspflicht nach Einführung eines BGE aufgehoben, könnte dies zur Folge haben, dass eine Großzahl der Beschäftigten dieses bisherige „Solidarsystem" verlassen könnten und die Versicherungsbeiträge vermutlich dann für die im System verbleibenden sozialversicherungspflichtiger Beschäftigten um ein Vielfaches steigen würden. Da die im Erwerbsverlauf von Beschäftigten erworbenen Rentenanwartschaften einem eigentumsähnlichen Schutz unterliegen, müsste ein Umbau unseres derzeitigen vorwiegend beitragsfinanzierten Systems der Alterssicherung ab einer bestimmten Alterskohorte schrittweise eingeführt werden und das Leistungsniveau der Bestandsrentnerinnen müsste künftig dann komplett steuerfinanziert aufgebracht werden.

An dieser Stelle sei auf den aktuellen Vorschlag des Wahlprogramms der CDU und CSU (2021) und die Einführung einer vierten Säule der Rentenversicherung verwiesen, die für jedes Kind – steuerfinanziert und garantistisch – aufgebaut werden soll. Wir interpretieren dies als eine schleichende Abkehr sowie Rückzug vom rein beitragsfinanzierten System der sozialen Sicherung: „Wir wollen ein Konzept entwickeln, um in Deutschland eine neue Form der kapitalgedeckten Altersvorsorge zu etablieren. Dafür kann eine Generationenrente für eine Altersvorsorge von Geburt an ein guter Baustein sein. Wir werden prüfen, wie man die Generationenrente mit einem staatlichen Monatsbeitrag zur Anlage in einem Pensionsfonds – mit Schutz vor staatlichem Zugriff – ausgestalten kann. Unser Ziel ist es, mit einem attraktiven Instrumentenmix, Altersarmut wirksam zu vermeiden" (CDU und CSU 2021, S. 61). Der CDU-Politiker Friedrich Merz (der bislang nicht durch sozialpolitische Thesen bekannt wurde) konkretisierte diese Idee in einem Zeitungsinterview „Wenn wir mit, sagen wir, 50 € im Monat für jedes Kind beginnen würden, dann wären das im ersten Jahr ungefähr 400 Mio. €, die der Staat da leisten müsste. Nach 18 Jahren wäre man dann irgendwo zwischen 8 und 9 Mrd. € aus dem Staatshaushalt. Dafür steht dann jedem Rentner bei einer normalen Zinsentwicklung ein Kapital von mehr als 200.000 € zur Verfügung, selbst wenn er keine eigenen Einzahlungen in seinem Berufsleben mehr geleistet hat."[13]

Diese neu und innovativ klingende Idee ist allerdings historisch eher ein „alter Hut", was aber nicht bedeuten soll, ein solches (schon über 200 Jahre altes) Konzept *nicht* zu revitalisieren, da es grundlegende Fragen berührt. Im Jahr 1797 wurde es von einem der geistigen Väter der Grundeinkommensdebatte so formuliert: „Es wird vorgeschlagen, dass die Zahlungen, wie bereits angegeben, an jedermann, reich oder arm, gemacht werden. Es ist am besten es so zu machen, um neidische Unterscheidungen zu verhüten. Es ist ferner recht, dass es so sein sollte, weil es die Stelle des natürlichen Erbes vertritt, welches jedem Menschen als ein Recht über und außer dem Eigentum zukommt, das er sich erworben oder von Leuten, die es erworben, geerbt hat. Wer es nicht anzunehmen wünscht, kann es in den gemeinschaftlichen Fond werfen" (Paine 2019, S. 86). Kovce/Priddat ordnen den Vorschlag des gebürtigen Engländers und französischen Ehrenbürger als Alternative der bis dahin bekannten Armenfürsorge sowie der erst 100 Jahre später sich entwickelnden Sozialversicherung als eine Grundsicherung ein, die vorsah, „jedermann beim Eintritt ins Erwachsenenalter einmalig mit Grundkapital und später regelmäßig mit einer Grundrente auszustatten" (dies. 2019, S. 29).

Hinsichtlich der Kriterien der *Zieleffizienz,* also das derzeit intendierte Schutzziel einer Sicherstellung der Verfügbarkeit eines sozio-kulturellen Existenzminimums mit dem geringstmöglichen – öffentlich finanzierten – Mittelaufwands sicherzustellen, wird mit dem derzeitigen System einer beitragsfinanzierten

---

[13] Friedrich Merz verteidigt im Interview die teuren Pläne der Union (faz.net)

sozialen Sicherung eher erreicht als in einem garantistischen System eines BGE. Dies gilt ausschließlich für den Aspekt der Kosteneffizienz der sozialpolitischen Maßnahme, denn eine umfassende wohlfahrtsökonomische Kosten-Nutzen-Effizienz-Analyse könnte ggf. grundsätzlich auch zu anderen Ergebnissen einer gesellschaftlichen Wohlfahrtserhöhung kommen. Neben der vergleichsweise geringen Kosteneffizienz eines BGE werden weitere grundsätzliche Hauptprobleme aufgeführt. „Erstens die Koordination mit den anderen Elementen des Systems der sozialen Sicherung, zweitens den hohen erforderlichen Finanzaufwand, der durch Streichung anderer Sozialleistungen und durch Steuererhöhungen aufgebracht werden muss, drittens die Auswirkungen auf die Arbeitsbereitschaft der Erwerbsfähigen und auf die Gesamtwirtschaft, viertens der Sogwirkungen auf Bürger der EU und anderer Länder, fünftens die Umverteilungswirkungen" (Hauser 2007, S. 68).

Freilich wäre auch, wie in Zeile 3 von Abb. 1.4 dargestellt, möglich, nicht allen Bürgern gleichzeitig ein BGE zu gewähren, sondern dies schrittweise für einzelne zu priorisierende Bevölkerungsgruppen einzuführen. Hierfür würden auch etliche Hauptprobleme eines BGE deutlich abgemildert und der Stufenplan müsste von der Politik priorisiert werden und könnte in ergänzenden Kapiteln des Sozialgesetzbuches rechtskräftig implementiert werden.

Als weitere Alternative zum derzeitigen System wird in Abb. 1.4 in Zeile 4 die negative Einkommenssteuer aufgeführt. Der Grundgedanke wurde in den 1960er Jahren in den USA und auch anhand von Modellversuchen in den 70er Jahren erprobt (vgl. Hoynes und Rothstein 2019). Die Idee dahinter ist, dass sowohl steuer- wie auch beitragsfinanzierte Sozialleistungen durch einen einzigen Transfer ersetzt werden und die Auszahlung der Leistungen als negative Steuer vorzunehmen. Ein solches Modell impliziert, dass Steuer- wie Transfersubjekt identisch sind und auch nach einheitlichen Kriterien erfolgen müsste, was zumindest in Deutschland eine Reihe an offenen Fragen nicht nur hinsichtlich der gemeinsamen steuerlichen Veranlagung bei Paaren nach sich ziehen würde und auch der Überführung des Konstrukts Bedarfsgemeinschaft auf die jeweiligen Steuersubjekte erforderlich machen würde. Zentral ist bei dem System einer negativen Einkommenssteuer, dass die Zahlung nicht allen Personen gewährt würde, sondern *nachrangig* zu Markteinkommen wie auch zu beitragsfinanzierten Transferbezügen ausgezahlt würde. Eine zentrale Frage wäre dabei die Bestimmung sowie auch Kommunikation eines sog. „break even points", ab dem die geleisteten integrierten Steuer- und Transferzahlungen gleich hoch mit dem negativen Einkommenssteuerbetrag sind oder m. a. W. der Nettotransfer also Null wäre und wie hoch dann dieser Anteil der Bevölkerung wäre.

Hinsichtlich der Hauptargumente gegen eine negative Einkommenssteuer wären zwar die Kosten deutlich geringer als bei einem BGE und es müsste zudem eine deutlich geringere Finanzmasse bewegt werden. Die Kosteneffizienz wäre bei einer negativen Einkommenssteuer im Vergleich zu einem BGE vermutlich höher. Das bestehende Grundsicherungssystem in Deutschland wäre hinsichtlich der Kosteneffizienzgesichtspunkte im Vergleich zu den in Abb. 1.4 beschriebenen Ausgestaltungsalternativen insgesamt vermutlich die *deutlich* überlegene Alternative.

Gegenwärtig existieren vielfältige Modelle zum BGE, die angefangen von rein philosophischen Grundkonzeptionen bis hin zu in den letzten Jahren auch konkretisieren alternativen soziologischen, ökonomischen wie politikwissenschaftlichen Sozialstaatskonzeptionen. Das Spektrum reicht dabei von stärker marktliberal geprägten Ansätzen, deren künftige Sozialstaatskonzeption dann in einer BGE-Welt weniger ausdifferenziert und entbürokratisiert wäre (vgl. Straubhaar 2017) bis hin zu sog. emanzipatorischen oder solidarischen Ansätzen[14], die neben einem Grundeinkommen auch künftig – dann an „Bedarfen" ausgerichtetes Sozialleistungssystem erhalten wollen. Erst eine konkrete Ausgestaltung entscheidet am Ende auch die Frage, ob ein BGE überhaupt finanziert werden könnte und mit welchen volkswirtschaftlichen Nettokosten einer Implementierung zu rechnen wäre. Die immer wieder bei Fragen der Finanzierung eines BGE vorgelegte „Daumenrechnung", dass wenn bei Einführung in Deutschland rund 82,5 Mio. Personen rund 1000 € gezahlt würde, dies zu jährlichen Kosten von einer Billion Euro führen würde, muss man zunächst entgegenhalten, dass dieser Betrag die *Bruttokosten* öffentlicher Haushalte wäre. Abzuziehen und gegenzurechnen wären einerseits die bereits derzeit bestehenden Haushaltstitel (bspw. Kindergeld, Grundsicherungsleistungen, etc.), wie andererseits auch mögliche Kosteneinsparungen bei Bürokratie und Verwaltung, nicht auszuschließende Steuermehreinnahmen aufgrund erhöhter Konsumneigung sowie weiterer möglicher finanzwirksamer Folgen. Wie hoch also am Ende die geschätzten jährlichen *Nettokosten* eines BGE ausfallen und die Frage, ob ein BGE am Ende auch nachhaltig finanzierbar wäre, ist keineswegs eine leicht zu beantwortende Frage (vgl. hierzu Opielka 2004, S. 253 ff.; Osterkamp 2015; Krämer 2018; Werner et al. 2013 sowie Straubhaar 2018).

Ein jüngst vorgelegtes Gutachten, das durch den wissenschaftlichen Beirat beim Bundesministerium der Finanzen erstellt wurde und in dem vier

---

[14] Vgl. hierzu den Vorschlag für ein emanzipatorisches Grundeinkommen der Bundesarbeitsgemeinschaft Grundeinkommen der Linken https://www.die-linke-grundeinkommen.de/fileadmin/lcmsbaggrundeinkommen/PDF/NeufassungBGE_dinA5_ohneNES.pdf

unterschiedliche Varianten eines BGE mithilfe von Mikrosimulationsstudien präsentiert wurden, kommt aufgrund der notwendigen substanziellen Erhöhungen der Einkommenssteuer zu dem Schluss: „In einer offenen Gesellschaft ist ein individuelles, bedingungsloses und in seiner Höhe existenzsicherndes BGE aus Sicht des Beirats daher nicht umsetzbar" (Wiss. Beirat 2021, S. 40). Zu einer möglichen Finanzierung eines BGE aus anderen möglichen Steuerquellen werden in dem Gutachten keine Aussagen getroffen. Zudem bleiben in den zugrundeliegenden Simulationsstudien (Blömer und Peichl 2021) dynamische Verhaltensanpassungen der Menschen bspw. ausgelöst durch potenzielle Erhöhungen produktiver Potenziale der Grundeinkommen beziehenden Bevölkerung, nicht auszuschließende Kostensenkungen im Gesundheitsbereich, Anpassungen der Güter- und Arbeitsnachfrage oder auch Qualitätsverbesserungen des gesellschaftlichen Zusammenhalts bei solchen rein mikroökonomischen Simulationsstudien und Partialmodellen der Volkswirtschaft üblicherweise ausgeblendet. Die Frage einer Finanzierung der Nettokosten eines BGE sowie die entsprechenden nötigen steuerpolitischen Änderungen entscheiden über die Frage, wie sich ein BGE auf die Einkommenslagen einzelner Bevölkerungsgruppen auswirken wird und welche Gruppen am Ende – zumindest kurzfristig – Nettogewinnende oder Nettozahlende wären.

Eine in der bisherigen BGE-Debatte zu selten geführte Frage bezieht sich auf eine „Überführung" des bisherigen mittlerweile mehr als 170 Einzelregelungen umfassenden Systems der antrags- sowie bedarfsgeprüften Gewährung staatlicher Leistungen sowie der Ermöglichung einer gleichberechtigten Teilhabe an der Gesellschaft in ein System eines allgemeinen Bürgerrechts, das allen Bürger*innen gewährt würde. Die eher marktliberalen Konzeptionen würden ein BGE mit einem residualen Sozialstaat verknüpfen, was am Ende vielfach genau nicht ein zentrales Element eines BGE wäre, nämlich den Zwang zur Lohnarbeit sowie eine Entkopplung von Erwerbsarbeit und Einkommen abzuschaffen.

Sichtet man grob in der deutschsprachigen sozial- und wirtschaftswissenschaftlichen Literatur zu diesem Thema die veröffentlichten Beiträge (vgl. Abb. 1.5), gibt es eine angewachsene Zahl – vor allem sozialwissenschaftlicher – Autoren und Autorinnen, die einem BGE zustimmen und dies auch keineswegs mit einem marktliberalen, rückgebauten Sozialstaatsmodell in Deutschland verknüpfen wollen.

Andererseits gibt es eine ganze Reihe – vor allem ökonomischer – Verfasserinnen und Verfasser von Beiträgen, die keineswegs einem Rückbau des Sozialstaats das Wort reden, sondern sich um notwendige Reformen des bestehenden Systems bemühen. Einige der Befürwortenden verknüpfen zudem ihre

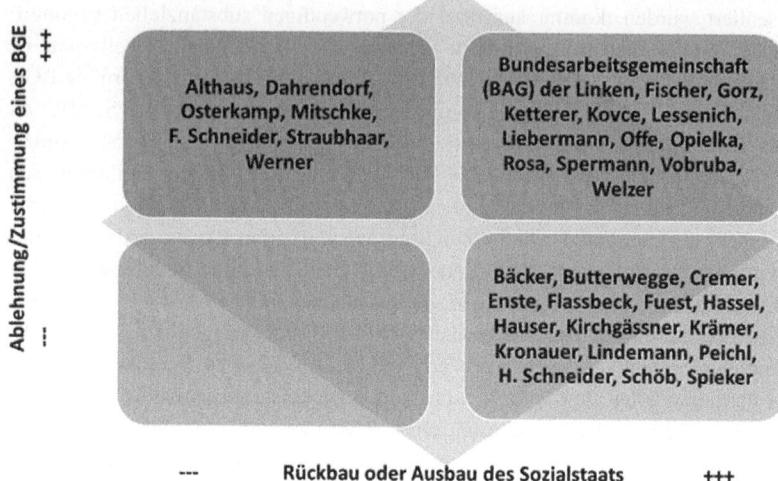

Abb. 1.5 Deutschsprachige – *exemplarische* – Befürwortende wie Ablehnende eines BGE gemäß deren Haltung zur Entwicklung des Sozialstaats

Präferenz auch mit einer der Einführung eines BGE vorausgehenden Überwindung des gegenwärtigen kapitalistisch geprägten Wirtschaftssystems. Gleichwohl fehlt solchen Detailvorschlägen in der Regel die öffentliche Aufmerksamkeit; eine emanzipatorische Utopie wie ein BGE hat es hier deutlich einfacher.

Dies stellen auch Bäcker et al. 2020 in ihrer umfassenden Würdigung und Präsentation der geltenden Sozialstaatskonzeptionen sowie möglicher Reformoptionen in Richtung einer sog. Bürgerversicherung fest: „Ein Gegenmodell wäre eine vorwärts gerichtete Reformpolitik, die an mehreren konkreten Punkten ansetzt und sich in ein Gesamtkonzept für einen modernen Sozialstaat einfügt. Zweifelsohne ist es nicht einfach, für solche *„Mühen der Ebenen"* als bessere Alternative zum Grundeinkommen ausreichend Zustimmung zu finden oder gar Begeisterung zu entfachen. Denn unweigerlich sind solche Reformen kleinteilig und komplex zugleich. Sie müssten Verbesserungen bei der Grundsicherung vorsehen – vor allem hinsichtlich der Leistungshöhe und den Zumutbarkeits- und Sanktionsregelungen – wie auch eine Aufwertung der Sozialversicherung. Die Position, die Sozialversicherung zu stärken, zielt darauf das Leistungsniveau der Sozialversicherung zu sichern und zu verbessern und den Versicherungsschutz über den gegenwärtigen Kreis der Versicherungspflichtigen und Leistungsberechtigten hinaus auf die gesamte Bevölkerung auszudehnen. Im Sinne einer Erwerbstätigenversicherung würden neben Arbeitern und Angestellten auch Beamte und Selbstständige in das Leistungssystem und zugleich in die Beitragspflicht einbezogen. Bei einer Bürgerversicherung würde die gesamte Bevölkerung einschließlich der Nicht-Erwerbstätigen erfasst" (dies. 2020, S. 311).

Im Folgenden haben wir eine Reihe an unterschiedlichen Fragen primär an die Adresse der Befürwortenden eines BGE formuliert, deren klare wie präzise Beantwortung unseres Erachtens noch aussteht, aber gleichwohl notwendig erscheint, um im Sinne der zitierten „Mühen der Ebene" am Ende eine faire Abwägung von Argumenten treffen zu können, ob – vermeintlich beabsichtigte wie unbeabsichtigte – Folgen einer Sozialstaatstransformation im Saldo dem jetzigen System im wohlfahrtsökonomischen Sinne überlegen oder unterlegen wären. Denn gerade die hohe öffentliche Popularität eines BGE birgt die große Gefahr, dass daran in der Bevölkerung zu hohe und bei näherer Prüfung möglicherweise auch (derzeit) nicht einlösbare Erwartungen geknüpft werden.

1.4 Offene Fragen sowie wahrscheinliche oder zumindest mögliche Hindernisse eines Weges zu einem BGE

Im Folgenden werden eine Reihe an kleineren und größeren, teils lösbaren oder teils auch nicht lösbaren offenen Fragen in neun Themenfelder gruppiert aufgeführt, die in den meisten Fällen im Grundsatz auch bereits von Kritikern eines Grundeinkommens geäußert wurden (vgl. hierzu bspw. Butterwegge 2018; Cremer 2019b; Flassbeck et al. 2012 sowie die ein BGE ablehnenden Autorinnen und Autoren in Abb. 1.5). Derzeit erkennen wir in keinem in der Diskussion befindlichen BGE-Modell die notwendige Diskussionsreife um die Mehrzahl der Fragen bereits empirisch belastbar und evidenzbasiert klar beantworten zu können. Lessenich hat offene Fragen um ein BGE als „Pessimismus des Verstandes" eingeordnet, dem andererseits ein „Optimismus des Willens" entgegenstehe und attestierte dem Konzept generell, dass der „Charme des Grundeinkommens in der Kombination von revolutionärer Idee und – potenziell zumindest – reformistischer Praxis" (ebd., 2009, S. 32) innewohne. Das „revolutionäre Element" dürfte darin liegen, dass ein BGE praktisch jedem Gesellschaftsmitglied den Zugang zu einer materiellen Grundsicherungsleistung eröffnen soll und sich damit auch mehr als eine rein sozialpolitische Dimension darin verbirgt. „Das Grundeinkommen soll die ‚soziale Demokratie' des Wohlfahrtsstaats auf stabile Füße sozialer Grundrechte stellen" (Opielka 2008, S. 91). Es ist vor allem diese *Bedingungslosigkeit* der Gewährung der regelmäßigen Geldleistungen als Rechtsanspruch in einer Welt eines BGE, was letztlich auch ein verändertes Grundverständnis sozialer Gerechtigkeit zur Folge hätte und zu einem neuen bzw. grundlegend erweiterten Wertverständnis führen müsste: „Die Bedingungslosigkeit des Grundeinkommens, die mit sich bringt, dass das Marktgeschehen nicht erst ex post durch den Sozialstaat korrigiert wird, sondern sich bereits ex ante unter ganz anderen Vorzeichen entfaltet, ist am schwierigsten zu begründen und am leichtesten zu bezweifeln, denn mit seiner Bedingungslosigkeit kommen dem Grundeinkommen gleichsam die gesellschaftlichen Probleme abhanden, für die es eine passgenaue Lösung sein könnte. Es sind nämlich vor allem ihre (Bezugs-)Bedingungen, die eine Sozialleistung prädestinieren, ein bestimmtes gesellschaftliches Problem zu lösen" (Kovce und Priddat 2019, S. 23). Der Bruch mit dem bisherigen Wertprinzip einer *Verpflichtung zur Selbsthilfe,* welches in dem Nachrangigkeitsgrundsatz der Gewährung staatlicher Leistungen seine Entsprechung findet, wird deshalb von Kritikern eines BGE auch an erster Stelle genannt: „Das Grundproblem des bedingungslosen Grundeinkommen ist: Es höhlt die Idee der Solidargemeinschaft aus. Es definiert ausschließlich Rechte gegenüber der Gesellschaft. Die Pflicht zur Selbsthilfe wird abgeschafft. Damit wird das Solidarprinzip einseitig zugunsten eines unbedingten Anspruchs des Einzelnen gegenüber der Gesellschaft aufgegeben. Offen bleibt, wer in der Gesellschaft dann noch bereit sein wird, diese Ansprüche zu erfüllen. Werden es zu wenige, lassen sich auch verbriefte Rechte nicht mehr einklagen" (Schöb 2020, S. 123).

Die im Folgenden aufgezählte Vielzahl an Detailfragen wird vermutlich bei überzeugten Befürwortenden eines BGE keine grundlegende Skepsis oder Verunsicherung auslösen, da es „gerade die fehlenden Probleme, die das bedingungslose Grundeinkommen davon befreien, Lösung bloß hierfür oder dafür sein zu müssen, und ihm eine grundrechtliche Strahlkraft über das sozialstaatliche Problemlösungserfordernis hinaus verleihen" (a. a. O., S. 24). Der belgische Sozialphilosoph Philippe van Parijs und Gründer des Basic Income European Network (BIEN) (vgl. Abschn. 1.7) sieht als „den" entscheidenden Einwand gegen ein BGE, die von Sozialtheoretikern wie Jon Elster oder auch John Rawls vorgetragen würden, dass ein BGE *vermeintlich* „einer weithin akzeptierten Vorstellung von Gerechtigkeit" (ders. 2019 [1991], S. 375) widerspreche. Van Parijs versucht anhand des Beispiels von Wellen-Surfern am kalifornischen Küstenort Malibu zu begründen, weshalb auch dieser nur ihrem privaten Vergnügen selbst verpflichteten Gruppe ohne jegliche Reziprozitätsleistung für andere Gesellschaftsmitglieder gemäß des von ihm dargelegten Grundverständnis „liberale[r] Gerechtigkeit – ohne Rückfragen, ohne Bedingungen – ein so hohes Einkommen zu[steht], dass sie sich selbst versorgen können" (a. a. O., S. 410). Allerdings schränkt auch er ein, dass dieses liberale Verständnis der Autonomie der freien Wahl der Zeit-verwendung nur für eine Gesellschaft gilt, „die so wohlhabend ist, dass sie sich ein bedingungsloses Grundeinkommen in entsprechender Höhe leisten kann" (a. a. O., S. 410).

Vor diesem Hintergrund tritt mit der Einführung eines BGE ein solches liberales Gerechtigkeitsverständnis in Konkurrenz mit den derzeitigen sozialen Gerechtigkeitskonzepten. Eine grundsätzliche Herausforderung bestünde darin, die gegenwärtige Balance der Teilziele sozialer Gerechtigkeit neu zu adjustieren, die bereits jetzt „teils komplementäre, teils konkurrierende Gerechtigkeitsaspekte" (Becker und Hauser 2009, S. 47) beinhalten. Die vier Teilziele Chancengerech-tigkeit, Leistungsgerechtigkeit, Bedarfsgerechtigkeit sowie Generationengerech-tigkeit stehen dabei wie in einem magischen Viereck zueinander und erfordern von der Politik, diese vier Gerechtigkeitsprinzipien in Balance zu bringen. Bereits derzeit steht insbesondere das Prinzip der Leistungsgerechtigkeit, das „Ungleich-heit in der Verteilung materieller Güter" (a. a. O., S. 47) impliziert, in einem Zielkonflikt mit dem Bedarfsprinzip, das von „tendenzieller Gleichheit bei den gleichen anerkannten Bedürfnissen" ausgeht. „Je stärker das Leistungsprinzip ausgeprägt ist und zu hoher Ungleichheit der Markteinkommen führt, desto grö-ßer dürften die Verletzungen des Ziels der Bedarfsgerechtigkeit ausfallen, sofern keine ausgleichenden staatlichen Transferzahlungen gezahlt werden. Umgekehrt beeinträchtigt eine weitreichende Umverteilung zur Angleichung der Bedürf-nisbefriedigungsmöglichkeiten tendenziell die Leistungsgerechtigkeit" (a. a. O., S. 47 f.). Demgegenüber steht der Aspekt der Chancengerechtigkeit, nämlich der „Gleichheit der Chancen für eine selbstbestimmte Lebensgestaltung" (a. a. O., S. 27) eher in einem *komplementären* und weniger konkurrierenden Verhältnis zu den übrigen Gerechtigkeitsprinzipien, wobei der Gleichheitsgrundsatz gemäß Artikel 3 des Grundgesetzes immerhin Verfassungsrang genießt und der Politik damit auch einen klaren Auftrag erteilt, Bürgerinnen und Bürger vor Verletzungen des Gleichheitsgrundsatzes bspw. in Form von Diskriminierungen zu schützen. Dem Aspekt der *Generationengerechtigkeit* im Sinne eines intergenerationalen Gerechtigkeitsverständnisses wurde vor mehr als zehn Jahren noch attestiert, dass es „nachrangig gegenüber anderen Gerechtigkeitsaspekten" (a. a. O., S. 50) sei.

Allerdings dürfte spätestens nach dem jüngsten Urteil des BVerfG zum Kli-maschutzgesetz (vgl. Abschn. 6.7) der Generationengerechtigkeit eine höhere Gewichtung auch seitens unserer Verfassungsnormen beigemessen werden und der Stellenwert dürfte hinsichtlich möglicher Konfliktbeziehungen gerade im Bereich der gesetzlichen Rentenversicherung sowie der Frage von Renten-erhöhungen oder auch Rentenkürzungen künftig ansteigen. Ein BGE könnte sicherlich hinsichtlich des diskutierten Teilziels der Leistungsgerechtigkeit wie auch bereits die Bedarfsgerechtigkeit ebenfalls in Konflikt geraten, jedoch wird ihm aus gerechtigkeitsphilosophischer Perspektive gleichwohl grundsätzlich attestiert, auch nicht auszuschließende positive Ausstrahlungseffekte auf Chancen- wie Leistungsgerechtigkeit zu besitzen: „Aus liberaler Sicht lässt sich … das bedingungslose Grundeinkommen als gerecht bezeichnen. Es würde die Chancengleichheit und die reale Freiheit der Einzelnen erhöhen und so den Freiheitsrechten reale Geltung verschaffen. Zudem würde das BGE einen moderaten Ausgleich des Unverdienten erwirken – und zwar ohne das liberale Neutralitätsprinzip oder das Prinzip der Reziprozität entscheidend zu verletzen. Zudem bleibt im Konzept des BGE genügend Platz für die liberalen Erfordernisse der Verantwortlichkeit, der Belohnung von Leistung und des Privateigentums, ja das Grundeinkommen kann womöglich zu einer Stärkung von Verantwortlichkeit und Leistung beitragen. Zudem ließe sich durch das BGE eine fairere Leistungsgerechtigkeit verwirklichen, weil sich dank einer besseren Chancengleichheit etwa das Prinzip der eigenen Anstrengung eher in Verdienst niederschlagen würde und Nachteile durch die eigene Herkunft abgemildert werden könnten" (Reuter 2016, S. 169).

Opielka et al. ordnen das Grundeinkommen hinsichtlich der sozialstaatlichen Gerechtigkeitsprinzipen einem Wertetypus der Anerkennung als garantistisches Konzept von Teilhabegerechtigkeit zu, das vor allem das Ziel hat, die Fähigkeiten der Menschen zu stärken; ein Ansatz, der auch dem sog. capability approach von Amartya Sen nicht fernsteht. Sie gelangen zu einer ähnlichen Einschätzung hinsichtlich der grundsätzlichen Vereinbarkeit unterschiedlicher Gerechtigkeitsprinzipien: „Teilhabegerechtigkeit ist die geistige Grundlage des Grundeinkommens – auch wenn sich die Idee des Grundeinkommens mit allen vier Gerechtigkeitstypen verträgt" (dies. 2010, S. 24 f.).

Selbst wenn hinsichtlich der Gerechtigkeitsdimension keine grundlegenden Widersprüche zu bisherigen geltenden Prinzipien bestehen, sei auf die erforderlichen immensen Änderungsprozesse im Gerechtigkeits- und Werteempfinden der Bevölkerung aufmerksam gemacht, die bspw. auch von dem Ökonomen und Ungleichheitsforscher Branko Milanovic aufgeworfen werden: „Mit der Einführung eines universellen bedingungslosen Grundeinkommens würde das Prinzip aufgegeben, auf dem der heutige Wohlfahrtsstaat beruht. Das bedingungslose Grundeinkommen versichert die Bürger nicht gegen Risiken, sondern es ignoriert die Risiken vollkommen. Es verteilt das Geld zu gleichen Teilen an alle Menschen, wobei die Wohlhabenden das bezogene Grundeinkommen durch die Steuern wieder zurückgeben. Das ist nicht zwangsläufig ein entscheidendes Argument gegen das BGE. Die Philosophie, auf der ein Wohlfahrtssystem beruht, kann geändert werden, und unter Umständen kann das ratsam sein. Es muss und jedoch klar sein, dass die Abkehr vom gegenwärtigen Sozialversicherungssystem und der Übergang zum bedingungslosen Grundeinkommen nicht einfach eine technische und finanzielle Veränderung wäre, sondern eine umfassende Neuformulierung der Philosophie erfordern würde, die den Wohlfahrtsstaat seit mehr als einem Jahrhundert prägt" (ders. 2020, S. 287 f.).

Zudem gilt es – trotz allem grundsätzlichen Optimismus – davor zu warnen, dass in einer Welt eines BGE mit entsprechenden institutionellen Begebenheiten *sozialkomparative* Phänomene wie Ressentiments, Geltungsdrang, Hochmut, Neid oder andere sozialkomparative Orientierungen sich plötzlich auflösen und verschwinden würden: „Es steht nicht zu erwarten, dass Solidarität, Kooperationsstreben, Altruismus oder Egoismus sich als jeweils durchgängig dominierende oder gar ausschließlich auftretende Handlungsmotivationen durchsetzen werden. Sozialkomparative Orientierungen werden als Handlungsmotivationen stets hinzutreten" (Nullmeier 2016, S. 65). Auch seitens der Moralphilosophie wird diese Skepsis einer vollständigen Auflösung sozialkomparativer Phänomene selbst in einer „guten Gesellschaft" geteilt: „Auch Neid (und nicht nur sein guter Verwandter, das Nacheifern) sollte es weiterhin geben, weil Konkurrenz und das Interesse an Gütern, um die konkurriert wird, etwas ist, dem eine gute Gesellschaft keine Fesseln anlegen kann, ohne positive Energie einzubüßen. Die Institutionen einer guten Gesellschaft halten Angst und Neid in Grenzen und schützen Bürger vor Erniedrigung" (Nussbaum 2014, S. 566). In aktuellen soziologischen Debatten um *Postwachstumsgesellschaften* und die „Große Transformation" (Dörre et al. 2019) wird ebenfalls von einigen Autoren das garantierte Grundeinkommen als der überzeugendste sozialpolitische Vorschlag für die zukünftige gesellschaftliche Entwicklung angesehen: „Nun gibt es einen Reformvorschlag, der eine solche Pazifizierung der Existenz unter spätmodernen Bedingungen denkbar werden lässt. Er liegt durchaus im Horizont des politisch Möglichen, doch seine Umsetzung hätte weitreichende, ja revolutionäre kulturelle Konsequenzen. Ich meine die Idee eines *garantierten, voraussetzungslosen Grundeinkommens.* Diese erscheint mir als das plausibelste sozialstaatliche Korrelat zu einer ökonomischen Postwachstumsgesellschaft." (Rosa 2016, S. 729).

Die im Folgenden formulierten *offenen Fragen* reichen im Übrigen auch weit über diejenigen individuellen Handlungsfolgen hinaus, für die man bspw. auch mit Hilfe von Feldexperimenten empirische und verallgemeinerungsfähige Antworten gewinnen konnte und auch in den folgenden Abschnitten des Buches werden keineswegs sämtliche Fragen erneut aufgegriffen und mögliche Antworten ausgearbeitet. Bislang ist der Forschungsstand zu Wirkungen eines BGE zwar vergleichsweise *spärlich,* wächst aber gleichwohl durch eine Reihe auch wissenschaftlich begleiteter Feldexperimenten kontinuierlich an. Zwar wurden in der

Vergangenheit eine Reihe an „Mikrosimulationsstudien" erstellt (vgl. bspw. Oster-
kamp 2015), die sich vor allem auf die finanziellen Aspekte einer möglichen
Einführung beziehen und deren Ergebnisse Politik wie Öffentlichkeit über mögliche Umverteilungswirkungen bei Überführung des derzeitigen Systems in eine
BGE-Welt informieren sollten. Methodisch unterstellen solche Simulationsstudien
jedoch nur sehr kurzfristige Wirkungen in Form des sog. „morning after" Effekts.
Zudem gehört zu den Verhaltensannahmen der zentralen Akteure des Modells
(Personen, Haushalte) aufgrund der Knappheit von Ressourcen, dass sie eindeutig
definierte Ziele (Nutzenmaximierungen) verfolgen. An dieser Stelle würden dann
aus unserer Sicht allerspätestens – wenn möglicherweise nicht gar zu spät – die
folgenden derzeit offenen bzw. nicht öffentlich in ausreichendem Umfang diskutierten Fragen auftauchen. Wir würden uns wünschen, dass die künftige Debatte
zu einem BGE diese aufgreifen und (vorläufige) Antworten entwickeln würden.

**Offene Fragen und mögliche sowie nicht auszuschließende Folgen eines
BGE**

Kosten und Finanzierung

1. Welche geld- bzw. finanzpolitischen Instrumente gäbe es bei infla-
   tionären Gefährdungen, bspw. dadurch ausgelöst, dass Arbeitgeber
   in bestimmten Branchen die Löhne drastisch erhöhen müssten bzw.
   weil die wachsende Nachfrage kurz- bis mittelfristig zu sprunghaften
   Preissteigerungen führen könnte?
2. Welche geld- bzw. finanzpolitischen Instrumente stünden bei Spar- und
   Deflationsfallen der Wirtschaft auch weiterhin zur Verfügung?
3. Im schlimmsten Falle könnte auch ein Staatsbankrott drohen, wenn das
   Konzept nicht solide und nachhaltig finanziert wäre – wie sähe ein
   Plan einer möglichen erfolgreichen Rückkehr zum Status Quo oder ein
   überlegener Plan B hierzu aus?
4. Wie kann populistische Politik zur Mehrheitssicherung aber ohne
   Skrupel zur Staatsverschuldung und der Gefährdung der wirtschaftlichen Leistungsfähigkeit Einhalt geboten werden (bspw. in Form eines
   „Schulden-Tabu" für BGE-Kosten?)
5. Werden möglicherweise durch die Einführung eines BGE Anlagen
   in überwiegend „spekulative Investments" befördert mit hohen Kurs-
   Risiken und möglichen Verlusten?

6. Welche Antwort gäbe es bei einer möglichen strittigen Einführung eines BGE auf einen sich ausweitenden „Steuerstreik" zur Finanzierung eines BGE?

Investive Infrastruktur und institutionelle Reformen

7. Wie wird vermieden, dass mit Mitteln eines BGE die Finanzierung öffentlicher Güter sowie investiver Infrastruktur nicht vernachlässigt werden?

8. Ein BGE erfordert umfassende Reformen mit vielen gleichzeitigen Änderungen im Steuer- und Sozialsystem wie auch im institutionellen Gefüge des traditionellen Sozial- und Wohlfahrtsstaats. Der Gesamteffekt dieser Reformen ist nur schwer absehbar. Was wären mögliche „checks and balances" auf einem institutionellen Pfad einer Implementierung?

9. Welche Implikationen kommen dem Punkt zu, dass in einer BGE-Welt, der Finanzminister – und nicht länger der Arbeits- und Sozialminister – zum Hauptakteur für die Belange der BGE-Beziehenden wird?

10. Die Gewerkschaften sind vor allem in Ländern mit beitragsfinanzierten Systemen der sozialen Sicherung sehr schwer als Verbündete zu gewinnen; denn sie vertreten die Insider – während in einem BGE vermutlich vor allem die Outsider eher zu den Gewinnern zählen würden. Wie will man also in Deutschland die Gewerkschaften überzeugen, dass ein BGE auch institutionell die überlegene Alternative zum Sozialstaatsprinzip darstellt?

11. Wäre nicht der Einstieg mittels eines geringen (nicht vollständig den Bedarf absichernden) Grundeinkommens der beste Weg), um schrittweise (phasing in) von einem partiellen zu einem existenzsichernden Niveau eines BGE zu gelangen?

12. Wer zahlt überhaupt ein BGE aus – die (zentrale) Steuerverwaltung (Steuerdatei) oder die lokale Gemeinde, bei der man gemeldet ist (Einwohnermeldeamtsdatei?) oder gemischte Zuständigkeiten, die aber dann entsprechenden Datenaustausch betreiben müssten?

Nationalstaatliche Implementierung in Europa und einer globalisierten Welt

13. Wie wird bei einer rein nationalen Einführung verhindert, dass in einem Europa der offenen Grenzen keine Zuwanderung angefeuert wird bzw. massenhafter Missbrauch stimuliert wird? (vgl. Agernsnap et al. 2020)

14. Wie ist zu verhindern, dass die Zahl der „Saisonarbeitenden" oder „Zeitarbeitskräften aus dem Ausland", „Osteuropäische Haushalts- und Pflegehilfen" nicht wächst (Pendelmigration), da nicht attraktive Jobs dann von der heimischen Bevölkerung vermutlich nicht weiter angeboten werden?

15. Welche Instrumente stünden zur Verfügung, um einem nicht auszu- schließenden „Kapital Streik" zur politischen Destabilisierung einer BGE-Implementierung zu begegnen? (vgl. Benavan 2020, S. 84)

(Unbeabsichtigte) Handlungsnebenfolgen und deren Lösungsmöglichkeiten

16. Es kann nicht ausgeschlossen werden, dass die Motivation, einer Erwerbsarbeit nachzugehen, bei kleinen (homogen/heterogenen?) Gruppen zunehmend entfallen und verstärkt „Sozialschmarotzertum", Trägheit und Faulheit in bestimmten Gruppen wachsen? Welche Pläne existieren, um dem entgegenzuwirken und welche staatlichen Insti- tutionen (Bund, Länder, Kommunen) tragen Verantwortung, solche Entwicklungen zu verhindern?

17. Wie kann man mögliche wachsende Tendenzen zu Inaktivität entgegen- wirken, wenn Geld allein nicht die Probleme bei Menschen löst und zu beobachten ist, wie sich wachsende Teile der Bevölkerung nicht mehr in gesellschaftlich erforderlichen und notwendigen Aktivitäten engagieren?

18. Die politische und moralische Bereitschaft, dauerhafte Zahlungen auch an Nicht-Bedürftige zu leisten, wird mehr als schwierig sein zu erreichen. Welche Strategien gäbe es, einer entsprechend wachsenden „Anti-BGE-Bewegung" entgegenzuwirken?

19. Wenn „schwächere" Gesellschaftsmitglieder „lernen", dass ihnen stets geholfen wird, steigt ggf. das Risiko „Selbstvertrauen" zu verlieren; auch hier: welche staatlichen Institutionen (Bund, Länder, Kommunen) trägt Verantwortung, solche möglichen Entwicklungen zu verhindern?

20. Wie kann ohne die Möglichkeit von Sanktionierungen und dem Einstellen von Zahlungen eines BGE nicht auszuschließende wiederholte egoistische Ausnutzung öffentlicher Ressourcen für demokratiegefährdende Aktivitäten bekämpft werden?

21. Wie kann einem wachsenden Vermeiden (bspw. in Form von Schwarzarbeit) von Steuerzahlungen sowie Sozialversicherungsabgaben wirksam begegnet werden?

22. Das BGE verspricht einen gerechteren, einfacheren, effizienteren Sozialstaat, der die Würde jedes einzelnen wahrt, ihn vor Armut schützt und ihm die Teilhabe an der Gesellschaft ermöglicht. Welche Armutspräventionen (bspw. ist ein BGE pfändbar?) wären flankierend notwendig und gibt es Mindesterwartungen einer gesellschaftlichen Teilhabe in einer BGE-Gesellschaft (Beteiligung an Freiwilligendiensten, Ehrenamt etc.)?

23. Unterstellt ein BGE-Menschenbild nicht letztlich vollständig mündige und rational bzw. vernunftbezogen handelnde Bürger*innen? Welche Motivationsstrategien stehen (von wem?) nach einer Einführung bereit, auch „unvernünftig" Handlungsweisen wieder in Bürgeraktivitäten zu transformieren?

24. Die Befürwortenden des BGE haben die Vision einer anderen Gesellschaft. Hierbei unterstellen sie ein gewisses Menschenbild, nämlich das von (zumindest in einer überwiegenden Mehrheit) intrinsisch motivierten Menschen. Dieses Menschenbild ist eine wichtige Voraussetzung für das Funktionieren der Idee. Unbeantwortet bleibt bislang die Frage mit wieviel Prozent „trittbrettfahrenden" Mitgliedern eine BGE-Gesellschaft mittelfristig (über-)leben kann?

25. Man muss sich auf Einfluss von mächtigen Lobbygruppen einstellen und (Gewerkschaften, Sozialbürokratie, Arbeitgeberverbände) Gegenargumente, die geltend gemacht werden, welche die politischen Bemühungen zur Einführung eines BGE untergraben und torpedieren werden. Welche Instrumente sowie Kommunikationsformate sollen hierzu genutzt werden?

Festlegung von Schwellenwerten höherer Belastungen

26. Ab welcher Erwerbseinkommenshöhe sollten Beschäftigte zur Finanzierung eines BGE steuerlich mehrbelastet werden als im status-quo?

Wie wäre ein Steuertarif (Schwellenwerte) insbes. in den unteren
Einkommensdezilen auszugestalten?

27. Muss Sozialpolitik und der Staat auch in einer Welt einer bedingungslosen Grundeinkommenszahlung einige seiner Bürger*innen „vor sich
selbst schützen" (bspw. wg. Suchtgefahren) – welche Institution wäre
hierfür zuständig?

Offene Implementierungsregelungen

28. Ist in einer Welt einer bedingungslosen Geldzahlung noch vorstellbar, dass Bürger*innen die Zahlung auch „entzogen" oder „gekürzt"
werden kann (bspw. auf Grund von Straftaten)?
29. Wie hoch soll ein BGE für rechtskräftig verurteilte Personen sein? Auf
ein individuelles Sperrkonto für die Zeit einer Resozialisierung?
30. Wer wäre alles *nicht* anspruchsberechtigt für ein BGE? (bspw. Geflüchtete, Deutsche im Ausland, Personen ohne gemeldeten Wohnsitz in
Deutschland, Obdachlose, illegal im Land lebende Personen)
31. In welcher Höhe und auf welcher Grundlage ist ein BGE für Kin-
der/Jugendliche anzusetzen? Folgt man der gegenwärtigen Praxis analog der Festlegung der Höhe des Steuerfreibetrags/Existenzminimums?
32. Die gegenwärtige Praxis des Kindergeldes staffelt die Höhe nach Zahl
der Kinder. Wie kann verhindert werden, dass ein BGE kinderreichen
Familien negative Anreize hinsichtlich des Arbeitsangebots setzt?
33. Wäre in einer BGE-Welt die subsidiäre Verantwortung einer familiären
Unterstützung innerhalb eines familiären Hausstands auf komplette
Individualisierung (bspw. ohne Unterhaltsverpflichtungen) auf Null
gesunken?

Potenzielle Folgen am Arbeitsmarkt

34. Treten unbeabsichtigte Nebenwirkungen beim Verlassen des Primats
der Steigerung von Primäreinkommen (Bruttolöhne und -gehälter) ein?
35. Bleiben Mindestlöhne bestehen und was geschieht, wenn etliche
Erwerbstätige nach Einführung eines BGE auch bereit sind zu geringeren Löhnen als dem Mindestlohn eine Erwerbstätigkeit auszuüben?

36. Was geschieht mit den derzeitigen Arbeitgeberabgaben zur Sozi-
    alversicherung? Auch künftig je Beschäftigten, oder pauschal als
    Lohnsummenabgabe?

Zusammenwirken mit dem derzeit beitragsfinanziertem Sozialstaat

37. Stellen sich diejenigen Gruppen unserer Gesellschaft, die gegenwär-
    tig kumulierte bedarfsgeprüfte Leistungen erhalten, nach Einführung
    eines BGE mindestens genauso gut wie im bisherigen System sozialer
    Sicherung?
38. Durch wen und in welcher Höhe soll die Finanzierung des derzei-
    tigen Niveaus der gesetzlichen/privaten Kranken-/Pflegeversicherung
    erfolgen?
39. Mit welchen Instrumenten des derzeitigen Sozialstaats ist eine „Nivel-
    lierung nach unten" für derzeit Bedürftige in schwierigsten Lebensla-
    gen (bspw. Schwerstbehinderte mit hohen Extrakosten) zu verhindern?
40. Wie hoch bleibt die BGE-Höhe im Fall der stationären Pflegebe-
    dürftigkeit – bei einem „Taschengeld" von 120 € wie derzeit bei
    Sozialhilfe-Beziehenden?
41. Bleibt es beim gegenwärtigen Wettbewerb der gesetzlichen wie priva-
    ten Krankenkassen?
42. Eine Verrechnung des BGE mit bestehenden Sozialleistungen ist evtl.
    praktisch nicht umsetzbar, da längst nicht alle heutigen Sozialleis-
    tungen Transferleistungen oder Unterhaltszahlungen sind. Stattdessen
    bestehen diese auch in Dienstleistungen (z. B. Arbeit von Pflegekräften
    in Krankenhäusern und Altersheimen). Welche Sozialleistungen sind
    auch in einer BGE-Welt unverhandelbar/nicht substituierbar?
43. Mit welchem Geburtsjahrgang sollte frühestens die gesetzliche Bei-
    tragspflicht in eine Alterssicherung mit eigentumsähnlichen Ansprü-
    chen im Rentenalter beendet bzw. umgewandelt werden?
44. Bliebe bei einem BGE die derzeitigen Besteuerungsanteile der gesetz-
    lichen Rentenzahlungen eingefroren oder müsste dieser zur Refinan-
    zierung eines BGE ebenfalls erhöht werden?

Normative gesellschaftliche Fragen

45. Wie lässt sich sicherstellen, dass auch in einer BGE-Welt normative Prinzipien einem utilitaristischen Wohlfahrtsstaatsprinzip sowie dem einer „optimalen" Steuertheorie (Wohlfahrtsmaximierung) aufrechterhalten bleiben?

46. Wie sollte die Gesellschaft damit umgehen, wenn bspw. 10 % der Bevölkerung aus grundsätzlichen Erwägungen den Erhalt eines BGE verweigern würde?

47. Da im Vergleich zu derzeitigen Zahlungsempfängern des Sozialstaats künftig vor allem auch neue Gruppen (Kinderlose, Personen ohne Beeinträchtigungen) erstmals in den Genuss staatlicher Leistungen gelangen, müssten dann von diesen Gruppen auch höhere steuerliche Belastungen eingefordert werden oder verspricht man sich von diesen Gruppen besondere Nachfrageeffekte?

48. Wie ist es künftig zu schaffen, dass insbesondere für Frauen aus Migrantenfamilien eine Arbeitsmarktintegration nach Einführung eines BGE nicht in noch weitere Ferne rücken würde als ohnehin bereits?

49. Auf welchen Ebenen (außerhalb von Twitter, Facebook, Instagram etc.) bedarf es künftig vor allem mit den Protagonisten eines BGE verstärkter Debatten, um auch notwendige Fragen auf sachbezogen relevante Punkte im Detail zu behandeln und Lösungsansätze zu entwickeln so dass sich die Diskussion nicht jenseits der realen wirtschaftlichen, sozialen, finanziellen und politischen Welt bewegen?

50. Gelingt es in einer BGE-Welt die Kernbestände der Moderne, wie etwa Demokratie, Rechtsstaatlichkeit, Gewaltenteilung, öffentliche Meinungsfreiheit bewahren und sicherstellen zu können und mögliche Tendenzen eines Neo-Nationalismus ins Leere laufen zu lassen?

Es wäre wünschenswert, dass mögliche Risiken in einem Reform- oder Transformationsprozess zu einem BGE offen ausgetragen und diskutiert würden und eine Verständigung darüber gefunden würde, für welche Fragen bereits ausreichend empirische Evidenz zur klaren Beantwortung vorliegt. An dieser Stelle sei zudem an den zur Vorsicht mahnende Appell des Ökonomen Branko Milanovic erinnert: „Diese Fragen müssen wir untersuchen, bevor wir uns für oder gegen das bedingungslose Grundeinkommen entscheiden. Keiner der zuvor genannten Einwände ist an sich ausreichend, um die Idee zu verwerfen; diese Probleme könnten allesamt gelöst, umgangen oder vielleicht als unwahrscheinlich ausgeschlossen werden. Aber in ihrer Gesamtheit sollten sie uns dazu veranlassen, gründlich darüber nachzudenken, ob es ratsam ist, das bedingungslose Grundeinkommen einzuführen" (ebd., 2020, S. 288 f.). Sicherlich werden durch die Initiierung wissenschaftlich begleiteter Feldexperiment nur einige weniger der aufgeführten offenen Fragen in einigen Jahren evidenzbasiert beantwortbar sein. Gleichwohl schließen wir uns – trotz aller Sympathie für experimentelle Forschung in diesem Feld – der skeptischen Einschätzung von Georg Vobruba an: „Alles in allem: Man kann mit unterschiedlichen Versionen eines Grundeinkommens ausgestattete Testgruppen untereinander vergleichen, nicht aber von den Testergebnissen auf die Gesellschaft hochrechnen. Es hilft nichts: Wenn man es wissen will, ob und wie ein Grundeinkommen die Gesellschaft verändert, muss man es einführen. Das ist ein schwer überwindbares Hindernis" (ders. 2019, S. 212).

Die umfassende Liste an kleinen wie großen offenen Fragen soll darauf aufmerksam machen, dass – bei allem Reformbedarf des Status-Quo Modells unseres Sozialstaatsmodells – es gute Gründe gibt, *zu hohe Erwartungen* eines baldigen Umstiegs in eine BGE-Welt deutlich zu dämpfen. Wahrscheinlicher erachten wir hingegen schrittweise Übernahmen und eine Integration von einer Reihe an garantistischen Elementen als individuelle Bürgerrechte, die das beitragsfinanzierte konservative Wohlfahrtsstaatsmodell in ein stärker individualisiertes – und emanzipierteres – künftiges Modell transformieren wird. Auch die von Parijs/Vanderborght diskutierte Einführung eines BGE durch die Hintertür (Back Door) (ebd. 2017, S. 210) sowie der Beginn eines Übergangs mit einer Implementierung des von Anthony Atkinson (1996 sowie 2015, S. 219) vorgeschlagenen „participation income" geht in diese Richtung und auch Lee schlägt ein ganz ähnliches Konzept vor (ebd. 2019, S. 284). Es handelt sich bei einem participation income um eine Art *vorrangiges Bürgergeld* für all diejenigen, die in *irgendeiner Form* entweder in Voll- oder Teilzeit eine Erwerbstätigkeit ausüben, sich in Bildung oder Ausbildung befinden, aktiv eine Beschäftigung suchen, Care-Arbeit für Kinder, Ältere oder behinderte Menschen ausüben oder sich ehrenamtlich bzw. freiwillig in der Zivilgesellschaft engagieren. Solche Ansätze werden freilich von einigen Befürwortern eines BGE auch als „progressiver Paternalismus" (Liebermann 2015, S. 15) abgelehnt.

1.5   Legitimitätsprobleme beitragsfinanzierter Sozialstaatsmodelle und gewachsene Zustimmung zu einem BGE

Auch wenn wir zeigen konnten, dass in den letzten Jahren das Interesse an einem BGE deutlich gestiegen ist und auch die grundsätzliche Zustimmung zu der Idee in der Bevölkerung durchaus ausgeprägt ist, sollte man daraus nicht vorschnell dem Glauben verfallen, dass eine konkrete Umsetzung und Verwirklichung der Grundeinkommensidee sowie einer Ablösung des derzeitigen Sozialstaats mit all seinen Institutionen in greifbare Nähe gerückt ist. So waren sowohl die Phasen der Verteidigung als auch der Weiterentwicklung hinsichtlich der Zugangsbedingungen wie auch Leistungsumfang sozialstaatlicher Maßnahmen stets auch Gegenstand von politischen Konflikten und Auslandhandlungsprozessen. Aus einer Perspektive der empirischen Dimension demokratischer Legitimität ermittelten mehrere repräsentative Erhebungen Belege für die Popularität eines BGE (Schupp 2020c).

So belegen die Befragungsergebnisse, dass für den Zeitraum der Jahreswende 2016/17 bis Herbst 2018 die Zustimmungsrate zur Einführung eines BGE weitgehend stabil sowie tendenziell steigend war und bei einem Wert zwischen 45 und 55 % gelegen hat und im Herbst 2019 lag die Zustimmungsrate zu einem BGE einige Prozentpunkte niedriger bei nunmehr 48 % liegt. In Ostdeutschland liegt der Grad der Zustimmung bei 58 %, in Westdeutschland bei 46 % der erwachsenen Bevölkerung. Differenzierte Analysen nach sozio-demografischen Merkmalen belegen dabei (Abb. 1.6), dass die Zustimmung zu einem BGE oft mit jungem Alter, hoher Bildung und auch einem niedrigen Einkommen sowie politisch eher linker Einstellung einhergeht.

Gleichwohl sollte man bei der Interpretation der Zustimmungsraten Vorsicht walten lassen, hinsichtlich einer konkreten auch politischen Reformbereitschaft

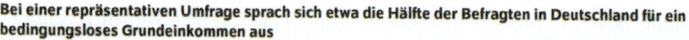

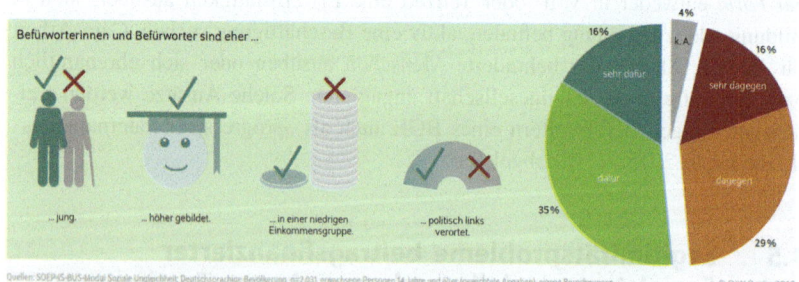

Abb. 1.6 Grad der Zustimmung zu einem bedingungslosen Grundeinkommen in Deutschland. (Quelle: Adriaans et al. 2019)

hin zu einem BGE. Denn die Erläuterung der international vergleichbaren Surveyfrage (vgl. Soomi 2018) machen in der Regel nicht explizit, ob sich Befragte nach einer Einführung eines BGE finanziell besser oder schlechter stellen würden.

So wird in Surveys – wie auch im European Social Survey (ESS) – das BGE vielfach in folgender Weise den Befragten präsentiert und anschließend der jeweilige Grad der Zustimmung oder Ablehnung ermittelt:

- Der Staat zahlt jedem ein monatliches Einkommen, das alle grundlegenden Lebenshaltungskosten deckt.
- Dadurch werden viele bestehenden Sozialleistungen ersetzt.
- Das Ziel ist es, jedem einen minimalen Lebensstandard zu garantieren.
- Alle erhalten den gleichen Betrag, egal ob gearbeitet wird oder nicht.
- Man kann zudem das Einkommen aus Erwerbstätigkeit oder anderen Quellen behalten.
- Das Grundeinkommen wird über Steuern finanziert.

Diese vor allem in international vergleichenden Surveys verwendeten Erläuterungen zu einem BGE machen einerseits nicht explizit, welche konkrete Höhe eines Grundeinkommens damit verbunden wäre, welche Sozialleistungen künftig gestrichen und welche erhalten blieben, wieviel vom Bruttoverdienst man nach Einführung eines BGE noch netto behalten dürfte und natürlich die wichtigste Frage, welche Steuern zur Finanzierung eines BGE vermutlich erhöht werden müssten. So dürfte für die Mehrzahl der Befragten eher unklar sein, ob sie sich persönlich nach einer Einführung eines BGE finanziell besser oder schlechter stellen.

In der SOEP-IS-Befragung vom Herbst 2019 wurde im Anschluss an die wenig konkrete Frage zur Zustimmung oder Ablehnung eines BGE die Nachfrage gestellt, ob man persönlich davon ausgehe, nach Einführung eines solchen BGE vermutlich über weniger Geld netto zu verfügen, etwa gleich viel Geld oder vermutlich mehr Geld netto zur Verfügung hätte (Abb. 1.7).

Rund 40 % aller Befragten gaben an, dass sie vermutlich mehr Geld zur Verfügung hätten, während 26 % eher davon ausgehen, weniger Geld zur Verfügung zu haben und reichlich ein Drittel gab an, dass ein Grundeinkommen sie finanziell nicht besserstellen würde. Wenig überraschend ist, dass in der Gruppe der Befürwortenden mehr als die Hälfte vermutet, dass sie nach Einführung eines BGE mehr Geld netto zur Verfügung hätten. Aber auch unter den Ablehnenden eines BGE erwarten rund 26 %, dass sie mehr Geld zur Verfügung hätten, während 45 % der Ablehnenden vermuten, dass sie mit einem BGE weniger Geld netto zur Verfügung hätten. Die Ergebnisse machen deutlich, dass keineswegs

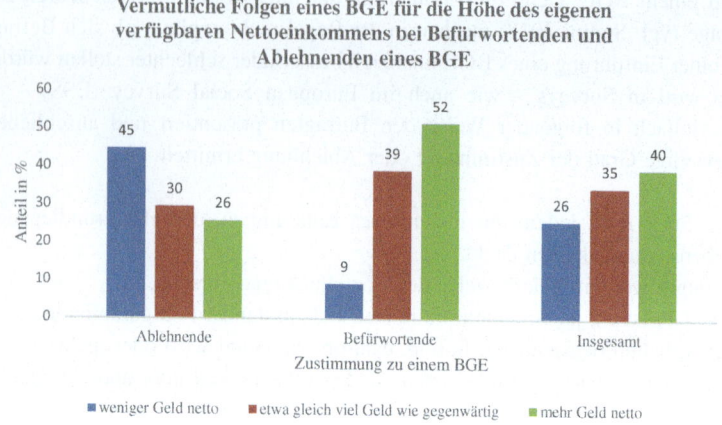

Abb. 1.7 Vermutliche Folgen eines BGE auf die Höhe des eigenen verfügbaren Nettoeinkommens. (Quelle: *SOEP-IS – BUS – Modul BGE 2019; Deutschsprachige Bevölkerung n = 1930 Erwachsene Personen 14 Jahre und älter (gewichtete Angaben)*)

alle, die sich gegen ein Grundeinkommen aussprechen, dies allein deshalb tun, da sie erwarten sich ökonomisch schlechter zu stellen, wie auch umgekehrt in der Gruppe der Befürwortenden jeder Elfte davon ausgeht, dass er im jetzigen System ökonomisch besser gestellt ist und dennoch zustimmt.

Neben Fragen der ökonomischen Konsequenzen für den Einzelnen, schließt die Debatte zur Einführung eines BGE auch direkt an die Frage nach der Gerechtigkeit eines veränderten Sozialstaatsprinzips an. Während Kritikerinnen und Kritiker vor allem das Prinzip der Leistungsgerechtigkeit durch die Bedingungslosigkeit des Grundeinkommens in Gefahr sehen, zeigen die empirischen Analysen (Adriaans et al. 2019 sowie auch bereits Lee 2018), dass das breit geteilte Prinzip der Bedarfsgerechtigkeit durchaus im Einklang mit der Einführung eines BGE steht. So kann für *beide* Präferenzen eine hohe Korrelation mit der Ablehnung beziehungsweise Zustimmung zu einem Grundeinkommen festgestellt werden. Diejenigen, die Bedarfsgerechtigkeit sehr hoch schätzen, haben durchaus Sympathien mit dem Grundeinkommen, diejenigen aber, die der Leistungsgerechtigkeit einen hohen Wert beimessen, sind dem Grundeinkommen gegenüber eher negativ eingestellt.

Anhand von Befragungen und der Abfrage von möglichen eigenen Handlungskonsequenzen oder auch vermuteter Handlungskonsequenzen im Falle eines BGE lässt sich zudem belegen, dass die Einschätzung darüber, wie Menschen allgemein auf ein Grundeinkommen reagieren würden und wie man selbst handeln würde, sich signifikant unterscheiden. „Verglichen mit den 56 % der Befragten, die davon ausgehen, dass andere Menschen weniger arbeiten würden, nehmen beispielsweise nur 22 % der Befragten an, dass sie selbst weniger arbeiten würden" (Oostendorp und Paulus 2021).

Offensichtlich ist in der Bevölkerung ein starkes Interesse anzutreffen, über grundsätzliche Alternativen zum bestehenden System sozialer Sicherung nachzudenken, obwohl in den letzten Jahren die finanziellen Mittel in Deutschland zur Weiterentwicklung des Sozialstaats kontinuierlich gestiegen sind.

Zwar beträgt der Anteil der Erwachsenen, die der Aussage, „mit den Leistungen des Sozialstaats in Deutschland bin ich zufrieden" rund 42 %. Aber ein reichliches Drittel ist unzufrieden mit den 8gegenwärtigen Leistungen des Sozialstaats und zusammen mit dem vergleichsweise hohen Anteil an Personen (23 %), die sich indifferent zu den Leistungen des Sozialstaats äußern, dominiert eine eher kritische Haltung in der Bevölkerung (Lüders und Schröder 2020). Auch im Demokratiemonitor wurde nach einem vollständigen Ersatz der bisherigen beitragsfinanzierten Sozialstaatsstrukturen durch ein BGE gefragt.

Auch in dieser Studie fällt das Ergebnis wie in Abb. 1.8 dargestellt recht deutlich aus. Mehr als die Hälfte unterstützt unterschiedlich stark ein BGE, während

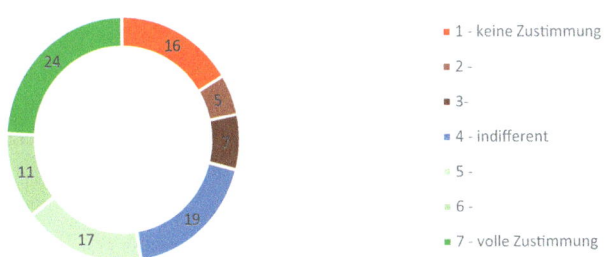

"Gegenwärtig wird die Idee eines bedingungslosen Grundeinkommens diskutiert. Es wird vorgeschlagen, dass das beindungslose Grundeinkommen die bisherigen Sozialversicherungen ersetzt. Wie stehen Sie zu diesen Vorschlägen"
(Grad der Zustimmung in %)

- 1 - keine Zustimmung
- 2 -
- 3-
- 4 - indifferent
- 5 -
- 6 -
- 7 - volle Zustimmung

Abb. 1.8 Einstellung zum Grundeinkommen. (Quelle: *Demokratiemonitor (2019), Daten gewichtet, N = 6719; zitiert in Lüders und Schroeder 2021, S. 359*)

in dieser Befragung weniger als ein Drittel der Befragten plädiert *gegen* einen Systemwechsel in der sozialen Sicherung.

Sollte der von Politikwissenschaftlern ermittelte Befund richtig sein, dass ein eigenständiger sozialpolitischer Einfluss auch auf die empirische Legitimität des demokratischen Systems ausgeht, kommt man um die besorgniserregende Einordnung der BGE-Zustimmung durch Lüders und Schroeder (2020) nicht umhin: „In jedem Fall muss dieses Ergebnis einerseits als Hinweise auf fehlendes Vertrauen und eine gewisse Unzufriedenheit mit dem bestehenden System begriffen werden, andererseits kann es aber auch aus Unkenntnis getroffen worden sein. Allerdings könnte sich bei den hohen Zustimmungsraten zum Grundeinkommen auch eine Erosion des Konsenses über das Sozialversicherungsprinzip andeuten" (Sirovátka et al. 2019, S. 359 f.).

1.6 Das Verhältnis der im Bundestag vertretenen Parteien zum BGE

Für den im Sommer 2021 stattfindenden Wahlkampf stand für die im Bundestag vertretenen Parteien der grundsätzliche Fortbestand des beitragsfinanzierten Systems der sozialen Sicherung nicht zur Disposition. Bei der Partei Bündnis 90/Die Grünen findet sich der Satz „Wir begrüßen und unterstützen Modellprojekte, um die Wirkung eines bedingungslosen Grundeinkommens zu erforschen" in ihrem Anfang Juni 2021 beschlossenen Wahlprogramm[15]. Zudem hat diese Partei als erste zumindest in ihrem im Herbst 2020 beschlossenen Grundsatzprogramm sich perspektivisch für die mittel- und langfristige Weiterentwicklung des Sozialstaats festgelegt, dass „Existenzsichernde Sozialleistungen Schritt für Schritt zusammengeführt [sollen] und langfristig soll die Auszahlung in das Steuersystem integriert werden. […] Verdeckte Armut soll überwunden werden. Dabei orientieren wir uns an der Leitidee eines Bedingungslosen Grundeinkommens."[16]

Auch die Partei Die Linke öffnet sich in ihrem Wahlprogrammentwurf der Idee eines BGE „Wir führen die gesellschaftlichen Diskussionen um ein bedingungsloses Grundeinkommen kontrovers und entscheiden kommenden Jahr mit einem Mitgliederentscheid, ob wir unsere Haltung dazu ändern."[17]

---

[15] Vgl. S. 46, Wahlprogramm_DIE_GRUENEN_Bundestagswahl_2021.pdf.
[16] 20200125_Grundsatzprogramm.pdf (gruene.de)
[17] Soziale Sicherheit für alle: DIE LINKE. (die-linke.de)

Die FDP setzt sich in ihrem Grundsatzprogramm zwar für ein sog. liberales Bürgergeld ein[18]. So sollen steuerfinanzierte Sozialleistungen, wie beispielsweise die Regelleistung und die Unterkunftskosten des Arbeitslosengelds II, die Grundsicherung im Alter, die Sozialhilfe zum Lebensunterhalt, der Kinderzuschlag und das Wohngeld, in einer Leistung und an einer staatlichen Stelle zusammengefasst werden. Aber die FDP macht zugleich deutlich, dass ein liberales Bürgergeld nicht bedingungslos und somit nachrangig gezahlt würde.

Die SPD hat in ihrem Entwurf ihres Wahlprogramms zur Bundestagswahl Hartz-IV hinter sich gelassen und beabsichtigt: „Die Grundsicherung werden wir grundlegend zu einem Bürgergeld entwickeln. Unser Bürgergeld steht für ein neues Verständnis eines haltgebenden und bürgernahen Sozialstaats."[19]

In der CDU/CSU wurde vor mehr als zehn Jahren engagiert über das sog. Solidarische Bürgergeld relativ breit diskutiert, das von Thüringens damaligen Ministerpräsidenten Dieter Althaus (CDU) favorisiert wurde. Dieses Reform-Konzept hätte die Einführung eines partiellen Bedingungslosen Grundeinkommens, verbunden mit einer Reform der Einkommensteuer, der Umgestaltung der Finanzierung der Sozialversicherung sowie der Zusammenführung der meisten Transferleistungen zur Folge gehabt. Das Modell sah vor, dass alle Bürger*innen im traditionellen Sozialstaat Bismarckscher Prägung ohnehin im Durchschnitt rund 9200 € im Jahr bekommt und damit die Grenzen der Belastbarkeit überschritten seien. Zudem wird darauf hingewiesen, dass neben den Beiträgen der Versicherten der Bundeshaushalt mit über 80 Mrd. € für die Rentenversicherung sich wesentlich an der sozialen Sicherung beteiligt. Als Alternative wird das Konzept des solidarischen Bürgergeldes vorgeschlagen, das 600 € pro Monat Bürgergeld als bedingungsloses Grundeinkommen für alle vorsieht. Auch andere führende CDU-Politiker auf Bundesebene, wie etwa der damalige Bundespräsident Köhler 2005, schlugen seinerzeit vor, „über eine Art Grundeinkommen" nachzudenken, insbesondere um die Spaltungstendenzen auf dem Arbeitsmarkt und die Ausgrenzung von Langzeitarbeitslosen einzudämmen. Das Solidarische Bürgergeld wurde 2006 in der ersten Version präsentiert (Althaus 2006). 2007 wurde die Kommission „solidarisches Bürgergeld" gegründet, die das Konzept weiterentwickelte. Die zweite Version wurde 2010 vorgestellt, geriet aber nach dem Rückzug von Dieter Althaus aus der Politik sowohl innerhalb der Partei als auch der allgemeinen Debatte um ein BGE wieder rasch in Vergessenheit, nachdem sich der Sachverständigenrat im Jahr 2007 mit dem Reformvorschlag befasst hatte, aber auf erhebliche zusätzliche Finanzmittel einer Einführung hinwies (SVR 2007, S. 222 ff.). So

---

[18] 20.170.807-wahlprogramm-wp-2017-v16.pdf (fdp.de)

[19] Das steht im Entwurf für das Wahlprogramm der SPD | vorwärts (vorwaerts.de)

wurde in der gesamten Regierungsära von Bundeskanzlerin Merkel dann dieses Thema nicht mehr explizit angefasst, obwohl angesichts der gewachsenen Herausforderungen für das traditionelle System sozialer Sicherung (insbesondere im Rentenbereich) eine solche Problematisierung durchaus angebracht gewesen wäre (vgl. Abschn. 1.3).

Auch innerhalb der AfD finden sich Anhänger für das Konzept eines bedingungslosen Grundeinkommens. Gleichwohl gelang es beim Bundesparteitag der AfD im November 2020 nicht, einen entsprechenden Antrag zur Erprobung eines Staatsbürgergeldes[20] mit der Mehrheit der Delegierten zu beschließen. Bei diesem Konzept handelt es sich um ein (bedingtes) Grundeinkommen, das vor allem an die Bedingung der deutschen Staatsbürgerschaft geknüpft wäre und in Form einer negativen Einkommensteuer direkt an die Bürger*innen ausgezahlt würde.

1.7   Zivilgesellschaftliche Bewegungen und Organisationen zur Erprobung eines BGE

Trotz der (Nicht-)Befassung mit dem Thema BGE in den parlamentarischen Debatten des Deutschen Bundestags wurde gleichwohl im Dezember 2008 die Petition 1422 „Reformvorschläge in der Sozialversicherung – Bedingungsloses Grundeinkommen"[21] in einer öffentlichen Beratung im Petitionsausschuss im November 2010 vorgetragen und im Juni 2013 schließlich das Beratungsergebnis vorgelegt, dass dem Anliegen nicht entsprochen werde.[22]

Außerhalb der Parlamente hatte sich hingegen bereits im Jahr 1986 das Basic Income European Network (BIEN) gebildet, um als Bindeglied sowie institutionalisierte Stabilisierung zwischen der wachsen Zahl an Einzelpersonen und Gruppen aus Zivilgesellschaft, Politik wie Wissenschaft zu dienen, die sich für das Thema Grundeinkommen interessieren und um eine sachkundige Diskussion zu diesem Thema in der ganzen Welt zu fördern. Im Jahr 2006 wurde aus BIEN das Basic Income Earth Network. In Deutschland wurde im Jahr 2004 das Netzwerk Grundeinkommen gegründet, das von seinem Selbstverständnis als „ein pluralistisches Forum für Wissenschaftler und politisch Aktiver versteht, die sich für die Einführung eines Grundeinkommens einsetzten.". Das Netzwerk schloss sich zudem

---

[20] 20201029_Antrag_Erprobung_Staatsbuergergeld_Grundeinkommen.pdf

[21] https://epetitionen.bundestag.de/epet/petition/pdfdownload?petition=1422

[22] https://epetitionen.bundestag.de/petitionen/_2008/_12/_10/Petition_1422.abschlussbeg ruendungpdf.pdf

dem international aktiven BIEN an und hatte im Jahr 2020 über 5000 Mitglieder sowie 130 Organisationsmitgliedschaften[23].

Aber vor allem hat in Deutschland ein Verein einen substanziellen Beitrag zur Steigerung der öffentlichen Debatte und Wahrnehmung eines Grundeinkommen beigetragen, der vom Social-Entrepreneur (vgl. auch Kap. 3) Michael Bohmeyer im Jahr 2014 ins Leben gerufen wurde und als gemeinnütziger Verein seitdem ein enormes Wachstum erfahren hat.

Gestartet wurde die Vereinsidee mit der Frage, ob Menschen bereit sind, jemand anderem eine Existenzgrundlage zu finanzieren – bedingungslos. Zur ersten Verlosung 2014 rief Michael Bohmeyer auf der Internet-Seite www.mein-Grundeinkommen.de mit einem einfachen Video auf, das über Social-Media Kanäle rasche wachsende Verbreitung fand. Auf dieser Seite sind seitdem monatlich Grundeinkommen für die Dauer von einem Jahr in Höhe von 1000 € pro Monat verlost worden. Kostenlos. Registrierung mittels E-Mail und der Bekundung der vermutlichen Verwendungspläne im Falle, dass man ausgewählt wird, genügen dabei. Finanziert und ermöglicht werden die Grundeinkommensgewinner von Menschen, die bereit sind, diese Idee finanziell durch ihre Geldzahlungen zu unterstützen. Via Crowdfunding werden auf einer Internet-Plattform Spenden gesammelt und sobald 12.000 € zusammenkommen sind, wird dieser Betrag als ein einjähriges Bedingungsloses Grundeinkommen von 1000 € pro Monat verlost. Der Zuspruch ist enorm; haben im ersten Jahr nach der Gründung knapp 5000 sog. Crowdhörnchen ermöglicht, dass seinerzeit 15 BGE-Gewinnende für ein Jahr ein Grundeinkommen finanziert bekamen, so haben bis heute mehr 200.000 solcher Crowdhörnen möglich gemacht, dass vom Beginn bis Sommer 2021 annähernd 900 Personen die Möglichkeit geschaffen wurde, ein Jahr, ohne jegliche Verpflichtungen, monatliche Zahlungen in Höhe von 1000 € zu erhalten. Es wurden mit anderen Worten annähernd zehn Millionen Euro innerhalb der Zivilgesellschaft „umverteilt" und rund 3 Mio. Personen haben sich mittlerweile auf der Plattform eingeschrieben, per Los ein Grundeinkommen für ein Jahr zu gewinnen. Zwar ist der Verein gemeinnützig und Spenden an den Verein können auch steuerlich zum Abzug gebracht werden, jedoch erfolgen die Zuweisungen für die Gewährung eines Grundeinkommens ohne steuerliche Abzugsfähigkeit.

Gefragt nach den Motiven der Crowdhörnchen gibt Mein.BGE zu Protokoll: „Das ist sehr unterschiedlich. Nicht wenige sind auch darunter, die selbst finanziell nicht so extrem gut aufgestellt sind, die also aus eigener Erfahrung wissen, wie es sich anfühlt, Existenzängste zu haben. Darunter sind Alleinerziehende, Künstler:innen oder Selbstständige mit kleinen Unternehmen. Sie engagieren sich in

---

[23] https://www.grundeinkommen.de/netzwerk/mitglieder

Form einer Spende, weil sie möchten, dass die Idee wächst und eines Tages vielleicht in größerem Rahmen umgesetzt wird. Im Durchschnitt spenden die Leute 6 €."[24] Mittlerweile besteht das Team des Vereins Mein.Grundeinkommen aus mehr als 30 Mitarbeiterinnen und Mitarbeitern, deren Aufgabe unter anderem auch darin besteht, tägliche Medienanfragen zu beantworten und – falls Gewinnende dazu bereit sind – sie in Kontakt mit Journalistinnen und Journalisten zu bringen[25]. Mit seinen regelmäßigen Verlosungen von Grundeinkommen sowie seiner professionell gestalteten und regelmäßigen Präsenz in den sozialen Medien sorgt der Verein dafür, dass auch die Debatte um ein BGE in den Medien am Laufenden gehalten wird. Ende Januar 2019 schoss ein Buch über die Erfahrungen von Personen, denen mit Hilfe einer Berliner Crowd-Funding-Initiative ein Jahr lang ein Grundeinkommen gewährt wurde, innerhalb einer Woche nach Erscheinen auf die Bestseller-Listen und das Buch (Bohmeyer und Cornelsen 2019) wurde in vielen Medien mit großer Resonanz vorgestellt.[26]

Zwar lieferten die etwas mehr als 20 Profile der in dem Buch beschriebenen zufälligen Gewinnerinnen und Gewinner eine Fülle an „anekdotischer" Evidenz zu den vermeintlichen Wirkungen eines BGE, aber Michael Bohmeyer strebte im Anschluss an das Buchprojekt danach, seine BGE-Gewinnenden durch ein wissenschaftliches Forschungsprojekt im Rahmen eines Feldexperiments zu begleiten. So reifte im Jahr 2019 die Idee für ein Pilotprojekt Grundeinkommen[27], in dem 122 Personen zufällig ausgewählt werden und mit Hilfe einer Vergleichsgruppe die Wirkungen bedingungsloser Geldzahlungen auf Verhalten sowie subjektiven Wohlbefinden zu ermitteln (Schupp 2020b, d). Die notwendigen finanziellen Mittel von immerhin mehr als 5 Mio. € an Geldzahlungen werden auch hier durch die Zivilgesellschaft und die „Crowdhörnchen" des Vereins Mein.Grundeinkommen aufgebracht und die das Projekt konzipierenden und durchführenden Forschenden führen die Analyse unabhängig und ohne Bezahlung durch den Verein durch (Schupp 2020a).

---

[24] Siehe „Grundeinkommen versetzt Menschen in eine bessere Verhandlungsposition" (xing.com).

[25] Glaubt man den als repräsentativ bezeichneten Ergebnissen des Befragungsinstituts Civey so, haben mehr als die Hälfte der erwachsenen Deutschen *„schon einmal vom Verein „Mein Grundeinkommen e. V." gehört, der per Crowdfunding finanzierte Grundeinkommen verlost"* https://civey.com/umfragen/5635/haben-sie-schon-einmal-vom-verein-mein-grundeinkommen-e-v-gehort-der-per-crowdfunding-finanzierte-grundeinkommen-verlost3

[26] Bspw.   https://www.zeit.de/2019/04/grundeinkommen-verlosung-verein-michael-boh meyer

[27] https://www.pilotprojekt-grundeinkommen.de/

Rekrutierung Screening	Zusage/Absage	Baseline	Studienteilnehmende	Treatment start	Fokus Welle 1	Baseline Welle 2	Fokus Welle 2	Baseline Welle 3	Fokus Welle 3	Baseline Welle 4	Endbericht
Aug-Nov 2020	Januar	März	April/Mai 2021	1. Juni Start	Nov.	Juni 2022	Nov	Juni 2023	Nov	Juni 2024	August
		T_{-1}		T_0	T_1	T_2	T_3	T_4	T_5	T_6	

Fallzahlen: 2.048.370   14.420 (von 20.000)   1.500

darunter:
Vergleichs-Gruppe   1.378
BGE   122
darunter
  Treatment anonym   107
  „Medienpiloten   14
  „Wild-Card"   1

Abb. 1.9 Zeit- und Erhebungsplan der Langzeitstudie Pilotprojekt Grundeinkommen. (Quelle: https://www.pilotprojekt-grundeinkommen.de/)

Öffentlich gestartet wurde die Studie mit einer Pressekonferenz[28] am 18.8.2020, über die mit hoher Medienresonanz berichtet wurde und einem öffentlichen Aufruf, sich zur Teilnahme an der Studie zu registrieren (vgl. auch Abschn. 1.2). Diesem Aufruf folgten bereits innerhalb der ersten zwei Tage mehr als eine Million Erwachsene und bis zum Ende der Rekrutierungsphase hatten mehr als zwei Mio. Menschen einen Kurzfragebogen ausgefüllt und sich beworben, an der Studie teilzunehmen.

Die Forschenden haben eine Auswahl von 20.000 Personen getroffen, die im März 2021 zu einer Online-basierten Basisbefragung eingeladen wurde, zentrale sozio-demographische Fragen wie subjektive Merkmale von Wohlbefinden, Persönlichkeit sowie Präferenzen der Untersuchungsgruppe zu beantworten. Innerhalb einer Feldzeit von zwei Wochen haben 14.420 (72 %) Personen umfassende Angaben zu ihrer aktuellen Arbeits- und Lebenssituation gemacht. Aus dieser Gruppe wurde im April 2021 die eigentliche Zielgruppe von 1.500 Studienteilnehmenden ermittelt, die dann per Zufall in 122 Personen zugewiesen wurde, die für drei Jahre eine Geldzahlung in Höhe von 1200 € erhalten werden und 1.378 Personen, die als Vergleichsgruppe dann ebenfalls an halbjährlich Befragungen teilnehmen sollen (Abb. 1.9).

Ob nun innerhalb der Untersuchungsperiode die sicherlich vielfältigen beobachtbaren Verhaltensänderungen wirklich ausschließlich der Wirkung der Grundeinkommensgewährung zugeschrieben werden können, oder anderen Umständen,

---

[28] DIW Berlin: Livestream_PK_Pilot_Grundeinkommen

wird versucht dadurch zu prüfen, indem die Gruppe der Grundeinkommensbeziehenden stets mit einer Gruppe an Personen verglichen werden kann, die – wenn man so will – statistische Zwillinge von den Grundeinkommensbeziehenden sind. Sie sind sich also sehr ähnlich und unterscheiden sich im Idealfall ausschließlich durch den nicht erhaltenen Bezug von Geldleistungen. Auf diese Weise können dann mit statistischen Verfahren, die vermeintlich ursächliche Wirkung von Grundeinkommen für die Vielzahl der aufgestellten Hypothesen bestimmt werden. 107 Grundeinkommensbeziehenden werden ausschließlich an der quantitativen Studie teilnehmen; bei 14 Personen der Maßnahmengruppe ist darüber hinaus auch die zusätzliche dreimalige qualitative Befragung der Studienteilnehmenden vorgesehen. Diese Gruppe hat sich auch bereit erklärt als sog. „Medienpiloten" zur Verfügung zu stehen und Fragen von Journalistinnen und Journalisten über ihre persönlichen Erfahrungen der bedingungslosen monatlichen Geldzahlungen zu beantworten[29].

Die zentrale methodische Nebenbedingung für ein solches Design ist, dass die Auswahl, ob eine Person Grundeinkommen erhält oder nicht, *per Zufall* erfolgt und die Erstbefragung auch bereits vor dieser zufälligen Einteilung, ob man Grundeinkommen erhält oder nicht durchgeführt wurde. Am 1. Juni 2021 erfolgte dann die erste Zahlung von 1.200 € an die sog. Treatment-Gruppe der Studie und im November 2021 die erste Erhebung *nach* der Auszahlung der regelmäßigen bedingungslosen Grundeinkommen erfolgen. Zum Auszahlungsbeginn wurde dann auch öffentlich kommuniziert[30], auf welche Zielgruppe ganz bewusst eine Einschränkung und Fokussierung vorgenommen wurde. Es wurden nämlich ausschließlich Einpersonenhaushalte ausgewählt[31], Personen zwischen 21 und 40 Jahren und die normalerweise zwischen 1200 und 2600 € netto monatlich zur Verfügung haben. Für diese Gruppe erfolgte bei der Basisbefragung eine gemäß der Struktur des Mikrozensus bestmögliche Näherung der sozio-demographischen Strukturmerkmale, hinsichtlich, Geschlecht, Bildungsniveau, sowie regionaler Verteilung. Zudem erfolgte die Auswahl unter der Nebenbedingung, dass rund die Hälfte der Studienteilnehmenden die Idee eines bedingungslosen Grundeinkommens eher befürwortet und die andere Hälfte eher eine ablehnende Haltung hat.

---

[29] Ähnlich wurden auch im finnischen Grundeinkommensexperiment eine wenige Teilnehmende auf Anfragen mit der Presse in Kontakt gebracht. Zu ersten Reportagen der Erfahrungen der „Medienpiloten" vgl. https://taz.de/Bedingungsloses-Grundeinkommen/!5794276/.

[30] Vgl. hierzu https://taz.de/Bedingungsloses-Grundeinkommen/!5771713/.

[31] Ein Studienteilnehmender, der nicht unter diese Einschränkungen fällt wurde darüber hinaus ebenfalls für die dreijährige Zahlung der Grundeinkommenszahlung ausgewählt („Wild-Card").

Da bei einem solchen aus der Zivilgesellschaft initiierten Feldexperiment nicht – wie dies bei staatlich beauftragten Erprobungen möglich wäre –im Rahmen einer gesetzlichen Experimentierklausel (Maaß 2001) die Geltung staatlicher Regelungen befristet außer Kraft gesetzt werden können, der wissenschaftliche Anspruch im Pilotprojekt jedoch darin besteht, die individuellen kausalen Wirkungen bedingungsloser regelmäßiger Geldzahlungen in Höhe von 1.200 € zu identifizieren, wurden Mehrpersonenhaushalte ausgeschlossen und auch das gewählte Niveau der Einkommensgruppe schließt zu Beginn der Studie Transferempfänger aus. Auf diese Weise sollen – wenn man so will – die vor allem in der Mittelschicht *maximal möglichen* individuellen Verhaltensänderungen eines BGE identifiziert werden.

Zu den konkreten Forschungsfragen des Pilotprojektes zählen somit u. a. folgende Fragen:

- Wieviel vom Grundeinkommen wird tatsächlich konsumiert?
- Nehmen BGE-Empfänger mehr am gesellschaftlichen Leben teil?
- Wird der Anreiz, weiter eine Erwerbstätigkeit auszuüben kleiner, wächst er oder bleibt er gleich?
- Entscheiden sich mehr Personen für die Aufnahme einer selbständigen Tätigkeit?
- Neben Effekten auf dem Arbeitsmarkt sollen auch die psychologische und gesundheitliche Wirkung sowie die Auswirkung auf Einstellungen und Verhalten ermittelt werden?

Die meisten der in Abschn. 1.4 aufgeworfenen offenen Fragen zu einem BGE wird auch das Pilotprojekt aus Design-Gründen sowie methodischen Beschränkungen jedoch *nicht* beantworten können. Der Endbericht der Studie wird nach Abschluss der letzten Datenerhebung im Jahr 2024 präsentiert werden.

Eine weitere zivilgesellschaftlich initiierte Bewegung geht den Weg über das Instrument von Bürgerbegehren sowie Volksabstimmungen auf Länderebene. So hat der Berliner Senat den Antrag auf Einleitung des Volksbegehrens „*Expedition Grundeinkommen: Erprobung eines bedingungslosen Grundeinkommens im Land Berlin*" behandelt und im April 2021 sein Ergebnis der Zulässigkeitsprüfung an das Abgeordnetenhaus weitergeleitet[32]. Die Prüfung seitens des Senats ergab, dass das Volksbegehren zulässig ist und das Abgeordnetenhaus musste

---

[32] Zulässigkeitsprüfung zum Antrag auf Einleitung des Volksbegehrens „Expedition Grundeinkommen: Erprobung eines bedingungslosen Grundeinkommens im Land Berlin" – Berlin.de

nunmehr darüber befinden, ob es das Volksbegehren bzw. den Entwurf des Gesetzes unverändert annimmt oder nicht. Der Antrag auf Einleitung eines Volksbegehrens erfolgte zusammen mit der erforderlichen schriftlichen Unterstützung von mindestens 20.000 Personen. Gegenstand des Volksbegehrens ist eine „Erprobung eines bedingungslosen Grundeinkommens im Land Berlin", die das Land Berlin – im Falle einer erfolgreichen mehrheitlichen Befürwortung durch die Berliner Bevölkerung – im Rahmen eines Referendums dazu verpflichten würde, einen Forschungsauftrag für einen Modellversuch zum bedingungslosen Grundeinkommen zu erteilen und diesen durchzuführen. Im Modellversuch sollen Wirkung, Akzeptanz und Umsetzbarkeit verschiedener Varianten eines Grundeinkommens, das ohne weitere Voraussetzungen und grundsätzlich unabhängig von anderweitigem Einkommen gewährt wird, über drei Jahre wissenschaftlich untersucht werden. Nach dem Gesetzentwurf des Volksbegehrens soll für das Experiment ein räumlicher abgegrenzter, repräsentativer Bereich mit mindestens 3500 Einwohnenden ausgewählt werden. Allen Einwohnern und Einwohnerinnen dieses Gebiets sollen die Teilnahme am Experiment und damit der Bezug des experimentellen Grundeinkommens angeboten werden, wobei die Höhe der Zahlung in mehreren Varianten ausgestaltet sein soll. Die Teilnahme soll freiwillig, aber mit der Verpflichtung zur Teilnahme an wissenschaftlichen Befragungen verbunden sein. Die Festlegung des Versuchsgebietes, die Modellierung der Varianten, die Befragung der Teilnehmenden und die Auswertung soll ein von der zuständigen Senatsverwaltung auszuwählender „Forschungspartner" vorbereiten bzw. durchführen. Der Senat soll Ausführungsbestimmungen als Rechtsverordnung erlassen. Die Gesamtkosten des Experiments sollen durch das Gesetz auf 70 Mio. € begrenzt werden. Nach Abschluss und Evaluation des Modellversuchs soll darüber entschieden werden, ob eine Verlängerung und/oder Ausweitung des Modellversuchs durchgeführt werden soll und/oder aufgrund der gesammelten Erkenntnisse eine flächendeckende, dauerhafte Einführung eines bedingungslosen Grundeinkommens umsetzbar ist. Trägerin des Volksbegehrens ist eine aus der Zivilgesellschaft gegründete Personenvereinigung.

Der Antrag auf Einleitung eines Volksbegehrens wurde zusammen mit dem Standpunkt des Senats vom Abgeordnetenhaus Berlin zunächst im Mai 2021 zur Befassung in den Ausschuss für Integration, Arbeit und Soziales verwiesen, um anschließend im Abgeordnetenhaus über eine Zulassung abstimmen zu lassen. Bei der Anhörung im Ausschuss gab die fachlich zuständige Senatorin Elke Breitenbach zu Protokoll: „Auch ich oute mich, dass ich ganz viele Bedenken habe, was ein bedingungsloses Grundeinkommen angeht. Aber es gab eine Debatte. Es gab sehr viele Jahre eine Debatte darüber, in der auch die Frage gestellt wurde: Was ist eigentlich Arbeit? Zählt denn nur die Erwerbsarbeit? Das, was die Frauen machen, also die Carearbeit, ist nicht so wichtig? Was ist denn mit der ehren-amtlichen Arbeit, die wir wollen? – Es gab immer das Argument: Menschen, die quasi eine Grundfinanzierung haben, können genau aufgrund dieser Grundfi-nanzierung entscheiden, wie sie ihr Leben gestalten wollen und haben dabei viel mehr Freiheiten. Das kann man alles überlegen. Ich habe dazu trotzdem meine Bedenken, aber, wie gesagt, hier geht es um ein Modellprojekt, das evaluiert wird. Ja, es ist teuer. – Ich darf mich hier aber nicht in die politische Debatte einmischen. Ich werde das auch noch lernen." (Abgeordnetenhaus Berlin 2021, S. 42 f.)

Zwar empfahl der Ausschuss mehrheitlich eine dringliche Behandlung sowie Ablehnung des Begehrens im Abgeordnetenhaus, was die viermonatige War-tezeit bis zum Start der zweiten Phase des Volksbegehrens verkürzt und die Möglichkeit eingeräumt hätte, bereits im Sommer 2021 mit der Unterschriften-aktion zu starten, aber gleichwohl hat das Abgeordnetenhaus die entsprechende ablehnende Abstimmung über den Beschlussvorschlag der Ausschuss-Sitzung erst *nach* der Sommerpause Ende August 2021 vorgenommen. Die InitiatorIn-nen haben nach der abschließenden Ablehnung durch das Abgeordnetenhaus die Möglichkeit, innerhalb von vier Monaten die Zustimmung von mindestens 7 % der zum Abgeordnetenhaus Wahlberechtigten zu erwirken. Dies wären derzeit etwas mehr als 170.000 Personen, die dem Vorschlag der Expedition Grundein-kommen zustimmen müssten, um dann im Anschluss ein Referendum bei allen Berliner Wahlberechtigten zur Abstimmung zu erwirken.

Es ist bemerkenswert, dass zur Wahl des Berliner Abgeordnetenhauses im September 2021 die Grünen in ihrem Wahlprogramm ein Pilotprojekt für ein bedingungsloses Grundeinkommen beschlossen haben. Sollte es der Partei gelin-gen, im Herbst 2021 Regierungsverantwortung im Roten Rathaus zu übernehmen, könnte möglicherweise das Ziel des Volksbegehrens auch bereits von einem parla-mentarischen Beschluss zur Umsetzung eines solchen Erprobung im Land Berlin überholt werden.

Auch in einem zweiten Bundesland – Hamburg – wurden ausreichend Stim-men gesammelt, um ebenfalls ein solches Volksbegehren durchzuführen. Jedoch hat der Hamburger Senat noch kein abschließendes Urteil bzgl. der Zulässig-keit getroffen und lässt den Vorgang gegenwärtig zunächst juristisch prüfen. In Berlin ist man somit bereits einen Schritt weiter, jedoch ist auch hier wichtig darauf hinzuweisen, dass seitens des Senats nicht zu prüfen war, ob das Gesetz zweckmäßig ist. Ein hoher Verwaltungsaufwand, Mehrkosten, etwaige nachteilige Auswirkungen auf die Verwaltungstätigkeit oder Zweifel an der Durchführbar-keit führen nicht zu Verstößen gegen die Verfassung; derartige Fragen sind vom Gesetzgeber – hier dem Volk – zu bewerten und zu entscheiden.

Der keineswegs als Sprachrohr von BGE-Befürwortenden verdächtige Finanz-nachrichtendienstleister Bloomberg in New York wagte Anfang Januar diesen Jahres die Prognose „2021 will be the Year of Guaranteed Income Experi-ments"[33]. So hat einerseits in den letzten Jahren ein garantiertes Einkommen auch in den Vereinigten Staaten stark an Popularität gewonnen und es wurde eine erste Runde von Pilotprojekten im Jahr 2017 vom Stocktons SEED-Programm ange-führt (SEED 2018). Engagiert hat sich hierbei auch das Jain Family Institute (JFI), eine unparteiische Organisation für angewandte Forschung in den Sozialwissen-schaften, die den Weg eines garantierten Grundeinkommens von der Konzeption in der Theorie zur Umsetzung in der Gesellschaft fördert. Diese in New York angesiedelte NGO hat ein Toolkit entwickelt, das einen konkreten Ausgangspunkt für alle bieten soll, die daran interessiert sind, dass ein garantiertes Einkommen für ihre Gemeinde durch den Start eines Einkommens-Pilotprojekt begonnen wer-den soll und was bei der Erstellung eines lokalen Pilotprojekts zu beachten ist (Jain Family Institute 2021). Ihre Informationsbroschüre lieferte einen Überblick über die Städte, die Pilotprojekte zum garantierten Einkommen durchführen, und ihre relativen Unterschiede in Bezug auf Design und Zielsetzung. Eine Besonder-heit ist zudem, dass es einen Zusammenschluss und eine Internetpräsenz[34] der „Mayors for Guaranteed Income" gibt. Ein BGE wurde in den USA und anderen Ländern auch als Instrument zur Bewältigung und Linderung der sozialen Fol-gen der Covid-19-Pandemie nicht nur diskutiert, sondern auch in vielen Städten erprobt, vielfach mit wissenschaftlicher Begleitforschung. Auch die neue Admi-nistration von US-Präsident Joe Biden hat kurz nach Amtsantritt im US-Kongress ein billionenschweres Corona-Hilfspaket verabschiedet[35]. Darin enthalten sind für Millionen Bürgerinnen und Bürger Geldzahlungen in Höhe von 400 Mrd. US-Dollar in Form von Schecks über jeweils 1400 US-Dollar.

All diese Initiativen belegen, dass die Prognose von Bloomberg nicht so falsch sein dürfte. Für Deutschland könnte sich hingegen der im Juni erschienene SPIEGEL Titelgeschichte (24/2021) bewahrheiten, die mit der Überschrift „Bloß keine Experimente" die Wechselwilligkeit der Deutschen als Mythos versuchten herauszuarbeiten.

Alle aufgeführten Beispiele belegen, dass im Jahr 2021 in Deutschland eine Reihe an Initiativen und auch Experimenten an den Start gehen werden, die

---

[33] https://www.bloomberg.com/news/articles/2021-01-04/guaranteed-income-gains-popula rity-after-covid-19

[34] https://www.mayorsforagi.org/

[35] https://www.tagesschau.de/ausland/amerika/usa-hilfspaket-107.html

im besten Fall einen konstruktiven Beitrag zur Versachlichung der Debatte um Wirkungen eines Grundeinkommens leisten können.

Die Mobilisierung sowohl zu Petitionen als auch zu Bürgerbegehren geschieht seit geraumer Zeit vor allem über Online-Petitionen, die zu einer neue Partizipationsform der digitalen Zivilgesellschaft geworden ist. So wurden zum Thema Grundeinkommen eine ganze Reihe an Petitionen auf den Weg gebracht, die von Tausenden Menschen unterzeichnet wurden und bisweilen auch viel öffentliche Aufmerksamkeit erreichen. Auch beim Thema Grundeinkommen beabsichtigen die Initiator*innen von Petitionen nur mittelbar eine bestimmte Politik zu verhindern, sondern sie sammeln engagierte Bürgerinnen und Bürger mit der Absicht, Politik und Gesellschaft zu gestalten.

Trotz der hohen Popularität des Themas Grundeinkommen scheiterte gleichwohl eine entsprechende BGE-Initiative im Frühjahr 2021 im Rahmen einer gemeinsamen Initiative bei einem bundesweiten Petitionswettbewerb von über 500 Petitionen, an dem sich innerhalb von acht Wochen knapp eine halbe Million Personen beteiligten, bei dem Bemühen und Mobilisieren, dass das Thema Grundeinkommen zu den vier Themen mit den meisten Stimmen gehört. So ist geplant, im Herbst 2021 mit einer „ersten selbstorganisierten, bundesweiten Volksabstimmung"[36] unter vier möglichen Themen mindestens eine Million Beteiligte zu mobilisieren.

Bemühungen, sich für bundesweite Volksabstimmungen und mehr Möglichkeiten direktdemokratischer Beteiligungsformen als Mittel um progressive Anliegen durchsetzen zu können, wurde auch lange innerhalb der Grünen-Partei gefordert. Gleichwohl scheiterte ein entsprechender Antrag, diese Forderung auch im neuen Grundsatzprogramm der Partei zu verankern. So hatte vor allem Robert Habeck bei der Debatte um einen entsprechenden Änderungsantrag auf die Gefahr einer Stärkung des Populismus hingewiesen, da Volksentscheide vielfach nicht den Diskurs in der Gesellschaft befördern, sondern eher die Spaltung der Gesellschaft. Stattdessen setzen die Grünen künftig auf sog. *per Los* ausgewählte Bürgerräte, um künftig sicherzustellen, dass bei ausgewählten Themen die Alltagsfachkenntnis von Bürgerinnen und Bürgern in die Gesetzgebung einfließen können. Innerhalb der Politikwissenschaften wird auf mögliche Gefahren direktdemokratischer politischer Einflussnahme hingewiesen: „Zum einen sollte eine verstärkte Bürgerbeteiligung die politische Selektivität der Parlamente nicht einfach wiederholen oder sogar verschärfen. Die Beteiligung sollte daher auf Los- oder ähnliche Verfahren beruhen. Dadurch wird die Mitwirkung von denen befördert, die sonst nicht mitmachen würden. Die Logik der Mini-Öffentlichkeit kann

---

[36] https://abstimmung21.de/aktuelles/die-vier-abstimmungsthemen-stehen-fest/

dabei als Vorbild dienen" (Schäfer und Zürn 2021, S. 210). Andere Politikwissenschaftler warnen vor zu hohen Erwartungen an ein stärker direkt-demokratisches System: „Auch die Hoffnung darauf, die direkte Demokratie könne als Heilmittel für Defizite der repräsentativen Demokratie wirken, muss mit einiger Skepsis betrachtet werden, führt man sich die teils niedrigen Beteiligungsraten an direkt-demokratischen Sachabstimmungen und der daraus resultierenden mangelnden Repräsentativität und input-Legitimität vor Augen" (Vatter et al. 2020, S. 370). Zudem wird vor möglichen Nachteilen wachsender direktdemokratischer Elemente gewarnt, die Gefahr laufen können, dass sich bei Plebisziten weniger der Wille des Volkes als vielmehr nur noch die Meinung einer Gruppe von Aktiven artikuliert. So zählt Manfred G. Schmidt zu den *Nachteilen* von Direktdemokratie: „Sie ist ein scharfes mehrheitsdemokratisches Instrument. Sie ist anfällig für „passions" und „interests", für Leidenschaften und egoistische Interessen" (ders. 2019, S. 367).

Wie und mit welchen Aktivitäten zivilgesellschaftliche Organisationen Einfluss auch außerhalb politischer Parteien für das Thema Grundeinkommen gewinnen können, beschreibt der ehemalige Präsident der US-Gewerkschaft „Service Employees International" Andrew Stern in seinem Buch, in dem er engagiert für ein Grundeinkommen wirbt. Anschaulich wird beschrieben, wie in einer Welt, in der Veränderungen durch die Verbreitung von Smartphones, Tablets, Sofortinformationen und 24-h Nachrichtenzyklen enorm beschleunigt werden, dass auch das, was eines Tages noch unmöglich schien, zum Mainstream werden könnte: „Bauen Sie eine signifikante Social-Media-Präsenz auf, indem Sie sich das Ziel setzen, zehn Millionen ‚Likes' auf Facebook oder eine Million Follower auf Twitter zu erreichen … Engagieren sie eine charismatische Führungspersönlichkeit, einen Schauspieler, Sportler, Geschäftsmann oder mehrere von ihnen für die Sache, insbesondere um uns zu helfen, das Arbeitsplatzproblem herauszukristallisieren und die Bedeutung des Bedingungslosen Grundeinkommens als Lösung zu vermitteln." (ders 2016, S. 220).

Konjunkturen der Sozialstaatskrise: Die Risse werden tiefer

2

2.1 Sozialstaatliche Grundarchitektur

Die „Sicherung der sozialen Sicherung" ist nicht erst seit der Finanzkrise 2008/2009 und der Corona-Pandemie ein zentrales Thema in öffentlichen Diskursen. Das *Spannungsverhältnis* zwischen der Funktionslogik der bestehenden sozialen Sicherungssysteme und den demografischen, arbeitsmarktpolitischen und sozialen Herausforderungen und Veränderungen wurde schon Mitte der 1980er Jahre in verschiedenen wissenschaftlichen Studien explizit analysiert. Im Folgenden sollen die seitdem immer wieder emporschwellenden *Wellen* der Thematisierung beleuchtet werden, die darauf hinweisen, dass die Herausforderungen für die sozialen Sicherungssysteme nicht erst seit kurzem bestehen, sondern das „Langzeitprojekt" Sozialstaat schon seit einigen Jahrzehnten begleiten. Neue Aktualität gewinnt das Thema aktuell sowohl während der Corona-Krise als auch für die Phase der anschließenden Tilgung der immensen öffentlichen Verschuldung sowie möglicher neoliberaler Instrumente, die den Sozialstaat wegen Corona-Schulden beschränken oder gar abbauen wollen. Der Bedarf an sozialstaatlichen Leistungen sowie sein relativer Anteil am BIP ist bereits vor Eintritt der Corona-Pandemie stetig *gewachsen*. Parallel dazu sind auch alternative und ergänzende sozialpolitische Architekturen präsentiert worden, die allerdings den Weg von der Theorie in die Praxis nicht gefunden haben. Das komplexe sozialstaatliche und national ausgerichtete Regulierungssystem hat sich in seiner Grundarchitektur (trotz Anbauten und einzelner Reformen) weitgehend erhalten und lässt bekannte Historiker fragen, „warum sich diese Struktur nicht stärker verändert hat" (Kocka 2020, S. 9).

© Der/die Autor(en), exklusiv lizenziert durch Springer Fachmedien
Wiesbaden GmbH, ein Teil von Springer Nature 2022
R. G. Heinze und J. Schupp, *Grundeinkommen – Von der Vision
zur schleichenden sozialstaatlichen Transformation*,
https://doi.org/10.1007/978-3-658-35551-7_2

61

Tab. 2.1 Indikatoren der Wirtschaftsleistung, des Steueraufkommens sowie der Sozialleistungen Deutschlands

	1991	2000	2010	2018	2019	2020
Bruttoinlandsprodukt (BIP) in Mrd. EUR	1586	2109	2564	3344	3449	3332
Steuereinnahmen insg. (in Mio. EUR)	338.434	467.252	530.587	776.263	799.308	739.700
Sozialleistungen insg. (in Mio.)	395.601	608.510	771.408	995.168	1.040.323	1.119.400
Staatsschulden (in Mio)	538.000	1.211.000	2.113.000	2.069.000	2.053.000	2.333.000
Sozialleistungsquote (Sozialleistungen im Verhältnis zum BIP in %)	24,95	28,85	30,08	29,76	30,16	33,59
Steueranteil an BIP (in %)	21,34	22,15	20,69	23,21	23,17	22,20
Staatschuldenquote an BIP (in %)	33,9	57,4	82,4	61,9	59,5	70,0

Quellen: BMAS, Sozialbudget 2021; Deutsche Bundesbank, Destatis 2020

Tab. 2.1 zeigt deutlich, dass die sogenannte *Sozialleistungsquote* – gemessen am Bruttoinlandsprodukt – im Corona-Jahr 2020 deutlich angestiegen ist und mit 33,6 % deutlich höher lag als noch im Jahr vor Ausbruch der Pandemie. Die Sozialausgaben sind demnach 2020 auf rund 1,1 Billionen Euro gewachsen und werden nach Schätzungen der Bundesregierung auch weiterhin ansteigen. Kurz nach der Wiedervereinigung betrugen die Quote der Sozialleistungen noch rund ein Viertel der Wirtschaftsleistung. Laut Sozialbericht führte das Jahr 2020 sowie die Pandemie zu enormen Herausforderungen für die sozialen Sicherungssysteme und öffentlichen Finanzen: „Zudem werden durch die geringeren Einnahmen und höheren Ausgaben im Zuge der COVID-19-Pandemie die Sozialversicherungssysteme finanziell stark belastet. Um eine pandemiebedingte Steigerung der Lohnnebenkosten in der Krise zu verhindern, hat die Bundesregierung im Rahmen einer ‚Sozialgarantie 21‘ die Sozialversicherungsbeiträge bei maximal 40 % stabilisiert, indem darüber hinausgehende Finanzbedarfe aus dem Bundeshaushalt jedenfalls bis zum Jahr 2021 gedeckt werden“ (BMAS 2021b, S. 20 f.). Dass die Sozialleistungsquote auch während des anhaltenden wirtschaftlichen Aufschwungs nach 2009 sich auf einem Niveau von rund 30 % bewegte, ist auch den

Leistungsausweitungen der Kranken-, Pflege- wie Rentenversicherung geschuldet. Ihr Anstieg im Jahr 2020 (gegenüber dem Vorjahr um 3,3 Prozentpunkte) wird als „voraussichtlich der höchste Zuwachs seit der Wiedervereinigung Deutschlands" (ebd., S. 249) bewertet, wobei jedoch auch der pandemiebedingte nominale Rückgang des Bruttoinlandprodukts zu einem Anstieg der Sozialleistungsquote beitrug. Der jüngste Sozialbericht geht davon aus, dass bei einem neuen Konjunkturaufschwung nach der Pandemie bis zum Jahr 2025 wieder ein Rückgang der *Sozialleistungsquote* „auf dann 32,1 %" abzeichnet (ebd., S. 250).

Die traditionelle Sozialpolitik bezog sich in Deutschland bislang auf soziale Risiken, die im Wesentlichen als Arbeitnehmerrisiken thematisiert wurden. Sie verstand sich primär als Sozialversicherungspolitik und in der Tat existieren für alle klassischen sozialen Risiken eigene Sozialversicherungen: für das Altersrisiko die Rentenversicherungen, gegen das Krankheitsrisiko die Krankenversicherungen, gegen Arbeitsunfälle und durch Erwerbsarbeit verursachte Invalidität die Berufsgenossenschaften, gegen das Pflegerisiko die Pflegeversicherung und gegen Arbeitslosigkeit die Arbeitslosenversicherung. Aber es gibt auch in der deutschen Sozialpolitik Elemente von Versorgung und Fürsorge (etwa die traditionelle Sozialhilfe, die jetzt unter Grundsicherung firmiert oder die Beamtenversorgung sowie die Kriegsopferversorgung durch Leistungen des Bundesversorgungsgesetzes). „Die Geldleistungen in der Sozialversicherung werden nach dem (modifizierten) Äquivalenzprinzip berechnet. Danach hängt die (relative) Höhe der Ansprüche aus der Renten-, Kranken-, Unfall- und Arbeitslosenversicherung unmittelbar von der Höhe des individuellen versicherungs- und beitragspflichtigen Arbeitsentgelts bzw. der zuvor eingezahlten Beiträge ab. Zwischen Zahlbetrag und Einkommens- bzw. Beitragshöhe, zwischen Leistung und Gegenleistung also, besteht ein Entsprechungsverhältnis. Ein hohes Arbeitsentgelt führt zu relativ hohen, ein niedriges zu relativ niedrigen Versicherungsleistungen. Dabei bleibt unberücksichtigt, in welcher Arbeitszeit die Einkommenshöhe erreicht worden ist. Die Höhe des Haushaltseinkommens oder Maßstäbe von Bedarf und Bedürftigkeit spielen bei der Leistungsberechnung keine Rolle. Eine Mindestleistung gibt es nicht" (Bäcker et al. 2020, S. 231).

Das deutsche Sozialstaatsverständnis kann deshalb zusammengefasst als ein um solidarische Elemente, sogenannte versicherungsfremde Leistungen und steuerfinanzierte Zuschüsse, die für einen gewissen sozialen Ausgleich sorgen, angereichertes *lohnbezogenes Äquivalenzprinzip* beschrieben werden. Die Funktionsfähigkeit eines dermaßen auf Äquivalenz beruhenden Systems sozialer Sicherung hängt deshalb von einer Reihe von sozioökonomischen Voraussetzungen ab. Wenn etwa eine angemessene Versorgung im Alter nur über eine lebenslange Vollzeitbeschäftigung zu erreichen ist, wird damit implizit angenommen, dass jede Person auch rund 35 bis 40 Jahre lang Beschäftigung in einem „Normalarbeitsverhältnis" findet. Wenn aus den Beiträgen der aktuell Beschäftigten die finanziellen Mittel für die erworbenen Rentenansprüche zusammengebracht werden (Umlageverfahren), kann dies nur funktionieren, wenn über mehrere Generationen das Verhältnis von regulär Beschäftigten und Rentenbeziehenden mehr oder weniger ausgewogen ist.

Dementsprechend bezieht sich das Sozialstaatsverständnis sowie die Vorstellung sozialer Gerechtigkeit in Deutschland auf den Ausgleich zwischen Kapital und Arbeit, die Sicherung des erreichten Status sowie die Stabilisierung der „Normalfamilie". Zugleich ist das Sozialstaatsverständnis vom Grundsatz der Subsidiarität geprägt, wonach staatliche steuerfinanzierte Grundsicherungsleistungen erst dann gewährt werden, wenn keine eigene oder familiäre Mittel zur Verfügung stehen. Dieses Leitbild wurde jedoch durch soziale und ökonomische Wandlungsprozesse, die oft pauschal als Neoliberalismus gekennzeichnet werden, in den letzten Jahrzehnten zunehmend unterminiert. „Die Revolution des Ichs charakterisiert den Neoliberalismus, der uns jetzt schon fast 50 Jahre begleitet. Nicht nur die Kollektivkräfte animieren, nicht nur die gusseisernen Strukturen der Gesellschaft führen uns, sondern auch die einzelne Person kann etwas bewirken. Einzelne können die Welt verändern, Garagenunternehmertum, die Virtuosen der zivilgesellschaftlichen Aufbrüche, die Graswurzelbewegungen. Also eine Revolution des Ichs, die im Grunde in der Vorstellung gipfelt, dass eine gute Gesellschaft eine Gesellschaft starker Einzelner ist. Und dass Politik nichts anderes tun soll, als die Einzelnen in die Möglichkeit zu versetzen, ihre Stärke zu entwickeln. Das war die Idee. Durch Bildung, durch Zuerkennung von Beteiligungsrechten" (Bude 2021, S. 28).

Die Trends zur *Flexibilisierung der Arbeit* sowie Globalisierungs- und Individualisierungstendenzen erzeugten bei einer wachsenden Zahl an Erwerbstätigen neue Risiken, die sowohl in den sozialstaatlichen Systemen als auch in der herkömmlichen Gerechtigkeitsvorstellung zunächst nur wenig Berücksichtigung fanden. In der breiten Öffentlichkeit wurde erst langsam zur Kenntnis genommen, dass sozialpolitische Sicherungen dauerhaft nur bei einer positiven wirtschaftlichen Entwicklung funktionieren. Diese Einsicht konnte man schon vor knapp 100 Jahren gewinnen und war auch in jüngeren historischen Phasen zu beobachten: „Spätestens in der Weltwirtschaftskrise wurde bedrückend klar, dass der schönste Sozialstaat nichts nützt, wenn er die ihn ermöglichenden ökonomischen und gesellschaftlichen Ressourcen überfordert. Die späte DDR sollte eine ähnliche Erfahrung machen, ihr Kollaps war durch die zunehmende Diskrepanz zwischen großzügigen sozialpolitischen Leistungen und sehr begrenzter ökonomischer Leistungsfähigkeit mitverursacht. Es ist unübersehbar, dass auch der Sozialstaat von Voraussetzungen abhängt, die er selbst nur zum kleinen Teil schafft" (Kocka 2020, S. 8).

Diese Voraussetzungen waren in der „alten" Bundesrepublik über fast drei Jahrzehnte gegeben. Die internationalen Erfolge des „Modells Deutschland" im Standortwettbewerb hatten sich in den Mentalitäten der Bevölkerung festgesetzt und Systemvertrauen hergestellt; an den ausgebauten Wohlfahrtsstaat und den erreichten Wohlstand hat man sich gewöhnt. Diese Akzeptanz hat einen realen Hintergrund, denn die Sozialleistungen sind seit der Einführung Ende des 19. Jahrhunderts unaufhörlich angestiegen und haben im internationalen Vergleich ein hohes Maß an sozialer Sicherheit aufgebaut. Im Rahmen der (aus heutiger Sicht relativ „milden") Beschäftigungskrise in den 1970er Jahren drangen aber erste Fragen nach der „Sicherung der sozialen Sicherung" in das Blickfeld – allerdings eher bei den „Problemanalytikern" als den „Problemlösern" in der Sozialpolitik.

Stand noch in der Aufbauphase einer „Sozialen Marktwirtschaft" in der Bundesrepublik vor allem die monetäre Umverteilung innerhalb und zwischen verschiedenen Erwerbstätigengruppen im Vordergrund, kristallisierte sich nun schrittweise das Verhältnis zwischen Erwerbstätigen und Nichterwerbstätigen sowie marginal Beschäftigten als soziales Spannungsverhältnis heraus. Soziale Gerechtigkeit wurde stärker als Teilhabegerechtigkeit oder auch Startchancengerechtigkeit definiert und die Konflikte zwischen In´s und Out´s problematisiert (etwa die Segmentierungsprozesse auf dem Arbeitsmarkt und die Debatten um die „neue soziale Frage"). Neben der Verschärfung der sozialen Zersplitterungen wurden traditionelle Ungerechtigkeiten bspw. im Bereich der Geschlechtergleichstellung jedoch nicht obsolet, so dass sich komplexe Problemlagen auftürmten, die die auf Stabilität und Konstanz setzende Regierungspolitik unter Druck setzte. Parallel zur Erosion des traditionellen „Modell Deutschland", das sich über Jahrzehnte als aufstiegsorientierte Wohlstandsgesellschaft mit einer ausgebauten sozialen Sicherung verstand, war nicht in gleichem Maß das Problemlösungspotential bei den steuerungsrelevanten politischen Akteuren angewachsen. Anhand der sozialpolitischen Diskurse wurde in sozialwissenschaftlichen Untersuchungen „eine geringe Neigung zum Policy-Wandel" konstatiert (Köppe et al. 2007, S. 227; vgl. auch Heinze und Streeck 2000; Trampusch 2009).

Auch wenn Soziologen bereits Anfang der 1980er Jahre vom „kurzen Traum immerwährender Prosperität" (Lutz 1984) sprachen, war in den gesellschaftlichen Selbstbeschreibungen abhandengekommen, dass ökonomische Krisen zur Normalität auch einer sozialpolitisch flankierten marktwirtschaftlichen Ordnung gehören. Hinzu kam, dass gerade in Deutschland eine „tiefe, historisch gewachsene Sehnsucht nach Harmonie, ökonomisch gesprochen nach einem störungsfreien Entwicklungsgleichgewicht" (Plumpe 2012, S. 67) vorhanden war (und ist) und deshalb auf Krisenphänomene empfindlich reagiert wird. Aufflackernde Konflikte um die Verschärfung sozialer Problemlagen und sozialpolitische Weichenstellungen konnten auch zumeist mit den Bordmitteln des Wirtschaftswachstums seitens der Politik befriedet werden. Die Folgen des Zerfalls der „Vollbeschäftigungsgesellschaft" (etwa die Ausgrenzung von Langzeitarbeitslosen und die Verbreitung von Prekarisierungszonen) haben in den meisten westeuropäischen Gesellschaften nur punktuell zu einer Zunahme von kollektiven sozialen Protesten geführt, weil die Arbeitslosigkeit einerseits sozial strukturierter und lange Zeit auch deutlich dynamischer war als viele Krisentheoretiker glaubten. Sie war für viele Betroffene nur eine biographische Phase und andererseits konnten die dauerhaft Arbeitslosen – von den Arbeitsloseninitiativen in Ostdeutschland sowie ihren Montagsdemonstrationen gegen Hartz IV einmal abgesehen – keine nachhaltige Organisationsfähigkeit entfalten.

Vor diesem Hintergrund erklärt sich sowohl das Festhalten als auch der sich aufbauende Stolz an der bewährten Architektur sozialer Sicherung und nur kleinen Reformschritten in der deutschen Sozialpolitik. Diese Diagnose hinsichtlich der *zögerlichen Umsetzung* von Reformen ist alles andere als eine neue Erkenntnis, sondern wurde schon vor Jahrzehnten von Graf von Krockow formuliert. Bezogen auf die Interessenverbände und deren Vetopositionen verwendet er das Bild des Dinosauriers. „Der Mechanismus der Dinosaurierreaktion läßt sich recht einfach ermitteln: Jede soziale Institution schafft Führungspositionen und verfestigt Führungsgruppen, denen die Macht innerhalb der Institution, die durch die Institution nach außen ausgeübte Macht, sowie das der Macht zugeordnete Prestige, Selbstwerterlebnis und Spitzeneinkommen in erster Linie zufallen. Sie befinden sich auf der Sonnenseite des Bestehenden; sie entwickeln konservative Interessen und Ideologien der Selbstrechtfertigung; sie reagieren – subjektiv völlig verständlich – auf drohende Veränderungen mit defensiver oder aggressiver Gegenwehr. Sie fungieren dabei als Vetogruppen umso erfolgreicher, je mehr es ihnen gelingt, als die ‚Insider' – die sie ja sind – ihr Urteil als das der allein Sachverständigen, der Experten auszugeben und jede von außen oder ‚unten' andrängende Kritik als das unverantwortliche, bloß gefühlsbestimmte Gerede von Laien, wenn nicht von Böswilligen, von ‚subversiven Kräften' abzuwerten, die von machtgierigen Verschwörern, Hintermännern, Drahtziehern als ‚nützliche Idioten' verführt und gelenkt werden. Der Ideologieverdacht wird so vom Bestehenden auf die Kritik umgelenkt oder zynisch abgetan" (von Krockow 1976, S. 20 f.).

Auch wenn das Vertrauen in die Systeme sozialer Sicherung bei einigen Gruppen bröckelte und zugleich die sozioökonomischen Turbulenzen zu weiteren Verunsicherungen führten, blieben die Säulen des Modells bis Ende der 1990er

Jahre noch relativ unangetastet, wenngleich bei den Finanzierungsprinzipien zunehmend eine Entlastung des Faktors Arbeit in den Blick geriet und mit Hilfe von steigenden steuerfinanzierten Anteilen in den Zweigen der sozialen Sicherung das stetig wachsende Sozialbudget abgesichert wurde. Aufgrund der gewachsenen Individualisierungsprozesse und der selektiven sozialen Betroffenheiten konnten die Folgen der Umbrüche vielfach schrittweise in die Selbstverantwortung der Individuen verlagert und damit gesellschaftspolitisch entschärft werden. Dennoch war eine wachsende soziale Verunsicherung unübersehbar, die zunehmend selbst die gesellschaftliche Mitte zu treffen vermochte und damit Fragen der Sozialinklusion von den traditionellen „Opfern" des Arbeitsmarktes zu den „Normalarbeitnehmern" ausweitete (vgl. u. a. Lengfeld und Hirschle 2009). Die unbefristete Vollzeitbeschäftigung schrumpfte weiter (allerdings unterbrochen von primär konjunkturell bedingten Phasen mit aufwärtsgerichteter sozialversicherungspflichtiger Beschäftigung) und atypische Erwerbsformen breiteten sich aus.

Ein Blick in andere entwickelte Wohlfahrtsstaaten zeigt aber, dass in Deutschland die Ausbreitung von Niedriglohnsektoren und atypischer Beschäftigung lange Zeit eher zögerlich erfolgte. Wie auch die sozialpolitische Passivierung großer Bevölkerungsteile bspw. in Form von Frühverrentungsprogrammen, wird die Ursache dafür in der wohlfahrtstheoretischen Literatur in der einseitigen Fixierung des traditionellen Modells Deutschland auf High-Tech-Sektoren gesehen. „Die Niedriglohndebatte in Deutschland ist die Folge einer Vernachlässigung niedrigproduktiver Arbeitsplätze, die zum Wohlstand und Lebensstandard eines Landes ebenso beitragen wie ein hochproduktiver Exportsektor, weil sie zum Beispiel dafür sorgen, dass die öffentliche Infrastruktur in Schuss gehalten wird, Schulklassen und Universitätsseminare klein und betreuungsintensiv bleiben, Züge und U-Bahnen sicher, Dienstleistungsangebote hochwertig und Nahrungsmittel gesund sind oder Kunden kompetent beraten werden. Ein schlechter Erhaltungszustand der Abwasserversorgung, unverantwortliche Betreuungsrelationen in Schulen und Universitäten, die Wegrationalisierung von Dienstleistungspersonal sowie ein Qualitätsverlust in vielen arbeits- und qualifikationsintensiven Tätigkeitsfeldern sind die Folge eines auf hochproduktive Branchen fokussierten konservativen Wohlfahrtstaates und einer entsprechenden Wirtschafts- und Sozialpolitik" (Czada 2008, S. 203 f.).

Insgesamt erhöhte sich durch die oben ausgeführte zögerliche Ausrichtung der Modernisierungspolitik die *Heterogenisierung* der sozialstrukturellen Lagen, festgefügte Schemata sozialer Ungleichheit differenzierten sich aus und gleichzeitig wurden bei nicht steigender intergenerationaler Mobilität traditionelle soziale Polarisierungen stabilisiert und soziale Schließungsprozesse wirksam.

Auch die in den Kernsektoren Beschäftigten wurden von unternehmerischen Flexibilisierungsmaßnahmen getroffen, die die traditionelle Beschäftigungssicherheit unterminierten und Ängste vor Diskontinuitäten produzierten. Eine stabile Lebensplanung, wie sie für die Nachkriegsgeneration noch möglich war, wurde so auch in der gesellschaftlichen Mitte (etwa bei den Facharbeitern) immer schwieriger, denn die globale Beschleunigungsdynamik mit verkürzten Produktionszyklen sorgte für eine immer raschere Entwertung von scheinbar gesicherten Qualifikationen. Die Digitalisierung hat diese Polarisierungsprozesse auf dem Arbeitsmarkt seit Beginn der 2000er Jahre beschleunigt: die Zahl der Hochqualifizierten wie der Einfachtätigen (bspw. Sicherheitskräfte, Paketzusteller etc.) wächst, während die Zahl der Facharbeiter in der Industrie *schrumpft.*

Dass der Strukturwandel der Erwerbstätigkeit zu einer Aushöhlung der Versicherungspflicht und Sicherungslücken führt, wurde von Rentenexperten ebenfalls bereits seit Jahren konstatiert und als eine Antwort eine allgemeine „Bürgerversicherung" vorgeschlagen: „Notwendig ist zunächst eine umfassende Versicherungspflicht für alle erwachsenen Personen. Dies ist einerseits erforderlich, um der Aushöhlung des Systems, wie sie in den letzten 15 Jahren geschah, zu begegnen. Andererseits – und das ist der zentrale Gesichtspunkt – können nur so Sicherungslücken vermieden werden, die auf jeden Fall zu finanzieren sind, im Zweifel durch die öffentlichen Hände" (Krupp 2007, S. 28). Aber selbst diese rationale Schlussfolgerung blieb im Gestrüpp des komplexen sozialstaatlichen Institutionensystems hängen oder neue Pflichtsysteme (Beispiel Riesterrente) wurden mit dem Verweis auf Verfassungsbedenken bereits im Diskurs oder spätestens im Prozess des Gesetzgebungsverfahren verhindert. Es ist schon beeindruckend zu studieren, welche Stabilität die Architektur des Sozialstaats aufweist und wieviel Kritik und auch konkrete Verbesserungsvorschläge an ihr abprallen oder in Kommissionen erarbeitete Lösungsvorschläge im anschließenden Gesetzgebungsverfahren zerrieben werden.

Einen ersten vorläufigen Höhepunkt erreichte der Krisendiskurs mit dem Crash am Finanzmarkt 2008/2009. Hier fielen nicht nur manche Illusionen über die Stärken des deutschen Produktionsmodells, sondern auch über die vermeintliche Stabilität der sozialen Sicherung in Deutschland tendenziell zusammen. Der Sozialstaat konnte zwar seine grundlegenden sozialen Sicherungsfunktionen erfüllen, dennoch wurde das Systemvertrauen erschüttert und neue soziale Problemzonen mit all den negativen Auswirkungen auf die sozialen Grundlagen der Demokratie wuchsen. „Ironischerweise ist es der Sozialstaat, der diese Ohnmacht weiter verstärkt hat. Die Kehrseite des deutschen Wirtschaftswunders und Sozialstaatsmodells ist die Auflösung der Reste vorkapitalistischer Produktionsweisen, die Durchsetzung von Markt und Staat als den einzigen Garanten

der Vergesellschaftung und damit die vollständige Abhängigkeit der Haushalte
von marktförmigen und staatlichen Leistungen für den Lebensunterhalt und die
Sicherung ihrer gesellschaftlichen Stellung. Versagt der Markt in seiner vergesell-
schaftenden Funktion, muss der Staat regulierend eingreifen. Er selbst gerät aber
dann seinerseits von wirtschaftlicher Seite unter Druck. Die Durchsetzung der
kapitalistisch-wohlfahrtsstaatlichen Vergesellschaftung nach dem Krieg erzeugt
somit ihrerseits neue soziale Risiken" (Andress und Kronauer 2006, S. 51).
Gerade weil der traditionelle Sozialstaat ein historisch nie erreichtes Maß sozialer
Sicherheit aufgebaut hatte und damit auch im Vergleich mit anderen Ländern ein
Erfolgsmodell war, fühlten sich viele Menschen – trotz aller Kritik an einzelnen
Bausteinen wie bspw. Hartz-IV oder der schrittweisen Erhöhung des Rentenal-
ters auf 67 Jahre – in diesem Sozialmodell gut aufgehoben. Viele Menschen
verspürten allerdings in einer zunehmend globalisierten Welt, dass der Wind um
den deutschen Wirtschafts- und Sozialstandort rauer geworden ist und immer
mehr Bestandteile der traditionellen wohlfahrtsstaatlichen Kultur unter Druck
setzte, denn die soziale Sicherung hängt zentral an der Stabilität der Finanz-
marktinstitutionen. „Denn wenngleich die Ursache der Finanzmarktkrise nicht in
einer Vertrauenskrise zu suchen ist, so hat sie doch eine solche bewirkt. Sie zu
überwinden bedarf institutioneller Reformen. Grundlage für die politische Durch-
setzbarkeit solcher Reformen ist ebenfalls ein Vertrauensverlust: der Verlust des
Vertrauens in möglichst ungezügelte Märkte" (Beckert 2010, S. 40).

Wenn es um die *Zukunftsfähigkeit* der sozialen Sicherungssysteme geht, spielen Vertrauen und Akzeptanz neben dem wirtschaftlichen Leistungsvermögen
eine gewichtige Rolle und deshalb kann die Finanzmarktkrise 2008/2009 als
eine weitere Zäsur wohlfahrtsstaatlicher Entwicklungslinien eingeordnet werden.
Von wissenschaftlicher Seite mangelt es nicht an deutlichen Hinweisen, dass das
Systemvertrauen immer weiter schrumpfe und insgesamt die Legitimation der
traditionellen Sicherung in Deutschland untergräbt. Die immer wieder auftretenden Finanzierungsprobleme der Sozialversicherungsträger und die Erfahrungen
von Beitragssatzsteigerungen bei gleichzeitigem Abbau von Leistungen haben
das Vertrauen in die Systeme der sozialen Sicherung erschüttert. Dennoch sollte
man die institutionelle Robustheit sowie Fähigkeit zur Überwindung von Krisen
des Systems sozialer Sicherung auch nicht geringschätzen. „Das System ist in
geradezu idealer Weise kognitiv und moralisch anspruchslos: es macht es jedem
Teilnehmer leicht, die subjektive Gewißheit zu hegen, daß er bekommt, was ihm
zusteht – ebenso wie es die Gewißheit nährt, daß niemand etwas bekommt,
das ihm nicht zusteht. Eben dieser doppelten Anspruchslosigkeit verdankt es
seine bemerkenswerte historische Robustheit, die an dem Umstand abzulesen
ist, daß das deutsche Sozialversicherungssystem (in den meisten der genannten

institutionellen Grundzüge im Wesentlichen unverändert!) ein ganzes Jahrhundert und nicht weniger als vier grundverschiedene staatliche Verfassungsordnungen überstanden und sich in ungebrochener Kontinuität auf der Grundlage dieser Merkmale fortentwickelt hat" (Offe 2019 [1990], S. 128).

Gleichwohl wachsen die *Zweifel* an der Verlässlichkeit der Sozialpolitik weiter an. Die von den Kritikern des Sozialstaats vehement vertretene und in den Medien aufgegriffene These, umlagefinanzierte Solidarsysteme seien auf Dauer nicht tragfähig und finanzierbar, findet Zustimmung. „Die Befürchtung greift um sich, in der Rentenversicherung keinen entsprechenden Gegenwert für die eingezahlten Beiträge mehr zu erhalten. Gerade bei der jungen Generation wächst die Stimmung, dass angesichts des demografischen Umbruchs ein Ausstieg aus der Sozialversicherung die einzig rationale Antwort sei, um die soziale Absicherung durch individuelle Vorsorge in die eigene Hand nehmen zu können. Individuelle Vorsorge statt Solidarausgleich, Privatversicherung statt Sozialversicherung heißt die Schlussfolgerung, die zwar den Interessen des privaten Banken- und Versicherungswesens entspricht, aber angesichts der Turbulenzen auf den internationalen Kapital- und Finanzmärkten alles andere als soziale Sicherheit erwarten lässt" (Bäcker et al. 2020, S. 50 f.).

Das mittlerweile breit geteilte wachsende Risiko einer Krisenanfälligkeit war bereits in sozialwissenschaftlichen Diskursen aus den 1980er Jahren ein Thema. Pierre Rosanvallon sah relativ früh den seit Ende der 1940er Jahre entwickelten Wohlfahrtsstaat mit seiner Korrektur der Auswirkungen des Marktes und damit ausgleichenden Funktion in einer strukturellen Krise. „Die Verlangsamung des Wachstums und neue ökonomische Bedingungen stellen zunächst einmal die bisherige Progressionstendenz des Wohlfahrtsstaates in Frage. Auch die Tarifverhandlungen ändern mit der Segmentierung des Arbeitsmarktes und den Auflösungserscheinungen in der Arbeiterklasse (Statusvielfalt, Delokalisierung der Produktion Trennung zwischen juristischem und realem Unternehmen etc.) ihren Charakter. Sie waren nur im Kontext eines relativ homogenen, global erfaßbaren Sozialgefüges sinnvoll. Heute ist gerade die Auflösung dieses Gesellschaftsgefüges für die Unternehmen zum wichtigsten Mittel ökonomischer Regulierung der sozialen Kosten geworden" (Rosanvallon 1982, S. 72; vgl. auch Obinger und Petersen 2019).

Diese Beschreibung über das Ende des „goldenen Zeitalters" des Wohlfahrtsstaates ist auch heute noch treffend und vielleicht sogar gerade gegenwärtig mit Blick auf die sich rasant ausgebreiteten und global agierenden *Internetunternehmen* wie Amazon, Google, Apple, Microsoft, IBM, Facebook in den Vereinigten Staaten oder auch Baidu, Alibaba und Tencent in China noch aussagekräftiger. Der *digitalisierte Kapitalismus* intensiviert mit Blick auf den Arbeitsmarkt und die soziale Sicherung die Spaltungsprozesse, die insgesamt zu einer gesellschaftlichen Zersplitterung führen (vgl. u. a. Staab 2019, S. 282 ff.). Dabei sind schon länger bestehende Herausforderungen von den Regierungsakteuren noch nicht adäquat bearbeitet worden (etwa die Demografieproblematik mit Blick auf die Alterssicherung). Während in der Phase der 1950er bis Anfang der 1980er Jahre das Verhältnis der Erwerbstätigen zu den Rentenbeziehenden 2 zu 1 betrug, pendelte es nun zu fast 1 zu 1. Das bestehende System der sozialen Sicherung wurde deshalb bereits in den 1980er Jahren als nur *unzureichend* gerüstet für zu erwartenden Herausforderungen des ökonomischen, demographischen und sozialen Wandels angesehen und für die materielle Seite der sozialen Sicherung stand das Äquivalenzprinzip auf dem Prüfstand. In den nächsten Jahren ist zu erwarten, dass die Volkswirtschaft in Deutschland zwei bis drei Millionen Beschäftigte verlieren wird, wenn die Generation der Babyboomer in Rente geht. Dies impliziert bei den Beitragszahlenden weitere Beitragserhöhungen verbunden mit künftigen Leistungskürzungen und auf der gesamtwirtschaftlichen Ebene *weniger Steuereinnahmen* und *wachsende Sozialabgaben.* Sowohl der demographische Wandel als auch die Folgen des digitalisierten Kapitalismus haben einerseits den Reformdruck auf das beitragsfinanzierte System der sozialen Sicherung erhöht, wie auch zugleich das Vertrauen auf die künftige Geltung des Äquivalenzprinzips zunehmend zerrüttet, wenn bspw. gesetzliche Rentenanwartschaften nicht höher als steuerfinanzierte Grundsicherungsleistungsansprüche im Alter sind.

Insbesondere die immer offensichtlicher werdenden Defizite dieses Prinzips wurden mit Begrifflichkeiten wie „Neue Armut" oder „Armutsfallen" angesprochen und die Forderung erhoben, Ansprüche an die soziale Sicherung in stärkerem Maße als bisher unabhängig von vorausgegangener sozialversicherungspflichtiger Erwerbsarbeit zu gewähren. Hinzu kamen die sichtbar gewordenen *Rigiditäten* der wohlfahrtsstaatlichen Regulierungen. „Die Mechanismen, die Solidarität erzeugen, sind abstrakt, formal, unentzifferbar geworden. Die Auswüchse der Bürokratie und die zunehmende Schwerfälligkeit der Sozialgesetzgebung sind auf diese Abstraktion zurückzuführen und verstärken sie ihrerseits. Die Folge davon ist eine relative Verringerung der Effizienz" (Rosanvallon 1982, S. 67; vgl. auch ders. 2004). Vor diesem Hintergrund ist es nicht überraschend, wenn über Gestaltungsalternativen für eine anstehende Reform der Sozialpolitik öffentlich gestritten wurde. Von der Tendenz her wurde ein vom Solidaritätsgedanken getragenes Umschalten vom Versicherungsprinzip auf ein Teilhabeprinzip an soziokulturellen Standards thematisiert. Und hier kommt die garantierte Mindestsicherung als eine Antwort auf Armutsfallen und Sicherungslücken in den Blick. Interessanterweise sahen bereits zu diesem Zeitpunkt insbesondere führende sozialdemokratische Politiker darin eine drohende Gefahr;

so bspw. der ehemalige Bundesgeschäftsführer der SPD, Peter Glotz: „Ein Gespenst geht um in Europa: die ‚systemsprengende' Idee eines garantierten Grundeinkommens" (ders. 1986).

Bis heute sind diese ideologischen Vorbehalte gegenüber Grundsicherungsmodellen außerhalb der Sozialhilfe bzw. Grundsicherung vor allem in Reihen der sozialdemokratischen Partei und den Gewerkschaften fest verankert. Die beitragsfinanzierte Pflichtversicherung – zumindest innerhalb über die Zeit nur mäßig gestiegener Einkommensschwellen von Beitragsbemessungsgrenzen der gesetzlichen Kranken- und Rentenversicherung – ist seit den Bismarckschen Reformen das Fundament und auch der Grundkonsens gegen Lebensrisiken. „Allen Systemen staatlich regulierter Vorsorge für die Risiken des Lebens ist in Deutschland gemeinsam, daß sie auf dem *Beschäftigungsverhältnis* aufbauen. Anwartschaften werden durch Berufsarbeit und (mit Ausnahme der Beamtenversorgung) einkommensabhängige Beiträge erworben. Analog zum Versicherungsdenken in der Privatversicherung ist auch der Grundsatz einer *Äquivalenz von Beiträgen und Leistungen* weithin anerkannt: Krankengeld, Arbeitslosengeld, Erwerbsunfähigkeits- und Altersrenten richten sich ihrer Höhe nach grundsätzlich am versicherungspflichtigen Einkommen aus" (Kaufmann 2003, S. 284; vgl. auch ders. 2015; Bäcker et al. 2020, insbes. Kap. I und II).

Aufgrund der Tiefengrammatik und kulturellen Verwurzelung des deutschen Sozialstaates ist es auch nicht überraschend, dass die schon in den 1980er Jahren geäußerten Bedenken gegen universalistische und die strikte Beschäftigungsbezogenheit überwindende Grundsicherungsmodelle wie bspw. der damalige Vorschlag des Kronberger Kreise (vgl. Mitschke 1985) auf nahezu geschlossenen Widerstand der etablierten sozialpolitischen Akteure stieß. Das Festhalten an der nationalen Tradition der Sozialstaatlichkeit führte in der Politik und der weitverzweigten paritätisch von Arbeitgeber- wie Arbeitnehmervertretungen und der Politik besetzten Sozialadministration im Endeffekt dazu, zur Sicherung von Legitimation, Finanzierbarkeit und Leistungsfähigkeit auf jeden Fall das Versicherungsprinzip weiterhin stark zu betonen und nur in systemimmanenten Einzelfragen Korrekturbedarf zuzulassen. Neue Modelle, die sich als eine Ergänzung der sozialen Sicherungssysteme, insbesondere der Sozialversicherung, und nicht als eine Alternative verstehen, wurden jedoch durch die damalige erste auf der wirtschafts- und sozialpolitischen Ebene stattgefundene „Konjunktur der Grundeinkommensdebatte" durchaus angeregt. Insofern wäre es verfehlt von generellen Blockaden zu sprechen, eher ist ein „dynamischer Immobilismus" in der Sozialpolitik der 1980er und 1990er Jahre anzutreffen (vgl. Lessenich 2009; Vobruba 2019).

Eine Lehre sollte aus diesen Debatten gezogen werden: Das *Interesse* der sozialpolitischen Institutionen an sich selbst und die Aufrechterhaltung der institutionellen Logik der Sozialversicherungsidee ist nicht durch normative Politikentwürfe (und mögen sie auch moralisch oder steuersystematisch „überlegen" sein) innerhalb kurzer Zeit grundlegend zu erschüttern oder gar zu verändern. „Das Ziel sozialer Inklusion liegt indes immer noch quer zu dem des Statuserhaltes, wie es im konservativen deutschen Wohlfahrtsmodell institutionell verankert ist" (Czada 2008, S. 204). Allerdings haben sie Diskussionen ausgelöst, die eher in sozial-philosophische Debatten im Feuilleton als in sozial- oder arbeitsmarktpolitische Erörterungen im Wirtschaftsteil von Zeitungen und Medienbeiträgen mündeten. Das Selbstverständnis, die Zukunftsfähigkeit aufgrund des demographischen Wandels wie des technologischen Wandels im Arbeitsprozess und auch die Wertebasis, wurden von Teilen aber problematisiert. Die Irritationen waren aber noch nicht so groß, dass hieraus grundlegende Reformen des Sozialstaats angestoßen wurden, auch wenn angesichts der immer gravierender werdenden Sicherungs- wie auch Finanzierungslücken in verschiedenen Zweigen der Sozialversicherung der Handlungsbedarf zur steuerfinanzierten Nachadjustierung in Form einer Erhöhung von Bundeszuschüssen anstieg. Dieses Phänomen der Erhöhung von Bundeszuschüssen widerspricht den eigentlichen Konstruktionsprinzipien einer ausschließlichen Beitragsfinanzierung, die sich vermeintlich dadurch auch dem Zugriff durch die Politik zu entziehen vermag. „Die Beitragsfinanzierung hat im Gegensatz zur Steuerfinanzierung die Funktion, die Disposition über die Verwendung der Sozialversicherungshaushalte der staatlichen Souveränität und dem Gesetzgebungsprozeß jedenfalls insoweit zu entziehen, als eine Verwendung der Mittel für andere Zwecke als die der Versicherten ausgeschlossen wird. Damit wird die Beitragserhebung und Verwendung gegen „versicherungsfremde" Umverteilungsambitionen und -versuchungen abgesichert und zuverlässig entpolitisiert" (Offe 2019 [1990], S. 127).

2.2   Exkurs: Ein Blick zurück nach vorn

Bausteine für konkrete Reformprojekte im Feld der sozialen Sicherung lagen auch schon in den 1980er Jahren vor. Sowohl mit Blick auf die absehbaren demografischen Herausforderungen als auch auf die Auswirkungen der neuen Technologien wurde auf die Risiken der noch in den 1960er und 1970er Jahren gut funktionierenden und geschätzten wohlfahrtsstaatlichen Apparate hingewiesen. Aufgrund der Lohnbezogenheit der sozialen Sicherungssysteme könnten durch die technologischen Entwicklungen (heute würde man von der Digitalisierung sprechen) die Finanzierungsfundamente unterhöhlt werden, so dass es fraglich sei, ob das beitragsfinanzierte Aufkommen in Zukunft noch ausreicht, um die erworbenen Rentenanwartschaften auszugleichen. Zudem wurde zunehmend die Frage gestellt, ob es prinzipiell überhaupt wünschenswert ist, die Alimentierung der sozialen Sicherung lohnbezogen zu organisieren. Auch die Hinweise auf eine „Neue Armut" als ein Ergebnis der lohnbezogenen Berechnungsweise von Sicherungsansprüchen wurden problematisiert und verlangten nicht nur nach detaillierten theoretischen und empirischen Überprüfungen der zugrundeliegenden Zusammenhänge, sondern wiesen auf notwendige Umgestaltungen hin.

Vor diesem Hintergrund startete Mitte der 1980er Jahre das Projekt „Neue Technologien und soziale Sicherung" (für das Ministerium für Arbeit, Gesundheit und Soziales in Nordrhein-Westfalen/Projektleitung: Gretschmann/Heinze), das im Folgenden kurz resümiert werden soll. Einerseits kann damit verdeutlicht werden, dass eine vitale sozialpolitische Debatte sowohl in wissenschaftlichen als auch politischen Kreisen nicht nur existierte, sondern die zentralen Konzepte (teilweise mit anderen Begrifflichkeiten) auch leidenschaftlich diskutiert wurden. Schon damals stellten uns der demografische Trend, eine Periode prekärer Wirtschaftslagen und die stark diffundierenden neuen Technologien vor eine Situation, in der über Weichenstellungen nachgedacht werden musste. Dies galt auch für die bereits damals sichtbaren geringfügigen Beschäftigungsverhältnisse, werkvertragliche Quasiarbeitsverhältnisse etc. Die Zersplitterungen auf dem Arbeitsmarkt waren bereits zu verzeichnen und deshalb sollte man heute vorsichtig sein, in Minijobs oder Soloselbstständigen ganz neue Phänomene zu entdecken. Gerade um dauerhaft Sicherheit und Vertrauen in die wohlfahrtsstaatlichen Institutionen zu bringen, galt es zudem bereits damals, die Problemlösungsfähigkeit kritisch zu hinterfragen und Alternativen zu diskutieren. Im Resümee der Untersuchung (zitiert nach der Buchfassung) werden folgende Schlussforderungen gezogen:

„Fassen wir die wesentlichen Ergebnisse der vorliegenden Untersuchung zusammen, so kommen wir zu folgenden Aussagen:

* Für das bisherige, historisch gewachsene System Sozialer Sicherung ist kennzeichnend, dass Berücksichtigung und Berechnung individueller Leistungsanspruche an eine (vorausgegangene) Lohnarbeit rückgebunden sind. Nur Lohnabhängige und durch diese Eigenschaft als Beitragszahler ausgewiesene Personen (und deren Familienangehörige) erwerben Leistungsansprüche, den anderen verbleibt im Risikofall nur die nachrangige Sozialhilfe. Durch diese Lohnarbeitszentriertheit der Sozialen Sicherung ergeben sich mehrere Einbruchstellen, über die die Neuen Technologien – vermittels ihrer quantitativen und

qualitativen Wirkungen auf dem Arbeitsmarkt – auch auf die Soziale Sicherung ausstrahlen. In dem Maße, wie die Neuen Technologien Veränderungen im Einsatz des Faktors Arbeit bewirken, beeinflussen sie auch Art und Umfang des sozialen Sicherungssystems. Dies gilt sowohl hinsichtlich der Finanzierung (Einnahmeseite) als auch hinsichtlich der Quantität und Qualität sozialer Leistungen (Ausgabenseite).

* Eine Auswertung der vorliegenden Untersuchungen über die Wirkungen Neuer Technologien auf das Beschäftigungsniveau und die Beschäftigungsstruktur ergibt kein eindeutiges Bild: Freisetzung bzw. Kompensation sind letztlich von einer Reihe von Randbedingungen abhängig, deren jeweiliges empirisches Vorliegen im Rahmen dieser Studie nicht geprüft werden konnte. Ebenso, wie die durch den Einsatz Neuer Technologien verursachten Veränderungen auf dem Arbeitsmarkt für die Zukunft nicht exakt und sicher bestimmbar sind, lassen sich auch die Folgewirkungen auf die Soziale Sicherung nicht exakt und sicher prognostizieren.

Der Faktor Technologie – eine erklärende Variable neben anderen – ist bezüglich der Finanzierungs- und Leistungslücken der Sozialen Sicherung nicht separabel: Er ist und bleibt Bestandteil eines komplexen Bündels von Einflussfaktoren, die zudem noch – so unsere Hypothese – korrespondieren, also interdependent sind. So stehen insbesondere die demographische und die technologische Komponente als Belastungsursachen der Sozialen Sicherung nicht unabhängig nebeneinander. Die demographischen Verwerfungen werden vielmehr in den nächsten Dekaden bei einer unveränderten Konstruktion der Sozialen Sicherung die lohnbezogen erhobenen Sozialabgaben derart in die Höhe treiben, daß sich schon allein dadurch der betriebswirtschaftliche Anreiz erhöht, die Neuen Technologien zum Abbau von Arbeitsplatzen und zur kostensparenden Flexibilisierung des Arbeitseinsatzes zu nutzen.

Das Problempotential der Neuen Technologien wird so durch die demographischen Rahmenbedingungen erheblich gesteigert. Um die Grundlage für eine Prüfung der Frage zu schaffen, ob und inwieweit die verschiedenen, in dieser Studie thematisierten Reformvorschlage geeignet sind, dem technologisch gegebenen Stabilitätsrisiko der sozialen Sicherungssysteme zu begegnen, wurde unter Verwendung und Weiterentwicklung aktueller Prognoseszenarien ein in sich kohärentes Bild der wahrscheinlichen wirtschaftlichen Entwicklung und der dadurch bedingten Situationsänderungen der Sozialen Sicherung entworfen, wobei unterschiedliche Entwicklungsannahmen zu einem pessimistischen Freisetzungs- und einem optimistischen Kompensationsszenario führen. Diese beiden Szenarien markieren einen wahrscheinlichen Entwicklungskorridor, eine Bandbreite mit oberer und unterer Begrenzung.

Diese bildet den Analyserahmen für die durchgeführten Modellrechnungen, welche die ökonomischen Konsequenzen der einzelnen Reformvorschlage und mithin ihre Tauglichkeit und ihre etwaigen problematischen Nebenfolgen klaren. Was die alternativen Finanzierungsmodelle anbelangt, werden (a) die Umstellung der Arbeitgeberbeiträge auf eine wertschöpfungsbezogene Bemessungsgrundlage, (b) die Finanzierung der absehbaren Mehraufwendungen der Sozialversicherung über eine zusätzliche wertschöpfungsbezogene Bemessungsgrundlage, (c) eine die Zusatzausgaben abdeckende Erhöhung des Bundeszuschusses und schließlich (d) eine Finanzierung der Mehrausgaben mithilfe einer Energieabgabe geprüft.

Wir gelangen zu folgenden Resultaten: Eine aufkommensneutrale Umbasierung der Arbeitgeberbeiträge zur Sozialversicherung würde, wenngleich in einem quantitativ unbefriedigenden Umfang, den Arbeitsmarkt zumindest temporär entlasten können. Die demographische Entwicklung und der wirtschaftliche Strukturwandel können also insoweit durch diesen Reformvorschlag in einem begrenzten Maße synchronisiert werden. Allerdings ist der Preis, nämlich der Wachstumsverlust der Volkswirtschaft, nicht unerheblich. Demgegenüber sind die negativen Auswirkungen einer zusätzlichen wertschöpfungsbasierten Bemessungsgrundlage weit geringer. Die sektoralen Belastungsverschiebungen fallen bei einem additiven Wertschöpfungsbeitrag weniger drastisch aus. Dem Reformmodell einer Finanzierung demographisch und technologisch bedingter Mehrausgaben über eine „dritte Säule", die der Sozialen Sicherung wertschöpfungsbezogene Abgaben einbringt, ist daher gegenüber der Umbasierung der Vorzug zu geben. Um die zu erwartenden Fehlbetrage der Sozialen Sicherung bis 2015 komplett über eine Erhöhung des Bundeszuschusses abzudecken, müsste derselbe volumenmäßig vervielfacht werden. Der Bundeszuschuss taugt daher allenfalls zur Flankierung anderer Finanzierungsstrategien, nicht aber als eigenständiges Finanzierungsmodell.

Im Vergleich zum Wertschöpfungsbeitrag sind seine verteilungspolitischen und allokativen Effekte als vergleichsweise unschädlich einzuschätzen. Was den Vorschlag anbelangt, die Finanzierungsprobleme der Alterssicherung über eine Energiesteuer zu bewältigen, zeigen unsere Modellrechnungen, dass die Bemessungsgrundlage für die zu deckenden Summen schmal und die notwendigen Steuersätze entsprechend hoch sein würden. Darüber hinaus ist die Bemessungsgrundlage bei einer Energiesteuer variabel und daher wenig stabil. Auch ergeben sich sektorale Belastungsverschiebungen zu Ungunsten solcher Branchen, die besonders unter Arbeitsmarktproblemen leiden. Bei einem Abwägen aller Vor- und Nachteile kommen wir zu dem Ergebnis, dass die ergänzende Wertschöpfungsabgabe wohl das bislang tragfähigste Reformmodell für die

Finanzierungsseite verkörpert. Freilich wäre auch eine gemischte Lösung denkbar, die aber im Rahmen der vorliegenden Arbeit nicht weiter verfolgt werden konnte.

* Neben der Analyse der Vorzüge und Nachteile verschiedener Finanzierungsalternativen wurden auch für die Leistungsseite verschiedene Reformvorstellungen untersucht. Zunächst ging es um unterschiedliche Varianten einer Mindestsicherung, für die sozialpolitische und modernisierungspolitische Erwägungen sprechen. Die in sich konzeptionell schlüssigen Modelle scheitern an den Kosten. Unsere Berechnungen zeigen, dass die aufzubringenden Mehrausgaben einer bedarfsunabhängig gewahrten Sozialdividende für jedermann jenseits der Grenze liegen, die realistischerweise als Zielpunkt fixiert werden kann. Aber auch die Kosten einer bedarfsgeprüften „Sockelung" in den verschiedenen Sicherungssystemen dürften hoher ausfallen, als heute von ihren Befürwortern vorgegeben wird.

Im Kern beinhaltet jede Variante einer garantierten Mindestsicherung eine Abkehr vom Äquivalenzprinzip. Nun muss aber nicht jede Reform, die auf eine Überwindung der Lohnarbeitszentriertheit der Sozialen Sicherung angelegt ist, zugleich das Äquivalenzprinzip über Bord werfen. Der abschließend von uns untersuchte Reformvorschlag halt daher grundsätzlich am Äquivalenzprinzip fest, eröffnet aber für den Einzelnen die Chance, jenseits der Lohnarbeit Leistungsansprüche gegenüber der Sozialen Sicherung aufzubauen. Dieses Modell arbeitet mit Sozialgutscheinen, die als sozialpolitische Gegenleistung für gesellschaftlich nützliche Tätigkeiten außerhalb der formellen Erwerbsarbeit gewahrt werden. Mit solchen Sozialgutscheinen können Leistungsanspruche gegenüber der Sozialversicherung aufgebaut werden, ohne dass es dafür eines kodifizierten Arbeitsverhältnisses bedürfte. Eine solche Reform trägt dem Sachverhalt Rechnung, dass infolge des nicht zuletzt technikbedingten Strukturwandels auf dem Arbeitsmarkt immer mehr Personen zwar größere Zeitkontingente, aber weniger monetäre Ressourcen zur freien Verfügung haben. Diese veränderte Ausstattung erfordert u. E. ein neu definiertes Äquivalenzprinzip. Die Personengruppen mit viel Zeit und wenig Geld erhalten in unserem Modell die Möglichkeit, durch anerkannte Leistungen etwa in den Bereichen Pflege und Erziehung ihre eigene soziale Absicherung für die Zukunft aufzubauen.

Wenn unsere Analyse richtig ist, dass die Lohnbezogenheit als Kernelement unserer wohlfahrtsstaatlichen Sicherung angesichts demographischer und technologischer Probleme historisch veraltet ist, dann stellt sich die Frage nach der angemessenen Reformstrategie – sind doch die tradierten Instrumente des Wohlfahrtsstaats nicht länger zureichend. Angesichts der Vielfalt der Problembezüge und der entsprechenden Breite an Reformvorschlägen sowie unter Berücksichtigung der Tatsache, dass die einzelnen Verbesserungsvorhaben immer nur Teilprobleme zu lösen geeignet sind, scheint eine Kombination von Reformmodellen am vielversprechendsten – ein optimaler Mix gewissermaßen.

Welche Kombination als die sachoptimale, zumindest als eine angemessene sich herausstellen wird, welche sich am ehesten politisch implementieren lässt und ob beides deckungsgleich ist, muss an dieser Stelle dahingestellt bleiben. Denn für die Sozialpolitik gilt, wie für andere Bereiche auch, dass die Menschen ihre Geschichte unter vorgefundenen Umstanden und Bedingungen machen, ihnen aber dennoch genügend Gestaltungsspielraum verbleibt, um den Wissenschaftler von ‚Unbestimmtheit' sprechen zu lassen. Wie immer dem auch sei, sollen die massiven sozialen, ökonomischen und technologischen Herausforderungen der Zukunft bewältigt werden, dann dürfen die vorstehenden Überlegungen, wie realutopisch sie auch immer anmuten mögen, nicht durch jene durchschlagende Wirkungslosigkeit gekennzeichnet bleiben, die wissenschaftlich ambitionierte Expertisen und Politikberatung gemeinhin erleben müssen" (Gretschmann und Heinze et al. 1989, S. 231 ff.; vgl. auch die Beiträge in Heinze et al. 1988).

Dieser *Rückblick* kann exemplarisch verdeutlichen, was in der Policy-Forschung herausgearbeitet wurde: dass ein Problemstrom (hier die Herausforderungen für das soziale Sicherungssystem durch Demografie, neue Technologien und Segmentierungen des Beschäftigungssystems) (noch) nicht ausreichend für den Beginn eines strukturellen Politikwechsels ist. Trotz der objektiven Herausforderungen wurden keine angemessenen politischen Entscheidungsoptionen diskutiert, weil auch neue Prioritätensetzungen wie die Wiedervereinigungsphase in den 1990er Jahren volle Aufmerksamkeit von den politischen Akteuren erzwang und man mit der am 1. Juli 1990 in Kraft gesetzten Währungs-, Wirtschafts- und Sozialunion entschlossen war, „ohne Experimente" diese institutionellen Strukturen nunmehr auch in Ostdeutschland das westdeutsche Sozialstaatsmodell zu etablierend. Dabei wurden zur Finanzierung der einigungsbedingten Belastungen neben Steuern auch die Sozialbeiträge erhöht werden. „So wurden bereits 1991 die Beitragssätze zur Arbeitslosenversicherung und schrittweise bis 1997 die Beiträge zur Rentenversicherung angehoben; per Saldo errechnet sich ein einigungsbedingter Anstieg um etwa fünf Prozentpunkte. Dieser formidable Zuwachs war Folge davon, dass infolge der Transformationskrise eine hohe Arbeitslosigkeit finanziert werden musste und relativ mehr Personen in Ostdeutschland eigenständige Ansprüche auf Unterstützungszahlungen hatten, weil in der DDR (bei niedrigerer Produktivität) mehr Erwerbspersonen beschäftigt waren" (Vesper 2020, S. 14).

Gerhard A. Ritter bezifferte die Höhe des Transfers von Westdeutschland in die neuen Bundesländer auf mehr als 2 Billionen Euro, die zu über 40 % aus den westdeutschen Sozialsystemen finanziert wurden. Vor allem diese Form der Finanzierung warf schon damals Diskussionen auf, ob eine Finanzierung über die Sozialkassen statt über Steuern nicht ein „falscher" Weg war (Meinhardt und Zwiener 1997). Innerhalb kürzester Zeit wurde in den neuen Bundesländern mit entsprechenden Verwaltungspatenschaften der alten Bundesländer eine Vielzahl an neuen Institutionen aufgebaut, um den Transformationsschock einer Überführung einer zentralistischen Planwirtschaft in eine soziale Marktwirtschaft abzumildern. Hinsichtlich der bereits in den 1980er Jahren identifizierten strukturellen Probleme des deutschen Sozialstaates wurden diese in Folge der Bewältigung der Massenarbeitslosigkeit in Ostdeutschland eher weiter verschärft und der bereits fällige Umbau *verzögert* und nicht angepackt. „Es ist zu hoffen, dass die in immer weiteren Kreisen inzwischen gesehene Dringlichkeit der zu lösenden Probleme des Sozialstaats dazu führt, dass Politiker, Experten, die Funktionäre der großen Verbände, aber auch die Wähler über ihren Schatten springen und die Kraft zur Unterstützung für umfassende Reformen des Sozialstaats finden. Diese Reformen sind aber nicht mit einem Schlag zu leisten. Da es nicht nur um kurzfristige Korrekturen geh, sondern vor allem um langfristige Lösungen geht, verlangen sie von der Politik einen langen Atem, Innovationskraft, Augenmaß, Sachkompetenz und politisches Geschick in der Präsentation der Reformhaben in den Medien, der Gewinnung von Mehrheiten und der Ausbalancierung von Konflikt und Kooperation" (Ritter 2006, S. 406).

Hinzu kommen die in der Sozial- und Arbeitsmarktpolitik hinlänglich bekannten „Verschiebebahnhöfe" zwischen den politisch-administrativen Ebenen (Bund, Länder, Kommunen) und den Sozialadministrationen sowie politikorganisatorische Schwerpunktsetzungen (bspw. Führungspersönlichkeiten). Es gibt folglich viele Gründe erst einmal mit den Problemlagen „zu leben" und nur bei Zuspitzungen einzelner Konfliktfelder an den vorhandenen „Schrauben" zu drehen. Der Problemstau wurde erst Mitte der 1990er Jahre auch auf höchster politischer Ebene spektakulär thematisiert, als der damalige Bundespräsident Herzog im Frühjahr 1997 in einer vielbeachteten öffentlichen Rede die Blockaden in der Regierungspolitik offen anprangerte und davon sprach, dass „durch Deutschland ein Ruck" gehen muss. In der seinerzeit rot-grünen Bundesregierung wurde dann zu Beginn eine Modernisierung der Arbeitsmarkt- und Sozialpolitik angekündigt und verschiedene Maßnahmen eingeleitet, die in der ersten Dekade dieses Jahrtausends tatsächlich zu einem Policy-Wechsel führten. „Mitte der Neunzigerjahre stellen sowohl in den Parteien als auch aufseiten der Wirtschaft radikale Reformkräfte den Sozialkonsens infrage. In den Parteien kritisiert der Wirtschaftsflügel zunehmend den Kooperationskurs von Kohl und Blüm immer stärker, in den Wirtschaftsverbänden fordert der industrielle Mittelstand eine Senkung der Lohnnebenkosten. Versuche einer im Gruppenkonsens beschlossenen Sozialreform scheitern an der Dynamik der Parteienkonflikte sowie aufgrund von Dissonanzen zwischen Staat, Wirtschaft und Gewerkschaften über den sozialpolitischen Veränderungsbedarf. Als Folge der Diskreditierung einer dreiseitig abgesprochenen sozialstaatlichen Strukturreform setzt sich bereits unter der Regierung Kohl ein an den Gewerkschaften vorbei beschlossener Kurswechsel durch. Dieser wird von der Regierung Schröder nach dem erneuten Scheitern eines Bündnisversuchs mit der Agenda 2010 und den Hartz-Reformen fortgeführt" (Trampusch 2009, S. 123; vgl. auch Heinze und Streeck 2000).

Die Erschöpfungszustände in den sozialpolitischen Institutionen waren – und das wird in dem folgenden längeren Zitat deutlich – schon länger vorhanden und auch Therapieangebote waren im wissenschaftlichen Angebot. Aber ein Aufwind gewinnender Politikstrom allein reicht eben nicht aus, um ein historisch so verfestigtes Institutionensystem empfindlich anzutasten und einen graduellen Wandel auszulösen. Hinzukommen müssen wirkungsmächtige politikinterne Prioritätenverschiebungen. Aus Sicht der *Policy-Forschung* könnte man sagen, dass zwar einzelne „Ströme" (streams) wie bspw. die angewachsenen sozialen Problemlagen, die auch über die Sozialsysteme quersubventionierten und den Faktor Arbeit in besonderer Weise belastenden Kosten der deutschen Vereinigung und auch sozialpolitische Diskurse bereits auf neue Entscheidungen drängten, diese aber eher nebeneinander herliefen und nicht ausreichten, um einen so fundamentalen Strategiewechsel in der Sozialpolitik umzusetzen. „Entscheidend ist nicht das sachliche Erfordernis der Problemlösung, sondern der Kontext des Entscheidungsprozesses, also welche und wie viele Entscheidungsgelegenheiten sich bieten, mit welchen Problemen es die Organisation gerade zu tun hat, welche Lösungen sich gerade anbieten, wie die Teilnehmer ihre Aufmerksamkeit und ihre Zeit auf verschiedene Entscheidungen verteilen und wie viel Zeit zur Verfügung steht. Die Koppelung der Elemente des Entscheidungsprozesses kann damit eher als zufälliges Zusammenfließen relativ unabhängiger Ströme beschrieben werden" (Schmid 2011, S. 329; vgl. auch Rüb 2009).

Die fundamentale Schlussfolgerung daraus lautet: Es gibt keine systematische oder quasi-naturgesetzlich historische Verknüpfung zwischen einem Problem (einem Politikstrom) und einer bestimmten politischen Entscheidung und deshalb muss in den Analysen viel intensiver nach den Gründen dafür geforscht und gefragt werden, warum gewisse Politikkonzepte nicht von heute auf morgen zu verändern sind, obgleich die Herausforderungen plausible und unmittelbar einleuchtend sind. Wir werden später (in Kap. 4) noch zeigen, dass über den

„Multiple-Streams-Ansatz", der von relativ autonom agierenden Strömen mit
eigener Dynamik und Antriebskräften ausgeht, sowohl die Beharrungen im
nationalen Sozialversicherungskontext als auch die für einen Policy-Wechsel
notwendigen Verknüpfungen durch political entrepreneurs und neue Formen politischer Partizipation und bürgerschaftlichem Engagement erklärt werden können.
Politikentscheidungen verlaufen eben in nahezu allen Feldern nicht so rational
wie es in der Öffentlichkeit vielfach geglaubt und auch von vielen klassischen
politikwissenschaftlichen Theorien angenommen wird.

Die Entscheidungsprozesse laufen vor dem Hintergrund verschiedener The-
menkonjunkturen auf mehreren Ebenen mit unterschiedlichen Teilnehmern und
Lösungsoptionen ab und stehen zumeist in keinem feststrukturierten Zusammenhang mehr. Deshalb muss der Verknüpfung der Ströme besondere Aufmerksamkeit geschenkt werden und es kommt somit auf Akteure sowie Akteursbündnisse
an, die die unterschiedlichen Ströme real vernetzen und auf die Bühne der öffentlichen Debatte tragen. Hat man diese Handlungskontingenzen vor Augen, dann
überrascht nicht länger, warum trotz vieler sachlich angemessener Argumentationslinien und evidenzbasierter Resultate die sozialpolitische Wende bislang
ausblieb und grundlegende Reformbemühungen abgewehrt werden konnten. Sie
wird nur dann gelingen, wenn basierend auf einem Problemdruck ein Gelegen-
heitsraum zur Verfügung steht und political entrepreneurs die Entscheidungen
klug vorbereitet haben. Ein *Policy Window*, das sich entweder aufgrund signi-
fikanter Verschiebungen von Indikatoren im Themenfeld oder aufgrund eines
Regierungs- bzw. Personalwechsels auf dem für das Themenfeld relevanten Ent-
scheidungsebene öffnet, vermag dann eine Konstellation herbeizuführen, die auch
einen Systemwechsel einzuleiten vermag.

Zusammenfassend war deshalb aus realer sozialpolitischer Perspektive die
erste Episode der Debatten um eine neue Architektur des deutschen Sozialstaates nicht mehr als ein *Agenda-Setting* ohne weiterführende Konsequenzen.
Wenngleich manche der damaligen Auseinandersetzungen eher polemisch geführt
wurden, schlug die Debatte um ein Mindest- oder Basiseinkommen aber in der
wissenschaftlichen Diskussion hohe Wellen und war aus sozialwissenschaftlicher
Sicht diskursiv anregend. Die garantierte Mindestsicherung gehörte dabei schon
Mitte der 1980er Jahre zu den am häufigsten und am kontroversesten behandelten
Themen und die darauffolgenden Konjunkturwellen zeigen die Prominenz dieser
Debatte, die keineswegs zufällig ist, denn sie berührt die zentralen Konstruktions-
prinzipien sozialer Sicherung in Deutschland. Leistungen aus dem gegenwärtigen
Sozialversicherungssystem sind in weiten Bereichen von vorherigen Beiträgen im
Beschäftigungssystem abhängig, ein wachsender Teil der Bevölkerung kann aber

genau diese Vorleistungen entweder gar nicht oder nicht mehr in ausreichender Höhe erbringen. Diese Entwicklung zeichnet sich bereits seit längerer Zeit ab und deshalb kehrt die Debatte um ein Grundeinkommen periodisch zurück (vgl. aus unterschiedlichen Perspektiven die Beiträge in Kovce und Priddat 2019; Osterkamp 2015).

Die Ursachen für die Wiederkehr sind neben der Arbeitslosigkeit (insbesondere der Langzeitarbeitslosigkeit) ein Wandel bei der Art der Beschäftigungsverhältnisse (Anstieg der Teilzeitarbeit und prekärer Arbeit usw.) sowie der soziale Wandel von Formen des Zusammenlebens in Lebenspartnerschaften, Ehe und Familie. Vor allem für Frauen wurde es immer „riskanter", sich bei der sozialen Absicherung nur auf vom Ehemann abgeleitete Ansprüche zu stützen, was in der Frauenbewegung seit den 1970er Jahren thematisiert wurde. „Die Frauen sind oft nur ´einen Mann weit' von der Armut entfernt" (Beck 1986, S. 183; vgl. hierzu auch die Beiträge in Opielka und Ostner 1987; Heinze et al. 1988). Hinsichtlich der Erwerbsbeteiligung der Frauen hat sich in den letzten Jahrzehnten ein stetiger Wandel vollzogen, der mit Blick auf die eigenständige soziale Sicherung erhebliche Fortschritte mit sich brachte, was auch in Reformen des Systems sozialer Sicherung hin zu wachsender Individualisierung beitragsbezogener Ansprüchen sowie sinkender abgeleiteter familialer Sicherungsansprüche durch Beitragszahlende seinen Ausdruck fand. Dies schließt aber nicht aus, dass die heutige Armut in vielen Fällen noch immer weiblich geprägt ist (insbesondere im Alter) und damit auf die systematischen Sicherungslücken im traditionellen Sozialversicherungssystem verwiesen wird. Vor allem mit dem durch Bundesmittel initiierten Ausbau von Kinderbetreuungseinrichtungen wurde entscheidend mit zum Wachstum der sozialen Dienste beigetragen und somit auch die notwendigen infrastrukturellen Voraussetzungen für die Möglichkeit zur Ausübung von Erwerbstätigkeit parallel zur Wahrnehmung familiärer Erziehungs- und Betreuungsverpflichtungen geschaffen.

Die schon in den 1980er Jahren thematisierten Zersplitterungsprozesse auf dem Arbeitsmarkt haben sich jedoch durch die jahrelange Nichtbeachtung bzw. nur symbolische Diskussion in der Politik weiter vertieft und durch die Digitalisierung in Produktionsprozessen wie Konsumverhalten neue Dimensionen angenommen. Hier zeigt sich die stetig wiederkehrende Thematisierung prekärer Beschäftigungsformen mit unzureichender sozialer Sicherung, ohne dass jedoch strukturelle Reformen in der Arbeitsmarkt- und Sozialpolitik umgesetzt wurden. Ein oft genanntes Beispiel für die systematischen Benachteiligungen flexibler Arbeitsformen im deutschen Sozialstaat sind die *Minijobs,* die mehrheitlich von

Frauen verrichtet werden (daneben von Rentnern und Studierenden) und kurzfristig vielleicht als „mehr Netto- vom Bruttolohn" als rational erscheinen mag, aber als Preis langfristig eine schlechte soziale Absicherung in Kauf nehmen.

Diese Erwerbsform hat sich in den letzten 20 Jahren ausgeweitet (Ende 2019 waren fast acht Millionen Beschäftigte im Minijobsegment zu verzeichnen, was gegenüber 2003 ein Zuwachs von 43 % bedeutet) und bietet immer wieder Anlass zu grundlegender Systemkritik (vgl. hierzu auch Grabka et al. 2020). „Ein Hauptkritikpunkt ist die fehlende Möglichkeit einer eigenständigen sozialen Absicherung der Beschäftigten. Obwohl Arbeitgeber Pauschalbeiträge von aktuell 13 % des Arbeitsentgelts an die Krankenversicherung abführen, werden Minijobber nicht bei einer Krankenkasse gemeldet und müssen sich eigenständig krankenversichern, sofern sie über keinen abgeleiteten Versicherungsschutz verfügen. Ebenso werden weder arbeitgeber- noch arbeitnehmerseitig Beiträge in die Arbeitslosenversicherung gezahlt. In Fällen von Arbeitslosigkeit haben geringfügig Beschäftigte lediglich Anspruch auf das Arbeitslosengeld II. Eine Besonderheit stellt die Rentenversicherung dar, in die Arbeitgeber einen reduzierten Pauschalbeitrag von 15 % beisteuern. Seit 2013 müssen geringfügig Beschäftigte die Rentenversicherungsbeiträge auf den regulären Satz aufstocken. Allerdings nutzt eine überwältigende Mehrheit in der Praxis die „Opt-Out"-Möglichkeit, da sie eine günstige Brutto-Netto-Relation des Einkommens wünschen, mit nur marginalen Ansprüchen rechnen oder vom Arbeitgeber eine Befreiung nahegelegt bekommen. Insgesamt hat die Opt-Out-Reform nicht die gewünschte Wirkung erzielt" (Beckmann 2020, S. 103; vgl. auch ders. 2019).

Den Sicherungslücken könnte entgegengewirkt werden, wenn die Minijobs als Sprungbrett in sozialversicherungspflichtige Beschäftigung wirken würden. Allerdings sind direkte Übergänge selten und die meisten verbleiben für mehrere Jahre in diesem Erwerbsstatus, der gleichwohl nicht zwingend unmittelbar soziale Benachteiligungen nach sich zieht, da viele Minijober*innen über abgeleitete (z. B. als Ehefrauen) oder anderweitig erworbene Ansprüche (als Rentner*innen oder Studierende) aufweisen. In einer empirischen Studie zur Motivation der in diesem Arbeitsmarktsegment Tätigen stellte sich heraus, dass viele in dieser Form Beschäftigte trotz der defizitären sozialen Absicherung und unübersehbarer Risiken „paradoxerweise keinen Aufstieg in ‚reguläre' und damit tendenziell besser entlohnte und abgesicherte Beschäftigungsformen wünschen" (Beckmann 2020, S. 119). Vor diesem Hintergrund stellt sich die Frage, ob diese Beschäftigungsform entweder mit einem deutlich niedrigeren Höchstbetrag wie 200 € in der Höhe begrenzt wird und auf diese Weise unattraktiver macht (vgl. Grabka et al. 2020) oder ob nicht das normalarbeitszentrierte Sicherungssystem diesen Ausdifferenzierungsprozessen auf dem Arbeitsmarkt durch den Aufbau einer allumfassenden Erwerbstätigen- oder Arbeitsversicherung angereichert werden müsste (vgl. auch Schmid und Schröder 2020). Eine andere Antwort wäre ein universalistisches Grundeinkommen, das eine Basissicherung unabhängig von jeweiligen Erwerbsformen wie -umfängen bieten würde, wobei auch in einem solchen System die Frage der (monetären) Anreize zur Ausübung einer Erwerbstätigkeit gelöst werden müssten. Dass dennoch kaum Bewegung in die politische Bearbeitung dieses offensichtlichen sozialen Problemfelds kommt, liegt u. a. an der den deutschen Sozialstaat historisch prägenden Trennung von Arbeiter- und Armenfürsorge und der Kontinuität sozialpolitischer Regulierungen sowie einen Basiskonsens bei den tangierten Organisationen, diese institutionellen Arrangements im Kern nicht zur Disposition zu stellen. „Es ist beeindruckend, wie sehr die in den Bismarckschen Sozialreformen grundgelegten Strukturen der Sozialversicherung sich durch alle politischen Konjunkturen hindurch erhalten und doch fortentwickelt haben" (Kaufmann 2003, S. 304; vgl. auch die Beiträge in Leibfried und Tennstedt 1985).

2.3 Konstanz und Dynamik: Umbau- und Reformkonzepte für die soziale Sicherung

Wenn der klassische Sozialstaat zunehmend unter Druck gerät, um mit den Arbeitsformen und Lebensweisen der Nachkriegszeit und dem fortschreitenden raschen Wandel der Ökonomie und Lebenslagen mithalten zu können, kann und darf auch der Gedanke und konkrete Vorschlag, die sozialen Sicherungsleistungen von vorherigen Beitragszahlungen zu entkoppeln, nicht aus den Debatten ausgeblendet werden. Konzeptionell stellt sich dies als ein Umschalten von einer kausalen – das heißt vom Aufbau von Anwartschaften in der Erwerbsarbeit abhängigen – Leistungsgewährung auf eine am Vermeiden von Armut ausgerichteten Auszahlung von Sozialtransfers in Form negativer Steuerzahlungen dar. Etwas hochtrabend wird gelegentlich von einer „Entkopplung von Arbeit und Essen" gesprochen; im Grunde genommen käme eine solche Umorientierung einer garantierten Mindestsicherung gleich, die auf einem erwerbsarbeitsunabhängigen staatsbürgerlichen Rechtsanspruch beruht. Sozialpolitik wurde mithin ein stückweit monetär finalisiert. Auf diesem Wege „lassen sich zum einen klar objektivierbare Leistungsstandards formulieren, die ungerechtfertigte Leistungskumulation und krasse Unterversorgung vermeidbar machen. Zum anderen bedeutet Finalisierung – ihrer Idee nach – die Möglichkeit der Etablierung reiner sozialpolitischer Zwecksetzungen und damit eines Prinzips, daß dem Denkansatz eines garantierten Grundeinkommens entspricht. Teilhabe statt Eigentum als juristisches Leitmotiv und Zwecksetzung (Finalisierung) statt Kausalität als sozialpolitische Orientierung" (Vobruba 2019, S. 26 f. [1986]; vgl. auch Opielka 2019 [1984]).

Forderungen nach einer strategischen Neuausrichtung der sozialen Sicherung, wie sie sich derzeit in den verschiedenen öffentlichen Kampagnen um ein bedingungsloses Grundeinkommen niederschlagen, sind also gar nicht so originell, sondern werden seit über 30 Jahren in sozialpolitischen Diskursen und Fachdebatten diskutiert. Bereits seit diesen Zeiten bezieht sich eine generelle Kritik an der garantierten Mindestsicherung in allen Varianten hauptsächlich auf die aus Finanzierungsgründen letztlich doch nicht zu umgehende stärkere Belastung großer Teile vor allem der arbeitenden Bevölkerung. Insbesondere wenn offensichtlich werde, dass erwerbsfähige Mindesteinkommensbezieher ohne vorherige Vorleistungen und ohne die vermeintliche Bereitschaft, zukünftig arbeiten zu *wollen,* „bedingungslos" staatlich unterstützt würden, müsse mit einem Legitimationsverlust eines solchen Systems der sozialen Sicherung gerechnet werden. Diesem Argumentationsmuster haben sich fast alle wesentlichen Akteure des sozialpolitischen Institutionensystems verschrieben, vermutlich nicht zuletzt auch, weil sie durch eine grundlegende Reform ihre institutionalisierten Machterhaltungsinteressen gefährdet sehen.

Die *Entkoppelung* von Arbeit und Einkommen könnte bspw. aus dem Blickwinkel der Gewerkschaftsvertreter*innen eine ernsthafte Gefahr für die Organisations- und Konfliktfähigkeit der Gewerkschaften werden, die ohnehin seit Jahren mit rückläufigen Mitgliedszahlen zu kämpfen haben und denen es nicht gelingt, in technologiegetriebenen Wachstumsbranchen neue Mitglieder zu gewinnen. Deren wichtigste Stützen sind stark erwerbsarbeits- und leistungsorientierte Bevölkerungsgruppen, bei denen nach der eigenen Organisationsdeutung nur wenig Verständnis für nicht erwerbsarbeitszentrierte Lebensentwürfe und Existenzweisen vorzufinden sind. Zudem sind die Gewerkschaften ohnehin selbst organisatorisch stark in den Selbstverwaltungsgremien der Sozialversicherungssysteme verankert, können dadurch an der Ausgestaltung wie Verhinderung von Reformen der sozialen Sicherung mitwirken und haben diese Einflussmöglichkeiten auch rege genutzt. Diese generelle Charakterisierung von Gewerkschaften schließt freilich nicht aus, dass auch Einzelpersönlichkeiten abweichende Sichtweisen hatten, wie der frühere Vorsitzende der Industriegewerkschaft Medien Detlef Hensche: „Einer zivilisierten, auf Emanzipation bedachten Gesellschaft stünde es gut an, auf Systeme des Arbeitszwangs zu verzichten und Arbeitslose nicht der kollektiven Denunziation als arbeitsscheu auszuliefern. In einer freien, noch dazu reichen Gesellschaft auf höchstem Produktivitätsniveau muss auch Ausstieg möglich sein – ohne sich rechtfertigen zu müssen und ohne zur

Arbeit angehalten zu werden. Die Bedingungslosigkeit des Sozialeinkommens verdient daher Beifall" (Hensche 2009, S. 213).

Das Festhalten der Gewerkschaften und ihrer Führungsebenen am traditionellen Wohlfahrtsstaat kann gerade aus organisationssoziologsicher Sicht nachvollzogen werden, allerdings ist gerade mit Blick auf die Machtverluste und notwendigerweise neue strategische Optionen die Orientierung an einem sozialinvestiven Modell eine interessante Zukunftsvariante. „In political terms, we conclude that unions and their members are not hostile to the transformation of European welfare states from the traditional towards the social investment model, but they are unlikely to be at the spearhead of this development. Potentially, however, putting a strong emphasis on SI policies could be a winning strategy for unions to recruit new members, in particular among the educated middle classes as other research has shown that SI policies are broadly popular across different classes" (Bledow und Busemeyer 2021, S. 279).

Ähnliches gilt im Übrigen auch für Arbeitgeberverbände, die im Rahmen der Entrichtung von Arbeitgeberbeiträgen als Lohnkostenbestandteil ebenfalls ihren institutionellen Einfluss im System der sozialen Sicherung geltend zu machen verstehen. Diese stabilisierende Funktion hat sicherlich dazu beigetragen, das traditionelle Leitbild hochzuhalten oder bisweilen auch ideologisch zu überhöhen, muss aber auch immer wieder innerorganisatorisch legitimiert werden. „Die Einbindung in das sozialstaatliche Institutionensystem erzeugt – neben den primären Mitgliederinteressen – auch eigene, sekundäre Bestandsinteressen der Organisation und ihrer Beschäftigten. Auf der einen Seite bringt die Beteiligung an der Selbstverwaltung personelle Einflussmöglichkeiten mit sich – und sie beförderte zugleich die gewerkschaftliche Entwicklung hin zu zentralisierten Großorganisationen. Auf der anderen Seite sind sie durch ihre Inkorporierung in die klassenübergreifenden Institutionen des Sozialversicherungsstaates an Kompromisse gebunden, die in Einzelfällen auch den unmittelbaren Mitgliederinteressen zuwider laufen können" (Schroeder 2019, S. 230).

Wenn man die einzelnen Vorschläge und ihre Kritik einmal grob Revue passieren lässt, drängt sich der Eindruck auf, dass es in Deutschland aufgrund der 150-jährigen institutionellen Pfadabhängigkeit der sozialen Sicherung *den* Königsweg zum garantierten Grundeinkommen schlicht und einfach gar nicht geben kann. Wie eine Grundeinkommenslösung mit den geringsten Nachteilen und als grundsätzlich überlegene Alternative aussehen könnte und sollte, wird wohl erst nach dem Vorliegen evidenzbasierter Forschungsarbeiten sowie auch einer intensiven und entscheidungsoffenen Grundsatzdebatte zu beurteilen sein. Hierzu zählt auch die zufriedenstellende Klärung einer Fülle an Ausgestaltungsfragen (wie sie in Abschn. 1.4. skizziert wurden). Die gegenwärtig vorliegenden

Kenntnisse über tatsächliche und nicht allein auf Simulationsstudien basierende Wirkungen und Konsequenzen sind viel zu gering und auch deshalb fiel die Verteidigung des status-quo und die Abwehr grundsätzlicher Reformdebatten bis vor einigen Jahren relativ leicht.

Angesichts der immer gravierender werdenden Sicherungslücken in verschiedenen Zweigen der Sozialversicherung, die in der Corona-Krise wie im *Brennglas* aufscheinen, ist das Thema grundsätzlicher Veränderungen des Systems sozialer Sicherung nicht mehr dauerhaft von der politischen Agenda zu verdrängen. Vielmehr fließen einzelne Elemente in die sozialpolitische Praxis ein und es haben sich auch neue politische Akteure etabliert, die nicht mehr die seit Jahrzehnten geäußerten Bedenken und Klischees gegen Grundsicherungsmodelle teilen. Trotz dieser Aufweichungen neigt die Mehrzahl der politisch verantwortlichen Akteure (ganz zu schweigen von den tangierten Sozialadministrationen) bislang dazu, zur Sicherung von Legitimation, Finanzierbarkeit und Leistungsfähigkeit des Sozialstaates das Versicherungsprinzip sowie das Prinzip der Bedarfsabhängigkeit von Grundsicherungsleistungen und deren Überprüfung weiterhin stark zu betonen. Aber auch im „Lager" der Gewerkschaften und im Umkreis der sozialdemokratischen Partei wurden Stimmen laut, die produktiv die Umbaudebatte aufnahmen und radikale oder systemhybride Reformen, wenngleich im bestehenden sozialstaatlichen Entwicklungspfad, forderten:

„Die Eckpunkte eines neuen, investiven und infrastrukturellen Sozialstaates wären aus unserer Sicht folgende:

- Universalismus
- Staatsbürgerprinzip
- Neuer Mix zwischen Beiträgen und Steuern als Basis der Finanzierung
- Ausbau einer qualitativen sozialen Infrastruktur, die Familien und Individuen unterstützt, vor allem im Erziehungs-, Bildungs-, und Pflegebereich
- Partizipation: Inklusion statt Exklusion
- Stärkung des Einzelnen in einer solidarischen Gesellschaft (Selbstverantwortung)
- Soziale Sicherheit als Basis für Leistungsfähigkeit

In diesen assoziativen und solidarischen Steuerungsformen und Strukturelementen sollten gerade auch zivilgesellschaftliche Akteure inklusive der Gewerkschaften und der Arbeitgeberverbände, auf die in dem Konzept ein allzu schneller Abgesang angestimmt wird, verstärkt einbezogen werden. Wir brauchen in Deutschland eine starke Reform des Sozialstaates, die gewissermaßen pfadabhängig in der Lage ist, die Defizite des etablierten Sozialstaates anzugehen, ohne sich in heillosen Transformationsproblemen zu verlieren und die Bevölkerung abzuhängen. Eine stärkere Akzentuierung des bestehenden Sozialstaats zugunsten eines investiven und infrastrukturellen Umbaus würde diesen Zielen entsprechen" (Schroeder und Weinert 2006, S. 205 f.).

2.4   Auswege aus der Beschäftigungskrise: Reformansätze seit der rot-grünen Regierungsära

Ausgehend von einem in den 1980er und 1990er Jahren erheblich angewachsenem Beschäftigungsdefizit der deutschen Volkswirtschaft, gekoppelt mit niedrigen Erwerbsraten (im Vergleich zu Nachbarländern), stand im Herbst 1998 die neu gewählte rot-grüne Bundesregierung unter Kanzler Gerhard Schröder vor dem Problem, den traditionellen Weg der deutschen Arbeitsmarktpolitik, der lange Zeit mehr oder weniger einvernehmlich von Regierung, Opposition, Arbeitgebern und Gewerkschaften verfolgt wurde, zu überwinden. Dieser bestand in einer Passivierung wachsender Teile des Arbeitsangebots (in der Frühverrentung, also der Alterssicherung, der Familie – angezeigt durch niedrige weibliche Erwerbsquoten – oder dem Bildungssystem). Veränderte Wertvorstellungen ließen diesen Ausschluss der *Frauen* aus der Erwerbsgesellschaft aber nicht länger zu (was sich auch darin niederschlug, dass sich in Westdeutschland der Anteil der erwerbstätigen Frauen von 47 % im Jahr 1960 auf fast 70 % im Jahre 2016 erhöhte). Da bezahlte Erwerbsarbeit für immer mehr Frauen wichtigster Zugang sowohl zu persönlicher Autonomie als auch zu sozialen Bindungen ist, verlangten Frauen in Deutschland den gleichen Zugang zur Erwerbsarbeit wie die Männer. Das in der Bundesrepublik über lange Jahre entwickelte defensive Instrumentarium zum Ausgleich von Angebot und Nachfrage am Arbeitsmarkt war zum Teil des Problems geworden, das es einmal lösen sollte. Dies machte eine Neubestimmung der Ziele der deutschen Arbeitsmarkt- und Beschäftigungspolitik unumgänglich.

Es zeigte sich explizit in dem Aufbau der Benchmarking-Gruppe beim „Bündnis für Arbeit" in der ersten Legislaturperiode der rot-grünen Bundesregierung, dass man nicht mehr von einem allseits akzeptierten und handlungsleitenden „Modell Deutschland" ausgehen kann, das als Vorbild für andere Länder gilt. Vielmehr wurde ein systematischer Vergleich mit anderen Ländern durchgeführt, um daraus Anregungen für den Wirtschafts- und Sozialstandort Deutschland zu gewinnen. Von der Benchmarking-Gruppe wurde ein umfassender Bericht zum Wirtschafts- und Sozialstandort Deutschland erarbeitet, der explizit auf die Reformen im Feld der Arbeitsmarkt- und Sozialpolitik in anderen vergleichbaren Ländern eingehen sollte (vgl. Eichhorst et al. 2001 sowie Heinze und Streeck

2000, 2003). Ein wichtiges Ergebnis war in diesem Kontext, dass bei der Bewältigung der Arbeitsmarktkrise parallel zu einem Paradigmenwandel der Politik der weitaus besser bewältigte Strukturwandel zu einer flexiblen Dienstleistungsgesellschaft eine zentrale Rolle gespielt hat. Dass sich in der Bundesrepublik der Dienstleistungssektor nicht so wie in den genannten Länderbeispielen entfaltete, lag wesentlich an den vergleichsweise hohen sozialstaatlichen Abgaben für gering entlohnte Arbeit, die Einstiegsmöglichkeiten in reguläre Beschäftigung gerade für wettbewerbsschwächere Arbeitnehmer erschwerten. Ein besonderes Segment im schon damals existierenden Niedriglohnsektor (der sich in den letzten Jahren weiter ausdehnte) waren neben der Schwarzarbeit auch die 630-DM-Jobs (ab 2002: 325-Euro-Jobs), in denen rund 4 Mio. Menschen tätig waren. Diese sogenannten Minijobs sind bis heute in der Diskussion (vgl. Beckmann 2019 und Grabka et al. 2020 sowie die Diskussion hierzu in Abschn. 2.2) und es tauchen regelmäßig Forderungen aus der Wissenschaft und Politik auf, diese Formen der Erwerbsarbeit ohne Abgaben wie Ansprüche zum Sozialversicherungsschutz zu verbieten – allerdings bislang ohne Erfolg.

Als ein Kerndilemma des deutschen Sozialstaats wurde neben den arbeitslosigkeitsbedingten Einnahmekrisen der Sozialversicherungen vor allem in der Kostenbelastung des Faktors Arbeit durch ansteigende Abgabensätze der Sozialversicherungsbeiträge gesehen. Zwar haben sich die in der Industrie maßgeblichen Lohnstück-Kosten in Deutschland günstig entwickelt, doch für die in allen westlichen Ländern weiter anwachsenden Dienstleistungsbranchen ist diese Maßzahl weniger aussagekräftig. Die kompletten Lohnnebenkosten einschließlich Steuern in Deutschland rangierten Ende der 1990er Jahre im internationalen Vergleich weit oben; lediglich in Frankreich, Italien, den Niederlanden, Belgien und Österreich wurde der Faktor Arbeit noch stärker belastet (vgl. Eichhorst et al. 2001, insbes., S. 313 ff.).

Die Benchmarking-Beispiele verdeutlichen, dass eine sozial eingebettete Entwicklung niedrigqualifizierter Arbeit offenkundiger Bestandteil der Regierungspolitik in einer Reihe von Ländern war und ist. Vor allem über eine Entlastung niedriger Einkommen von Sozialversicherungsbeiträgen könnten die Arbeitsmarktchancen geringqualifizierter Arbeitnehmer verbessert werden. Die Arbeitsgruppe Benchmarking des „Bündnis für Arbeit" hatte sich deshalb dafür entschieden, diesem möglichen Lösungsweg besondere Aufmerksamkeit zu widmen. Fast alle der vielfältigen Vorschläge und im Ausland realisierten Maßnahmen zu einer Senkung der Sozialversicherungsbeiträge bei niedrigen Einkommen sahen einen progressiv gestaffelten Beitragsaufbau vor. Dabei wird eine Einkommenszone definiert, an deren unterem Ende den Beteiligten sämtliche

Beiträge erlassen werden und an deren oberem Ende die Pflicht für Arbeit-geber und Arbeitnehmer beginnt, den vollständigen Beitragssatz zu entrichten. Innerhalb der Progressionszone steigt der zu entrichtende Beitragssatz graduell von null auf das Normalniveau an, während der vom Staat geleistete Zuschuss entsprechend abnimmt. Die konkrete Ausgestaltung ist eine politische Entschei-dung, von der unter anderem die Höhe der Gesamtentlastung und damit der aus Steuermitteln aufzubringende Ausgleich abhängen. Der allmähliche Aufbau der vollen Beitragslast entlang einer Progressionszone soll Fehlanreize vermeiden, wie sie bei sprunghaften Steigerungen von Abgaben, etwa oberhalb der Gering-fügigkeitsschwelle oder des Sozialhilfeniveaus, auftreten. Zweck der Staffelung des Beitrags ist es, Arbeit an jedem Punkt der Progressionskurve lohnender zu machen als Nichtarbeit.

An dieser Stelle setzt auch ein aktueller Reformvorschlag der beiden Öko-nomen Krebs und Scheffel (2021) an, den sie für die Bertelsmann Stiftung entwickelt haben. Demnach sollen *Minijobs* als Erwerbsform außer für Studenten, Schüler und Rentner abgeschafft werden, während für die anderen Beschäf-tigten im Niedrigeinkommensbereich künftig bis zu einer Höhe von 1800 € weniger Sozialbeiträge entrichten sollen, wobei die Beiträge ab null Euro Ein-kommen langsam ansteigen würden. Die Autoren argumentieren dabei, dass diesen steuerfinanzierten Zusatzkosten im von Arbeitgebern und Arbeitnehmern beitragsfinanzierten Feld mittelfristig mögliche Mehreinnahmen gegenüberstehen könnten. „Die anfänglichen Kosten der Reform für den öffentlichen Haus-halt, bestehend aus entgangenen Sozialversicherungsbeiträgen, belaufen sich auf 0,57 Mrd. €. Diesem Betrag stehen mittelfristig fiskalische Mehreinnahmen gegenüber, die sich aus den Beschäftigungseffekten, den damit verbundenen Mehreinnahmen in Form von Steuern und Sozialversicherungsbeiträgen und den Einsparungen durch die Reduzierung der Transferzahlungen ergeben" (Krebs und Scheffel 2021, S. 30). Es sei an dieser Stelle daran erinnert, dass der Vor-schlag zur Subventionierung von Sozialversicherungsbeiträgen bereits vor rund 30 Jahren diskutiert wurde (Scharpf 1993). Zu Beginn der rot-grünen Regierungs-koalition 1989/99 wurde er auch in der Benchmarking Gruppe beim damaligen Bündnis für Arbeit aufgegriffen und von der Wissenschaft eingeordnet (vgl. Streeck und Heinze 1999 sowie kritisch dazu Schupp et al. 1999).

Um die geschätzte Beschäftigungslücke von etwa vier Millionen Arbeitsplät-zen im Dienstleistungssektor zu schließen und zugleich eine Verbesserung der Beschäftigungschancen Geringqualifizierter zu erreichen, schlug die Arbeits-gruppe Benchmarking eine strukturverändernde Strategie zur Förderung der Expansion derjenigen Teilbereiche des Dienstleistungssektors vor, in denen typischerweise Arbeitsplätze für gering qualifizierte Arbeitnehmer entstehen.

Begleitende Maßnahmen der aktiven Arbeitsmarktpolitik sowie Programme zur Unterstützung ausgewählter Problemgruppen unter den Geringqualifizierten, wären als Flankierung wahrscheinlich unentbehrlich. Ferner wären geeignete Hilfen bei Gründung insbesondere kleiner Unternehmen nützlich, weil der notwendige Strukturwandel ohne eine erhebliche Zahl an Existenzgründungen nicht zu erreichen ist. Die Nachfrage nach einfachen personen- und haushaltsbezogenen Dienstleistungen und damit das Niveau der bei ihrer Produktion entstehenden Beschäftigung, hängt in hohem Maß von ihrem Preis ab. Liegt der Preis zu hoch, erstellen potentielle Kunden die angebotenen Leistungen in Eigenarbeit oder verzichten auf sie. Da personenbezogene Dienstleistungen arbeitsintensiv produziert werden, wird ihr Preis vor allem von den Arbeitskosten bestimmt. Dies bedeutet, dass die Nachfrage nach einfachen Dienstleistungen besonders sensibel auf Preisänderungen reagiert.

Als *Alternative* zu einer Senkung niedriger Löhne und der ihnen benachbarten Sozialhilfeleistungen, wurde bereits in den 1990er Jahren die Möglichkeit diskutiert und zunehmend in der einen oder anderen Form genutzt, die Arbeitslosigkeit bei gering produktiven Beschäftigungsverhältnissen statt durch Senkung der Bruttolöhne durch Entlastung von staatlich verursachten Lohnnebenkosten zu senken. Dabei bleiben die Ansprüche der begünstigten Arbeitnehmer auf Leistungen der sozialen Sicherung grundsätzlich voll erhalten, da die erlassenen Beiträge den Sozialversicherungskassen vom Staat aus Steuermitteln erstattet werden. Soweit eine derartige Entlastung des Beschäftigungsverhältnisses von Sozialversicherungsbeiträgen den Arbeitgebern zugutekommt, besteht die Chance, dass sie den Preis niedrig entlohnter Arbeit senkt und die Spreizung vergrößert, nicht der Löhne, aber der den Arbeitgebern entstehenden Arbeitskosten. Soweit sie die Arbeitnehmer begünstigt, führt sie deren Nettoeinkommen näher an ihr Bruttoeinkommen heran und erhöht es. Gegen die Einführung eines Mindestlohns, um ein weiteres Absinken der Löhne nach unten zu verhindern, gab es seinerzeit hingegen (noch) keine politische Mehrheit, da sowohl Arbeitgeberverbände als auch die Mehrheit der Gewerkschaften sich gegen einen einheitlich festgelegten Mindestlohn sperrten und darin eine Aushöhlung der Tarifautonomie sahen.

Der Gedanke einer Verbesserung der Beschäftigungschancen Geringqualifizierter durch Ausweitung der Beschäftigung im privaten Dienstleistungssektor und einer Förderung der letzteren durch Senkung der staatlich verursachten Lohnnebenkosten bei niedrig entlohnter Arbeit, fand und findet sich sowohl in verschiedenen Entschließungen auf EU-Ebene als auch in Mitgliedsländern. Verschiedene Länder haben mit dieser Strategie in den letzten Jahrzehnten das erreicht, was in Deutschland schwerfällt: sich in innovativen Wachstumsmärkten zu etablieren und dynamisch zu wachsen. „Die skandinavischen Länder waren

Pioniere auf dem Gebiet der aktiven Arbeitsmarktpolitik und sie sorgten ebenfalls früh auf lokaler Ebene für einen umfassenden Ausbau sozialer Dienstleistungsangebote in den Bereichen Pflege und Familie. Dieser Ausbau forcierte eine hohe Frauenerwerbstätigkeit, wobei der staatliche Dienstleistungssektor gleichzeitig zu einem wichtigen Arbeitgeber für Frauen wurde" (Obinger und Petersen 2019, S. 24).

Trotz bestehender Unterschiede zu dem deutschen Sozialmodell gab es Anknüpfungspunkte, die sich zu einem sozialinvestiven und damit zukunftsfähigen Sozialstaatsprojekt hätten zusammenfügen können, wenn man nicht nur rhetorisch die Ansicht geteilt hätte, vom Nachbarn zu lernen. Allerdings scheiterte das „Bündnis für Arbeit" und es kam in den frühen 2000er Jahren zu dem wohl größten Bruch in der deutschen Arbeitsmarktpolitik, zu den sogenannten Hartz-Reformen: „Akuter Anlass war der sogenannte „Vermittlungsskandal" in der Bundesanstalt für Arbeit. Der Bundesrechnungshof stellte in einem Prüfbericht 2002 gravierende Fehler in der Vermittlungsstatistik der Bundesanstalt für Arbeit fest, so dass die Bundesregierung neben einer Reihe an personellen Konsequenzen auch eine von Peter Hartz geleitete ‚Kommission für moderne Dienstleistungen am Arbeitsmarkt' einsetzte. Die Hartz-Reformen grenzten sich von der Tradition des Arbeitsförderungsgesetzes ab, indem sie auf eine aktivierende Arbeitsmarktpolitik setzten, bei der eine schnellere Eingliederung von Arbeitsuchenden in Erwerbstätigkeit gegenüber einer teilweise eher passiven und auf langfristige Qualifizierungsmaßnahmen ausgerichteten Arbeitsmarktpolitik an Bedeutung gewann" (Eichhorst und Schroeder 2019, S. 212).

Wurde in den 1980er und 1990er Jahren noch lebhaft über den „Zweiten Arbeitsmarkt" oder Kombilöhne diskutiert, findet aktuell eine ähnliche Diskussion im Rahmen des *Teilhabechancengesetzes* für die Gruppe derjenigen Langzeitarbeitslosen statt, die sechs Jahre und länger nicht in eine Beschäftigung vermittelt werden konnte. Hier wird eine Antwort auf die in Deutschland seit Jahrzehnten grassierende und sich verfestigende Langzeitarbeitslosigkeit gesucht und der Gesetzgeber hat Anfang 2019 mit dem Teilhabechancengesetz (§16e und §16i SGB II) auf die anhaltende Problematik einer verkrusteten Langzeitarbeitslosigkeit und einem Sammelsurium größtenteils gescheiterter Maßnahmen ihrer Bekämpfung reagiert. Politischer Handlungsbedarf bestand nicht zuletzt deshalb, da auch der Arbeitsmarktaufschwung der vergangenen Dekade bis zum Beginn der Corona-Pandemie mit einer deutlichen Zunahme auch der sozialversicherungspflichtigen Beschäftigung und einem kontinuierlichen Rückgang der Arbeitslosigkeit nur unzureichend zu einer nachhaltigen Ausdünnung langzeitarbeitsloser Leistungsbeziehender beigetragen hat. Vor allem für arbeitsmarktferne „Problemgruppen" mit mehrfachen Vermittlungshemmnissen bleiben die Beschäftigungschancen am ersten Arbeitsmarkt gering und erschöpften sich vielfach in kurzfristigen Eingliederungsmaßnahmen ohne den nachhaltigen Erfolg einer dauerhaften sozialversicherungspflichtigen Beschäftigung. Nun sollen seit Januar 2019 mit dem Teilhabechancengesetz insbesondere arbeitsmarktferne Personen, die in mindestens sechs der vergangenen sieben Jahre im Grundsicherungsbezug waren, gezielt in eine steuerfinanzierte und in Form von Lohnzuschüssen für Arbeitgeber geförderte Beschäftigung (den *Sozialen Arbeitsmarkt*) vermittelt werden (mit Löhnen, die nicht unterhalb des Mindestlohns angesiedelt sind). Die Förderkonditionen lauten: Für einen Zeitraum von maximal fünf Jahren wird ein degressiver Lohnkostenzuschuss von 100 % in den ersten beiden Jahren und jeweils zehn Prozentpunkten weniger vom dritten bis zum fünften Jahr gewährt.

Primäres Ziel ist die Verbesserung der Beschäftigungsfähigkeit und der sozialen Teilhabe der Geförderten. Dezidiert ist der sozialpolitische Charakter von §16i hervorzuheben, denn auch wenn das Ziel einer Reintegration der Geförderten in den ersten Arbeitsmarkt und hiermit bestenfalls einer nicht geförderten Beschäftigung nicht prinzipiell aufgegeben wird, soll in erster Linie dem Risiko sozialer Desintegration und Teilhabeexklusion entgegengewirkt werden und erst davon abgeleitet die nachhaltige Integration in den „ersten Arbeitsmarkt" angestrebt werden. Dieser sozialintegrative sowie durch konkrete Unterstützung von Coaches begleitete Charakter ist sicherlich auch dem Umstand geschuldet, dass die sozialpolitischen Debatten der vergangenen Jahre über die Langzeitarbeitslosigkeit zu einem Konsens in weiten Teilen von Wirtschaft, Wissenschaft, Politik und Verwaltung geführt haben. Demnach kann die Einrichtung eines dauerhaften Sozialen Arbeitsmarktes für Personen(-gruppen), deren Reintegration in den ersten Arbeitsmarkt kurz- wie mittelfristig nahezu ausgeschlossen ist, ein sinnvoller Ansatz sein, um die zahlreichen negativen Folgewirkungen eines dauerhaften Erwerbsausschlusses zu mildern.

Analysen aus den letzten Jahrzehnten zu individuellen Reintegrationswahrscheinlichkeiten Langzeitarbeitsloser in den ersten Arbeitsmarkt zeigen ein durchaus *heterogenes Bild,* weshalb die Ausdifferenzierung des Teilhabechancengesetzes nach unterschiedlichen Zielgruppen prinzipiell sinnvoll erscheint. Eine Gemeinsamkeit beider Instrumente besteht darin, dass sowohl §16e als auch §16i sozialversicherungspflichtige Beschäftigungsverhältnisse in Teil- oder Vollzeit bezuschussen – jedoch ohne Beiträge in die gesetzliche Arbeitslosenversicherung – und öffentliche ebenso wie private Arbeitgeber und freie Träger ansprechen sollen. Demgegenüber zeigen sich mit Blick auf Zielgruppen und -setzungen deutliche Unterschiede. So richtet sich §16e SGB II an erwerbsfähige Leistungsbezieher mit einer Arbeitslosigkeitsdauer von zwei Jahren und mehr,

wobei eine maximale Förderdauer von zwei Jahren mit einem degressiven Lohnkostenzuschuss von 75 % im ersten und 50 % im zweiten Jahr erfolgt. Der
grundlegenden Logik öffentlich geförderter Beschäftigung folgend, ist hiermit
die Zielsetzung einer Verbesserung der Beschäftigungschancen und einer Reintegration in den ersten Arbeitsmarkt verbunden. §16i demgegenüber zielt auf eine
andere Zielgruppe und hiermit auch auf mehr als die primäre Integration in den
ersten Arbeitsmarkt ab. Im Fokus dieses Förderinstruments im SGB II steht vor
allem gesellschaftliche Teilhabe und Inklusion.

Dies sollte jedoch für die Gruppe der §16e-Bezieher nicht bedeuten, auf
den Anspruch einer Reintegration in den ersten Arbeitsmarkt zu verzichten.
Hierfür gibt es gute Gründe. Zuvorderst kann für die Geförderten die Aus-
sicht, perspektivisch eine nicht geförderte reguläre Beschäftigung auf dem ersten
Arbeitsmarkt auszuüben, subjektiv wichtig sein. Dies muss vergleichsweise lange
Überbrückungen durch geförderte Beschäftigungsmöglichkeiten nicht ausschließen. Die Bedeutung einer nicht geförderten Beschäftigungsperspektive gilt im
Besonderen, weil eine nachhaltige, eigenständige Reintegration in den ersten
Arbeitsmarkt die unbefriedigende Logik von Projektzyklen und bzw. oder (zeit-
gleichem) Verbleib in der Grundsicherung durchbrechen kann. Viele Personen in
öffentlich geförderter Beschäftigung haben in der Vergangenheit bereits Erfahrungen mit fehlenden Anschlussperspektiven gemacht (vgl. Bruckmeier und
Hohmeyer 2018). Wechselnde Episoden von ausschließlichem Leistungsbezug
und öffentlich geförderter Beschäftigung wirken in einer erwerbsorientierten
Gesellschaft jedoch demotivierend, da auf jedes hoffnungsvolle Hoch die Desil-
lusionierung folgt und Beschäftigungsmöglichkeiten ausschließlich Projektzyklen
folgen und keine nachhaltige Zukunftsperspektiven ohne Sorgen und Ängste
eröffnen.

Die Einrichtung und eine dauerhafte Aufrechterhaltung eines *Sozialen Arbeitsmarktes* ist gleichwohl kostenintensiv und eine kontinuierliche Erweiterung des
geförderten Personenkreises nur dann möglich und auch ohne weitere Steigerungen im Etat im Haushaltstitel der Grundsicherungsleistungen finanzierbar,
wenn mit dem Eintritt auch die Möglichkeit der Aufstiegsmobilität in reguläre Beschäftigung verbunden ist, d. h. die Mittel nicht kumulativ langfristig
für einen selektiven Personenkreis gebunden sind. Eine solche *Dynamik* gebietet
sich auch aus Gründen der Gerechtigkeit, denn es ist nicht geförderten Leistungsbeziehenden nicht plausibel begründbar, warum sie nicht in den Genuss
einer geförderten Beschäftigung kommen. Ein sozialer Arbeitsmarkt ist somit
ein wichtiger Baustein eines integrativen Arbeitsmarktes und einer solidarischen
Arbeitsmarktpolitik (vgl. Knuth 2018), steht jedoch vor der Herausforderung, bei

fehlender Aufstiegsmobilität und Schließungsprozessen selektiv und somit – trotz guter Absichten – in gewisser Weise exkludierend zu wirken.

Hiermit ist auch eine neue Form der Tradierung des Wechselverhältnisses von der Reintegration in den ersten Arbeitsmarkt und sozialer Teilhabe verbunden. Ursprünglich lautet das Credo, soziale Teilhabe durch eine möglichst „reguläre" Erwerbsintegration im ersten Arbeitsmarkt herzustellen – zumindest als ein zentraler Baustein von sozialer Teilhabe. Der Logik des Förderinstruments §16i folgend, könnte es daher das Ziel sein, umgekehrt durch die Herstellung von sozialer Teilhabe im Rahmen einer auch öffentlich geförderten Beschäftigung im Sozialen Arbeitsmarkt – zumindest mittelfristig – entweder eine reguläre Erwerbsintegration oder bei der Gruppe älterer Langzeitarbeitsloser zumindest einen erwerbsbasierten Übergang in die Altersrente zu ermöglichen. Es liegt auf der Hand, dass angesichts der multiplen Hindernisse und Herausforderungen des angesprochenen Personenkreises eine solche Dynamisierung nicht in allen Fällen gelingen wird. Dies sollte jedoch nicht bedeuten, den Sozialen Arbeitsmarkt als alternativlose Endstation für langzeitarbeitslose Leistungsbeziehende zu betrachten. Gleichwohl bedarf es auch Lösungen für den nicht vermittelbaren Kreis der Geförderten, für den es bei allen Dynamisierungsbemühungen realistische, d. h. den individuellen Möglichkeiten entsprechende Anschlussperspektiven auch auf einem dauerhaften Sozialen Arbeitsmarkt braucht, der sich vermutlich dann auch stärker am Modell von Inklusionsbetrieben oder Werkstätten für behinderte Menschen orientieren könnte, in denen die Erwerbstätigkeit mit primär inklusivem Anspruch im Rechtskreis des Sozialgesetzbuch IX gefördert wird. Erste Erfahrungen mit dem Sozialen Arbeitsmarkt stimmen hinsichtlich der Akzeptanz zuversichtlich, allerdings sind aufgrund der Zeitdauer Integrationseffekte bislang noch nicht zu belegen, zumal ein Jahr nach Start der befristeten gesetzlichen Fördermöglichkeit die Corona-Pandemie dem Evaluierungsauftrag hohe zusätzliche Herausforderungen bei der Identifikation originärer Maßnahmeneffekte abverlangt (vgl. Bauer et al. 2021).

Die gewünschte dezentrale Implementierung des Instruments durch die Jobcenter vor Ort generiert unterschiedliche Förderstrategien, die durch die handelnden Akteure und die regionalen Arbeitsmärkte bestimmt werden. Empirische Befunde aus einer regionalen Arbeitsmarktstudie (im Kreis Recklinghausen/NRW) zeigen bislang eine gute Aufnahme seitens der öffentlichen und privaten Arbeitgeber und geringe Abbruchquoten. Bei den geförderten Gruppen fällt, wie zu erwarten, der Anteil an jungen Förderpersonen unter 30 Jahren gering aus, während der an Personen über 55 Jahren relativ hoch ist. Dies weist einerseits auf den hohen Bedarf für diesen Personenkreis hin, andererseits dürften nur wenige aus dieser Gruppe in eine dauerhafte Beschäftigung auf dem ersten Arbeitsmarkt gelangen. Die Autoren der empirischen Studie machen aber auch darauf aufmerksam, dass durch die Corona-Pandemie die arbeitsmarktpolitische Dynamik hinsichtlich dieses Instruments eingeschränkt wurde und möglicherweise selbst negative Konsequenzen ausgeschlossen werden können. „Eine solche Entwicklung könnte insbesondere in Anbetracht einer pandemiebedingten, sich verschärfenden Arbeitsmarktlage und neuen Konkurrenzsituationen zu Akzeptanz- und Legitimationsproblemen führen, und zwar speziell dann, wenn dieses Instrument als Alimentierung für einige wenige (miss-)verstanden wird. Diese Gefahr ist real, denn empirische Studien zeigen, dass wohlfahrtschauvinistische Einstellungen gegenüber arbeitslosen Menschen wirkmächtig und die Unterstützungsbereitschaft dementsprechend brüchig ist. Im Zuge der pandemiebedingten Arbeitsmarktfolgen könnten Gerechtigkeits- und Akzeptanzdebatten entflammen und gefragt werden, ob öffentlich subventionierte Beschäftigung, welche die Geförderten materiell ebenso gut stellt wie nicht geförderte Personen am unteren Rand des allgemeinen Arbeitsmarktes, legitimierbar ist. Dies gilt umso mehr in Zeiten kostspieliger und historisch einmaliger wirtschafts-, konjunktur- und sozialpolitischer Programme, die den finanziellen Handlungsspielraum des Staates in den kommenden Jahren einengen werden. Politische Debatten um notwendige Kürzungen der öffentlichen Ausgaben werden vor dem sozialen Arbeitsmarkt keinen Halt machen" (Beckmann und Schad 2021, S. 8).

In eine ähnliche Richtung wie diese Programme zum Sozialen Arbeitsmarkt zielt das Berliner Modell mit dem verheißungsvollen Namen „solidarisches Grundeinkommen" (vgl. Bach und Schupp 2018). Auch hier ist die dem Modellprojekt zugrundeliegende Motivation, anstatt Grundsicherungsleistungen für Langzeitarbeitslose zu zahlen, Personen stattdessen ein subventioniertes Beschäftigungsverhältnis anzubieten. Dieses Jobangebot richtet sich an Personen, die nach zwei Jahren Arbeitslosigkeit an der Schwelle zu Grundsicherungsleistungen stehen und freiwillig bereit sind, das Angebot zur Aufnahme einer öffentlich finanzierten Hilfs- und Unterstützungstätigkeit aufzunehmen. Dabei musste die Stelle das Kriterium der „Zusätzlichkeit" aufweisen, was sich im Findungsverfahren als zäher Suchprozess herausstellte. Die schließlich eingestellten Beschäftigten werden dann in einer unteren Tarifgruppe als sozialversicherungspflichtig Beschäftigte auch mit dem Erwerb von Anwartschaften auf spätere Arbeitslosengeld-Zahlungen entlohnt. Die öffentlichen Arbeitgeber des Landes Berlin, Wohlfahrtsverbände oder die kommunale Wohnungswirtschaft erhalten Lohnkostenerstattungen für die entfristet beschäftigten Neueinstellungen für die Dauer von bis zu fünf Jahren. Die Kosten für die Maßnahme muss aus dem Berliner Landeshaushalt bestritten werden, allerdings liegen hierzu bislang keine

Evaluationsstudien vor, wenngleich mittlerweile ein Evaluierungsauftrag erfolgte und bearbeitet wird. Es bleibt allerdings abzuwarten, ob das stark auf Initiative des seinerzeit regierenden Bürgermeisters Michael Müller initiierte Modellprojekt auch nach der im Herbst 2021 endenden rot-rot-grünen Regierungskoalition in Berlin weiterverfolgt wird.

Anhand der neuen *sozialen Teilhabeprojekte* ist zu erkennen, dass die Debatten der vergangenen Jahre über die dauerhafte Langzeitarbeitslosigkeit zu einem Konsens in weiten Teilen von Wirtschaft, Wissenschaft, Politik und Verwaltung geführt haben. Demnach kann die Einrichtung eines dauerhaften Sozialen Arbeitsmarktes für Personen(-gruppen), deren Reintegration in den ersten Arbeitsmarkt nahezu ausgeschlossen ist, ein sinnvoller Ansatz sein, um die zahlreichen negativen Folgewirkungen eines dauerhaften Erwerbsausschlusses zu mildern, (sinnvolle) Tätigkeiten zu fördern und hiermit Selbstwirksamkeit und Selbstbewusstsein zu stärken. Diese Neuausrichtung kann auch als Paradigmenwechsel im Umgang mit Langzeitarbeitslosigkeit gedeutet werden, der zumindest in der Tendenz eine Akzentverschiebung fiskalpolitischer Bedenken öffentlich geförderter Beschäftigung hin zur Problematisierung der desintegrativen sozialen Folgen eines Segments der „Überflüssigen" beinhaltet. Gleichwohl bleibt es zentrale Aufgabe und große Herausforderung der Jobvermittlung sowie der weiteren beteiligten Akteure, sowohl in der Personenauswahl als auch in der Begleitung des Förderprozesses die Gratwanderung zwischen Reintegration in nicht geförderte Beschäftigung einerseits und Nutzung des Sozialen Arbeitsmarktes als sozialpolitisches Auffangnetz andererseits mit Augenmaß zu meistern. Wenngleich immer wieder auch unerwartete Übergänge von Langleistungsbeziehenden in bedarfsdeckende Arbeit gelingen, scheint es enorm wichtig zu sein, niedrigschwellige Begegnungsstätten vor Ort zu schaffen, um Bedenken und Vorurteile abzubauen. Dies leitet sich auch daraus ab, dass 2017 rund 50 % der im Rahmen der IAB-Stellenerhebung befragten Betriebe angaben, Bewerber mit einer Arbeitslosigkeitsdauer von einem Jahr und mehr prinzipiell nicht für eine Stellenbesetzung zu berücksichtigen (vgl. Kubis und Rebien 2019). Diese Vorbehalte sind wirkmächtig, aber die Beispiele bestätigen die Möglichkeit, durch Vertrauensbeziehungen und experimentelle Ansätze zumindest einen Teil von Unternehmen von einer größeren Offenheit zu überzeugen. Positiv stimmt, dass mit 42 % auch ein nicht unerheblicher Teil der Betriebe angibt, Bewerber auch dann zu berücksichtigen, wenn sie bereits länger als ein Jahr arbeitslos sind. Es kommt stark auf die regionalen Umsetzungspraktiken an, ob eine erfolgreiche Etablierung solcher Modellprojekte gelingt.

Arbeitsmarktpolitische Investitionen in das Humankapital können nicht nur positive individuelle Wirkungen entfalten, sondern auch gesamtwirtschaftlich effizient sein und sogar einen Beitrag leisten, um den Trend wachsender polarisierender sozialer Ungleichheiten zu mindern. „Transferleistungen, die eine Grundsicherung bezüglich der wichtigsten Dimensionen individueller Lebenslagen gewährleisten, beeinflussen u. U. nicht nur das Erwerbs- oder Vorsorgeverhalten, sondern auch das Risikoverhalten der Individuen: Wenn im Misserfolgsfall kein völliger wirtschaftlicher und sozialer Absturz droht, können sie größere Risiken auf sich nehmen. Soweit höhere Risiken mit höheren erwarteten Erträgen einhergehen, kann Risiko als Produktionsfaktor angesehen werden. Individuen mit Hilfe sozialpolitischer Maßnahmen zu bewegen, größere Risiken zu übernehmen, ist dann im Aggregat, wenn auch nicht in jedem Einzelfall, produktiv und führt zu Effizienz im Sinne einer prinzipiellen Besserstellung aller. Dabei ist es sogar möglich, dass die Ungleichheit der Ergebnisse des Marktprozesses (z. B. der Bruttoeinkommen) wegen des Versicherungscharakters der Umverteilung so sehr zunimmt, dass sie nach Umverteilung (d. h. bei den Nettoeinkommen) höher bleibt als ohne Umverteilung und ohne Anreize zur Risikoübernahme" (Eichhorst und Marx 2019, S. 504).

Die in Umrissen skizzierten neuen arbeitsmarktpolitischen Programme belegen, dass in den letzten Jahren durchaus auch *Bewegung* in das arbeitsmarkt- und sozialpolitische Institutionensystem in Deutschland gekommen ist. Die Pfadabhängigkeit wurde damit aber nicht strukturell verändert, vielmehr sickerten immer mehr Elemente einer anderen Logik, die auf universelle gesellschaftliche Teilhabe setzt, in das institutionelle Setting ein. Damit bekommt die Debatte um ein Grundeinkommen aber auch eine andere strategische Orientierung. Bei den arbeitsmarktpolitisch motivierten Projekten geht es gleichwohl noch keineswegs um eine Entkoppelung von Arbeit, Einkommen und sozialer Sicherung, um den Übergang der Arbeitsgesellschaft in eine Tätigkeitsgesellschaft zu befördern. Vielmehr wird auf Netzwerkbildung der Arbeitsmarktakteure sowie auf Befähigung und Aktivierung der Betroffenen gesetzt, wozu auch gezielte Beratung zählt, um aus dem Passivstatus der Arbeitslosigkeit herauszukommen. Wenn eine Querverbindung zu den Debatten um ein Grundeinkommen gezogen wird, dann stellt der Soziale Arbeitsmarkt dennoch eine Weiterentwicklung früherer Instrumente und Programme öffentlich geförderter Beschäftigung mit dem primären Ziel der sozialen und gesellschaftlichen Teilhabe dar, was aber auch beinhaltet, Möglichkeiten für eine dauerhafte nicht geförderte Beschäftigung zu finden. Wenngleich dieser Schwenk nur marginal erscheinen mag, so kann er doch als ein Schritt in Richtung einer „Teilhabegesellschaft" gedeutet werden (vgl. zum umfassenden wohlfahrtsstaatlichen Modell der Teilhabegesellschaft Grözinger et al. 2006).

Dieser *schleichende Wandel* arbeitsmarktpolitischer Programmatiken und Modelle auch in vergleichbaren westlichen Ländern wird aus wohlfahrtsstaatlicher Makroperspektive als die Überwindung sowie Transformation der veralteten Sicherungsarrangements interpretiert. „Im Einklang mit Entwicklungen, die sich im gesamten OECD-Raum vollzogen haben, hat der Abschied vom schützenden und sorgenden zum befähigenden und gewährleistenden Wohlfahrtsstaat stattgefunden. Der ‚aktivierende Wohlfahrtsstaat' soll nicht länger nur Schutz vor den unvorhersehbaren Entwicklungen der Märkte bieten, sondern die einzelnen befähigen, auch unter dynamischen Verhältnissen auf den Arbeitsmärkten ihre ‚Beschäftigungsfähigkeit' zu sichern. Es dominiert zunehmend ein Verständnis dafür, auch die individuellen Fähigkeiten der Menschen so zu stärken, dass sie in die Lage versetzt werden, durch äußere Einwirkungen verursachte Veränderungen künftig auch aus eigener Kraft wieder rückgängig machen zu können. Diese persönliche Eigenschaft, die vielfach mit dem Begriff „resilient" gepaart wird, stellt somit eine psychische Widerstandskraft dar, auch persönlich schwierige Phasen mit Zähigkeit und Durchhaltevermögen zu bewältigen und Risiken zu überwinden. Damit hat eine Umstellung von einer Politik kollektiver Garantien von Soziallagen zu einer der individuellen Förderung und Pflege von individuell differenziertem Arbeitsvermögen stattgefunden" (Bude 2010, S. 192).

Im Jahr 2021 sind solche Aktivierungspraktiken, auch wenn sie von Beratungsprozessen und Netzwerkbildungen vor Ort begleitet werden, aufgrund der Corona-Pandemie und den damit verbundenen Folgewirkungen auf dem Arbeitsmarkt immer noch schwierig zu realisieren. Auch die sozialen Sicherungsformen werden nur dann aufrechterhalten werden können, wenn eine sozial und ökologisch ausbalancierte Innovations- und Wachstumsdynamik angefacht wird. Dies kann nicht allein über den Weg einer besseren Vermittlung der Arbeitslosen gelingen, sondern muss zentral sowohl auf den Aufbau von Beschäftigung als auch den Umbau der sozialen Sicherungssysteme gerichtet sein. Ohne die Eröffnung neuer Beschäftigungsfelder (etwa im Bereich der ökologischen Modernisierung und der notwendigen Dekarbonisierung der Industrie sowie in der Sozial-und Gesundheitswirtschaft) ist vermutlich weder der traditionelle noch ein modernisierter Sozialstaat überlebensfähig. Dafür muss jedoch die Herzkammer der Architektur unseres Sozialstaates erneuert werden, denn diese erweist sich tendenziell als beschäftigungsfeindlich, indem sie den Faktor Erwerbsarbeit mit ständig steigenden Beiträgen und Abgaben überfordert. Angesichts der gewandelten Rahmenbedingungen werden einerseits die erforderlichen politischen Gestaltungskompetenzen immer stärker eingefordert, andererseits zeigen sich massiv die Grenzen des traditionellen Sozialstaates. Diese wurden bereits in den 1990er Jahren deutlich nicht nur von Ökonomen oder Wirtschaftsvertretern aufgezeigt: „Die Entwicklungsdynamik des Wohlfahrtsstaates führt unter Bedingungen des politischen Wettbewerbs von Volksparteien dazu, dass ständig erweiterte Personenkategorien bei steigenden Leistungsansprüchen gegen ein wachsendes Spektrum von Risikolagen abgesichert werden. Wenn nicht alle Anzeichen trügen, ist diese expansive Dynamik der Inklusionstendenz dauerhaft zum Erliegen gekommen. Alle Vorschläge, noch weitere Bedarfslagen, weitere Personenkreise mit weiter steigendem Niveau in soziale Sicherungssysteme einzubeziehen, haben deutlich an Überzeugungskraft und vor allem an wahlpolitischen Durchsetzungschancen verloren" (Offe 2019, S. 131/zuerst 1990).

Durch die staatlichen Interventionen während der Corona-Pandemie wurde nachdrücklich darauf aufmerksam gemacht, wie *variabel* die Grenzen der öffentlichen Aufgaben und Spielräume sind und deshalb gibt es keine automatischen Haltepunkte für eine Ausweitung sozialstaatlicher Leistungen, wenngleich der dringend erforderliche Ausbau im Bereich der Pflege sowie die Verbesserung der dort herrschenden Arbeitsbedingungen nicht erst seit Ausbruch der Pandemie an Bedeutung gewonnen hat. Wohlfahrtsstaatliche Sicherungssysteme, ganz gleich ob damit eine Grundsicherung in Form von Bürgereinkommen oder in modifizierten erwerbsarbeitszentrierten sozialen Sicherungssystemen gemeint ist, sind jedoch letztlich immer abhängig von einer dynamischen Wirtschaftsentwicklung und können nur so ein angemessenes Niveau erhalten. Eine Politik zur „Sicherung der sozialen Sicherung" muss dafür vom Prinzip der Statuskonservierung umorientiert werden in Richtung eines stärker investiven Wohlfahrtsstaats, der sowohl zu einer Dynamisierung der Wirtschaft und Beschäftigung beiträgt als auch durch die Bereit- und Sicherstellung öffentlicher Güter soziale Gerechtigkeit herstellt. Sozialpolitische Versprechungen können nur dann eingelöst werden, wenn die wechselseitigen Verknüpfungen zwischen Sozial- und Wirtschaftspolitik nicht nur anerkannt werden, sondern eine neue Komplementarität zwischen wirtschaftlicher Leistungsfähigkeit und sozialer Sicherung etabliert wird.

An Vorschlägen für mehr Gerechtigkeit und sozialem Ausgleich mangelt es nicht; sie reichen von Grundsicherungsmodellen bis hin zum Aufbau von neuen Allianzen im Rahmen einer aktiven Zivilgesellschaft (vgl. Heinze 2020b; zur Einordnung auch Schmidt 2021). Bislang ist jedoch (noch) kein grundlegender Wandel der Defensivpolitik zu erkennen und die Potentiale der Ziviloder Bürgergesellschaft werden von der Politik derzeit eher instrumentalisiert denn mit einem Ausbau der lokalen Infrastruktur abgesichert und gefördert. Das grundlegende Strickmuster der deutschen Politik ist gerade im Feld der Arbeitsmarkt- und Sozialpolitik eine extreme Detailversessenheit sowie extensive

Regulierungsfreude. Allerdings hat sich die bereits in den 1990er Jahren eingeleitete Dynamik in der Arbeitsmarkt- und Sozialpolitik in der ersten Dekade des
neuen Jahrhunderts fortgesetzt und die traditionellen Beharrungstendenzen ein
Stück weit aufgelöst (man denke nur an die Riestersche Rentenreform oder die
Hartz-Gesetze). Vor dem Hintergrund der historischen Stabilität der Sozialpolitik
erschienen diese Wandlungsprozesse zunächst für manche Beobachter*innen als
fundamental, aus heutiger Sicht hat sich daraus kein tiefgreifender Wandel hin
zu einer neuen Architektur des Sozialstaates entwickelt, doch wurden gewisse
Transformationsprozesse ausgelöst. „Der Mechanismus dieser Transformation ist
die »Erschöpfung« des Sozialstaats als Folge der ehemaligen relativen Autonomie des Politikfeldes, die die Entautonomisierung der Sozialpolitik mit sich
bringt. Die relative Autonomie des Politikfeldes ermöglichte, dass es bis Mitte
der Neunzigerjahre konsolidiert und stetig an veränderte Rahmenbedingungen
angepasst wurde. Weil während dieser Hochphase der Sozialpolitik Ressourcen
verbraucht und Konflikte erzeugt wurden, entwickelten sich jedoch unterschwel-
lig Spannungen, die das Politikfeld nun radikal verändern. Die Ursachen des
Wandels werden also im Politikfeld selbst identifiziert. Das Politikfeld wird
nicht reformiert, sondern planvoll umgestaltet. Es transformiert sich durch seine
Eigendynamik" (Trampusch 2009, S. 17).

Damit einher geht eine schleichende Erosion des verselbstständigten sozialpolitischen Subsystems und die abgeschotteten Entscheidungsarenen sozialpolitischer Selbstverwaltung, in denen die Expert*innen (paritätisch aus Parteien,
Verbänden, Gewerkschaften und Einrichtungen besetzt) unter sich blieben, verlieren an Bedeutung. Aufgrund von Pluralisierungsprozessen öffnet sich das
korporative System, das der „Gemeinde der Sozialpolitiker" eine gewisse Sonderstellung verliehen hatte. Im geöffneten Feld, das sich nun teilweise als Markt
mit „Produkten" definiert, bekommen weitere Akteure Einfluss, die historisch
nur partiell mit Sozialpolitik identifiziert sind (bspw. Solo-Selbständige, aber
auch private Unternehmen aus der Sozialwirtschaft, wie kommerzielle Anbieter
staatlich bezahlter Sozialdienste oder private Versicherungen). Diese allgemeine
Zielsetzung zeichnete sich deutlich auf internationaler Ebene ab und es gab verschiedene Bestrebungen, Instrumente einer investiven Sozialpolitik einzusetzen,
um hierüber die Wettbewerbsfähigkeit der Standorte zu verbessern.

Aus soziologischer Perspektive sah bereits Anthony Giddens das allgemeine
Ziel einer Politik zum Umbau des traditionellen Sozialstaatsmodells darin, „die
Wirtschaft zu dynamisieren, Jobs zu schaffen und gleichzeitig soziale Gerechtigkeit herzustellen" (ders., 2005, S. 50). Ausgehend von diesem Leitbild wurden
auch politische Reformkonzepte – wie geschildert – in der rot-grünen Phase

bundesdeutscher Regierungspolitik zumindest angedacht. Diese werden aus politikwissenschaftlicher Perspektive in der Rückschau als nicht gerade erfolgreich eingestuft. In einer Bilanz der ersten Phase der rot-grünen Regierungspolitik im Bereich Arbeitsmarkt/Sozialpolitik wird festgestellt, dass der alte Entwicklungspfad „einer anhaltend starren, beschäftigungsfeindlichen arbeitsrechtlichen Absicherung der Arbeitsplatzbesitzer" nicht nur hingenommen, sondern durch die Neigung speziell des Bundesministeriums für Wirtschaft hervorgerufen wurde, die Wirtschaftsexistenzen „zerstörte" und den immer wieder propagierten „arbeitsmarktpolitisch sinnvollen Weg in wirtschaftliche Selbstständigkeit nachhaltig erschwerte" (Schmidt 2003, S. 6). Und auch die zweite rot-grüne Regierungskoalition wird zwar für den Einstieg in eine „realistische Sozialpolitik" gelobt, allerdings wird hinsichtlich des mittlerweile noch erhöhten Sanierungsbedarfs konzediert, dass dieser „mit allerlei Korrekturen etwas reduziert wurde" (ders., 2007, S. 308).

2.5 Das Grundeinkommen erreicht die Regierungsparteien

Im Kontext der Modernisierung der Arbeitsmarkt- und Sozialpolitik blieb auch der Korridor für weitergehende Reformvorstellungen geöffnet und eine weitere Etappe zu einer grundlegenden Reform der sozialen Sicherungssysteme begann vor etwas mehr als zehn Jahren. Durch die Ausbreitung der Finanzmarktkrise 2008/2009 und die daran gekoppelte ökonomische Rezession, die zu einer breiten Verunsicherung vieler Schichten der Gesellschaft führte, wurden auch Grundsicherungsmodelle wieder attraktiv. Durch sie böten sich soziale Absicherungen, die einen Sturz in Verarmungsprozesse verhindern könnten. Wenn sich die sozialpolitische Option durchsetzen ließe, über ein Grundeinkommen als „bürgerrechtliche Rückversicherung" die unsicher gewordene klassische sozialstaatliche Absicherung verlässlicher zu machen, gäbe es darüber hinaus Spielräume für nützlich erachtete Tätigkeiten, die die Sozialinklusion erhöhen könnten. Dies gelingt aber nur, wenn der Sektor der Grundeinkommensbezieher nicht zu einer Armutsökonomie wird, wo sich primär die Verlierer der Arbeitsgesellschaft tummeln.

In der Regierungsära von Bundeskanzlerin Merkel wurde dieses Thema aber nicht mehr explizit angefasst, obwohl angesichts der gewachsenen Herausforderungen für das traditionelle System sozialer Sicherung (insbesondere im Bereich der Alterssicherung) die Notwendigkeit für strukturelle Reformen immer deutlicher wurde. Gleichzeitig haben sich die staatlichen Zuschüsse für die

Sozialversicherungssysteme in den letzten Jahren deutlich gesteigert. „Die Finanzierung versicherungsfremder Leistungen in den Sozialversicherungen durch Steuermittel zeigt sich vor allem in Bundeszuschüssen für die Renten- und Krankenversicherung. Im Bundeshaushalt 2017 wurde allein für Rentenmaßnahmen über 91 Mrd. € an Zuschüssen und Erstattungen gezahlt, mehr als 27,7 % des gesamten Bundeshaushalts. 1993 lag dieser Anteil noch bei 15,7 %. Den weitaus größten Teil der versicherungsfremden Leistungen machen Witwen- und Witwerrenten aus. Auch die Anrechnung von Kindererziehungszeiten ("Mütterrente") oder Ausbildungszeiten an der Universität zählen hierzu" (Wagschal 2019, S. 821 f.).

Trotz dieser fortschreitenden Steuerfinanzierung der Sozialversicherungssysteme konnten sich universelle garantistische soziale Absicherungen verknüpft mit einer grundlegenden Reform der Einkommensbesteuerung politisch nicht durchsetzen, was im Folgenden noch näher begründet wird (vgl. Kap. 4). Es bleibt festzuhalten, dass sich die Befürwortendenkreise ausgeweitet haben und zunehmend auch von einzelnen Unternehmenspersönlichkeiten – die keineswegs etwa als Sprecher von Arbeitgeberverbänden auftreten – unterstützt werden (vgl. bspw. Werner 2017). Konsens besteht bei den Befürwortern des Grundeinkommens oder des solidarischen Bürgergeldes darin, den klassischen Sozialstaat an seinen Belastungsgrenzen angekommen zu sehen. Zudem treten sie für eine *radikale Vereinfachung* des Sozialleistungssystems ein, indem ein steuerfinanziertes „bedingungsloses" Grundeinkommen (ohne Bedürftigkeitsprüfung und Gegenleistung) für alle aus Steuermitteln geleistet wird. Damit könnten die wohlfahrtsstaatlichen Sicherungsleistungen entbürokratisiert werden, weil viele bisherige Sozialleistungen (Arbeitslosengeld, Kindergeld, BAföG etc.) ersetzt würden. „Ein flexibles soziales Netz, das in allen Lebenslagen mindestens das Existenzminimum garantiert, ist für eine zukunftsfähige Wirtschafts- und Gesellschaftsordnung ebenso unverzichtbar, wie freie Bürger, die selbstbestimmt leben, entscheiden und arbeiten. Denn verantwortliches Handeln gegenüber Mitmenschen und Umwelt kann nur frei von Existenzangst gedeihen. Um dem Bedürfnis nach sozialer Sicherheit auch in Zeiten sich wandelnder Lebens- und Arbeitsverhältnisse gerecht werden zu können, ist sowohl der Individualanspruch als auch eine Entkopplung der Sozialleistungen von Erwerbsarbeit von fundamentaler Bedeutung. Es muss gewährleistet sein, dass Kinder unabhängig von der Lebensform ihrer Eltern kein Armutsrisiko mehr darstellen" (Straubhaar 2008, S. 6).

An diesem Punkt setzt die Gegenkritik von Cremer an, der sich engagiert für den Erhalt und die Weiterentwicklung des deutschen Sozialstaatsmodells einsetzt: „Der vielleicht problematischste Aspekt der Debatte zum bedingungslosen

Grundeinkommen ist die Diskreditierung des heutigen Sozialstaats. Wer meint, alle Probleme lösten sich mit dem Grundeinkommen, verabschiedet sich aus dem Dialog zur praktischen Sozialpolitik. Allerdings wird sich die Sozialpolitik einem Teil der Fragen zuwenden müssen, die die Sehnsucht nach einem Grundeinkommen treiben" (Cremer 2019a, S. 25).

Auch wenn sich in dieser Richtung in den letzten Jahren noch nichts Grundlegendes verändert hat, ist doch eine *schleichende Entwicklungstendenz* hin zu mehr Individualansprüchen unverkennbar. Bspw. wird eine eigenständige Kindersicherung aktuell auch in Wahlprogrammen der etablierten Parteien diskutiert und dürfte voraussichtlich in der nächsten Legislaturperiode Gegenstand der Regierungspolitik werden (vgl. Abschn. 6.5). Aber auch die Verteidiger*innen des Status-quo werden nicht müde, immer wieder darauf hinzuweisen, dass in Deutschland bereits in Form der Sozialhilfe, bzw. der zusammengelegten Arbeitslosen- und Sozialhilfe, ein durchaus vorzeigbares soziales Sicherungskonzept existiert und eine deutliche Aufstockung und Universalisierung angesichts der permanenten finanziellen Engpässe der öffentlichen Haushalte nicht möglich sei.

Auch nach den verschiedenen „kleineren" Reformen in den letzten beiden Jahrzehnten bleibt das strukturelle Dilemma für die langfristige Sicherung der sozialen Sicherung aber bestehen: Während die reguläre Beschäftigung auch in Zeiten eines wirtschaftlichen Aufschwungs nur langsam wächst (und nun vor dem Hintergrund der Corona-Pandemie sogar wieder eine Beschäftigungskrise drohen kann), expandieren verschiedene Zweige geringfügiger Beschäftigung, die das System der sozialen Sicherung weiter erodieren lassen und zugleich wächst durch den demografischen Wandel die Zahl der zu versorgenden Personen. Die *Schere* zwischen wachsenden Ansprüchen und damit Ausgaben für die soziale Sicherung und tendenziell (auch bedingt durch die Digitalisierungsprozesse auf dem Arbeitsmarkt) schrumpfenden Einnahmen öffnet sich auch ohne die durch die Corona-Krise bewirkten negativen Beschäftigungseffekte. Zudem wurde trotz aller arbeitsmarktpolitischer Reformmaßnahmen die Langzeitarbeitslosigkeit nicht deutlich reduziert und droht sogar wieder anzusteigen. Damit droht auch eine Verschärfung der ohnehin schon länger beklagten gesellschaftlichen Desintegrationsprozesse.

So kann mittlerweile als bestätigt angesehen werden, dass Menschen je nach ihrer sozio-ökonomischen Stellung *unterschiedlich stark* betroffen sind (vgl. Wachtler et al. 2020). Einkommensschwäche führt häufig auch zu Immunschwäche. Eine jüngst veröffentlichte RKI-Studie belegt, dass „der Anstieg der COVID-19-Todesfälle in sozial benachteiligten Regionen Deutschlands am stärksten aus[fiel] – sowohl bei Männern als auch bei Frauen. Im Dezember und

Januar lag die COVID-19-Sterblichkeit in sozial stark benachteiligten Regionen um rund 50 bis 70 % höher als in Regionen mit geringer sozialer Benachteiligung" (RKI 2021). Bezüglich der Folgen auf die Einkommensungleichheit in Deutschland stellt der Entwurf des sechsten Armuts- und Reichtumsberichts der Bundesregierung fest: „Es zeigt sich [...], dass die mit der Pandemie verbundenen Einkommensrisiken in den unteren Einkommensbereichen größer sind. Die höhere Vulnerabilität der unteren Einkommensgruppen ist dabei auch darauf zurückzuführen, dass diese wenig Rücklagen oder andere finanzielle Spielräume haben" (BMAS 2021a, S. 48 f.).

Über ein Grundeinkommen könnten soziale Spannungen durchaus auch verringert und in manchen verunsicherten Bevölkerungsgruppen darüber ein neues Selbstbewusstsein entwickelt werden. Eine solche Revitalisierung der politischen Kultur wurde in einer Studie zur Ausbreitung rechtsextremer Einstellungen hervorgehoben. „Das Beispiel eines Grundeinkommens für alle Menschen in diesem Land macht deutlich, worin die grundlegende Veränderung auch im gesellschaftlichen Klima liegen würde: Von staatlicher Seite würde die bedingungslose Teilhabe an der Gesellschaft zum Gradmesser für das Funktionieren der Demokratie anstelle einer repressiven Verteilung von Almosen, die gewährt, aber auch entzogen werden können. Es bedarf neuer Wertschätzungsstrukturen in der Gesellschaft, und diese dürfen nicht bei Überlegungen zum Ehrenamt stehen bleiben. Letztlich muss es auch darum gehen, die Individuen gegenüber den gesellschaftlichen und staatlichen Institutionen zu stärken" (Decker et al. 2010, S. 154).

Ein verbindlich garantiertes Grundeinkommen könnte auch Spielräume für nützlich erachtete Tätigkeiten in der Zivilgesellschaft eröffnen oder ausweiten, die die Sozialinklusion erhöhen und den Zusammenhalt stärken – aber nur, wenn der Sektor der ausschließlich Grundeinkommensbeziehenden nicht zu einer Armutsökonomie wird, wo sich primär die weniger leistungsbereiten Personen der Arbeitsgesellschaft tummeln. Wenn dies gewährleistet wird, besteht die Chance, dass es „den Menschen die Möglichkeit, sich eine Position in der Nicht-Marktwirtschaft zu sichern. Es erlaubt ihnen, als Freiwillige tätig zu werden, Kooperativen zu gründen, Artikel für Wikipedia zu schreiben, Software für das 3-D-Design zu bedienen oder einfach zu existieren. Es erlaubt ihnen, ihre Arbeitszeit zu verteilen, zu einem späteren Zeitpunkt uns Erwerbleben ein- oder früher auszusteigen und ein Engagement in anspruchsvollen, stressigen Jobs von ihren Bedürfnissen abhängig zu machen" (Mason 2016, S. 363). Die Einführung eines derartig universellen, staatlich garantierten Grundeinkommens wird von Mason als die zentrale Voraussetzung für den „Postkapitalismus" gesehen und dementsprechend auch die politische Umsetzung als größtes Hindernis angesehen, da seine Erwartungen eines Grundeinkommens direkt mit einer Überwindung des derzeitigen Systems einer sozialen Marktwirtschaft verknüpft wären. Ein wesentlicher Punkt taucht auch hier wieder in der Argumentation auf: Die außerordentlich hohen Belastungen für den Staatshaushalt, die es nur im Rahmen eines umfassenden Transformationsprojektes realistisch erscheinen lassen. Damit ist der rote Faden in den gesamten Debatten der letzten vier Jahrzehnte explizit wieder benannt: die Finanzierung. Einfache Rechnungen zeigen schnell auf, dass ein jährliches Grundeinkommen (bspw. in Großbritannien von 6000 Pfund im Jahr) die derzeitigen Sozialstaatskosten verdoppeln würde. Allerdings – und auch dies wird seit Jahren wiederholt – müssen die anderen Effekte mit einbezogen werden. Es wäre finanzierbar, „würde man verschiedene Steuerbefreiungen abschaffen und gleichzeitig andere öffentliche Aufgaben senken" (a. a. O.).

Hinsichtlich der Frage einer umfassenden Steuerreform herrscht aber seit Jahrzehnten Stillstand. Dies liegt wohl auch darin begründet, dass mit radikal vereinfachenden Reformvorschlägen zur Einkommensbesteuerung (bislang) in Deutschland keine Wahlen gewonnen wurden, was zuletzt der Verfassungs- und Steuerrechtler Paul Kirchhof im Bundestagswahlkampf 2005 als kurzfristiger CDU-Schattenfinanzminister leidvoll erleben musste. Man vertraut den Berechnungen und Versprechungen über eine so grundlegende Umsteuerung der öffentlichen Haushalte sowie radikaler Steuervereinfachungsversprechungen nicht und vermutet stattdessen Sozialabbau und eine Fortschreibung oder gar Beschleunigung der Umverteilung von unten nach oben.

Zudem wird darauf verwiesen, dass eine soziale Grundsicherung in Deutschland bereits in Form der zusammengelegten Arbeitslosen- und Sozialhilfe existiert. Eine deutliche Aufstockung des Niveaus der Grundsicherung wird zwar von Sozialverbänden sowie auch der Partei die Linke und Bündnis90/Die GRÜNEN seit Jahren gefordert, wurde aber bislang in der großen Koalition verhindert. „Die Mehrzahl der Vorschläge ist sozialpolitisch völlig unausgegoren und definitiv nicht finanzierbar. Entscheidend ist schließlich, dass ein universell gewährtes, bedingungsloses Grundeinkommen Erwerbs- und Leistungsanreize aller Art schwächt, und zwar sowohl bei Empfängern als auch bei denjenigen, die es finanzieren. Bisher gibt es kein Experiment und keine praktischen Erfahrungen mit einem solchen Instrument, anhand derer sich diese Wirkungen verlässlich abschätzen ließen. Als Ziel einiger Vorschläge für ein Bürgergeld wird jedoch explizit angegeben, dass es den Zwang zu existenzsichernder Erwerbsarbeit außer Kraft setzen solle, zugunsten eines breiteren Spektrums vordergründig selbstbestimmterer Formen der Betätigung und des gesellschaftlichen Engagements. Völlig außer Acht gelassen wird dabei, dass auch die Freiräume für solche Aktivitäten erarbeitet werden müssen – wenn nicht von denjenigen, die ihnen nachgehen wollen, dann von anderen. Letztlich wird Erwerbsarbeit damit perspektivisch herabgesetzt, ohne dass eine echte Alternative dafür geboten werden kann" (Werding 2009, S. 44; vgl. auch Schöb 2020, S. 111 ff.).

Angesichts der gewaltigen Summen, die im Rahmen der Corona-Pandemie für Kurzarbeitergeld, Entschädigungen für Verdienstausfälle etc. ausgegeben wurden, erscheinen diese Argumente allerdings *neuerdings* in einem etwas anderen Licht. Sie verkennen, dass eine solche Neuausrichtung des bestehenden Steuer- und Sozialsystems zwar erhebliche politische Durchsetzungsprobleme hat und erhebliche Widerstände einzukalkulieren sind, allerdings weisen auch Ökonomen darauf hin, dass „für realistisch angesetzte Beträge die budgetneutrale Finanzierung eines BGE grundsätzlich erreicht werden kann" (Osterkamp 2015, S. 241). Was in den damaligen Modellen für das Bedingungslose Grundeinkommen (BGE) etwa in der Größenordnung von 600 € monatlich angenommen wird – wenn die gesellschaftliche Akzeptanz vorhanden ist –, dürfte umso stärker gelten für eine schrittweise Einführung eines Grundeinkommens entweder für zunächst ausgewählte Bevölkerungsgruppen oder mit einer zunächst partiellen Höhe eines Grundeinkommens. Deshalb sollte man die Finanzierungsseite des Grundeinkommens nicht zum „Killerargument" gegen ernsthafte Auseinandersetzungen sowie differenzierte Formen des Grundeinkommens machen, wie es vielfach sowohl in ökonomischen wie auch politischen Debatten passiert.

Auch die herkömmliche Sozialstaatlichkeit steht in Deutschland vor dem Hintergrund demografischer Wandlungsprozesse sowie der Folgewirkungen der Digitalisierungs- und Globalisierungsprozesse auf dem Arbeitsmarkt vor weitreichenden wie grundlegenden Herausforderungen. Ohne eine dynamische Beschäftigungsentwicklung und mit Blick auf die demografische Alterung ohne eine weitere Verlängerung der aktiven Erwerbsphase sind die Sozialfinanzen nicht zu stabilisieren (vgl. u. a. Werding und Läpple 2019 sowie Werding 2020). In die gleiche Richtung argumentiert der Sachverständigenrat für gesamtwirtschaftliche Entwicklung, der hinsichtlich der künftigen Generationen an Rentnerinnen und Rentnern unmissverständlich feststellt: „Zudem ist das Äquivalenzprinzip für spezifische Gruppen außer Kraft gesetzt. Individuelle Rentenansprüche werden vollständig mit der Grundsicherung im Alter verrechnet. Für Erwerbstätige, die wissen oder befürchten, dass sie auf die Grundsicherung zugreifen werden, entsteht also kein einkommensstiftender Effekt aus ihren Rentenversicherungsbeiträgen. Ähnliches gilt für die Arbeitslosenversicherung und für Beschäftigte, welche die Anwartschaftszeit nicht erfüllen, also weniger als 12 der vergangenen 24 Monate sozialversicherungspflichtig beschäftigt waren" (SVR 2019; Ziffer 660). Gleichwohl überwiegt gegenwärtig noch die Einschätzung, dass im Feld der gesetzlichen Rentenversicherung „die Chancen für echte Systemreformen zumindest auf kürzere Sicht gering" (Ebert 2020, S. 33) sind.

Auch wenn es gelingt, bspw. die Alterssicherungssysteme durch entschiedene Reformschritte wie eine Verlängerung der Lebensarbeitszeit, eine Ausweitung der sozialversicherungspflichtigen Beschäftigung durch die Abschaffung von Minijobs etc. neue steuerbasierte Finanzierungsimpulse zu geben, so bleibt doch ein wachsender Teil von Menschen, die nicht nur im Alter ein *Sicherheitsnetz* benötigen. Hier wäre eine bedingungsärmere Grundsicherung ein erster Schritt innerhalb der Logik des Bedarfsprinzips, um sozialen Schutz zu gewährleisten. Zudem könnte eine neue Basissicherungsarchitektur auch die Akzeptanz für eine Reform der traditionellen Sicherungssysteme erhöhen, die in den Augen vieler Bürger zunehmend an Akzeptanz verloren haben. Dieses Argument zielt also auf eine Versöhnung der sich in den letzten Jahren nicht nur auf politischer Bühne stark polarisierenden „Lager", sondern auch in der Sozialpolitik- und Wohlfahrtsstaatsforschung.

Eine gewisse Zurückhaltung hinsichtlich der Umsetzungsmöglichkeiten ist auch den Vertretern einer raschen politischen Realisierung eines bedingungslosen Grundeinkommens oder eines solidarischen Bürgergeldes zu empfehlen. Auch in dem Fall, dass Fragen der Finanzierung des Grundeinkommens und eines Umbaus der gegebenen Steuer- und Sozialsysteme positiv beantwortet würden, stellt sich nicht automatisch damit die frei gewählte Tätigkeitsgesellschaft ein. Es ist demgegenüber auf die „Modernisierungsfalle" moderner Gesellschaften hinzuweisen, der zufolge für viele Erwerbstätige die Marktarbeit viel lohnender als informelle und selbstversorgende Tätigkeitsformen ist. „Das Grundeinkommen geht von einer Welt aus, in der die entlassenen Arbeitnehmer ihre Kündigung als Befreiung sehen, weil sie dann nicht mehr arbeiten müssen. Man stellt sich vor, dass junge Ruheständler, die von ihrem Grundeinkommen leben, einen neuen Sinn in ihrem Leben finden, zu Hause arbeiten, sich für die Gemeinschaft engagieren, ein Handwerk lernen oder die Welt erkunden. Aber leider deutet vieles darauf hin, dass es den Menschen schwerfällt, einen Sinn außerhalb der Arbeit und der damit verbundenen Struktur zu finden" (Banerjee und Duflo 2020, S. 452).

Hierzu gibt es allerdings auch deutlich optimistischere Vermutungen, welche Potenziale in wachsender freier Zeit sowie der individuellen Freiheit, darüber autonom selbst zu bestimmen, ruhen: „Eigenarbeit, freie Tätigkeit, Bildung und Weiterbildung, Sport, Spiel und Muße, Geselligkeit und Kontemplation – bei wachsender freier Zeit bieten sich den Menschen so viele Möglichkeiten zu lust- und sinnvollem Tun, daß wir uns durch kulturpessimistische Unkenrufe nicht irre machen lassen sollten. Die Frage „Freiheit wozu?" wird am Ende ohnehin jeder für sich zu beantworten haben. Eine Gesellschaft, die ihren Mitgliedern die

Beantwortung dieser Frage nicht zutraut und sie deswegen um jeden Preis meint „beschäftigen" zu müssen, kann keine freie Gesellschaft sein" (Strasser 1999, S. 80).

Gleichwohl gilt es die in den letzten Jahren deutlicher hervortretenden sozialen Desintegrationsprozesse, die zu einer „Verwilderung" der sozialen Konflikte und einer zurückgehenden Selbstachtung in den unteren Schichten der Sozialstruktur führten, nicht aus dem Blick zu verlieren. Diese sozial „abgehängten" Gruppen sind aus den etablierten Anerkennungssphären mehr und mehr „ausgeschlossen" (Bude 2008) und deshalb bleibt es fraglich, ob ein bedingungsloses Grundeinkommen die soziale Integration wirklich fördern und zu vitalisieren vermag. Ein Grundeinkommen suggeriert von der Semantik her zwar einen Abbau gesellschaftlicher Zersplitterungen und ein erhöhtes Potenzial individueller Freiheit und Selbstwirksamkeit, ist aber gleichwohl *allein* nicht in der Lage, automatisch nach einer Auszahlung auch egalisierend zu wirken und wechselseitige Anerkennungen in Form sozialer Verpflichtungen neu zu etablieren. Hinzukommen müssen strukturelle Investitionen in *soziale Infrastrukturen,* die eine sinnvolle Zeitverwendung anstoßen können. Ohne dieses „nudging" für gemeinsinnstiftende Tätigkeiten werden vermutlich finanzielle Transfers allein keine soziale Integration bewirken, auch wenn es an optimistischeren Mutmaßungen in diesem Feld nicht mangelt: „Alle die – je nachdem – hoffen oder befürchten, daß die Menschen bei weiter wachsender Freizeit sich immer rastloser dem Konsum hingeben, übersehen, dass eine der verläßlichsten Glücksquellen des Menschen die freigewählte Tätigkeit, die selbstauferlegte Anstrengung, die selbstbestimmte Leistung ist. Und weil dies so ist, können wir getrost davon ausgehen, dass die Menschen von ihrem Recht auf Faulheit in der Regel nur einen begrenzten Gebrauch machen werden" (Strasser 1999, S. 75).

Vor diesem Hintergrund stellt sich aus soziologischer Sicht die Frage, wie die für eine wachsende Zahl von Individuen verfügbare Zeit in Wohlfahrtsgewinne überführt werden könnte, ohne dass diese Zeit zuvor als bezahlte Arbeitszeit oder als selbständige wirtschaftliche Tätigkeit in Geldeinkommen umgewandelt werden müsste (vgl. zur theoretischen Ausarbeitung und einen internationalen Vergleich Offe und Heinze 1990 und die Beiträge in Heinze und Offe 1990). Gesucht werden also „soziale Technologien", die die Nutzung bislang vernachlässigter Tätigkeitspotentiale und einen Beitrag zur Verbesserung von Versorgungslagen außerhalb von Staat, Markt und Haushalt bzw. Familie erlauben (bspw. das Modell „Kooperationsring" oder andere Formen einer solidarischen Ökonomie). Manche Gesellschaftswissenschaftler sprechen sogar von der Schwelle zu einem neuen Zeitalter – insbesondere durch die

Corona-Pandemie und den Klimawandel (vgl. mit Blick auf ein bedingungsloses Grundeinkommen die Beiträge in Kovce 2019 sowie zur Corona-Krise Rosa
2020). So richtig die Hinweise auf eine Erweiterung der eng begrenzten Erwerbsarbeit um kooperativ organisierte Interaktionsformen sind, so wenig helfen sie
jedoch derzeit den aus dem Beschäftigungssystem „abgehängten" oder „ausgeschlossenen" Gruppen. Die sozialen Fliehkräfte werden dadurch kaum gebannt,
vielmehr hat sich inzwischen eine politische Ökonomie der Unsicherheit etabliert, die Vorstellungen von einer lokalen Vertrauenskultur so lange ins Leere
laufen lässt, bis sie nicht begleitet werden vom Aufbau einer angemessenen
universellen sozialen Grundsicherung und frei wählbaren zivilgesellschaftlichen
Partizipationsmöglichkeiten.

Gegenüber diesen eher skeptischen Einstellungen hinsichtlich einer fast
zwangsläufigen Ausweitung selbstorganisierter Räume werden Stimmen laut, die
gerade in den neuen sozialen Technologien den Grund für eine Überwindung des
Kapitalismus sehen – etwa in Form der wachsenden Sharing Economy bzw. einer
kollaborativen Allmendeproduktion (wie bspw. Wikipedia). „Grundeinkommen,
Kreislaufwirtschaft, Plattformkooperativen und Umwandlung der Informationen
in ein öffentliches Gut: die meisten dieser Vorstellungen sind bereits seit einiger
Zeit in Umlauf. Einige werden von Kommunalregierungen oder in Nischenberei-
chen von Großkonzernen in die Tat umgesetzt. Aber wie ihre Gegner eingestehen,
sind die wahrscheinlichsten Träger der postkapitalistischen Lösung für die gegenwärtige Krise die linksradikalen und grünen Parteien oder die linksradikalen
Fraktionen innerhalb sozialdemokratischer Parteien. Der erste konkrete Schritt,
den sie tun könnten, wenn sie meiner Analyse zustimmen, besteht darin, diesen
vierteiligen Zugang zu einem Reflex zu machen – in Parteien, Gewerkschaften,
Gemeinden und sozialen Organisationen: Versuchen Sie, Dinge zu verbilligen
oder kostenlos zu machen, die Arbeit vom Einkommen abzukoppeln, Daten zu
einem öffentlichen Gut zu machen und die Versuche bestimmter Unternehmen
zur Monopolisierung von Informationen zu bekämpfen" (Mason 2019, S. 318).
In diese Richtung zielen auch jüngere Überlegungen aus der soziologischen
Transformationsforschung, die eine *Verknüpfung* der Grundeinkommensidee mit
zivilgesellschaftlichen Konzepten anstreben. Mit einem Grundeinkommen würde
sich die Handlungsautonomie der Individuen und zivilgesellschaftlicher Initiativen vergrößern. Ein „bedingungsloses und teilhabesicherndes Grundeinkommen
[kann] als materielle wie symbolische Ermöglichungsstruktur für Praktiken jenseits einer marktkonformen Konsum- und Erwerbsarbeitsorientierung dienen,
welche für eine grundlegende Transformation der gegenwärtigen Lebensweise
in ihrer materiellen, institutionellen und habituellen Dimension von tragender
Bedeutung sind. Jedoch ist eine gelingende gesellschaftliche Transformation,

wie sie Eric Olin Wright vorschwebt, hin zu einer Lebensweise, für die der Erhalt ihrer natürlichen und menschlichen Reproduktionsgrundlagen zentral wäre, sehr voraussetzungsvoll. In dem Beitrag wurde ein möglicher wechselseitiger Transformationsprozess skizziert, der vermittelt über individuelle wie kollektive gegenhegemoniale Praktiken den stofflichen und energetischen Durchsatz der Wirtschafts- und Lebensweise reduzieren und hierbei insbesondere über Kooperationen von staatlichen mit zivilgesellschaftlichen Akteuren strukturbildend wirken könnte" (Ketterer 2019b, S. 345; vgl. auch dies. 2019a).

Es ist allerdings nicht zu erwarten, dass sich selbstorganisierte Netzwerke und Tauschringe auf breiter Basis allein aufgrund regelmäßiger Geldzahlungen spontan bilden und vor allem auch längere Zeit in der Lage wären sich am Leben zu erhalten – vor allem nicht in den derzeit sozial unterprivilegierten Bevölkerungsgruppen. Auch wenn ein Grundeinkommen eine Absicherung von Lebensrisiken mit sich bringt und ein gewisses soziales Niveau (ohne Sanktionen fürchten zu müssen oder ungeliebte Jobs ausüben zu müssen) erhält, bedeutet dies nicht automatisch eine Aufwertung sowie wachsende Wertschätzung von im Haushalt ausgeübter Arbeiten, zivilgesellschaftlichen Engagements oder Care-Tätigkeiten. Selbstbestimmte Lebens- und Arbeitsformen entfalten sich nur bei stützenden politischen Einbettungen und müssen durch eine öffentliche Infrastruktur getragen und in Sozialräumen gelebt werden. Der durch ein Grundeinkommen ermöglichte Zugewinn an Zeit im Fall selbstgewählter oder unfreiwilliger Arbeitslosigkeit droht ansonsten überwiegend nicht „produktiv" für die eigene Lebensführung genutzt zu werden, sondern droht in Inaktivität oder gar psychischer Vereinsamung zu münden.

In den aktuellen internationalen politischen Debatten spielen explizit alternative Modelle der „Sicherung der sozialen Sicherung" eine bedeutende Rolle (vgl. mit Blick auf europäische Diskussionen zu einem Basiseinkommen Haagh 2019). Auch chinesische Autoren wie Lee, einer der führenden Köpfe in der Internetwirtschaft und Plattformökonomie, setzen sich konstruktiv mit den Forderungen nach einem bedingungslosen Grundeinkommen sowie alternativ dazu mit einem *Sozialinvestitionsgehalt* auseinander. Hierbei handelt „es sich um eine ordentliche staatliche Vergütung, die jene erhielten, die ihre Zeit und Energie in solche Aktivitäten investierten, die den Aufbau einer liebenswerten, mitfühlenden und kreativen Gesellschaft fördern. Diese Aktivitäten würden drei grob definierte Bereiche umfassen: Pflegearbeit, gemeinnützige Arbeit und Fortbildung. Sie würden die Grundpfeiler eines neuen Gesellschaftsvertrags bilden, der sozial nützliche Aktivitäten in gleicher Weise belohnte, wie wir heute wirtschaftlich produktive Tätigkeiten belohnen. Die Vergütung wäre kein Ersatz für das soziale Sicherungsnetz, das mit Sozial- oder Arbeitslosenhilfe sowie staatlicher

Gesundheitsfürsorge die Grundbedürfnisse abdeckt, sondern würde jenen, die sich an diesen sozial produktiven Aktivitäten beteiligen, ein respektables Einkommen sichern" (Lee 2019, S. 284 f.; vgl. auch die Beiträge in Grözinger et al. 2006). Auch wenn gegenüber Gesellschaftsentwürfen aus der Internetwirtschaft grundsätzlich Vorsicht geboten ist, zumal sie nicht auf Basis ausgebauter wohlfahrtsstaatlicher Sicherungssysteme wie in Deutschland formuliert werden, weist er darauf hin, dass das universale Grundeinkommen weltweit in den Fokus gesellschafts- und wirtschaftspolitischer Debatten gekommen ist. Zudem grenzt Lee sich von entsprechenden Befürwortern diverser Multimilliardäre des Silicon Valley (wie Mark Zuckerberg oder Elon Musk) ab.

So realistisch wie der Einstieg in dieses Konzept in manchen wirtschaftlich deutlich weniger entwickelten Ländern als wirksameres Instrument zur Armutsbekämpfung als traditionelle Formen der Entwicklungshilfe ist, so utopisch erscheint es nach wie vor derzeit für westliche Wohlfahrtsstaaten, wenngleich ein gründlicher Umbau von einer Vielzahl an Expert*innen abstrakt befürwortet oder angemahnt wird. Ob die sich steigernden wellenartigen Thematisierungen mit dem letzten Höhepunkt in der Corona-Pandemie auf einen bevorstehenden Einstieg in die Förderung und Entwicklung neuer sozialer Grundsicherungselemente als Ergänzung zum traditionellen wohlfahrtsstaatlichen System hinweisen, werden wir noch erörtern. Aus international vergleichender Perspektive wird aber schon heute deutlich, dass „sich in den letzten Jahren die Begründungen für globale Sozialpolitik von einem arbeitnehmerzentrierten Sozialversicherungsansatz zu einem universalistischen Grundsicherungsansatz verschoben haben" (Nullmeier 2019, S. 61). Die Diskussionen über ein Grundeinkommen sind aber nicht mehr einzudämmen und finden in allen EU-Ländern derzeit statt. Allerdings ist ein nüchterner ideologiebefreiter Blick gefragt, um neben den neuen sozialstaatlichen Optionen auch die Probleme (bspw. die Gewährung eines Basiseinkommens in Kombination mit einem Abbau wohlfahrtsstaatlicher Leistungen, wie es im Kontext der Sparpolitik in manchen Ländern praktiziert wird) nicht aus den Augen zu verlieren. „Therefore, sustainable steps towards basic income today involve a battle on two fronts, with two different time-horizons: in the short-term, focusing on benefit reform moving in the direction of unconditionality and universality; and – in the medium and longer term – securing wider conditions for public funding and governance" (Haagh 2019, S. 259).

2.6 Lehren aus der bedingungsarmen Grundsicherung

Im Rahmen des Ende März 2020 beschlossenen Sozialschutzpaketes I wurden von der Bundesregierung nicht nur milliardenschwere Soforthilfen für Unternehmen auf den Weg gebracht, sondern auch weitreichende Verfahrensänderungen im Sozialgesetzbuch (SGB) II. Durch §67 wurde der Weg in eine hürden- oder bedingungsärmere Grundsicherung geebnet. Die Änderungen zielen vor allem darauf ab, schnelle und unbürokratische Zugänge zur sozialen Sicherung sowie eine zügige Bereitstellung von Geldzahlungen für den Lebensunterhalt zu ermöglichen. Notwendig war dies, da die Pandemie im Frühjahr 2020 wie unter einem Brennglas die Schwachstellen eines lohn- und normalarbeitszentrierten sowie beitragsfinanzierten Sozialversicherungssystems offengelegt hat. Vor allem für geringfügig Beschäftigte und (Solo-)Selbstständige (re-)produziert dessen Architektur systematisch soziale Sicherungslücken, denn während sozialversicherungspflichtig Beschäftigte im Kern des Arbeitsmarktes sowohl auf die Arbeitslosenversicherung als auch das hierüber abgeleitete Kurzarbeitergeld zählen können, fallen Minijobbende und Solo-Selbstständige aufgrund der vielfach fehlenden Beiträge in der Sozial- bzw. speziell der Arbeitslosenversicherung durch dieses Sicherungsraster.

Eine übergeordnete Herausforderung für Reformbemühen im Bereich des SGB II wird der Umgang mit *Solo-Selbstständigen* sein. Ihre pandemiebedingten Sicherungslücken wurden im Frühjahr 2020 nicht durch die Soforthilfen abgefedert, weshalb viele Betroffene auf Grundsicherungsleistungen angewiesen waren, da ihre persönlichen Reserven im Sinne einer „Selbstversicherung" sowie dem faktischen Verbot der Ausübung bestimmter Tätigkeiten schnell aufgezehrt waren. Die Grundsicherung für Arbeitssuchende ist aber nur bedingt als institutionelle Anlaufstelle für diese Erwerbstätigengruppe und dieser spezifischen pandemiebedingten Variante einer „Arbeitslosigkeit" konzipiert, denn gerade in arbeitsmarktpolitischer Perspektive ging (und geht) es bei diesem Personenkreis nur selten um die Vermittlung in ein neues (abhängiges) Beschäftigungsverhältnis, sondern primär um die materielle Absicherung. Damit erhält im Zuge der Corona-Pandemie ein weitgehend „systemfremdes" Element – zumindest befristet – Einzug in die Grundsicherung, für das die etablierten Prozesse und Instrumente des Forderns und Förderns nur bedingt anwendbar sind.

In arbeitsmarkt- und sozialpolitischer Hinsicht ist die „neue" (nach derzeitigem Stand, vorerst befristete) *bedingungsarme Grundsicherung* bemerkenswert: Weitgehend unter dem Radar der öffentlichen Aufmerksamkeit wurde eine befristete sozialpolitische Neujustierung vorgenommen. Die Corona-Pandemie bewirkte ein „natürliches Experiment", in dessen Zuge neue Akzentuierungen in der

Grundsicherung einem Praxistest unterzogen werden und prägende Leitlinien der jüngeren Arbeitsmarkt- und Sozialpolitik – allen voran Aktivierung und Bedürftigkeitsprüfung – abgeschwächt werden, während universalistische Grundsicherungsaspekte stärker hervortreten. Kontrovers diskutiert wird hierbei seit geraumer Zeit vor allem, in welcher Relation das Fordern zum Fördern stehen soll. In diesem Zusammenhang befinden sich insbesondere die nun temporär existierende Erhöhung des „Schonvermögens" sowie die erst verspätete Einsetzung der Kostensenkungsverfahren seit Jahren im Fokus dieser Debatten. Die Erhöhung gilt auch für viele Befürworter des bestehenden Systems als mögliche Reformoption, die insbesondere für langjährige Berufstätige die Lebensleistung höher als bisher anerkennt und das Gefühl der sozialen Sicherheit erhöht, voraussichtlich ohne hierbei negative Arbeitsmarkteffekte nach sich zu ziehen. Darüber hinaus stellt sich die aktuelle Bewertung sowie detaillierte und nachvollziehbare Ermittlung der Höhe des vorhandenen verwertbaren Vermögens in der Praxis als hoch komplex und in der Prüfung aufwendig dar. Seit der Einführung der Grundsicherung für Arbeitsuchende im Jahr 2005 hat das Gesetzbuch bislang zehn teils weitreichende Gesetzesnovellen erfahren. Ein elftes Änderungsgesetz war für das Jahr 2020 bereits angekündigt und ist nun zunächst auf das Jahr 2021 verschoben worden. Es wird folglich der im Herbst 2021 zu wählenden nächsten Regierungskoalition vorbehalten bleiben, sozialpolitische Aspekte ihrer jeweiligen Regierungsprogramme in einem elften Änderungsgesetz im Jahr 2022 zu konkretisieren und umzusetzen und dabei auch die vom Bundesverfassungsgericht am 5. November 2019 bis dahin geltende Sanktionspraxis des SGB II neu zu reformieren.

Die seit Jahrzehnten durchgeführten arbeitsmarktpolitischen Novellierungen stehen exemplarisch für den gewachsenen Korpus von Programmen und Maßnahmen, der mittlerweile so groß und komplex ist, dass auch die kompetentesten An- und Umbauversuche Gefahr laufen, in der Öffentlichkeit weitgehend unbemerkt zu bleiben. Korrekturen am vorhandenen Instrumentarium sind selbstverständlich nötig; allein reichen sie aber nicht aus. Die gern akzeptierte Forderung nach einer Bündelung, Pauschalierung und vielleicht sogar Verschlankung verschiedener Maßnahmen verbleibt jedoch im Rahmen einer technokratischen Feinsteuerung laufender Programme bzw. einer pluralistischen Berücksichtigung der an ihnen hängenden Sonderinteressen oder aufgrund stetig wachsender Urteile der Sozialgerichte zugunsten von „Kundinnen und Kunden". Das Problem ist aber, dass jenseits eines bestimmten Problem- und Komplexitätsniveaus kleine Veränderungen weder im Politikvollzug noch von den Politikadressaten wahr- oder ernst genommen werden. Das Schicksal der ungezählten Modellversuche sowie in Regie von Jobcentern eingesetzten neuen Formen von Eingliederungsmaßnahme,

die im besten Fall nicht zu mehr geführt haben als in den „Akten verblei-
chenden" oder in digitalen Langzeitspeichern bisweilen per Zufall entdeckten
Evaluationsberichten, spricht eine beredte Sprache.

Dass die Corona-Pandemie den Diskussionen um eine Reform der Grundsicherung für Arbeitssuchende eine neue Dynamik verleiht, hängt auch damit
zusammen, dass hierin auch die Kontroversen um die normative Ausrichtung
dieser Institution neuerlich zum Gegenstand der Debatte werden. Wachsende
öffentliche Beachtung erhält der grundsätzliche Reformdiskurs zudem auch
aus normativer Perspektive. Kontrovers diskutiert wird seit Langem, inwieweit
die gesetzlich festgeschriebene aktivierende sowie „fordernde" Verwaltungs-
praxis falsche Prioritäten setze, ressourcenschwache und psychisch oft nicht
stabile Personen überfordere, durch Sanktionierungen autoritär-disziplinierend
wirke und inwieweit gerade bei arbeitsmarktfernen Problemgruppen die erstrebte
Aktivierung und Mitwirkung überhaupt funktioniere. Die Befürworter eines sanktionsfreien Systems sehen darin hingegen insbesondere mehr Chancen durch
vermehrte Autonomieräume und weniger Zwang. So soll durch ein stärker auf
positive Anreize setzendes System mehr individuelle Motivation, Kreativität und
Eigeninitiative erzeugt und eine nachhaltigere persönliche Entwicklung angeregt
und hierdurch auch die Akzeptanz und das Vertrauen in den Sozialstaat gesteigert
werden.

Mit Blick auf die sozialpolitische Reformdiskussion um das SGB II zeigen
die Erfahrungen des ersten Halbjahrs 2020, dass hier sehr schnell grundlegende Änderungen vorgenommen und organisational umgesetzt werden konnten.
Die Umsetzung wurde in einem Jobcenter in Recklinghausen (NRW) näher
empirisch untersucht (Beckmann et al. 2021b). Die standardisierte Befragung
richtete sich an 1055 Mitarbeitende des Jobcenters in insgesamt 15 Dienststellen
und wurde im Juni/Juli 2020 durchgeführt. Von insgesamt 1055 Beschäftigten
nahmen 602 an der Befragung teil (Rücklaufquote: 57,1 %). Die inhaltlichen
Kernthemen der Befragung umfassten die Arbeitssituation während der Pandemie,
fachliche Erkenntnisse und eine Beurteilung der veränderten Verfahrensweisen
sowie die Bewertung der pandemiebedingten Sonderreglungen nach §67 SGB
II. Die explorative Untersuchung erlaubt keine finale Aussage über Wirkungen
einer bedingungsarmen Grundsicherung. Sehr wohl aber kann sie Anregungen
für Aspekte liefern, die in der wissenschaftlichen und politischen Diskussion
Beachtung finden sollten.

Hierzu zählt erstens die Notwendigkeit einer ganzheitlichen Perspektive. Diese
muss sowohl die fiskalpolitischen Effekte berücksichtigen als auch beleuchten,
welche organisationalen Veränderungen in den Jobcentern und welche Wirkungen auf individueller Ebene der Leistungsbeziehenden zu beobachten sind. Dabei

wird abzuwägen sein, in welchem Verhältnis Kosten und Nutzen stehen. Exemplarisch kann für den Bereich der Kosten der Unterkunft (KdU) im Jobcenter Kreis Recklinghausen gezeigt werden, dass die bedingungsarmen Regulierungen sehr wohl mit Mehrkosten verbunden sein können. Sofern diese Mehrkosten jedoch nur im niedrigen einstelligen Prozentbereich angesiedelt sind, gleichzeitig durch Verfahrenserleichterungen (z. B. weniger Prüfkosten) organisational eine Entbürokratisierung erreicht und auf individueller Ebene der Druck auf die Leistungsbeziehenden reduziert wird und damit Potentiale für eine erfolgreiche Arbeitsvermittlung freigesetzt werden, kann eine gut austarierte bedingungsarme Grundsicherung die überlegene Alternative zum bestehenden System darstellen.

Durch entschlackte oder abgeschaffte Sanktionierungen könnten sowohl die verfassungsrechtlichen Bedenken aufgegriffen als auch der finanzielle wie auch normative Druck auf die Leistungsbeziehenden reduziert werden. Hier würden auch die aktuellen großzügigeren Regelungen zur Anrechnung von Vermögen (insbesondere geplanter privater Rücklagen für die Alterssicherung) sowie der Erstattung der Kosten für die Unterkunft einen Beitrag leisten. Im besten Falle stünde eine effiziente Behörde einer „kundenfreundlicheren" Kultur der Arbeitsvermittlung gegenüber. Allerdings trifft nach unserer Befragung eine solche Neuausrichtung möglicherweise kurzfristig auf organisationale Widerstände in den Jobcentern, denn eine Verstetigung der einzelnen pandemiebedingten Sonderreglungen wird von den Beschäftigten in den Jobcentern mehrheitlich kritisch gesehen. Diese Befunde sind ernst zu nehmen, denn sie zeigen, dass pfadabhängige Organisationskulturen ein Festhalten am Bekannten begünstigen können und eine Verstetigung der Reform nicht zweifelsfrei auf Akzeptanz in der Arbeitsverwaltung hoffen kann.

Schon jetzt zeigt sich allerdings auch, dass viele der Argumente gegen einen Abbau bürokratischer Regulierungen im Arbeits- und Sozialrecht durch das *unvorhergesehene Großexperiment* als hinfällig betrachtet werden sollten. Die Behauptungen, bedingungsarme Grundsicherungen seien realitätsfremd, werden auch von einem großen Teil der Mitarbeiter*innen nicht mehr als absolute Wahrheit angesehen. Die neuen Wege, die jenseits zuvor denkbarer Handlungsmuster in Kraft gesetzt wurden, können deshalb potentiell auch als Katalysator für Entwicklungen hin zu einer bedingungsarmen Grundsicherung aufgefasst werden. Ob diese Momentaufnahme im Krisenmodus am Ende eher als eine beschleunigende Etappe in Erinnerung bleiben wird oder aber aufgrund neuer Erfahrungen von Missbrauch empirische Evidenz für ein Überwiegen von Nachteilen in Erinnerung bleibt, ist derzeit noch offen. Die Ergebnisse können als „nudging" wirken, um die Diskussion für ein elftes Änderungsgesetz SGB II zu befruchten und konzertierte Kurskorrekturen in der SGB II – Hartz IV Praxis einzuleiten. Die

Befragungsergebnisse deuten darauf hin, dass kulturelle Veränderungen nicht nur auf Seiten der Leistungsbeziehenden notwendig sind, sondern auch in der Vermittlung und Leistungsgewährung der Jobcenter systematisch eingeleitet werden müssen.

Der externe Schock dieser pandemiebedingten Krise bietet so einen Möglichkeitsraum zum Ausloten von geeigneten Mitteln und auch neuen Instrumenten (wie dem „Sozialen Arbeitsmarkt" oder der bedingungsarmen Grundsicherung), um bedarfsgerechte, passgenauere und effizientere Verfahren mit einer neuen Vertrauenskultur in der Arbeitsmarkt- und Sozialpolitik zu koppeln. Vor dem Hintergrund der wirtschaftlichen Folgen der Corona-Pandemie könnten arbeitsmarktpolitische Offensiven schon bald wieder notwendig sein. Die Zahl der *Langzeitarbeitslosen* liegt seit dem Frühjahr 2021 bereits wieder über eine Million und vieles deutet auf eine Verschärfung der Arbeitslosigkeit hin (vgl. Klös und Schäfer 2021). Zudem verdankte sich der Beschäftigungsaufbau vor der Pandemie auch dem Ausbau eines *Niedriglohnsegments* und atypischer Beschäftigung, wenngleich sich der Anteil der Niedriglohnbeziehenden an allen abhängig Beschäftigten in den letzten Jahren (vor allem in Ostdeutschland) deutlich verringert hat. Im europäischen Vergleich weist Deutschland einen der größten Niedriglohnsektoren aus, wofür mehrere Faktoren ineinander spielten. Neben einem durch Kleinbetriebe dominierten gewachsenen Dienstleistungssektor sind diese Wirtschaftsbereiche durch geringe Tarifbindung und gesunkene Durchsetzungsmacht von Gewerkschaften und Betriebsräten geprägt. Während der Niedriglohnanteil vor 10 Jahren in Westdeutschland über 20 % und in Ostdeutschland über 30 % lag, verringerte er sich in Westdeutschland 2019 auf 18, 9 % in West- und 25, 3 % in Ostdeutschland (vgl. Kalina und Weinkopf 2021).

So haben sich trotz des Beschäftigungsaufbaus die *Einkommensungleichheiten* in Deutschland in den letzten Jahren deshalb verstärkt. Dennoch kann der zweiten Regierungskoalition aus CDU/CSU und SPD nicht abgesprochen werden, in Abgrenzung zu der in der ersten Dekade betriebenen Sozialpolitik (die zumeist oberflächlich als Liberalisierungspolitik bezeichnet wurde), mehrere eher sozialdemokratisch und an den traditionellen Klientelstrukturen ausgerichtete Sozialpolitikprojekte aufgegriffen zu haben. „Allerdings beschlossen Union und SPD größtenteils sehr populäre und generöse sozialpolitische Reformen. Den großen politischen Spielraum – und die Möglichkeit des blame sharings – haben die Regierungsparteien nicht genutzt, um unpopuläre Reformen durchzusetzen. Benötigte sozialpolitische Strukturreformen sind zusammenfassend in dieser Legislaturperiode ausgeblieben. Was die Parteien jedoch für ihre zahlreichen sozialpolitischen Maßnahmen genutzt haben, waren die günstigen sozio-ökonomischen Rahmenbedingungen: sei es die große gesellschaftliche

Unterstützung der Maßnahmen bzw. einer generösen Sozialpolitik generell oder sei es die gute wirtschaftliche Lage in Form von sinkenden Arbeitslosenzahlen, wachsendem BIP und steigender Zahl an Beitragszahlern. Und seien es die günstigen politischen Rahmenbedingungen in Form von einer Mehrheit im Bundestag gegenüber einer schwachen, aber ebenfalls sozialstaatsaffinen Opposition ohne liberales Korrektiv" (Voigt 2019, S. 437; vgl. auch Schulze Buschoff und Hassel 2019 und weitere Beiträge in Zohlnhöfer und Seebacher 2019).

Von einer grundlegenden Reform der Arbeitsmarktverfassung und einem gezielten Abbau der Segmentierungsprozesse war in der im Herbst 2021 endenden Legislaturperiode der Bundesregierung jedoch kaum etwas zu spüren (nimmt man einmal die Regelungen zum Teilhabegesetz oder dem Sozialen Arbeitsmarkt sowie die beschlossene stufenweise Erhöhung des Mindestlohns heraus, die jedoch quantitativ kaum zu Buche schlagen), obwohl eigentlich gerade eine Große Koalition die politisch-institutionellen Voraussetzungen für eine „große" Reform am Arbeitsmarkt und den sozialen Sicherungssystemen gehabt hätte, wenngleich der massive Verlust beider Volksparteien bei der Bundestagswahl 2017 sowie der Einzug der AfD als größte Oppositionspartei in den Deutschen Bundestag vermutlich den Mut und Willen für umfassende Reformschritte bremste. Schon ein Blick in die historische Entwicklung des deutschen sozialpolitischen Institutionensystems verweist auf ein höchst komplexes Gebilde verschachtelter Teilzuständigkeiten und interdependenter Steuerungsebenen sowie Selbstverwaltungen und gemeinnützige Träger, die nahelegen, dass die Aussichten auf Strukturreformen nur gegeben sind, wenn eine breite politische Mehrheit der politischen Parteien und Verbänden (inklusive der Gewerkschaften) dahintersteht. Diese historische Chance wurde nicht genutzt, allerdings eröffnete sich durch die Corona-Pandemie ein neues „Fenster" und schuf quasi laborhaft Ermöglichungsräume, die im Folgenden hinsichtlich der realen Umsetzung noch analysiert werden.

Wenngleich schon länger der Trend zu staatlichen Einkommensgarantien und einer Sozialinvestitionspolitik zu beobachten ist, werden nun in öffentlichen Diskursen auch Bausteine eines neuen sozialstaatlichen Modells diskutiert. Bislang konnte davon ausgegangen werden, dass die etablierten wohlfahrtsstaatlichen Institutionen und Akteure ihren Status aufrechterhalten konnten und die vielfach beschriebene Pfadabhängigkeit dominierte. Aufgrund der erfahrenen positiven Wirkungen bedingungsärmerer Grundsicherungen könnten sich nun aber wegweisende Feedback-Effekte durch die besondere Prägung dieser Vorhaben ergeben. „Der Zugang zu universalistischen Programmen ist offener und weniger stigmatisierend, weswegen die öffentliche Unterstützung für den Ausbau dieser Programme größer ist als für bedarfsorientierte Programme" (Busemeyer und Neimanns 2019, S. 284). Wie bereits in der ersten Runde der Debatte zum Grundeinkommen gibt es auch heute einen parteiübergreifenden Kreis von Befürworter*innen, die sich aus allen politischen Lagern und wissenschaftlichen Denkrichtungen zusammensetzten und sich gerade in letzter Zeit noch einmal stark verbreitet hat und neue Gruppen an Befürwortenden zu mobilisieren vermochte, wie bspw. der Deutsche Kulturrat, der ein Grundeinkommen für Künstler*innen ins Gespräch brachte (vgl. aktuell etwa Ash 2021).

Der *exogene Schock* durch die Corona-Pandemie könnte aber auch zu einem Aufbrechen des in den letzten Jahrzehnten von den zwei traditionellen Sozialstaatsparteien (SPD und CDU/CSU) gepflegten sozial- und arbeitsmarktpolitischen Konsens führen, der in Einzelfragen zwar konflikthaft war (etwa in der Pflegepolitik oder bei der 2021 eingeführten Grundrente sowie den Mindestlöhnen), aber nie den traditionellen Basiskonsens der deutschen Sozialstaatlichkeit ernsthaft in Frage stellte. Die nun enorm angestiegenen sozialpolitischen Belastungen für die öffentlichen Haushalte, die die Sozialausgaben parallel mit schrumpfenden Steuereinnahmen auf neue Rekordhöhen treiben und vermutlich zu steigenden Beiträgen in den Sozialversicherungen führen werden, könnten zu Konflikten sowohl in den derzeitigen Regierungsparteien als auch in neuen Koalitionen nach der Bundestagswahl im Herbst 2021 führen. Ende Dezember 2020 warnte bereits der Wirtschaftsrat der CDU öffentlichkeitswirksam vor den enorm steigenden Sozialabgaben, die zu Lasten der jungen Generation und der Wettbewerbsfähigkeit des Standortes gehen würden. Während einerseits in den Unionsparteien auf die Grenzen des Sozialstaats verwiesen werden, wurden andererseits von der CSU ebenfalls Ende Dezember 2020 Forderungen nach einem universellen „staatlichen Vorsorgekonto" für Kinder publiziert (und im Sommer 2021 auch in das Wahlprogramm aufgenommen). Aber nicht nur intern positionieren sich die traditionellen „Lager" (die für viele Beobachter schon als überwunden galten), auch zwischen den Parteien begann bereits im Vorfeld des Bundestagswahlkampfes ein offener Streit um die Ausrichtung der Arbeitsmarkt- und Sozialpolitik.

Der sozialdemokratische Arbeitsminister Heil schlug Anfang Januar 2021 vor, den vereinfachten (bedingungsarmen) Zugang zur Grundsicherung auf zwei Jahre nach Eintritt einer Langzeitarbeitslosigkeit zu verlängern und auch die aus Sicht der Bezugsberechtigten großzügigeren Bedarfsprüfungen hinsichtlich der Kosten für Wohnungen und des Vermögens für weitere zwei Jahre zu verlängern. Dafür gibt es durchaus gute Gründe. Auch wenn man skeptisch ist gegenüber den Anstrengungen einzelner Arbeitssuchender, sich schnell um eine neue Beschäftigung zu kümmern, dürfte eine Entlastung in existentiellen Fragen wie dem Wohnen sich eher positiv auf das Suchverhalten auswirken. Aber statt auf eine aus empirisch gewonnenen Erkenntnissen beruhende Strategie zu setzen, antworteten Vertreter der CDU und FDP im moralischen und von Klischees geprägten Jargon. Es wird unterstellt, hierüber schleichend (durch die Hintertür) den Einstieg in das bedingungslose Grundeinkommen zu planen, während sich die Grünen auf ihrem letzten Parteitag vom Leitbild des bedingungslosen Grundeigentums gelöst haben (und die SPD dieses Konzept ohnehin schon immer ablehnte).

Die Zeit der Harmonie scheint dem Ende zuzugehen und die *sozialpolitischen Abgrenzungen* wie Polarisierungen dürften wachsen, was aber auch Lernchancen eröffnet. Durch die Corona-Krise wurden die strukturellen Schwächen des klassischen Bismarck'schen Sozialmodells real sichtbar – und nicht nur auf der Metaebene der wissenschaftlichen Diskurse und in sozialphilosophischen Salons debattiert. Sie sind ein konkret erfahrbarer Beleg für die Erosion des traditionellen Sozialversicherungsstaates, der immer stärker von systemfremden (nicht durch das Äquivalenzprinzip definierten) sozialpolitischen Elementen durchsetzt wird und so seine Diskurshoheit schwindet. Anhand der Policy-Streams-Ansätze werden wir aber noch zeigen, dass dies keineswegs automatisch einen grundlegenden Wandel impliziert, denn der deutsche Sozialversicherungsstaat mit seiner Vielzahl von Institutionen und gemischt besetzten Gremien ist schon aufgrund der Organisationsinteressen an sich selbst auch ein Bollwerk gegen grundlegende Reformen. Deshalb werden sich die Gegner von Grundeinkommensmodellen, wie bereits in der Vergangenheit wiederholt praktiziert, wieder sammeln und auf die Einhaltung der Normalität drängen oder solche Modelle als neoliberales Gedankengut oder „Stilllegungsprämie" zu diskreditieren und abzuwehren versuchen. Der Blick in die vergangenen Jahrzehnte verheißt nicht viel Gutes, wie renommierte Wohlfahrtsstaatsforscher feststellen: „In den ausgebauten Wohlfahrtsstaaten des globalen Nordens wurde Sozialpolitik weitgehend zu einer Sache der Bestandserhaltung staatlicher Bürokratien, der Wählerattraktion von Volksparteien, der Pflege der Pfründen von Interessenverbänden und Wohlfahrtsorganisationen, und der Urteile einer Sozialgerichtsbarkeit, die den sozialpolitisch positiv Privilegierten als Mittel der Besitzstandswahrung dient. Verteilungskonflikte finden nur noch innerhalb der Sozialpolitik statt. Es ist deshalb alles andere als zufällig, dass Pfadabhängigkeit zum dominanten Erklärungsmodell wohlfahrtsstaatlicher Entwicklungen aufgestiegen ist. Sozialpolitik wird kaum mehr als Instrument einer rationalen, sich soziale Ziele setzenden Gesellschaftspolitik gesehen, genau so wenig wie sich Soziologie noch als sozialpolitische Produktivkraft verstehen würde. Der Kontrast zur historischen Formierung von Soziologie und Sozialpolitik könnte kaum größer sein" (Rieger 2019, S. 55).

Im Folgenden suchen wir – vor dem Hintergrund des Zusammenführens mehrerer Politikströme – nach den *Möglichkeitsbedingungen* für eine innovative

Transformation des Sozialstaatsmodells, das auf die Inklusion aller Gesellschaftsmitglieder bei steigender individueller Handlungsautonomie wie Verantwortung für den gesellschaftlichen Zusammenhalt zielt. Das nächste Kapitel beschreibt den schleichenden und zumeist nicht offen thematisierten Übergang in einen Transfer- und Investitionsstaat, dem eine Beschleunigungsdynamik innewohnt, die sich zu einem neuen sozialstaatlichen Institutionensystem formen kann. Allerdings darf nicht vergessen werden, welche Stabilität das sozialstaatliche System in Deutschland trotz umfassender gesellschaftlicher Wandlungsprozesse aufzuweisen hat. Vielleicht erklärt sich auch ein Stück weit die Stabilität des Systems dadurch, dass seit Jahrzehnten an verschiedenen „Baustellen" Konflikte reguliert wurden und durch diese Wiederkehr eine dynamische Verarbeitung erfolgte. Wenn auch durch die Ad-hoc-Lösungen nicht die zugrundliegenden Konstruktionsprobleme bearbeitet wurden, so hatten die Reformen insofern einen katharischen Effekt bzw. eine therapeutische Wirkung, als dadurch der Paradigmenwandel immer wieder verschoben wurde. Wenn auch der Bedarf an sozialstaatlichen Regulierungen zukünftig wohl noch zunehmen wird, heißt dies aber nicht, dass der Entwicklungspfad in der bestehenden Organisationsform strikt beibehalten wird. „Institutioneller Wandel findet oft und vermutlich meistens als gradueller Wandel statt, den man sehr lange als marginal abtun kann, auch wenn das Marginale dadurch längst zum Kern der Sache geworden ist, dass es deren Entwicklungsdynamik bestimmt" (Streeck 2013, S. 14).

Im Folgenden wird besonders darauf geachtet, wie und wann es zu einem Politikwandel in der sozialpolitischen Arena kommen kann und welche Akteurskonstellationen für eine stärkere universalistische Ausrichtung erforderlich sind.

Der stille Wandel zum Transfer- und Investitionsstaat

3

3.1 Sozioökonomische Einordnung

Der deutsche Sozialstaat zeichnet sich im internationalen Vergleich nicht nur durch seine enge Koppelung an das Beschäftigungssystem und die formelle Erwerbsarbeit aus, sondern auch durch seine *plurale* (oder besser fragmentierte) Struktur und ein hohes Maß an Verrechtlichung und Bürokratisierung. In der berühmten Typologie von Esping-Andersen von Wohlfahrtsstaatsregimes wird er als konservativ-korporatistisch eingeordnet (vgl. ders. 1990 sowie Kohl 2000 und Ullrich 2005). Die historisch bedingte institutionelle Fragmentierung, etwa die Arbeitsteilung zwischen Sozialversicherungen und Kommunen, die Trennung in örtliche und überörtliche Träger und die Aufspaltung verschiedener Aufgabenbereiche innerhalb der Sozialadministration verfestigte sich pfadabhängig, wurde immer komplizierter und nicht nur von außen intransparenter. Die gewachsene Komplexität kommt auch darin zum Ausdruck, dass Instrumente für potenziell Anspruchsberechtigte sozialstaatlicher Leistungen aufgrund fehlender Informationen oder aufgrund von Stigma-Effekten nicht mehr in Anspruch genommen werden. „Potentielle LeistungsempfängerInnen fürchten, als weniger leistungsfähig oder als „TrittbrettfahrerInnen" wahrgenommen zu werden. Wenn die Inanspruchnahme für andere sichtbar ist, verzichten sie deswegen auf eine für sie vorteilhafte Transferzahlung. Die Ergebnisse deuten darauf hin, dass eine möglichst diskrete Gestaltung des Beantragungs- und Auszahlungsprozesses dazu beitragen kann, die Stigmatisierung abzubauen und somit die Inanspruchnahme von Sozialleistungen zu erhöhen" (Friedrichsen und Schmacker 2019, S. 456).

© Der/die Autor(en), exklusiv lizenziert durch Springer Fachmedien Wiesbaden GmbH, ein Teil von Springer Nature 2022
R. G. Heinze und J. Schupp, *Grundeinkommen – Von der Vision zur schleichenden sozialstaatlichen Transformation*,
https://doi.org/10.1007/978-3-658-35551-7_3

Einerseits förderte diese Ausdifferenzierung eine organisatorische Stabilität der deutschen Sozialadministration, andererseits entstehen damit aber *Folgeprobleme,* die tagtäglich zu beobachten sind. „Jede Ausdifferenzierung von Verwaltungseinheiten sorgt dafür, dass diese ein Eigenleben entfalten und sich gegenüber anderen Einheiten abschotten. So entstehen zahlreiche Schnittstellenprobleme wie die mehrfache Fallbearbeitung (jeder Klient der von mehreren Ämtern betreut wird (hat dort verschiedene Ansprechpartner, Akten etc.), Informationszurückhaltung zwischen Ämtern und sog. „Verschiebebahnhöfe" (Klienten werden von einem Amt auf das andere verwiesen, um Arbeit und Kosten zu sparen)" (Grohs 2020, S. 7; vgl. auch Bogumil und Seuberlich 2015; Brettschneider 2019; Stöbe-Blossey et al. 2020). Die so produzierten Schnittstellen- und Koordinationsprobleme nehmen in einem dynamisch wachsenden Sozial- und Gesundheitssektor mit zunehmender Spezialisierung und Professionalisierung zu und laufen dabei sogar Gefahr, dass die eigentlichen Zielgruppen sozialstaatlicher Leistungen nicht (mehr) erreicht werden. Bevor aber auf die Fragmentierungen eingegangen wird, sollen zunächst die Grundzüge der deutschen Wohlfahrtsproduktion aufgezeigt werden, die sich durch eine Vielfalt an Trägerformen und ein dynamisches Wachstum hervorhebt.

So werden auf lokaler Ebene die Mehrzahl der sozialen Dienste durch nichtstaatliche Träger, insbesondere die etablierte freigemeinnützige Wohlfahrtspflege erbracht. Dieses spezifisch „deutsche Arrangement der Wohlfahrtsproduktion" weist einen auffälligen „vernetzten Charakter" auf (Kaufmann 2003, S. 306; vgl. auch Dallinger 2016), was auf die engen Beziehungen insbesondere der Wohlfahrtsverbände zum Staat (sektoraler Korporatismus) hinweist. Die Partnerschaftsformel, die sowohl das Selbstverwaltungsrecht des Staates und der Kommunen als auch das Selbstgestaltungsrecht der „freien" Träger bestätigt, ist die bis heute dominante und gültige Norm der Zusammenarbeit zwischen öffentlichen und freien Trägern. Bereits seit einigen Jahren findet in der international vergleichenden Wohlfahrtsstaatsforschung eine paradigmatische Wende statt, in der nichtstaatliche Akteure und eine Revitalisierung von Selbsthilfe und Gemeinsinn verstärkt berücksichtigt werden. Begrifflich geht es dabei um Wohlfahrtspluralismus, Welfare Mix, neue Subsidiarität oder Nonprofit-Organisationen und den Dritten Sektor (vgl. die Beiträge in Freise und Zimmer 2019 sowie Heinze et al. 2018). Diese Entwicklung liegt darin begründet, dass die vorhandenen Theorien des Wohlfahrtsstaates nicht immer die *Vielfalt der Wohlfahrtsproduktion* in modernen westlichen Gesellschaften reflektieren, allerdings weisen die teilweise schillernden Begriffe auf die Heterogenität der Tätigkeiten und Erwerbsformen jenseits von Staat und Markt hin. Die spezifisch deutsche Form der Sozialstaatlichkeit mit all ihren Verästelungen führt einerseits zu einer gewissen

Unübersichtlichkeit, andererseits durchaus zu einer Staatsentlastung. „Die meisten sozialpolitischen Einrichtungen sind körperschaftlich selbständig und daher auch selbst bis zu einem gewissen Grade zur Artikulation und Wahrung ihrer Interessen gegenüber der Politik befähigt. Der hohe Grad der Verbandlichung und die Tradition korporatistischer Verhandlungssysteme beschränkt und entlastet die politischen Entscheidungsprozesse von manchen Steuerungsaufgaben" (Kaufmann 2003, S. 306; vgl. auch Heinze 2020b).

Die Begriffe „soziale Dienste" oder „soziale Dienstleistungen" (beide Begriffe werden hier synonym verwandt) werden in den Sozialwissenschaften häufig nur grob umrissen; der Sektor ist durch eine große Heterogenität bestimmt. Badura/Gross stellten bereits vor Jahrzehnten in ihrem wegweisenden Buch zu sozialen Dienstleistungen fest, dass es keine soziologisch verbindliche Definition für soziale Dienste gibt und sprechen von sozialen Diensten immer dann, wenn es sich um sozialpolitisch relevante personenbezogene Dienste handelt (dies. 1976). Diese haben sich kontinuierlich nicht ausschließlich im tertiären Sektor der Wirtschaft ausgeweitet und ergänzen immer stärker die traditionellen monetären Sozialleistungen. Aber nicht nur in sozialer Hinsicht sind sie von hoher Bedeutung, sie sind darüber hinaus ein stetig wachsender Beschäftigungsfaktor und liefern dynamische Impulse für die Gesamtwirtschaft (social return on investment). Zunehmend wird auch der sozialinvestive Charakter etwa der frühkindlichen Bildung für die Sicherung des Qualifikationsbedarfs und die Umsetzung von Innovationen erkannt. Investitionen in die Kinderbetreuung und -bildung haben nachweisbar positive ökonomische Effekte, die in der Forschung seit vielen Jahren unbestritten und zudem empirisch gut belegt sind (vgl. Heckman 2006, Spieß 2018).

Aber auch über die Bildungsausgaben hinaus sind monetarisierbare Wirkungen der sozialen und gesundheitsbezogenen Dienste zu verzeichnen, die in den letzten Jahren in den Diskursen um eine Sozial- und Gesundheitswirtschaft thematisiert wurden. Sie sind u. a. ablesbar an den gut messbaren positiven Beschäftigungseffekten, wobei hier noch größere Effekte zu erzielen wären (etwa im Bereich der Pflege), die aber einerseits durch die oft belastenden Arbeitsbedingungen nicht ausgeschöpft werden – trotz der gerade zu Beginn der Corona-Pandemie oft ausgerufenen Systemrelevanz – als auch andererseits durch die nach wie vor vergleichsweise geringe Entlohnung für Pflege- wie Assistenzberufe ein Arbeitskräftemangel vorherrscht. An dieser Stelle empfiehlt auch der im Mai 2021 vorgelegte erste Bericht des von Arbeits- und Sozialminister Heil 2020 eingesetzten Rats für Arbeit im Bereich Pflege, dass „eine am Pflegebedarf ausgerichtete Personalausstattung die Grundvoraussetzung für eine qualitativ hochwertige pflegerische Versorgung und gute Arbeitsbedingungen in der Pflege [sind]. Sie ist auch die zentrale Stellschraube, wenn es darum geht, Pflegepersonal im Beruf zu halten und junge Menschen für den Beruf zu gewinnen. Daher ist eine verbindliche bedarfsgerechte Personalbemessung bundesweit einheitlich einzuführen und gesetzlich zu verankern" (Rat für Arbeit 2021, S. 147).

Auch der Pflegebevollmächtigte der Bundesregierung, Andreas Westerfellhaus, unterstützt bei der im Frühjahr 2021 präsentierten Vorstellung seiner Forderungen für eine selbstbestimmte Pflege, dass *zukunftsorientierte Handlungskonzepte* für den professionellen wie für den ehrenamtlichen Bereich nötig seien. So befürwortet er auch explizit Überlegungen für flächendeckende Tarifverträge im Pflegebereich sowie einer damit zu verbindenden vollständigen Refinanzierung durch die jeweiligen Kostenträger der Pflegeleistungen, damit „das Preisgeschachere" ein Ende finde. Zugleich spricht er sich aber auch dafür aus, dass künftig die Kostenbeteiligung der Pflegebedürftigen selbst begrenzt werden müsse. So wären die Mehrkosten für bessere Arbeitsbedingungen beim Pflegepersonal „von der gesamten Gesellschaft zu tragen" (vgl. Woratschka 2021/Tagesspiegel). Ein solcher Weg, bei dem vor allem die steigenden Kosten im Pflegebereich nicht länger innerhalb des Systems der Sozialversicherung erbracht werden können und zugleich auch das Vermögen – sowie perspektivisch das der Erben – der Gepflegten geschont würde, sondern die Gemeinschaft *aller Steuerzahlenden* in Verantwortung genommen wird, wäre ein weiterer Schritt auf dem im Buch beschriebenen schleichenden Weg in den Transferstaat.

Da die Nachfrage in diesen Sektoren nicht zuletzt aus demographischen Gründen zukünftig weiterwächst, gilt es die absehbaren Arbeitskraftengpässe durch eine rasche Neuausrichtung der Qualifizierungspolitik sowie der Wertschätzung und Gratifikation durch die Erhöhung der Tarifbindung und flächendeckend bessere Löhne in der Altenpflege nachhaltig zu reduzieren. Nimmt man die Gesundheits- und Sozialwirtschaft zusammen, dann werden die wirtschaftliche und arbeitsmarktpolitische Bedeutung und vor allem die Dynamik dieser Sektoren offensichtlich. Verschiedene Studien sprechen davon, dass hier knapp 15 % der Beschäftigten in Deutschland erwerbstätig sind – mit wachsender Tendenz (vgl. die Beiträge in Dahlbeck und Hilbert 2017 sowie Dahlbeck und Hilbert 2020). In Nordrhein-Westfalen, dem größten Bundesland mit fast 18 Mio. Einwohnern, waren 2015 in der Gesundheitswirtschaft rund 1,4 Mio. Erwerbstätige zu verzeichnen (genauso viele Erwerbstätige wie im Verarbeitenden Gewerbe). Der Anteil liegt bei rund *15,7 %* aller Erwerbstätigen und ist in den letzten Jahren dynamisch gewachsen. Zwischen den Bundesländern gibt es Varianzen (so liegt Mecklenburg-Vorpommern mit fast zwanzigprozentigem Anteil an der Gesamtbeschäftigung vorn), aber überall eine stetige Zunahme und das auch in Krisenzeiten. So gesehen wirken die sozialen und gesundheitsbezogenen Dienste als dämpfend in konjunkturellen Krisenzeiten. Hinzu kommt die starke regionale Einbettung in die Wirtschaftsstrukturen vor Ort; d. h. die Einkommens- und Investitionsimpulse verbleiben fast vollständig in regionalen Märkten. Damit werden Beschäftigungsverhältnisse in anderen Branchen gesichert (etwa im Handwerk und dem Einzelhandel). „Der Gesundheitssektor im weiteren Sinne ist mit 4,2 Mio. Beschäftigten und ca. 240 Mrd. Euro Umsatz eine der größten Branchen in der bundesdeutschen Wirtschaft" (Ernst und Zühlke-Robine 2018, S. 140).

Die Gesundheit- und Sozialwirtschaft wächst weiter und bleibt zentraler *Beschäftigungsmotor*, dessen Wirkung über die sozialpolitischen Grenzen hinausreicht. Allein die Gesundheitswirtschaft in Deutschland hinterlässt einen „ökonomischen Fußabdruck" in Höhe von einigen 100 Mrd. Euro. „Mit jedem produzierten Euro in der Gesundheitswirtschaft entstehen 0,81 € zusätzliche Wertschöpfung in der Gesamtwirtschaft" (BMWi 2019, S. 6) – so die offiziellen Zahlen basierend auf Input–Output-Modellberechnungen aus dem Bundeswirtschaftsministerium. Diese beeindruckenden monetarisierten Effekte werden in der Öffentlichkeit kaum adäquat wahrgenommen. Aufgrund der heterogenen Struktur des Sektors wird erst langsam registriert, dass die Gesundheits- und Sozialwirtschaft zu den „Hidden Champions" auf dem Arbeitsmarkt geworden ist; allein die Gesundheitswirtschaft „hat seit 2007 mehr als 1,6 Mio. Stellen geschaffen" (BMWi 2019, S. 6).

Hinsichtlich der Weiterentwicklung und Realisierung eines sozialinvestiven Wohlfahrtsstaates gibt es markante Unterschiede bezüglich der nationalen Wohlfahrtsstaatlichkeit. So zeichnen sich etwa universalistisch aufgestellte Wohlfahrtsstaaten nordeuropäischen Typs nicht nur durch ein steuerfinanziertes soziales Sicherungssystem und ein inklusives Bildungssystem aus, sondern haben auch stark in soziale Dienste investiert und zudem ist ihr Besteuerungssystem strikt individuell aufgebaut. Diese sozialen Investitionen in eine umfassende Kinder- und Altenbetreuung liegen in der höheren Erwerbsbeteiligung der Frauen begründet. Zugleich wird durch diese Serviceorientierung der Wandel von der Industrie- zur Dienstleistungsgesellschaft unterstützt, was sich auch im Ausmaß des sozialen Dienstleistungssektors zeigen lässt. Aber auch in Deutschland wurden in der Hauptphase wohlfahrtsstaatlicher Expansion, die nach dem Zweiten Weltkrieg und bis Mitte der 1970er Jahre datiert werden kann, die sozialstaatlichen Programme und Sozialversicherungen auf immer größere Teile der Bevölkerung ausgedehnt (bis zur Pflegeversicherung in den 1990er Jahren) (vgl. Pabst und Rothgang 2000). Gleichzeitig wuchs der soziale Dienstleistungssektor deutlich und stetig an und weist auch gegenwärtig eine Wachstumsdynamik auf, allerdings ist das deutsche Modell sehr komplex.

Die komplizierte und in weiten Teilen intransparente Architektur des deutschen Sozialstaates ist mit ein Grund, warum in der Öffentlichkeit der „Beschäftigungsriese" Sozial- und Gesundheitswirtschaft nur unzureichend erkannt wird, zumal er auch hinsichtlich der beruflichen Abgrenzung der in diesem Wirtschaftssegment Tätigen nur unklar als konsistente Zeitreihe in der Beschäftigtenstatistik identifizierbar ist, da dieser Sektor auch durch viele selbstständige oder freiberufliche Erwerbstätige geprägt ist. „Der deutsche Sozialstaat ist ein stark verrechtlichtes, in weiten Teilen selbstverwaltetes System sozialer Sicherung, das Kostenträger, Leistungserbringer und Klienten in ein Dreiecksverhältnis spannt. Aus einer kritischen Perspektive ist es ein Problem, dass dieses System stark fragmentiert ist, viele Verschiebebahnhöfe zwischen Kostenträgern hat und eher auf Kompensation als auf Prävention setzt. Bedürfnisse und Interessen der Klienten stehen nicht unbedingt im Vordergrund, sondern die Refinanzierung durch Kostenträger. Experimentelle Sozialpolitik stößt in die Lücken vor, die dieses System lässt" (Strünck 2017, S. 311; vgl. auch Cremer 2021).

Die jeweilige besondere historische Prägung der nationalstaatlichen Sicherungsmodelle impliziert auch, dass sie sich nur graduell wandeln. Allerdings kann hier in den letzten Jahrzehnten durch die in der rot-grünen Regierungsphase eingeleiteten und auch den anschließenden Regierungskoalitionen grundsätzlich beibehaltenen Agendareformen durchaus ein Bruch konstatiert werden, der den sozialpolitischen Nachkriegskonsens aufgekündigt hat (etwa indem das System der Statussicherung massiv eingegrenzt wurde). „Die Agenda 2010 steht ohne Zweifel für die tiefgreifendste Reform des deutschen Sozialstaatsmodells der jüngsten Vergangenheit" (Manow 2018, S. 426). Aber nicht nur im Feld der Arbeitsmarkt- und Grundsicherungspolitik werden – zwar weniger spektakulär, aber dennoch wirksame – Korrekturen in Richtung einer *Sozialinvestitionspolitik* augenfällig.

Diese rückt „Bildung und (arbeitsmarktrelevante) Fähigkeiten (skills) ins Zentrum sozialstaatlicher Aktivität und versucht, die Sozialpolitik auf dieses Ziel auszurichten. Anders als kompensierende Sozialpolitik, die auf hohe Dekommodifzierung abzielt, also die Ermöglichung eines soliden Lebensstandards auch ohne Arbeitsmarktbeteiligung, ist das Ziel des durch Aktivierung geprägten Sozialinvestitionsstaates somit eher die (Re-)Kommodifzierung, also die Ermöglichung der Arbeitsmarktteilnahme aller. Sozialpolitik wird als „produktiver Faktor" verstanden, der nicht per se gegen Marktkräfte gerichtet ist („politics against markets"), sondern diese nutzt, um soziale Inklusion und wirtschaftliche Leistungsfähigkeit zu fördern" (Busemeyer und Garritzmann 2019, S. 793). Eine solche Umsteuerung kennzeichnet klar die gewandelte arbeitsmarkt- und sozialpolitische Arena in Deutschland, die seit der Jahrtausendwende einen vielfältigen

Strategiewandel und eine Vielzahl von Reformen erfahren hat. Dieser ist durchaus als eine schleichende Transformation einer beitragsfinanzierten Lebensstandardabsicherung zum Grundsicherungsstaat zu bezeichnen: „Die sozialpolitischen Debatten und – ihnen entweder folgend oder vorausgehend – Reformen im Leistungsbereich haben sich von der klassischen Sozialversicherungsstaatlichkeit in Richtung Grundsicherungsstaatlichkeit verschoben" (Nullmeier 2019, S. 33).

3.2 Die Ausweitung des öffentlichen Sektors und sozialstaatlicher Leistungen

Wandlungsprozesse hinsichtlich der sozialstaatlichen Architektur sind aber auch in anderen Dimensionen zu verzeichnen; so läuft der Entwicklungsprozess hin zu einem Transfer- und Interventionsstaat ebenfalls bereits länger. Während die Sozialleistungsquote (der Anteil aller Sozialleistungen an der gesamten Wirtschaftsleistung) Ende der 1930er Jahre bei sechs Prozent lag, stieg sie nach dem Zweiten Weltkrieg in der Bundesrepublik in den 1950er Jahren auf gut 18 % und stieg dann bereits Mitte der 1970er Jahre auf rund 30 % und schwankt in den letzten Jahrzehnten um diese Marke herum. 2020 lag die Sozialleistungsquote bei rund 33 %.

Heute existieren in Deutschland „150 verschiedene Sozialleistungen, die sich, wenn man private, berufsständische und vergleichbare Versicherungs- und Versorgungsleistungen mit einbezieht, auf die Gesamtgrößenordnung von rund einer Billion Euro belaufen. Das ist, um das in Relationen zu setzen, so viel wie das Sozialprodukt der Niederlande. Allein die jährlichen Ausgaben für Renten und Pensionen sind etwas größer als das Bruttoinlandsprodukt von Nigeria, einem Staat mit 200 Mio. Einwohnern. Mindestens so interessant wie die absoluten Größenordnungen sind die relativen Größenordnungen: Der Bundeshaushalt für das Jahr 2019 weist bei vorgesehenen Gesamtausgaben von 356,4 Mrd. Euro für den Haushalt des Ministeriums für Arbeit und Soziales stolze 145,3 Mrd. Euro aus. 148,2 Mrd. Euro umfasst der gesamte Haushalt der Europäischen Union – eine bemerkenswerte Relation. Fast so bemerkenswert wie der Umstand, dass die knapp 150 Mrd. Euro, die unser Bundeshaushalt für Arbeit und Soziales vorsieht, etwas mehr ist als die Gesamtausgaben, die wir für Verteidigung, Verkehr, Infrastruktur, Bildung und Forschung, Inneres, Bauen, Wohnen, Gesundheit, Familie und Senioren zusammengenommen zur Verfügung stellen. Zumal wenn man berücksichtigt, dass über die Mittel hinaus, die im Etat des Sozialministers eingestellt sind, auch in anderen Ressorts nicht unbeachtliche Sozialausgaben wie

die der Kranken- und Pflegeversicherung – nicht nur in Form von Versorgungsleistungen – getätigt werden. Unter Berücksichtigung dieser Aspekte betrug der
Anteil der Sozialausgaben am Bundeshaushalt im abgelaufenen Jahr 2019 50,4 %
und wird nach der Planung für das laufende Jahr 2020 51,3 % betragen. Mit
anderen Worten: Der Sozialstaat wächst – und er wächst mit einer erstaunlichen
Kontinuität. Noch erstaunlicher ist aber, dass die öffentliche Vermutung genau
gegenteilig ist" (Lammert 2020, S. 217; vgl. auch Bäcker et al. 2020, S. 64 ff.).

Der Schwerpunkt sozialpolitischer Aktivitäten verschob sich dabei schrittweise von ausschließlich monetären Transfers hin zu sozialen Dienstleistungen
und dem Aufbau eines öffentlich ,finanzierten Infrastrukturangebots. Bestehen
blieben aber die institutionellen Abschottungen, ausgiebig im Feld der sozialen Sicherung für ältere Menschen zu studieren. Die deutsche Rentenpolitik
ist ein „monoinstitutionell geprägtes Politikfeld", das von wenigen Experten
gesteuert wird (ein Selbstverwaltungskorporatismus, der auch als die relativ
kleine „Gemeinschaft der ,Rentenmänner' tituliert wurde), soziale Dienstleistungen ausschließt und nicht mit anderen Politikfeldern verbunden ist (Nullmeier
und Rüb 1993, S. 300 f.). Diese Schließungsstrukturen erschweren auf lokaler
Ebene eine integrierte sachgerechte Versorgung für ältere Menschen, die aufgrund
des demografischen Wandels und sinkender Versorgungsgrade durch pflegende
Familienangehörige für die kommunale Sozialpolitik immer bedeutsamer wird.

In den vergangenen Jahrzehnten sind die professionellen sozialen Dienste
vor dem Hintergrund eines wachsenden Bedarfs in der Bevölkerung sowie
abnehmender Leistungsressourcen der individuellen Selbst- und der familiären
Hilfe erheblich ausgeweitet worden. Die Zahl der *Beziehenden von Sozialleistungen* in Deutschland hat bereits Mitte der 1990er Jahre einen qualitativen
Sprung gemacht, weil es seitdem mehr Beziehende von Sozialleistungen als
Produzenten gibt. „Das Jahr 1996 markiert eine Wasserscheide des deutschen
Wohlfahrtsstaates. Seitdem leben in Deutschland mehr Rentner, Arbeitslose und
Sozialhilfeempfänger als sozialversicherungspflichtige Arbeitnehmer. Das Ereig-
nis kennzeichnet einen gesellschaftlichen Strukturbruch. Und es steht zugleich
für einen späten und politisch ungewollten Triumph des Wohlfahrtsstaates: Bei
einer wachsenden Zahl von Leistungsempfängern werden die sozialen Sicherungssysteme noch mehr als bisher zur staatstragenden Einrichtung" (Czada 2008,
S. 191 f.; vgl. auch Stelter 2021, S. 310 ff.).

Trotz der umfassenden und differenzierten Sozialstatistik fällt es jedoch
ausgesprochen schwer, die fast heimliche Strukturverschiebung hin zu einer
Gesellschaft, deren Mitglieder mehrheitlich in der einen oder anderen Art und
Weise vom Staat versorgt werden, anhand der vorhanden statistischen Unterlagen,
den jeweiligen steuerfinanzierten Zuschuss zu den jeweiligen Leistungen und vor

allem auch auf die jeweilige Zahl der Bezugsberechtigten zu berechnen. Deshalb kann auch die These vom „stillen Wandel" zum Transferstaat derzeit nicht exakt mit statistischen Kennziffern belegt werden. Am Beispiel der in den letzten Jahrzehnten gewachsenen Zuwendungen des Bundes an die Rentenversicherung kann dieser Trend aber nachdrücklich belegt werden.

Zum anderen werden die sozialen Dienste, die im Vergleich zu den monetären Transfers noch stärkere Bedeutung in der sozialpolitischen Praxis erlangt haben, anhand des wachsenden Sozial- und Gesundheitssektors diskutiert. Ein wichtiger Wachstumssektor der Sozialwirtschaft ist das bereits erwähnte Gesundheitswesen, das inzwischen in vielen Diskursen als „Gesundheitswirtschaft" bezeichnet wird, wobei sich diese Definition nicht an der traditionellen Unterscheidung von Prävention, Kuration und Rehabilitation orientiert, sondern die Einrichtungen und Unternehmen der Gesundheitswirtschaft gemäß ihrer Stellung entlang der entsprechenden Wertschöpfungsketten ordnet. Die sozialen und gesundheitsbezogenen Dienste haben sich in Deutschland inzwischen sowohl als Fundament des Sozialstaates als auch als wichtiges Beschäftigungsfeld herauskristallisiert – mit steigender Tendenz. So gesehen sind sie die heimlichen Gewinner des Strukturwandels und stehen für einen gesellschaftlichen Trend der Höherbewertung von Gesundheit und Lebensqualität als auch eine wachsende Nachfrage durch den demografischen Wandel (insbesondere die alternde Gesellschaft, aber auch die wachsende Frauenerwerbstätigkeit) und die Individualisierungstendenzen. Eine ganze Reihe der gewachsenen Angebote im Gesundheitsbereich sind auch nicht länger Teil des gesetzlichen Leistungsspektrums von Kranken- oder Pflegeversicherung, sondern müssen per Zuzahlung oder vollständig privat erstattet werden. Das *Wachstum* der gesundheitsbezogenen und sozialen Berufe wird sich zudem dynamisch weiterentwickeln und das Gesundheits- und Sozialwesen zur weitaus größten Beschäftigungsbranche machen, worauf auch das Bundesinstitut für Berufsbildung hinweist. „Die Alterung der Bevölkerung sorgt dafür, dass die Branche „Gesundheits- und Sozialwesen" mit rund sieben Millionen Personen im Jahr 2040 die mit Abstand meisten Erwerbstätigen stellen wird. Allein zwischen den Jahren 2030 und 2040 ist mit einem Erwerbstätigenanstieg von rund 0,5 Mio. Personen zu rechnen" (Maier et al. 2020, S. 7).

Dieser Sektor wirkt aber nicht nur als stabiler Beschäftigungsmotor, sondern auch als innovationspolitischer Treiber. An der Debatte um Digitalisierung zeigt sich, dass Gesundheitsthemen eines der bedeutsamsten Anwendungsfelder für High-Tech-Lösungen (von Telemedizin über die Nanotechnik bis hin zu den Roboter- und Biotechnologien oder Künstlicher Intelligenz im Bereich der Diagnostik) sind und deshalb auch im Rahmen innovationspolitischer Debatten einen prominenten Stellenwert einnehmen (vgl. Fleisch et al. 2021, Schulz 2018 sowie die Beiträge in Elmer/Matusiewicz 2019 sowie in Schroeder et al. 2020).

Trotz der gewachsenen Bedeutung sozialer Investitionen im deutschen Sozialstaat und den Strukturverschiebungen hin zur Wachstumsbranche der Sozial- und Gesundheitswirtschaft sowie der gestiegenen investiven Infrastrukturausgaben für Bildung und Erziehung durch die entsprechenden Finanzaufwendungen der Haushalte von Ländern und Kommunen, darf jedoch nicht ausgeblendet werden, dass nach wie vor die meisten Transferleistungen in die klassischen Risikobereiche fließen. Allen voran geht der größte Teil sozialpolitischer Ausgaben in die Rentenversicherung (Abb. 3.1) und vor dem Hintergrund des demografischen Wandels dürfte sich an dieser Relation kaum etwas verändern.

Alle vorliegenden Prognosen zur weiteren Entwicklung gehen von einem wachsenden Anteil der sozialen und gesundheitsbezogenen Dienste an der Gesamtbeschäftigung aus. Deshalb ist auch der Aufwärtstrend bei den sozialen Diensten in Deutschland selbst in Krisenzeiten nicht abgebrochen. Impulse

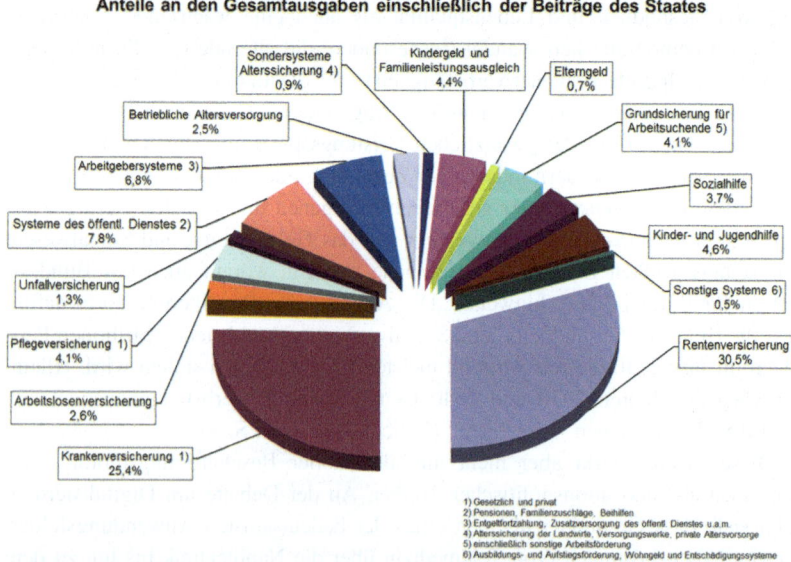

Abb. 3.1 Verteilung des Sozialbudgets in Höhe von 1.040,3 Mrd. Euro des Jahres 2019. (Quelle: BMAS 2020, S. 6).

für das Wachstum des Dienstleistungssektors gehen neben dem demografischen Wandel stark von der weiteren Zunahme der Frauenerwerbstätigkeit aus. Unterstellt, dass sich der Zeitrahmen für die bislang im Haushalt geleistete Arbeit bei der Aufnahme einer Erwerbstätigkeit reduziert, bedeutet eine Erhöhung der Erwerbsquote von Frauen gleichzeitig eine Zunahme der Nachfrage nach Dienstleistungen. Was bislang an Kindererziehung, Altenbetreuung, Verpflegung etc. im Haushalt geleistet wurde und aufgrund der Aufnahme einer Beschäftigung nicht mehr geleistet werden kann, konnte als Wachstum der entsprechenden Dienstleistungssektoren in Erscheinung treten, soweit sie nicht im Feld der Schwarzarbeit statistisch im Verborgenen bleibt. In skandinavischen Ländern ist dieses Entwicklungsmuster schon seit Jahrzehnten zu beobachten und mit verantwortlich für den höheren Beschäftigungsstand, der auch *stabilisierend* auf die sozialstaatlichen Sicherungssysteme wirkt. „Within a couple of decades, they erected an essentially universal childcare system based on – and this requires emphasis – extraordinarily high quality norms in all respects. In parallel fashion, they introduced very generous parental leaves and child allowances. The result was, of course, more gender equality in terms of career opportunities. And this has decisive second-order effects for inequality since maternal employment is a truly effective guarantee against child poverty. In my previous work, I have estimated that the risk of child poverty falls by a factor of 3–4 when the mother works" (Esping-Andersen 2015, S. 126; vgl. auch León 2017 und weitere Beiträge in Hemerijck 2017).

Die Bedeutung einer ausgebauten und auch qualitativ hochwertigen Kinderbetreuungsinfrastruktur ist – wenngleich mit einem erheblichem time lag – auch in Deutschland erkannt worden und es wurden trotz angespannter öffentlicher Haushalte erhebliche Mittel für dieses relativ neue Feld sozialer Dienste ausgegeben. Die Kindertagesbetreuung ist in den letzten Jahren erheblich gewachsen (bei einer Dominanz wohlfahrtsverbandlicher Träger). „Die Kinder-(Tages-)Betreuung steht ganz aktuell nicht nur im Fokus der Sozial- bzw. Familienpolitik, sondern ist ein sehr gutes Beispiel für die ökonomische Neudeutung der Sozialpolitik. Der derzeit von allen politischen Lagern geforderte Ausbau der Kinderbetreuungsinfrastruktur wird in zweierlei Hinsicht ökonomisch begründet: Forschungsergebnisse zeigen, dass Kinder aus Familien mit niedrigen Bildungsressourcen stark von einer früh einsetzenden Kinderbetreuung insofern profitieren, als mit der sozialen Herkunft verbundene Nachteile kompensiert werden können. Hinzu kommt, dass davon ausgegangen wird, dass eine gut ausgebaute außerhäusliche Kinderbetreuungs-Infrastruktur dazu beiträgt, den Wiedereinstieg von Müttern in den Arbeitsmarkt zu ermöglichen bzw. zu beschleunigen" (Schneiders 2020, S. 110). Dies zeigt sich auch im internationalen Vergleich: In den Ländern mit einer hohen Erwerbsquote bei den Frauen (wie in Schweden, aber auch in Frankreich) ist der Bereich des formellen sozialen Dienstleistungssektors besonders ausgedehnt. Der Hinweis auf Schweden verdeutlicht, wie stark die Expansion des Dienstleistungssektors von politischen Steuerungsoptionen und gesellschaftlichen Wertvorstellungen abhängt. Ohne einen weiteren Ausbau der Betreuungsinfrastrukturen droht die Verfestigung traditioneller Geschlechterstrukturen oder sogar eine Retraditionalisierung von Care-Arbeit, über die bereits in der Corona-Krise diskutiert wird.

Ebenso ist eine Polarisierung der Beschäftigungschancen im Dienstleistungssektor zu beobachten: In den letzten Jahren ist sowohl die Zahl der qualifizierten Tätigkeiten (etwa im Erziehungs- und Gesundheitswesen) als auch die Zahl von relativ unqualifizierten und oft auch ungesicherten Jobs angestiegen. Zudem sind auch befristete Beschäftigungsverhältnisse in diesem Sektor in den letzten Jahren ausgeweitet worden; „rund die Hälfte der Neueinstellungen im Bereich sozialer Dienste ist in Deutschland inzwischen befristet" (Schneiders 2020, S. 72; vgl. zur internationalen Einordnung befristeter Beschäftigung u. a. Eichhorst et al. 2004, S. 179 ff.).

In den kommenden Jahren wird sich das Beschäftigungsvolumen, aufgrund sich bereits heute abzeichnender demographischer und sozialstruktureller Entwicklungstrends, eher noch vergrößern. Auch wenn sich die Prognosen hinsichtlich der zu erwartenden Größenordnungen zum Teil erheblich unterscheiden, herrscht weitgehend Einigkeit darüber, dass in Zukunft von steigenden Bedarfen im Bereich sozialer Dienstleistungen auszugehen ist. „Prognosen zufolge sind die sozialen Dienstleistungen die größte Wachstumsbranche der kommenden Jahre: Zum einen gehen die geburtenstarken Jahrgänge auf das Rentenalter zu, was absehbar zu einem steigenden Beschäftigtenbedarf bei den Pflegedienstleistungen führt. Zum anderen benötigen berufstätige Eltern eine Betreuung für ihre Kinder. Schon heute machen diese Berufe (Erziehung, Gesundheit, Pflege) einen Arbeitsmarktanteil von 18 % aus. Prognosen gehen von einem Anstieg auf bis zu einem Drittel aller Erwerbstätigen aus. Der Frauenanteil in diesem Sektor ist sehr hoch: Im Jahr 2015 waren 80 % der Beschäftigten in den Erziehungsberufen, 81 % in Gesundheits- und Krankenpflege, Rettungsdiensten und Geburtshilfe sowie 85 % der Beschäftigten in der Altenpflege Frauen" (Jürgens et al. 2017, S. 63; vgl. auch Paul und Walter 2019).

Mit dem quantitativen Ausbau der sozialen Dienste hat allerdings die *Qualität der Arbeitsbedingungen* nicht überall mitgehalten. Nach Ansicht vieler Mitarbeitenden und Experten haben sich dort die konkreten Arbeitsbedingungen in den letzten Jahren verschlechtert. Abweichungen vom Normalarbeitsverhältnis werden bereits seit einiger Zeit konstatiert und öffentlich kritisiert (von

„Lohndumping" durch Ausgliederungen ist bspw. die Rede). Die Verbesserung der Arbeit und Qualifizierungsmaßnahmen sind somit zentrale Handlungsfelder für eine Aufwertung der sozialen Dienstleistungsarbeit. Dass in verschiedenen Feldern der Sozialwirtschaft Niedriglöhne und Stress am Arbeitsplatz zu registrieren sind, liegt auch am niedrigen Organisationsgrad auf Arbeitnehmerseite (bspw. im Pflegemarkt), der verschiedene Gründe hat: „Hierzu zählen u. a. die späte Professionalisierung der Altenpflege, Alternativrollen der überwiegend weiblichen Beschäftigten, hohe Teilzeitanteile, heterogene Berufsstrukturen, Qualifikationsprofile und Erwerbsbiographien sowie die Zunahme von Betrieben ohne Tarifbindung und Betriebsräten" (Evans 2018, S. 178; vgl. auch Schroeder 2018, Evans und Ludwig 2019 sowie Bentele 2021, S. 20 ff.).

Insgesamt sind die *Arbeitsbeziehungen* im Dritten Sektor fragmentiert und unübersichtlich; man kann deshalb durchaus von institutionellen Sklerosen sprechen (vgl. Hilbert et al. 2013). Wenngleich die Gesundheits- und Altenpflegedienste in der Corona-Pandemie zu den systemrelevanten Beschäftigungssektoren zählen, wurde die Entlohnung und Qualität der Arbeit in diesen Sektoren in großen Teilen der Öffentlichkeit bislang nicht adäquat wahrgenommen. Nur eine Minderheit der Unternehmen in der Sozialwirtschaft bietet Tarifverträge. Verbreitet sind Spezialvereinbarungen und für die konfessionellen Einrichtungen gilt ein besonderes Arbeitsrecht. „Die Einrichtungen der freigemeinnützigen Träger gelten als Tendenzbetriebe, was bedeutet, dass die Regelungen des Betriebsverfassungsgesetzes begrenzt – oder bei Einrichtungen kirchlicher Träger – überhaupt keine Anwendung finden" (Bäcker et al. 2020, S. 1132). Die Corona-Krise wirkt hier als „Vergrößerungsglas für soziale Ungleichheiten" (Bentele 2021) und kann im besten Falle auch als Beschleuniger zur Verbesserung der Arbeitssituation in diesen Sektoren wirken und mehr Beschäftigte über Tarifverträge absichern und bei verbesserten Arbeits- und Entlohnungsbedingungen auch zu einer Milderung des derzeitigen Fachkräftemangels führen. Ob es zu einer Trendwende kommt und das Virus als Weckruf wirkt, ist aber nach wie vor ein schwieriges Unterfangen, weil sich institutionell verhärtete Machtasymmetrien nur langsam verändern lassen.

Die *Fachkräftedefizite* im Feld der Pflege und in den Krankenhäusern sind durch die Corona-Krise besonders stark hervorgetreten, weil durch die hohen und dauerhaften physischen und psychischen Belastungen die Zahl der Beschäftigten wächst, die diese Branche verlassen. Ob es zu einem nachhaltigen Schubs in Richtung einer grundlegenden Verbesserung der Arbeitsbedingungen in dieser Branche kommt, bleibt abzuwarten. Von einem Handlungskonsens in dieser Frage kann inzwischen ausgegangen werden, allerdings ist die Umsetzung noch lückenhaft. Insbesondere der demographische Wandel mit einer steigenden Zahl von hilfebedürftigen Hochaltrigen wird zu einer weiteren Expansion und damit *Nachfrage* nach Arbeitskräften in den Bereichen Gesundheitsversorgung und Pflege führen. Hinzu kommen sozialstrukturelle Veränderungen (erhöhte Anzahl von Ein- bzw. Kein-Kind-Familien, steigende Scheidungszahlen sowie eine weitere ansteigende Frauenerwerbstätigkeit), die gekoppelt mit erhöhten Mobilitätsanforderungen auf den Arbeitsmärkten dazu führen werden, dass sich familiäre Hilfepotenziale eher reduzieren werden. Dennoch haben familiale Generationenbeziehungen weiterhin eine große Bedeutung, obwohl die Generationen nur noch sehr selten „unter einem Dach" wohnen, aber vielfältig miteinander verbunden sind und auch gegenseitige Unterstützung leisten (durch finanzielle Transfers, Hilfe und Pflege). Bedingt durch Trennungen kann vielfach auch die Zahl an Halb-Geschwistern anwachsen und familiäre Beziehungen sich auch vielfältiger gestalten und selbst quantitativ anwachsen. Die gestiegene Mobilität, weitere berufliche Anforderungen wie auch der demografische Wandel (insbesondere die steigende Zahl von Kinderlosen und die Hochaltrigkeit) weisen aber im Saldo immer stärker auf die Schrumpfung dieser Ressource hin (vgl. Hank und Steinbach 2020).

Steigenden Bedarfen stehen also *sinkende familiäre Hilfepotenziale* entgegen, so dass ein weiteres Wachstum altenbezogener Dienste unumkehrbar erscheint, was wiederum die Frage nach der Zukunftsfähigkeit der sozialen Sicherungssysteme und insbesondere den größer werdenden Sicherungslücken aufwirft. Die gängigen Statistiken in der Altenhilfe erfassen allerdings nur solche Tätigkeiten und Personen, die formell als Erwerbsarbeit organisiert bzw. als sozialversicherungspflichtig beschäftigte Arbeitnehmer registriert werden. Wenn nun eine bestimmte Tätigkeit, beispielsweise die Altenbetreuung, die bislang von der Familie in Eigenarbeit geleistet wurde, entweder zu Hause von einem ambulanten Pflegedienst oder aber in einem Altenheim erbracht wird, dann kann der Dienstleistungssektor statistisch einen Zuwachs verbuchen. Allerdings gibt es einen verdeckten Teil von Hilfskräften (aus dem Familien- oder Freundesnetzwerk, der Nachbarschaft oder in „Schwarzarbeit"), die nicht erfasst werden.

Ende 2019 waren nach Angaben des Statistischen Bundesamtes rund 4,13 Mio. Menschen pflegebedürftig im Sinne des Pflegeversicherungsgesetzes, d. h. sie erhielten Leistungen von der Pflegeversicherung (SGB XI). Im Vergleich lag die entsprechende Zahl im Jahr 1999 noch bei rund 2 Mio. und stieg zehn Jahre später im Jahr 2009 auf 2,34 Mio. an. Nachdem im Jahr 2017 auch eine gesetzliche Reform der Pflege erfolgte und der Pflegebedürftigkeitsbegriff weiter gefasst wurde, führte dies zu einem überdurchschnittlichen Anstieg. Der größte Teil (80 %) davon wird zu Hause betreut, wobei sich hier in den letzten Jahren

auch ein unübersichtliches Beschäftigungswachstum in Formen der Schattenwirt-
schaft oder „halblegalen" Beschäftigung herauskristallisiert hat. Nach Angaben
des Statistischen Bundesamtes werden rund 3, 3 Mio. ältere Menschen zu Hause
gepflegt. Aufgrund der hohen Kosten für Intensiv-Betreuungen greifen immer
mehr Familien – z. T. illegal oder ‚halblegal' bzw. geduldet – auf (qualifizierte und unqualifizierte) Pflegekräfte aus Osteuropa zurück, für die – selbst
bei Inanspruchnahme entsprechender Vermittlungsagenturen – nur ein Bruchteil
der Kosten für legal und unter Einhaltung des Mindestlohns für Beschäftigte
aufgebracht werden muss. Die genaue Zahl der Betreuer*innen in deutschen
Haushalten ist unbekannt, Schätzungen sprechen von einigen Hunderttausend
(insbesondere osteuropäischen) Frauen.

Da es sich bei der 24 h-Pflegeunterstützung um einen „grauen" Markt handelt,
liegen keine verlässlichen Daten vor. „Grobe Schätzungen gehen davon aus, dass
bei bis zu 600.000 von ihnen Hilfskräfte in der eignen Wohnung leben" (Parnack
et al. 2021, S. 19; vgl. auch die Beiträge in Städtler-Mach und Ignatzi 2020).
Im Juni 2021 wurde nun für diese Gruppe vom Bundesarbeitsgericht die Auflage
formuliert, dass sie Anspruch auf den deutschen Mindestlohn und angemessene
Bereitschaftszeiten hätten. Dieses Urteil über die sog. „24-h-Pflege" sorgte nicht
nur bei den betroffenen Familien oder alleinstehenden Älteren für erhebliche
Unruhe, denn die damit verbundenen erheblichen Kostensteigerungen können in
den meisten Fällen nicht aufgefangen werden. Damit kommen auf die Politik vor
allem im Bereich der häuslichen Pflege erhebliche *Gestaltungsanforderungen* zu
und es wird nicht mehr ausreichen, diese seit Jahrzehnten bekannten Fehlentwicklungen auszublenden („non-decision-making"). „Es wiederholt sich ein seit
Jahren eingeübtes Muster: Alle wissen um die immensen Probleme in der Pflege.
Und alle finden sich damit ab, höchstens darum herumzudoktern" (Parnack et al.
2021, S. 19).

Im vielschichtigen Sozialsektor, der in den letzten Jahren ein beeindruckendes
Wachstum zu verzeichnen hatte, spiegelt sich der Strukturwandel der Arbeit und
die neuen Herausforderungen für die soziale Sicherung besonders anschaulich
wider. In der sog. Seniorenwirtschaft, die vor dem Hintergrund der demografischen Entwicklung, des kollektiven Alterns der Bevölkerung und ihrer stark
gestiegenen Kaufkraft als Wachstumsbranche gesehen wird, können die Ökonomisierungsstrategien beobachtet werden, die aber inzwischen ebenso andere
Gesellschaftsfelder prägen. „Zudem lässt sich gegenwärtig auch ein Strategiewechsel (oder zumindest eine Strategieerweiterung) in der Wohlfahrtsproduktion
konstatieren: Neben kompensierende Leistungen, mit denen der Wohlfahrtsstaat die großen Fährnisse des Lebens (Alter, Krankheit, Pflegebedürftigkeit und
Arbeitslosigkeit) durch Versicherungssysteme und finanzielle Transferleistungen

absichert, treten vermehrt kapazitätsbildende Maßnahmen auf, die darauf abzielen, künftige Kosten durch Investitionen in Humankapital zu reduzieren: So sollen Investitionen in die Kinderbetreuung perspektivisch ein höheres Steueraufkommen durch Mütter erzeugen. Lebenslanges Lernen und Familienbetreuung sollen Langzeitarbeitslosigkeit und teure soziale Bedürftigkeit verhindern. Die Rendite sozialstaatlicher Maßnahmen (der sog. Social Return on Investment) rückt damit zunehmend in den Fokus von Politik und Sozialwissenschaften" (Freise und Zimmer 2019, S. 13 f.; vgl. auch Heinze et al. 2011 und Schönert und Freise 2019).

So machen in der Altenpflege bereits heute die privaten ambulanten Pflegedienste fast 60 % der Anbietenden aus. Ähnliche Tendenzen zeichnen sich in einem weiteren Bereich des Sozial- und Gesundheitswesens ab, der in der Vergangenheit stark von kommunalen und freigemeinnützigen Trägern geprägt war, dem Krankenhaussektor. Auch für die Zukunft gehen Experten in ihren Prognosen von einer Verschiebung der Arbeitsteilung zwischen öffentlichen, halböffentlichen und privaten Trägern zu Gunsten der Privaten sowie hybriden Organisationsformen, die zwischen Markt, Staat und den „freien Trägern" angesiedelt sind, aus. Allerdings ist derzeit *keine* dynamische Privatisierungsstrategie im Sozial- und Gesundheitssektor zu erwarten (höchstens in ausgewählten Segmenten). Im Gegenteil: In der Corona-Krise wurde der Wert öffentlicher Infrastrukturen und einer staatlich garantierten Daseinsvorsorge nachdrücklich hervorgehoben und deshalb ist nahezu auszuschließen, dass in naher Zukunft eine Privatisierungsoffensive im Gesundheits- und Sozialsektor eine politische Mehrheit finden würde. Dennoch sind die immensen Probleme, etwa in der häuslichen Pflege, bei weitem nicht gelöst bzw. werden durch das Urteil des Bundesarbeitsgerichts zur „24-h-Pflege" dramatisch verstärkt. Auch das ab 2022 in Kraft tretende und im Sommer 2021 vom Bundestag beschlossene Gesetz zur Weiterentwicklung der Gesundheitsversorgung wird an der Situation der häuslichen Pflege nicht viel verändern, sondern lediglich zu Entlastungen bei Zuzahlungen bei stationärer Pflege und höhere Löhne für Pflegekräfte durch weitere vom Bund bereitgestellte Steuermittel führen. Auf ein weiteres Ventil im Feld betreuender Tätigkeiten hat bereits Colin Couch aufmerksam gemacht: „Wenn man Arbeitgebern Pflichten wie etwa den Mindestlohn auferlegt, gibt man ihnen zugleich einen Anreiz, Beschäftigungsformen zu ersinnen, die sie von der Erfüllung dieser Pflichten entbinden. Beispielsweise indem sie behaupten, dass diejenigen, die sie beschäftigen, keine Arbeitnehmer seien (ders. 2019, S. 97).

In manchen neueren gesellschaftspolitischen Konzeptionen wird die öffentliche Daseinsvorsorge als *Gegenmodell* zum bedingungslosen Grundeinkommen konzipiert, „das einer weiteren Individualisierung Vorschub leisten könnte" (van

Treeck 2021, S. 212). Dieser Sichtweise schließen wir uns nicht an, öffentliche Daseinsvorsorge (etwa beim Wohnen, der Kinderbetreuung oder Gesundheitsversorgung) und ein garantiertes und finanzierbares Grundeinkommen sind keine substitutiven, sondern komplementäre Felder und eine produktive Zeitnutzung ist nur möglich, wenn die öffentlichen Infrastrukturen Gelegenheitsspielräume eröffnen. Ohne verlässliche und stabile Infrastrukturen ist die Nutzung individueller Zeitpräferenzen sowohl für die eigene Weiterentwicklung (bspw. in Form von Weiterbildung oder Qualifizierung für neue Tätigkeitsfelder) als auch für Andere (etwa in Form des freiwilligen Engagements in sozialen Netzwerken, Sozialorganisationen oder Vereinen wie auch in selbstbestimmten Maße für Care-Tätigkeiten) keine tragfähige Leistung der Daseinsvorsorge, die auch dem Ziel verpflichtet bleibt, gleichwertige Lebensverhältnisse in Deutschland zu schaffen und Chancengerechtigkeit unabhängig vom Status des Elternhauses zu verwirklichen. Ansonsten besteht die Gefahr, dass die gewonnene Zeit passiv „mitgenommen" wird oder sogar zu einem erhöhten Konsum in der vielfältigen digitalen Welt führt, ohne sich an gesellschaftlichen Werten wie sozialer Zusammenhalt zu orientieren. Ein mit einem BGE erworbenes Bürgerrecht vermag erst dann zum bestehenden beitragsfinanzierten System der sozialen Sicherung eine mögliche überlegene Alternative darstellen, wenn es sowohl eingebettet und verzahnt wird mit einem hohen Niveau öffentlicher Daseinsvorsorge als auch mit einer Weiterentwicklung einer sozialen wie klimaschonenden Marktwirtschaft. Hierzu bedarf es auch weiterhin solidarischer Unterstützung sowohl der Zivilgesellschaft als auch staatlicher Verantwortung für besonders Schutz- und Hilfebedürftige.

Ein Bürgerrecht, das empirisch belegbar Ansteckungseffekte zu stupider Faulheit, gesundheitsgefährdendem Suchtverhalten[1], wie auch strafrechtlich sanktioniertes Verhalten stimulieren würde und somit letztlich auch die ökonomischen Voraussetzungen für die Zahlung eines BGE unterminieren würde, kann nicht Ziel von Politik sein. Der Ökonom Birger Priddat drückt seine diesbezügliche Skepsis so aus: „Nur Grundeinkommen zu beziehen, ohne der Gesellschaft, in welcher möglichen Form, etwas zurückzugeben, erscheint als parasitär. Die neoromantische Version des bedingungslosen Grundeinkommens, ‚in den Tag hinein zu leben', ist mental nicht verkraftbar. Außer in einer Version, die bei

---

[1] So spielen nach einer Erhebung des Verbands der deutschen Games-Branche mehr als 34 Mio. Deutsche regelmäßig oder gelegentlich – auf Handys, Tablets, Computern (https://www.game.de/6-von-10-deutschen-spielen-games/) und in einer Befragung des Deutschen Kinderhilfswerks gaben zwölf Prozent der Kinder- und Jugendlichen an, bei sich selbst schon einmal Anzeichen für Mediensucht erkannt zu haben. https://www.dkhw.de/schwerpunkte/kinderrechte/kinderreport-2021/

Herbert Marcuse formuliert wurde: Freiheit, Sinnlichkeit und Spiel. Die zivilisatorische Ästhetik des Spiels, die Marcuse von Schiller übernimmt, bekommt eine konsumkulturelle Dimension, in der die Grenzen zwischen Arbeit, Freizeit und Vergnügen ineinander fließen. Marcuses Spiel erhält in der digitalisierten Welt, für die das bedingungslose Grundeinkommen neuerdings das passende Komplementär zu werden scheint, einen ganz anderen Sinn: als virtueller Vergnügungspark des *gaming*. Letzthin aber hängt alles von der Höhe der bedingungslosen Auszahlungen ab" (ders. 2019, S. 138).

3.3   Das Pendel schwingt zurück oder: Das Leitbild des Marktes zersplittert

Sowohl in öffentlichen Diskursen als auch in verschiedenen wissenschaftlichen Disziplinen wurden angesichts der tiefgreifenden Disruptionsprozesse durch die Corona-Pandemie ein gemeinwohlorientierter Umgang mit der Seuche angemahnt. In der Ökonomie und in wirtschaftspolitischen Medien wird auch nicht nur mit Blick auf das Virus wieder das Thema Gemeinschaftseigentum etwa in Form von Allmenden behandelt (vgl. ausführlich Banerjee und Duflo 2020). Sowohl die aktuellen Herausforderungen durch die Corona-Krise als auch der Klimaschutz, die Digitalisierung und der demografische Wandel verweisen auf den Beitrag der Daseinsvorsorge, um die Zukunftsfähigkeit und den inneren Zusammenhalt der Gesellschaft zu sichern. Deshalb überrascht es auch nicht, wenn verschiedene Facetten der *Gemeinwohlökonomie* wieder auf die politische Tagesordnung kommen. Zunächst sei aber eine Definition vorangestellt, die auf den wohlfahrtsstaatlichen Rahmen der Daseinsvorsorge oder auch kollektiver Infrastrukturen zielt. „Daseinsvorsorge, die zunächst vor allem im kommunalen Bereich angesiedelt war, umfasste die ganze öffentliche Infrastruktur „Vorsorge", also Sozialleistungen, die nicht als Geldtransfers oder persönliche Dienstleistungen erbracht werden konnten: Sie reichte von der Versorgung mit Elektrizität und Gas über Transportleistungen (Bahnen, Busse) weiter zu öffentlichen Bädern u. a. Anlagen bis hin zu Straßenbau und Kanalisation. Diese öffentliche Daseinsvorsorge lässt sich in Deutschland als ein äußerer, in einem Jahrhundert selbstverständlich gewordener sozialstaatlicher Umverteilungsring verstehen" (Leibfried 2001; vgl. zur aktuellen Entwicklung u. a. die Beiträge in Heinrich-Böll-Stiftung 2020).

Die Corona-Krise hat nachdrücklich darauf hingewiesen, dass öffentliche Infrastrukturen (oder auch allgemeiner öffentliche Güter) von hoher Bedeutung sind und eine Politik der Daseinsvorsorge offensiver auftreten und zudem den Wirkungsradius erweitern muss (etwa im Feld der Digitalisierung durch eine umfassende Breitbandversorgung, die alle Regionen erreicht, aber auch öffentlicher sozialer und gesundheitsbezogener Dienste). Dennoch heißt dies nicht, dass nun ein „starker" Staat zurückkehrt, auch wenn dieser Paradigmenwechsel angesichts der tiefgehenden Viruspandemie sowie der befristeten Einschränkung von Freiheitsrechten Nahrung erhält. In der Regierungspraxis „zeigte und zeigt sich dann doch deutlich mehr Pragmatismus im Wechselverhältnis von Staat und Markt als in den ideologischen Konfrontationen und Gegenüberstellungen zwischen Neoliberalen und Neokeynesianern" (Böick 2021, S. 279; vgl. auch Korte 2021). Da ausschließlich über den Markt viele Aufgaben (etwa Schulen, Krankenhäuser, Theater, Museen oder Schwimmbäder, ganz zu schweigen von sozialen Betreuungsformen) nur begrenzt oder gar nicht organisiert werden können, dürften allerdings solidarökonomische sowie nicht-gewinnorientierte Organisationsformen zukünftig weiter an Bedeutung gewinnen. Schon heute werden rund drei Viertel der sozialen Dienste in Deutschland von gemeinnützigen Organisationen wie den Wohlfahrtsverbänden angeboten. In den letzten Jahren hat sich die Angebotsstruktur weiter pluralisiert und es sind Social-Entrepreneurship- sowie weitere Alternativprojekte hinzugekommen. Insgesamt dürften derzeit hierzulande in Non-Profit-Organisationen etwa 3,7 Mio. Beschäftigte tätig sein (mit weiterwachsender Dynamik), was nachdrücklich auf die Bedeutung dieses Sektors hinweist und in die politischen Debatten zur Daseinsvorsorge und eine neue Infrastrukturpolitik einfließen sollte (vgl. Heinze 2020b).

In Deutschland fungieren all diese zivilgesellschaftlichen Initiativen unter dem Label „Daseinsvorsorge" und wurden in der Corona-Krise über Fachkreise hinaus auf die politische Bühne gehoben. „,Daseinsvorsorge' ist eine deutsche Besonderheit, wenngleich in fast allen Industriestaaten ähnliche Konzepte vorzufinden sind. In den USA und Australien werden öffentlich bereitgestellte Dienstleistungen wie beispielsweise Energie oder Wasserver- und -entsorgung „universal service (obligations)" genannt, in Großbritannien wird vom „public service" beziehungsweise „services of general economic interest" gesprochen, während in Frankreich vom „service public" oder „service d'intérêt géneral" die Rede ist. Auf der Ebene der Europäischen Union wird der Bezeichnung „Dienstleistungen von allgemeinem (wirtschaftlichen) Interesse" der Vorzug vor dem Begriff der Daseinsvorsorge gegeben. In Deutschland wurde das Konzept der Daseinsvorsorge seit den späten 1920er bis in die frühen 1970er Jahre maßgeblich durch den deutschen Staats- und Verwaltungsrechtler Ernst Forsthoff geprägt. Forsthoff formulierte allerdings keinen rechtlichen Rahmen für die Ausgestaltung der öffentlichen Dienste, sondern sah in der Daseinsvorsorge stets einen zentralen Legitimationsbaustein staatlicher Herrschaft" (Neu 2009, S. 9; vgl. auch Kersten et al. 2015).

Oft wird der Terminus Daseinsvorsorge im direkten Zusammenhang mit den *Infrastrukturen* benutzt oder sogar mit ihnen gleichgesetzt. Der enge Zusammenhang ist auch real und Daseinsvorsorge kann als „alltägliche Prozessierung ihrer infrastrukturellen Hardware" (Bode 2013, S. 17) verstanden werden. In wissenschaftlichen Disziplinen wie der Wirtschaftsgeographie oder der Raum- und Regionalplanung werden Infrastrukturen als gesellschaftliche Basiseinrichtungen bezeichnet. Durch die Digitalisierungsprozesse werden aber auch die klassischen Abgrenzungen zwischen technischer und sozialer Infrastruktur nach Ansicht mancher Autoren hinfällig. Unstrittig ist, dass für die Lebensqualität und die Gleichwertigkeit der Lebensverhältnisse die Infrastrukturausstattung von hoher Bedeutung ist. „Die Bereiche der sozialen und der technischen Daseinsvorsorge sind zentral für die gesellschaftliche Teilhabe der Menschen, unabhängig ihres jeweiligen Wohnortes. Die flächendeckende Bereitstellung dieser Dienste und Infrastrukturen bildet die Grundlage für die Gewährleistung der räumlichen Chancengerechtigkeit. Bildung, Gesundheit, Mobilität und Verkehr, digitale Infrastruktur, aber auch weitergehende Bereiche wie Wohnen, die Nahversorgung für den Einkauf des täglichen Bedarfs und Geldautomaten fallen hierunter. Auch die Kommunalfinanzen, zur Abbildung der kommunalen Handlungsfähigkeit, sollte Betrachtung finden, da Kommunen die Bereitstellung der Daseinsvorsorge oftmals verantworten" (BBSR 2020, S. 66).

Auch wenn die messbaren Elemente der sozialen Infrastruktur bzw. der Daseinsvorsorge eine hohe Versorgungsdichte signalisieren, heißt dies aber nicht, dass die Lebensqualität in allen Regionen ebenfalls hoch ist. Über die Gleichwertigkeit der Lebensverhältnisse wird in den letzten Jahren an verschiedenen Stellen debattiert und die Politik versucht sich an verschiedenen Projekten, um bspw. soziale Infrastrukturen auch in strukturschwachen Regionen zu stärken. Eine im Jahr 2018 unter Federführung des Bundesministeriums des Innern, für Bau und Heimat (BMI) eingesetzte Kommission „Gleichwertige Lebensverhältnisse" unterstrich in ihren Handlungsempfehlungen (BMI 2019) die Notwendigkeit einer aktiven Strukturpolitik, um Disparitäten zwischen den Regionen abzubauen sowie auch eine nachhaltige kommunale Finanzausstattung. „Deutschland braucht starke lebenswerte Kommunen, damit die kommunale Selbstverwaltung und die Demokratie für die Menschen erlebbar und die notwendigen Einrichtungen für das tägliche Leben in ihrem Wohnort vorhanden bleiben" (BMI 2019, S. 20). Unter dem Stichwort „Soziale Daseinsvorsorge" stellt die Kommission fest: „Deutschland braucht gute und erreichbare Angebote der Daseinsvorsorge, damit alle Menschen überall gute Lebens- und Entwicklungsperspektiven haben. Verlässliche Bildungs-, Betreuungs-, Kultur- oder Freizeitangebote sind von höchster Relevanz für die Entscheidung: ‚Gehen – oder bleiben'" (BMI 2019, S. 23).

Und auch zum Thema *Engagement und Zusammenhalt* wird explizit Stellung genommen und entsprechende Programme angekündigt. „Deutschland braucht ein starkes zivilgesellschaftliches Engagement, damit sich die Menschen in die Gesellschaft einbringen können und der gesellschaftliche Zusammenhalt gestärkt wird. Engagement und Ehrenamt tragen entscheidend dazu bei Lösungen auf aktuelle Herausforderungen zu finden und die Lebensqualität vor Ort zu steigern (BMI 2019, S. 24). Die Kommission hat die abgesteckten Handlungsfelder als Querschnittsaufgabe identifiziert, die „alle staatlichen Ebenen gleichermaßen" betrifft, selbst wenn die Bereiche haushaltstechnisch zunächst in die Zuständigkeit von Ländern und Kommunen fallen. Aber der Bund hat sich mit diesem Bericht auch zu seiner – finanzpolitischen – Verantwortung bekannt, den Ländern ab 2020 zusätzliche Mittel zur Verfügung zu stellen, die für kommunale Aufgaben verwendet werden können. So sind also die Kommunen massiv gefordert, um den sozialen Zusammenhalt zu stärken und die Lebenslage gerade der „Problemgruppen" zu verbessern. Insgesamt haben in Deutschland die regionalen Ungleichheiten bei den öffentlichen Infrastrukturen aber eher zugenommen (vor allem verschärft sich das Süd-Nord-Gefälle). Auf Gesamtdeutschland bezogene Analysen zur Qualität der Infrastruktur in Deutschland kommen deshalb zu kritischen Einschätzungen: „In Deutschland ist in den letzten Jahrzehnten erheblich zu wenig in die öffentliche Infrastruktur investiert worden. Das hat dazu geführt, dass sich die bestehende Infrastruktur deutlich verschlechtert hat, selbst wenn sie im internationalen Vergleich immer noch relativ gut dasteht. In einigen Bereichen, insbesondere beim Ausbau der Strom- und Gasnetze und der digitalen Infrastruktur, sind große Investitionsanstrengungen notwendig, um die Herausforderungen der Energiewende und der digitalen Revolution zu meistern und den Anschluss an andere Industriestaaten nicht zu verlieren" (Wiss. Beirat beim BMWE 2020, S. 51). Die öffentlichen Investitionen liegen insgesamt in Deutschland unter dem EU-Durschnitt und haben sich in den letzten Jahrzehnten sogar verringert: sie lagen Anfang der 70er Jahre noch bei beinahe 5 % der Wirtschaftsleistung (vgl. Siller 2020).

Dennoch sticht die seismographische Funktion der Krise hervor, die nicht nur das tektonische Bild einer Gesellschaft sichtbar macht, sondern auch Lösungswege für anstehende Herausforderungen aufzeigen kann. Es ist allerdings noch zu früh, beurteilen zu können, wie diese Lernprozesse ausgehen und einen Schub in Richtung einer nachhaltigen (resilienten) und neujustierten Gesellschaftsgestaltung bewirken. Wenn Krisenzeiten als Kipppunkte begriffen werden, können sich hier neue Verschränkungen von Ordnungsprinzipien und Priorisierungen bilden. Diese Relevanzverschiebungen zeichnen sich bereits ab, denn durch die Krisenbekämpfung haben der Staat und die Akteure der Zivilgesellschaft gegenüber einer jahrelang verkündeten Marktideologie eine neue Wertschätzung erfahren (vgl. die Beiträge in Grande et al. 2021). Noch ist allerdings die Gesellschaft im Schockzustand und politische Führung ist in solchen Situationen immer gefragt, was aber nicht bedeutet, dass diese Wertschätzung für einen starken Staat längere Zeit anhält. Derzeit gibt es zwar keine Befürwortende einer Agenda des freien Marktes, denn die rasche Ausbreitung des Virus mit all den negativen Signalwirkungen für das öffentliche Leben hat mit einer nicht vorhersehbaren Rigorosität auch westlichen Ländern gelehrt, wie zerbrechlich der globale und digitalisierte Kapitalismus ist und dass dieser ohne staatliche Regulierungen und eine ausgebaute öffentliche Daseinsvorsorge nicht überleben kann.

Allerdings gibt es verschiedene Varianten wohlfahrtsstaatlicher Entwicklung, die auch in den Debatten zum Grundeinkommen beachtet werden müssen – schon allein, um die Akteurslandschaft in diesem Politiksektor einschätzen zu können, aber auch, um die grundlegende Architektur zu verstehen. So ist der deutsche (kontinentale) Wohlfahrtsstaat „insgesamt eher transfer- als dienstleistungsintensiv, damit zeigt er sich zugleich als weniger geeignet, den Übergang von der Industrie- zur Dienstleistungsökonomie durch öffentliche Beschäftigung zu gestalten, vor allem weil einer Ausweitung des öffentlichen (sozialen) Dienstleistungssektors fiskalische Grenzen gesetzt sind. Wird weniger real umverteilt, bleibt die Ungleichheit nach Steuern und Transfers höher als im skandinavischen (aber geringer als im liberalen) Modell" (Manow 2019, S. 301).

3.4   Spezifika des deutschen Sozial-, Gesundheits- und Pflegesektors

Nicht umsonst wird deshalb in der Forschung vom deutschen wohlfahrtsstaatlichen Sonderweg gesprochen, der sich dadurch auszeichnet, dass in der Bereitstellung sozialer Dienste operativ relativ autonom agierende freigemeinnützige Wohlfahrtsverbände, denen öffentliche Funktionen zuerkannt werden, in vielen Feldern dominieren. Insofern kann man von einem dual strukturierten Wohlfahrtsstaat sprechen, der in Europa einzigartig ist und der organisierten Zivilgesellschaft Gestaltungsmöglichkeiten gibt (vgl. Schmid 1996, Schroeder 2017 und Heinze 2020b). Gemäß dem *Subsidiaritätsprinzip* sind die Wohlfahrtsverbände in Deutschland die zentralen sozialen Dienstleistungsanbieter und haben sozialrechtlich und in der sozialpolitischen Praxis eine Vorrangstellung. Dies unterscheidet uns bspw. vom skandinavischen Pfad der Wohlfahrtsproduktion, der nicht nur ein hohes Maß an sozialer Inklusion aufweist, sondern den Kommunen auch eine hohe Entscheidungskompetenz zugewiesen hat. Im deutschen System werden die Wohlfahrtsverbände im Vergleich zu staatlichen und kommunalen, aber auch gewinnorientierten, privaten Einrichtungen privilegiert. Prägend sind die wechselseitigen Verflechtungen, die sich auch in gemilderter Form in anderen Politikfeldern zeigen (sektoraler Korporatismus) und aus systemtheoretischer Sicht so interpretiert werden: „Zahlreiche Organisationen anderer Funktionssysteme (der Erziehung, der Sozialarbeit, der Krankenversorgung) hängen am Schlauch staatlicher Finanzierungen und finden ihre Partner in der staatlichen Verwaltung in den zuständigen Ministerien. In den Ministerien der Staatsverwaltung gibt es, nicht zuletzt als Folge langjähriger politischer Patronage, Vernetzungen zwischen der Behörde und politischen Parteien, die die Folgen eines politischen Wechsels an der Spitze abfedern, aber auch von den neuen Chefs benutzt werden können, um mit den politischen Gegnern in Kontakt zu bleiben und im Bedarfsfalle nach einer Auflösung politischer Blockaden zu suchen" (Luhmann 2000, S. 408).

Die Tätigkeit der *Spitzenverbände der freien Wohlfahrtspflege* erstreckt sich auf das ganze Bundesgebiet sowie auf das gesamte Gebiet der sozialen Wohlfahrt. Wenngleich sie im Alltag unspektakulär und primär durch „Essen auf Rädern", Seniorentreffs oder Aufrufen zur Blutspende präsent sind, ist ihre *institutionalisierte Machtposition* im deutschen Sozialstaat nicht gering zu schätzen. Der Sozialrechtler Gerhard Igl (1988, S. 182) beschreibt diese eigentümliche Lage so: „Die Realität der freien Wohlfahrtspflege steht in einem krassen Widerspruch zu dem, was in der breiten Öffentlichkeit über sie bekannt ist" und: „Wer mochte vermuten, dass die freie Wohlfahrtspflege nach dem Staat der größte Arbeitgeber in der Bundesrepublik ist? Und wer ist sich bewusst, dass weite Bereiche sozialer Aktivitäten ohne die freie Wohlfahrtspflege überhaupt nicht denkbar sind?" (ebd., 182). Die eigentliche Basis ihrer sozialen Dienste liegt auf regionaler und kommunaler Ebene, wobei die freie Wohlfahrtspflege den Großteil ihrer Leistungen nicht auf einem freien Dienstleistungsmarkt anbietet, sondern auf einem staatlich regulierten „Quasi-Markt". Hierbei handelt es sich um ein politisch folgenreiches Dreiecksverhältnis zwischen öffentlichen Gewährleistungs- und Kostenträgern, Klienten und freigemeinnützigen Leistungsträgern. Die Träger der freigemeinnützigen Wohlfahrtspflege organisieren sich in den sechs Spitzenverbänden Arbeiterwohlfahrt, Deutscher Caritasverband, Diakonisches Werk, Deutsches Rotes Kreuz, der Paritätische und der Zentralwohlfahrtsstelle der Juden.

Gegenüber 1970 hat sich die Zahl der hauptamtlich Beschäftigten in ihren Einrichtungen und Diensten auf über 1,9 Mio. Mitarbeitende fast vervierfacht. Insgesamt werden rund drei Viertel der sozialen Dienstleistungen in Deutschland von den Wohlfahrtsverbänden angeboten und damit stellen sie das zentrale

Gerüst der sozialen Infrastruktur in Deutschland dar. Betrachtet man die freie Wohlfahrtspflege als wirtschaftliche Branche, so ist sie (gemessen an den Personalkosten) deutlich größer als etwa der Hoch- und Tiefbau, die chemische Industrie, die Deutsche Post oder die Bahn. In den Sozialorganisationen sind fast 5 % aller Erwerbstätigen tätig. „Die Beschäftigungs- und Tätigkeitsverhältnisse in der Freien Wohlfahrtspflege reichen von Vollzeit- und Teilzeitbeschäftigungen bis hin zu geringfügigen Beschäftigungen; hinzu kommen Maßnahmen zur Integration in den Arbeitsmarkt, Praktika und Ausbildungen. Diese Vielfalt unterschiedlicher Beschäftigungsverhältnisse wird ergänzt durch Tätigkeitsverhältnisse im ehrenamtlichen, freiwilligen und bürgerschaftlichen Engagement, die insbesondere in Form des Freiwilligen Sozialen Jahres, des Freiwilligen Ökologischen Jahres und des Bundesfreiwilligendienstes sowie in selbstorganisierten Formen des Engagements stattfinden. Groben Schätzungen der Spitzenverbände zufolge engagieren sich derzeit noch rund 2,5–3 Mio. Bürger_innen in den Einrichtungen und Diensten der Freien Wohlfahrtspflege" (Backhaus-Maul 2019, S. 84; vgl. auch die Beiträge in Hummel und Timm 2020).

Schon seit längerem wird in der Verbändeforschung allerdings vom „Aussterben des Stammkunden" gesprochen und in abgeschwächter Form trifft das auch auf die Organisationen der Wohlfahrtspflege zu. Ihre Probleme (z. B. ehrenamtliche Mitarbeitende zu rekrutieren) spiegeln schwächere konfessionelle und weltanschauliche Bindungen wider. Die Ursachen hierfür sind vielfältig und insbesondere in gesamtgesellschaftlichen Veränderungsprozessen zu finden. Zuvorderst sind hier die zunehmende gesellschaftliche Individualisierung und die Pluralisierung sozialer Milieus zu nennen. Hiermit einher geht nicht nur eine Zunahme individualistischer Grundhaltungen, sondern auch eine Abnahme traditionaler Organisationsbindungen und -verpflichtungen. Basierend auf einer repräsentativen Befragung stellt Allmendinger eine gewachsene soziale Abschottung fest und den Rückzug der Menschen in kleine Kokons. „Sie haben oft wenige Verbindungen zu Menschen aus anderen Schichten, keine Netzwerke mit ihnen, da ist kein Austausch über feste Familien- und Freundeskreise hinaus. Insbesondere Menschen mit einer niedrigen Bildung sind oft nur in diesen Kokons unterwegs" (dies. 2019, S. 70). Hinzu kommen veränderte Norm- und Wertemuster, in deren Zuge Selbstverwirklichungsansprüche sowohl privat, beruflich als auch mit Blick auf das Engagement an Bedeutung gewinnen. Gleichzeitig spielen auch die Zunahme räumlicher Mobilität, veränderte Partnerschafts- und Familienarrangements sowie gewandelte Erwerbsbiografien eine zentrale Rolle, denn häufig lassen die (Erwerbs-)Arbeitsverhältnisse und generell die Lebensumstände die Ausübung eines organisationsgebundenen und langjährigen Engagements schlicht nicht (mehr) zu.

Das Angebot an unentgeltlich erbrachten Dienstleistungen schrumpft nicht nur im Familienbereich und im Kontext informeller primärer Netzwerke. Auch bei den ehrenamtlichen Mitarbeitenden, die vor allem in der Wohlfahrtspflege eine große Bedeutung haben, zeigt sich in manchen Feldern ein Rückgang, in anderen sozialen Feldern ist demgegenüber das Engagement angestiegen (etwa der Flüchtlingshilfe). Wenngleich sich in sozialen Netzwerken neue (oft verbandsunabhängige) Engagement- und Hilfepotenziale zeigen, sind einer Instrumentalisierung unentgeltlicher sozialer Dienstleistungen durch die Sozialpolitik allerdings enge Grenzen gesetzt, denn Selbsthilfe setzt Solidarität als Steuerungsmechanismus voraus. Ohne eine sozialstaatliche Infrastruktur kann sie sich nicht entfalten und kann deshalb nicht politisch verordnet werden. Der *Strukturwandel des Engagements* kann für die etablierten Wohlfahrtsverbände durchaus zu Legitimationsproblemen führen, denn ihre sozialrechtlich festgeschriebene Vorrangstellung im deutschen Sozialstaat basiert auch darauf, dass sie bei der Organisation der sozialen Dienste auf ein Reservoir an Ehrenamtlichen zurückgreifen. Durch die soziokulturellen und sozioökonomischen Wandlungsprozesse, aber auch die Ausbreitung betriebswirtschaftliche Organisationsformen und Managementkonzepte innerhalb der Verbände bekommt diese traditionell wirksame Legitimationsstrategie Risse. „Abstrakte Sozialversicherungssysteme und etablierte wohlfahrtsverbandliche Großorganisationen (mit einem gewissen bürokratisch-formalisierten Charakter) stehen dem stark gewachsenen Bedürfnis nach Graswurzel-Engagement gegenüber. Im Übrigen verändert Individualisierung und Pluralisierung auch die Präferenzen und Bedürfnisse der Klienten und die Angemessenheit von großen Trägern sozialer Dienste. Der „Stammkunde" stirbt aus – sowohl als Mitglied, als Ehrenamtlicher und als Klient" (Schmid 2018, S. 44 f.; vgl. auch Lünsmann-Schmidt 2021).

Allerdings sind Wohlfahrtsverbände keine in sich geschlossenen Organisationen, sondern in der Regel *Netzwerkorganisationen* mit mehr oder weniger selbstständigen Mitgliedern. Dabei unterscheiden sich die Verbände in ihrer Organisationsstruktur untereinander erheblich – sowohl strukturell als auch in ihren regionalen Abgrenzungen. Sie unterscheiden sich von anderen Anbietern auch dadurch, dass sie als institutionell abgesicherte Spitzenverbände nicht nur Träger sozialer Dienste sind, sondern auch Aufgaben der Sozialanwaltschaft übernehmen und mit ihren pluralen Strukturen eine spezifische Wohlfahrtskultur prägen. Manche Autoren bezeichnen diesen deutschen Sonderweg der Wohlfahrtsproduktion mit mächtigen Wohlfahrtsverbänden als „ein in Europa einzigartiges Konstrukt" (Wohlfahrt 2017, S. 211; vgl. auch die Beiträge in Heinze et al. 2018). Wenngleich im Folgenden primär auf die Einrichtungen und Mitgliederorganisationen der Wohlfahrtsverbände eingegangen wird, haben sich mit unterschiedlichen Schwerpunktsetzungen in verschiedenen Bereichen der sozialen Dienste (insbesondere im Altenhilfebereich) in den letzten Jahren privat-kommerzielle Anbietende verstärkt ausgebreitet, so dass einerseits noch immer freigemeinnützige Wohlfahrtsorganisationen dominieren, aber auch private Unternehmen anzutreffen sind. In der Literatur zur Rolle der Wohlfahrtsverbände und auch in politischen Statements werden deshalb die Begriffe Sozialsektor, Sozialwirtschaft oder allgemein soziale Dienste nicht trennscharf benutzt. Auch in unserer Argumentation gibt es Überschneidungen, die auf den hybriden Kern sozialer Dienste verweisen, der sich oft als Mischungsverhältnis unterschiedlicher Organisationsformen darstellt.

Übereinstimmung gibt es hinsichtlich der Wachstumsdynamik: der Sozial- und Gesundheitssektor ist in den letzten Jahrzehnten zu einem *bedeutenden Beschäftigungsfaktor* geworden, genauere Quantifizierungen sind aber angesichts der unübersichtlichen definitorischen Situation etwas schwierig. Nach den Indikatoren Einrichtungen, Betten/Plätze sowie Beschäftigte erfolgte ein kontinuierliches Wachstum der Freien Wohlfahrtspflege in den letzten Jahrzehnten – und diese Expansion läuft weiter. 2016 waren 118.623 Einrichtungen mit 4.166.276 Betten/Plätzen sowie über 1,9 Mio. hauptamtlich Mitarbeitende zu verzeichnen (BAGFW Gesamtstatistik 2018). Gut 650.000 Menschen arbeiten bspw. beruflich in den rund 25.000 Einrichtungen und Diensten der Caritas und damit ist dieser Wohlfahrtsverband auch eine zentrale Größe auf dem deutschen Arbeitsmarkt. Insgesamt ist die Wohlfahrtspflege ein „Motor" der Sozialwirtschaft, der nicht nur in den letzten Jahrzehnten erhebliche Beschäftigungsgewinne erzielte, sondern auch eine konstante Wachstumsdynamik aufweist, die auch zukünftig durch die anhaltende Nachfrage bestehen bleibt. In diesem dynamischen Beschäftigungssektor konnten die Wohlfahrtsverbände fast „heimlich" nicht nur zu zentralen sozialpolitischen, sondern auch beschäftigungspolitischen Institutionen werden. Trotz ihrer herausragenden Stellung auf den regionalen Arbeitsmärkten werden sie aber in der Öffentlichkeit als Arbeitgeber kaum wahrgenommen. Dies liegt an den Steuerungsmechanismen dieser gemeinwohlorientierten Organisationen; sie gehören i.w.S. zur Sozialwirtschaft und hier haben sich schon durch historische Prägungen in Deutschland hybride Organisationsformen ausgebreitet. Die Sozialwirtschaft „ist nicht nur ein Sammelbegriff für bestimmte wirtschaftlich relevante Einrichtungen und Trägerstrukturen. Es ist auch eine Formel für die immer wieder neu zu leistende Verknüpfung von unterschiedlichen Zielen und Logiken – der an Teilhabe, Chancengerechtigkeit und Forderung des Einzelnen orientierten Logik des Sozialen einerseits und dem wirtschaftlichen Effizienzgedanken andererseits" (Schulze-Böing 2021, S. 50; vgl. auch Schmale 2017; Zimmer und Paul 2018; Schneiders 2020).

Obwohl in den letzten Jahren die *Ökonomisierung* des Sozial- und Gesundheitssektors unübersehbar ist, bleibt das spezifisch deutsche sozialrechtliche Dreiecksverhältnis als Ordnungsmodell für die freien Träger der Wohlfahrtsproduktion bestehen. Gleichwohl drängt auch der Markt als vierter Akteur in dieses Feld: „Innerhalb dieses Dreiecksverhältnisses hat sich die Linearität der Beauftragung (von Leistungsträger zu Leistungserbringer) in den vergangenen Jahren jedoch deutlich verändert: Die hilfeberechtigte Person als Kunde rückt zunehmend stärker in den Fokus. Beispielsweise macht das Bundesteilhabegesetz sehr deutlich, dass die Selbstbestimmung und Wahlfreiheit behinderter Menschen substanziell gestärkt werden soll. Somit wird in den vergangenen Jahren immer deutlicher, dass der Kunde, und eben nicht der Leistungsträger, beauftragt – zum Beispiel über das so genannte persönliche Budget. Der Kunde sucht sich einen Anbieter mit einer für ihn passenden Leistung aus und bezahlt" (Kubek und Weber 2020, S. 264). Allerdings heißt Ökonomisierung gleichwohl nicht automatisch, dass damit ein entfesseltes Profitstreben der einzelnen Akteure verbunden sein muss, es kann sich auch um einen Wandel zu mehr Wettbewerb handeln, der im Ergebnis eine Vermarktlichungskultur hervorbringt. Durch gesetzliche Vorgaben (etwa die Pflegeversicherung) wurde in Teilsektoren zwar der Markt für private Anbieter geöffnet und auch das Selbstkostendeckungsprinzip aufgehoben, dennoch tritt der Staat zumeist nicht selbst als Leistungsträger auf, sondern schließt Versorgungsverträge ab.

Die *institutionalisierte Machtposition* der freigemeinnützigen Wohlfahrtspflege wird auch dadurch gefestigt, dass in den letzten Jahrzehnten in der Sozialpolitik auf instrumenteller Ebene ein Wechsel von monetären Transfers zu sozialen Diensten stattfindet, der den Anbietern und damit der verbandlichen Dienstleistungsproduktion weiteren Auftrieb gegeben hat. Auch die Zusammenlegung von Arbeitslosen- und Sozialhilfe hat den Wohlfahrtsverbänden mehr Steuerungsmöglichkeiten in der Arbeitsmarktpolitik verschafft. Waren sie früher schon bei Arbeitsbeschaffungsmaßnahmen sowie der Beratung von Arbeitslosen auf kommunaler Ebene oft ein Kooperationspartner der Arbeitsverwaltung, so haben sich nun die Geschäftsfelder ausgeweitet und es rücken zunehmen Fragen der Effektivität und Effizienz der Leistungserbringung auch im Feld der Verbände in den Vordergrund. Hinzu kommen die Ökonomisierungsstrategien, der auch den Dienstleistungssektor trifft. „Der Trend zur Vermarktlichung kann die Pluralisierung des Politikfeldes weiter verstärken. So sind zum Beispiel die Wohlfahrtsverbände zurzeit dabei, ihre Interessenvertretungspolitik funktional zu spezialisieren, indem sie ihre Träger sozialer Dienstleistungen organisatorisch von den Dachverbänden trennen. Diese Restrukturierung wurde durch die

Kommerzialisierung dieses Sektors ausgelöst. Sie bedeutet eine Ausdifferenzierung der Wohlfahrtsverbände in einen Wirtschaftsverband, der die Träger zusammenschließt und deren wirtschaftliche Interessen vertritt, einerseits und in einen Sozialverband, der sozialanwaltschaftliche Aufgaben übernimmt, andererseits. So können sich die Wohlfahrtsverbände als lobbyistisch agierende Interessenorganisationen professionalisieren, weil sie sich innerorganisatorisch von potenziellen Interessenkonflikten zwischen den Trägerunternehmen und deren Klienten entlasten" (Trampusch 2009, S. 170; vgl. auch die Beiträge in Schroeder 2017).

Die Dachverbände der freien Wohlfahrtspflege entsprechen dabei weiterhin den Merkmalen von Non-Profit- bzw. Dritte-Sektor-Organisationen, allerdings nicht alle den Dachverbänden angeschlossenen Organisationen. Die operativen Einheiten unterhalb der Dachverbandsebene der Wohlfahrtsverbände weisen eine interne Organisations- und Finanzierungsstruktur auf, die sich inzwischen in vielen Fällen nicht wesentlich von denen privatwirtschaftlicher Unternehmen unterscheidet. Steuerrechtlich bewegt sich nur ein Teil dieser Organisationen innerhalb des gemeinnützigen Rahmens; immer mehr Wohlfahrtsverbände bzw. deren Untergliederungen gründen neben gemeinnützigen GmbHs auch „normale" GmbHs aus. Hier erwirtschaftete Gewinne fließen i. d. R. allerdings wiederum den gemeinnützigen Dachorganisationen zu. Die neuen Governancestrategien setzen aber die Verbände unter Druck, denn sie werden zunehmend als sozialwirtschaftliche Träger gesehen, die zwar Handlungsspielräume gewonnen haben, aber durch die Abhängigkeit von sozialstaatlichen Transfers auch als „Lückenbüßer" eingesetzt werden, was wiederum das normative Leitbild und die Sonderstellung gemeinnütziger Organisationen berührt. Allerdings zeigen sich die Sparstrategien in den unterschiedlichen Handlungsfeldern und Kommunen uneinheitlich, so dass auch die Organisationseinheiten der Wohlfahrtsverbände unterschiedlich betroffen sind. Situative Lösungen kennzeichnen derzeit eher die Aushandlungsprozesse auf lokaler Ebene und die Wohlfahrtsverbände sind immer weniger homogen agierende Organisationen, sondern weisen eine gewachsene Vielfalt auf. Insgesamt zeichnet sich in den letzten Jahren eine *Heterogenisierung* der Verbändelandschaft *ab*, die auch intern verschiedene Organisationslogiken wachsen ließen und die Unübersichtlichkeit der semisouveränen Strukturen im deutschen Sozial- und Gesundheitssektor noch gesteigert haben. Parallel zu den verbandlichen Differenzierungsprozessen sind neue, spezialisierte Akteure (etwa soziale Netzwerke in der Flüchtlingshilfe oder auch „social entrepreneurs") hinzugekommen, die den hybriden Charakter des Systems weiter verstärkten (vgl. Grohs et al. 2014).

Es stellt sich allerdings die Frage, ob es sich bei den *Social-Entrepreneurship-Projekten* um eine originär neue Organisationsform handelt und ob sie neue

Formen der Produktion sozialer Dienstleistungen entwickeln, die gegenüber den etablierten Trägern (insbesondere den Wohlfahrtsverbänden) über spezifische Vorteile verfügen. Sie können, müssen aber keine Non-Profit-Organisationen im Sinne des „Dritten Sektors" sein, da sie neben einer Gemeinwohl- auch eine Profitorientierung aufweisen können und sowohl als Einzelunternehmen, Stiftung oder gemeinnütziger Verein/Verband denkbar sind. Innerhalb eines solchen „neuen" Social-Entrepreneurship-Sektors verorten sich deshalb auch sehr unterschiedliche Organisationsformen. Das Spektrum reicht von der mächtigen unternehmensnahen Stiftung mit einem Budget von mehreren Hundert Millionen Euro und dem Mitarbeiterstab eines Großunternehmens bis hin zur Initiative eines Einzelnen, die/der sich eines von ihm/ihr als dringend empfundenen sozialen Problems annimmt und dies zunächst als Einzelunternehmer*in ohne weitere Mitarbeitende bearbeitet. Obwohl sich bislang keine allseits anerkannte Definition von Social Entrepreneurship durchgesetzt hat und bisher auch noch keine eigene Rechtsform für Sozialunternehmen existiert, gibt es jedoch einige strukturbildende Merkmale. Zunächst sind sie wie die Einrichtungen der Wohlfahrtspflege gemeinnützig, weisen aber explizit auf ihren innovativen Charakter hin, der „in den angebotenen Dienstleistungen sowie deren Erstellung und Vermarktung, oder gerade in der ‚Versöhnung' ökonomischer und sozialer Ziele liegen kann. Besonders dieses Kriterium scheint mitverantwortlich für den aktuellen ‚Hype' und die Hoffnungen, die sich aus dem Diskurs um Social Entrepreneurship ablesen lassen. Das dritte Kriterium bezieht sich auf die Bedeutung leistungsbasierten Einkommens, oft als Teil einer hybriden Finanzierungsstruktur. Sozialunternehmen finanzieren sich zumeist aus einem Mix aus öffentlichen und privaten Einkommen, wie Spenden, staatlichen Fördermitteln, Leistungsentgelten aber auch Mitgliedsbeiträgen" (Obuch und Grabbe 2019, S. 147; vgl. auch Grohs et al. 2017).

Als einen „erfolgreichen" Social Entrepreneur im Feld der Sozialpolitik und speziell des bedingungslosen Grundeinkommens ist Michael Bohmeyer zu bezeichnen, den Ulf Porschardt am 19.8. 2020 in der Welt in einem ganzseitigen Portrait unter dem Titel „Unternehmen Grundeinkommen" ein öffentliches Forum schuf, das auch in der internationalen Presse auf Resonanz stieß. „Wer mit Bohmeyer ins Gespräch kommt, staunt über Tiefe und Differenziertheit seiner Überlegungen, die kaum zu (mitunter passenden) Klischees von Sozialunternehmern passen". Der ehemalige Geschäftsführer eines Start-Up-Unternehmens stieg nach eigener Schilderung im Alter von 29 Jahren aus seinem Unternehmen aus und erhielt als Mitinhaber weiterhin einen Gewinnanteil, den er für sich als „leistungsloses Einkommen" bezeichnete und davon ein Jahr lang lebte. Infolge seiner eigenen positiven Erfahrungen diente dies als Initialzündung, seine eigene Erfahrung auf Übertragbarkeit zu prüfen und gründete im Jahr 2014 den

gemeinnützigen Berliner Verein Mein Grundeinkommen. „Ich wollte es auspro-
bieren, das Grundeinkommen wie ein modernes Start-Up zu betreiben und fing
an, per Crowdfunding 12.000 € zu sammeln und sie zu verschenken. Daraus
sind über die Jahre mehr als acht Millionen Euro geworden" (ebd. 2020). Der
Transparenz- und Finanzbericht für das Jahr 2019 weist nicht nur eine ausgesprochen eindrucksvolle Erfolgsbilanz ihre öffentlichkeitswirksamen Aktivitäten
zum BGE aus, sondern dokumentiert auch die Arbeitsweise des Vereins: „Eine
Grundeinkommensgesellschaft muss auch die Arbeitswelt neu denken. Genau wie
wir das Bedingungslose Grundeinkommen erlebbar machen, probieren wir auch
die Zukunft der Arbeit in unserem Team schon heute aus. 2019 war für uns
besonders spannend: Wir haben gemeinsam entschieden, komplett selbstorgani-
siert zu arbeiten, nach den Prinzipien der Holokratie" (Mein Grundeinkommen
2020a).

Inzwischen gibt es nach einer im Jahr 2019 veröffentlichten Studie von
Ashoka und McKinsey ca. 1.700 besonders *innovative Sozialunternehmen,* die
sich als „Hidden Champions" sehen und in der offiziellen Politik (z. B. im
Bundestag) durchaus Gehör finden. Die gut inszenierte neue Verknüpfung von
sozialem Engagement und unternehmerischem Handeln scheint sich aber nicht
nur gut zu vermarkten, sondern dahinter steht inzwischen eine Vielzahl von Sozi-
alprojekten. „Besonders häufig finden sich Sozialunternehmen in den Bereichen
Arbeitsmarktintegration, soziale Dienstleistungen, Bildung und gesellschaftliche
Inklusion. Hierunter fallen dann auch Einrichtungen und Dienste wie Kindergärten, Krankenhäuser, Pflegedienste oder Behindertenwerkstätten. Die neuere
Generation von Sozialunternehmen ist häufig in Bereichen aktiv, die bisher nicht
oder nur bedingt abgedeckt werden. Ferner setzt die neue Generation von Sozialunternehmen verstärkt auf die Nutzung neuer Technologien zur Lösung sozialer
Probleme" (Obuch und Grabbe 2019, S. 151; vgl. auch die Beiträge in Jansen
et al. 2013). Räumlich konzentrieren sich die Social Entrepreneurs vorwiegend
auf Großstädte wie Berlin, Hamburg, Frankfurt oder Köln.

Das Konzept des *Social Entrepreneurship* weist aufgrund seines (scheinbar)
visionären Charakters eine hohe Attraktivität in den Medien auf und berührt
auch zunehmend die politischen Parteien. Für einige politische Akteure scheint
damit ein Ausweg aus dem Dilemma der wachsenden sozialen Aufgaben bei
stagnierenden öffentlichen Finanzen gefunden zu sein, zumal sich auch ein qualitativer Mehrwert durch das persönliche Engagement der Unternehmer*innen
im Bereich der sozialen Dienstleistungen abzeichnen würde. Allerdings ist fraglich, ob die Übertragung eines Modells aus dem angelsächsischen Raum auf
die deutsche Wohlfahrtsstaatswirklichkeit mit privilegierten und über ein erheb-
liches Leistungspotential verfügenden Spitzenverbänden so einfach möglich ist.

Die Personalisierungstendenzen in den Medien führen zudem dazu, dass ausgewählte Gründerpersönlichkeiten als Social Entrepreneurs in Szene gesetzt und von einer sympathisierenden Öffentlichkeit, die neue Events favorisiert, beachtet werden, während die alltägliche Arbeit der Wohlfahrtsverbände diese Transparenz und Medienwirkung oft nicht erreicht. Die *Vielfalt* ist im Nonprofit-Sektor aber bereits seit Jahrzehnten gewachsen und hat neben den bundesweit organisierten wohlfahrtsverbandlichen Leistungsträgern auf lokaler Ebene eine Szene von kleineren selbstorganisierten Projekten entstehen lassen, die zumeist auch nicht in den entsprechenden Gremien der Sozial- und Jugendhilfe vor Ort vertreten waren, da diese den Verbandsrepräsentanten vorbehalten waren. „In der breiten und oft kleinteiligen Vereinslandschaft haben Formen der Beteiligung, der Unterstützung und Selbsthilfe an Bedeutung gewonnen, die traditionelle Orientierungen, kulturelle Muster und Verantwortungszuschreibungen infrage stellen (Umgang mit Umwelt, Gesundheit, Alter, alten und neuen sozialen Einrichtungen); staatliche und kommunale Versorgungsysteme werden immer öfter durch komplementäre Leistungen der Bürgerinnen und Bürger (z. B. Fördervereine) stabilisiert und de facto mitgetragen. Posttraditionelle Formen von Engagement haben vielfach außerhalb des herkömmlichen integrierenden Verbandswesens Form und Gestalt gewonnen, sind allerdings auch als Fermente des Wandels in den Wohlfahrtsorganisationen, Kirchen, Jugendverbänden und Gewerkschaften zu beobachten" (Evers 2017, S. 239).

Bislang verfügen die Social-Entrepreneurship-Projekte im Vergleich zu den etablierten Akteuren (rein quantitativ bundesweit betrachtet) noch immer über relativ geringe Kapazitäten und bedienen vor allem sozialpolitische *Nischen* (niedrigschwellige Betreuungsangebote, Organisation ehrenamtlicher Unterstützungsangebote im Bildungs- und Kulturbereich oder der Flüchtlingshilfe etc.). Jedoch weisen sie eine hohe Innovationskraft insbesondere in den Bereichen Sozialmarketing sowie Einbindung ehrenamtlichen Engagements auf (vgl. Grohs et al. 2014). Sie entsprechen zumeist dem gerade bei Jüngeren oft formulierten Wunsch nach Gestaltungsfreiheiten sowie Autonomie im Rahmen sozialen Engagements. Hierarchische Top-Down-Organisationsstrukturen und Fremdbestimmung werden mehrheitlich abgelehnt und dieses Image haben viele Wohlfahrtsverbände mit ihren Einrichtungen. Vor diesem Hintergrund ist es auch nicht überraschend, dass zwischen den Repräsentanten der Social Entrepreneurship-Szene und den etablierten Wohlfahrtsverbänden vereinzelt Spannungen auftreten. Es ist inzwischen nicht nur für die Medien reizvoll, „unternehmerische" Lösungsvorschläge im Sozialsektor zu thematisieren, sondern auch die Politik auf Bundesebene sieht hierin Innovationspotentiale.

Allerdings wird mit dieser Fokussierung der besondere historische Entwicklungspfad der Wohlfahrtsproduktion in Deutschland nicht hinreichend beachtet,
da sich in der Wohlfahrtspflege sowohl historisch als auch aktuell immer wieder
vor Ort soziale Initiativen bilden bzw. gestützt werden. In einigen Feldern der
sozialen Dienste hat sich (z. T. mit einiger Verzögerung) die gewachsene Verbändelandschaft als „Auffangbecken" erwiesen und soziale Innovationen integriert.
Jenseits des offensichtlichen Hypes für Sozialunternehmen stellen sich deshalb
Fragen, welchen zusätzlichen Mehrwert diese neuen Formen sozialer Aktivitäten
für die bestehenden Strukturen der Wohlfahrtsproduktion bringen. Ein positives
Signal kann festgehalten werden: durch die neuen organisatorischen Herausforderungen werden die Verbände gezwungen, sich mit ihrer Organisationslogik und
insbesondere der Frage zu beschäftigen, wie Intrapreneurship aktiv gefördert werden kann (vgl. hierzu Steinke und Bibisidis 2018 sowie die Beiträge in Hummel
und Timm 2020).

Dadurch hat auch das eingespielte Zusammenwirken von Staat und Wohlfahrtsverbänden in den letzten Jahren in einigen Fragen und Regionen *Legitimationsverluste* erlitten, dennoch weist es im historischen Längsschnitt eine
hohe Kontinuität bzw. Pfadabhängigkeit aus, die auch dadurch bedingt ist, dass
die Verbände von den externen finanziellen Ressourcen abhängig sind. Ohne
die sozialstaatlichen Transfers könnten die Wohlfahrtsverbände nicht überleben,
anderseits sind die sozialstaatlichen Institutionen von den verbandlichen Leistungen abhängig, denn diese können nicht kurzfristig ersetzt werden. Deshalb
genießen sie auch den öffentlichen Status und sind komplementär mit dem dynamisch gewachsenen Transferstaat vernetzt. Wenn der verbandliche Sozialsektor
mit in das sozialpolitische Institutionensystem einbezogen wird, wird erst auf den
„zweiten Blick" deutlich, wie dieses System gewachsen ist und welche Bastion
sich die Wohlfahrtsverbände erobert haben.

Die *zentralen Säulen* des Wohlfahrtssystems stehen noch, sie differenzie-
ren sich allerdings aus – mit der Gefahr zu zerfasern und es sind vor allem
neue Akteure mit nicht-traditionellen Organisationsideen hinzugekommen. Auch
international zeigt sich eine Umorientierung auf Wohlfahrtsmärkte, Anbieter-
konkurrenz und eine Stärkung privater Akteure, was aber nicht heißt, dass
sich die Vermarktlichung der sozialen Dienste in Deutschland flächendeckend
intensivieren wird, allerdings in den sozialen Einrichtungen betriebswirtschaftliche Kriterien an Bedeutung gewinnen. Diese wachsende Heterogenisierung und
Verbetrieblichung des sozialen Dienstleistungssektors stellt eine mehrdimensio-
nale strukturelle Herausforderung für die etablierte Wohlfahrtspflege dar. „Die
Wohlfahrtsverbände und die mit ihnen verbundenen Organisationen stellen ein
Organisationsmodell sozialer Angebote und Dienstleistungen dar, dass für viele

Beobachter überkommen erscheint. Neue Konkurrenz erwächst ‚von unten' durch neue Initiativen und ‚Social Entrepreneurs', ‚von oben' durch Großunternehmen (insb. in Gesundheit und Pflege) und Franchisekonzepte: Sie sind also gleichzeitig von sozialer Innovation und Skalierung herausgefordert. Föderale Organisationen stehen zwischen diesen beiden Polen. Im Idealfall können sie das Innovationspotential kleiner Initiativen mit dem Skalierungspotential der zentralisierten Konkurrenten verbinden. Die Realität sieht freilich häufig ganz anders aus: Das zähe Beharrungsvermögen der lokalen Einrichtungen paart sich mit trägen Verbandsstrukturen, die Entscheidungen schwierig und die Kommunikation mühsam machen" (Grohs 2018, 79 f.; vgl. auch Heinze 2020b).

Allerdings ist sowohl die Nachfrage im Alten- wie im Kinderbereich bislang von der Politik nur begrenzt aufgegriffen worden. So sollte bspw. eine investive Sozialpolitik bereits im Kindesalter beginnen, was allerdings in Deutschland im internationalen Vergleich nur unzureichend realisiert wird. Dies gilt insgesamt für die öffentlichen Investitionen hierzulande, die unter dem EU-Durschnitt liegen und sich in den letzten Jahrzehnten sogar verringert haben: Sie lagen Anfang der 70er Jahre noch bei beinahe 5 % der Wirtschaftsleistung. „Auch ein internationaler Vergleich der Staatsausgabenstruktur bestätigt, dass Deutschland bei öffentlichen Investitionen weit zurückgefallen ist. Neben der Verkehrsinfrastruktur wird eine besondere Investitionsnotwendigkeit auch im Bereich der Bildung und Forschung gesehen, in dem die deutschen Ausgaben im EU-Vergleich ebenfalls niedrig sind. Auffällig ist weiterhin, dass Deutschland bei den monetären Sozialtransfers einen der vorderen Plätze belegt, während es bei den Personalausgaben (inklusive sozialer Dienstleistungen) weit hinten liegt. Dieser Befund weist auf eine starke Transferlastigkeit und vergleichsweise schlechte Versorgung mit sozialen Dienstleistungen hin. Auch die konsumtiven Staatsausgaben fallen unterdurchschnittlich aus. Gleiches gilt für die Zinslasten des Schuldendienstes" (Rixen 2019, S. 349; vgl. auch Siller 2020).

Diese Beschreibung der deutschen Sondersituation mit einem niedrigen Staatsdefizit gehört allerdings der Vergangenheit an. In der Corona-Krise hat der Staat enorme zusätzliche Schulden aufgenommen, um Programme gegen die Pandemie und deren Folgewirkungen zu finanzieren. Der für lange Zeit geltende Grundsatz (man kann schon von einer Staatsräson sprechen), möglichst wenig Schulden zu machen und die Schuldenbremse einzuhalten, ist inzwischen auf die Zukunft verschoben worden. So sieht die aktuelle mittelfristige Finanzplanung des Bundes vor, dass erst „in den Jahren ab 2023 […] die Eckwerte die Einhaltung der Schuldenregel ohne Inanspruchnahme der Ausnahmeregelung" (BMF 2021, S. 15) geplant werden. Als Begründung für ein aktuelles Aussetzen der Schuldenbremse wurde einerseits auf die Erfahrungen der letzten Finanzkrise 2008/09 verwiesen und die möglichen höheren Kosten für das Gemeinwesen in einer solchen Krisensituation zu sparen: „Denn nur mit den Investitionen in die sozialen Zusammenhalt, in ein starkes öffentliches Gemeinwesen und in eine starke Wirtschaft kann Deutschland gut durch die Krise kommen. Die vorgesehenen Maßnahmen sind teuer, aber Nichtstun wäre am Ende noch viel teurer" (BMF 2021, S. 14).

Trotz des restriktiven fiskalpolitischen Kurses hat sich in Deutschland der Gesundheits- und Sozialsektor als Wachstumsmotor erwiesen, in denen zivilgesellschaftliche Organisationen (wie Wohlfahrtsverbände) expandierten. Wenngleich sich damit nicht in Reinkultur eine „andere" soziale Ökonomie jenseits der marktwirtschaftlichen Logik als autonomer Sektor entfalten konnte, haben die zivilgesellschaftlichen Organisationen in manchen Politikfeldern nicht nur quantitativ an Bedeutung gewonnen, sondern durchaus Innovationen vorangetrieben; etwa im Feld der Arbeits- und Beschäftigungsförderung. „Die Wohlfahrtsverbände, aber auch viele kleine sozialunternehmerische Initiativen waren schon sehr früh neben den Kommunen Promotoren einer sozialen Beschäftigungspolitik, die sich gezielt an benachteiligte Gruppen am Arbeitsmarkt richtet, etwa an Langzeitarbeitslose, benachteiligte Jugendliche oder Behinderte. In den achtziger und neunziger Jahren des letzten Jahrhunderts entstanden eine Vielzahl von lokalen Beschäftigungsinitiativen, die die Instrumente der Arbeitsbeschaffungsmaßnahmen nach dem Arbeitsförderungsgesetz und der sog. „Hilfe zur Arbeit" nach dem Bundessozialhilfegesetz offensiv genutzt haben, um zusätzliche Beschäftigungsmöglichkeiten für Benachteiligte zu schaffen. Solche Beschäftigungsprojekte innerhalb der Wohlfahrtsverbände waren arbeitsmarktpolitisch dort erfolgreich, wo sie Brücken zwischen einer geschützten und öffentlich geförderten Beschäftigung in einem Projekt und Beschäftigungsbereichen in den Diensten der Träger, etwa Pflegeeinrichtungen, hergestellt und Menschen den Weg aus einer Übergangsbeschäftigung in eine Dauerbeschäftigung im „ersten Arbeitsmarkt" eröffnet haben" (Schulze-Böing 2021, S. 44).

Dennoch haben sie sich in den letzten Jahrzehnten im wachsenden Maße von öffentlichen Geldern abhängig gemacht und damit ihr Leistungspotential an die allgemeine Konjunktur und die öffentlichen Finanzströme *angekoppelt*: Sinken die Steuereinnahmen, dann sinken automatisch auch die Spielräume zur Gestaltung von verbandlichen Prioritäten in der Sozialpolitik, weil die Spendeneinnahmen im Vergleich dazu weitaus geringer sind. Darunter leidet der Anspruch der Wohlfahrtsverbände, das eigene Profil auch in eigene Tätigkeitsschwerpunkte umzusetzen. In einer Zeit, in der sich das Spendenaufkommen zudem stärker auf viele Organisationen und Initiativen verteilt, kann man dadurch an Profil verlieren. Die Größe und Bürokratisierung der Wohlfahrtsverbände, aber auch die engen Verflechtungen mit staatlichen Institutionen haben ohnehin die Frage aufgeworfen, ob dieser Nonprofit-Sektor wirklich eine Alternative zur staatlichen Steuerung darstellt oder ob er nicht ein öffentlich gefördertes „Kartell" ist, das interne Konkurrenz zwischen den Verbänden durch Marktaufteilung tendenziell ausschaltet. Diese Kartellhypothese kann je nach Diskurskonjunktur in eine eher links-alternative und eine ordnungspolitisch-marktliberale Spielart unterschieden werden. Aus alternativer Sicht wird insbesondere der Ausschluss kleinerer Bürgerinitiativen, sozialer Bewegungen und Selbsthilfegruppen thematisiert. Die ordnungspolitisch-wirtschaftsliberale Kritik (u. a. von der Monopolkommission der Bundesregierung) kritisiert wettbewerbsverzerrende Aspekte des faktischen Oligopols der Wohlfahrtsverbände (vgl. u. a. Enste 2004).

Kritik an den etablierten Wohlfahrtsverbänden bekommt zusätzliche Nahrung durch die Aufdeckung von undurchsichtigen Geschäftsbeziehungen und überhöhten Gehältern der verbandlichen Führungszirkel in einzelnen Organisationen und Bezirken. So steht nicht nur der Bezirksverband Hessen-Süd der Arbeiterwohlfahrt (AWO) unter dem Verdacht der nicht immer sachgerechten Abrechnung öffentlicher Gelder, fragwürdiger Stellenbesetzungen, Verflechtungen von Aufsicht und Führung und der Selbstbereicherung einzelner Führungskräfte. Auch aus anderen Bezirksverbänden der AWO (in Mecklenburg-Vorpommern und Thüringen) oder aus einzelnen Organisationen der kirchlichen Wohlfahrtsorganisationen wird über interne Verfehlungen berichtet. Zudem haben sich nach Ansicht der Mitarbeitenden die konkreten Arbeitsbedingungen auch in freigemeinnützigen Sozialorganisationen in vielen Bereiche verschlechtert. Abweichungen vom Normalarbeitsverhältnis werden seit einiger Zeit konstatiert und öffentlich kritisiert (von „Lohndumping" durch Ausgliederungen, Werkverträge etc. ist die Rede). Wie auch in anderen Feldern des „Dritten Sektors" haben sich Niedriglöhne und atypische Beschäftigungen infolge des geschärften Blicks auf Effizienzgesichtspunkte bei der Leistungserbringung ausgebreitet. „Besonders Non-Profit-Organisationen scheinen atypische Beschäftigung als Reaktion auf Wettbewerb und Planungsunsicherheit durch veränderte Finanzierungsmodi (z. B. Zunahme von – befristeter – Projektförderung) zunehmend einzusetzen, und zwar noch stärker, als staatliche oder privatwirtschaftliche Organisationen" (Paul und Walter 2019, S. 184). Die normativen Postulate der freigemeinnützigen Verbände und die Empirie gehen scheinbar immer stärker auseinander. Gerade weil die etablierte Wohlfahrtspflege aber weitgehend mit öffentlichen Mitteln wirtschaften (z. T. mit globalen Zuweisungen der einzelnen Bundesländer), müssen die Arbeitsbedingungen fair gestaltet und die Finanzierungspraxis transparent sein.

Ansonsten drohen neben dem *Imageschaden* auch Legitimationsverluste sowie möglicherweise die Aberkennung der Gemeinnützigkeit und damit verbundene steuerliche Vorteile. Aus den knapperen Ressourcen, öffentlichen Kontrollbedürfnissen und der wachsenden Zahl privat-gewerblicher Anbieter, die auch als Konkurrenten auftreten können, haben sich für viele Wohlfahrtsverbände organisationale Steuerungsprobleme ergeben. Mehr Effizienz und Transparenz zu entwickeln, fällt in den traditionellen Strukturen oft schwer. „Unter dem Druck der privaten Konkurrenz und dem Zwang zur Modernisierung der öffentlichen Verwaltungen und ihres Verhaltens gegenüber den Wohlfahrtsverbänden (Pflegesatzpolitik) veränderten sich Politik, Identität und Stellung der Wohlfahrtsverbände. Die Rede von Dienstleistungsunternehmen, zunächst noch ungewohnt und als mögliche, aber auch problematische Perspektivbenennung verstanden, prägt heute immer mehr das Selbstverständnis dieser traditionsreichen Einrichtungen. Entweder sind die Wohlfahrtsverbände gezwungen, sich einer unternehmerischen und managerialen Handlungsweise zu bedienen, um sich am Markt zu halten, oder die unternehmerische Option ist in Zeiten enger finanzieller Handlungsspielraume so attraktiv, dass Teile der Wohlfahrtsverbände sie aus Oberzeugung wählen. Das geschieht etwa durch die Ausgründung einzelner marktfähiger und monetär aussichtsreicher Dienstleistungsbereiche in gemeinnützige oder sogar gewerbliche GmbHs. Zum anderen wird die innere Organisation der Wohlfahrtsverbände ihnen selbst zum Problem. Will man am Markt agieren können, ist die alte Vereinsstruktur und ein auf ehrenamtliches innerorganisatorisches Engagement zielendes Funktionärstum in den Vereinsvorstanden hinderlich. Die Wohlfahrtsverbände stellen sich seit den neunziger Jahren darauf ein, unternehmerisch auf Wohlfahrtsmarkten für soziale Dienstleistungen zu agieren" (Nullmeier 2002, S. 274; vgl. auch die Beiträge in Heinze et al. 2018).

Die gewandelten Governancestrukturen und die Umstellung vom Status zum Kontrakt sind aber keinesfalls automatisch als Indikator für eine Krise des Subsidiaritätsprinzips oder einer Erosion der dominanten Stellung der Wohlfahrtsverbände in der deutschen sozialen Dienstleistungslandschaft zu interpretieren. Verschiedene Studien haben darauf hingewiesen, dass auch in fiskalischen Krisenzeiten nicht zwangsläufig eine Pluralisierung der Trägerlandschaft zur erwarten ist, sondern eher eine Verfestigung korporatistischer Strukturen. „Die traditionell institutionalisierten partnerschaftlichen Verflechtungen sind weiterhin der Mittelpunkt der Beziehung. Die Wohlfahrtsverbände betrachten sich selbst und werden auch vom Staat unverändert als wichtigster Ansprechpartner im Wohlfahrtsbereich betrachtet. Zudem legen die politisch-administrativen Entscheidungsträger in der Praxis ihren Ermessensspielraum hinsichtlich der Anwendung der neuen Regularien mehrheitlich zugunsten der Wohlfahrtsverbände aus. Die bevorzugte

Behandlung von und das erhöhte Vertrauen in die Wohlfahrtsverbände bleiben somit bestehen" (Reichenbachs 2018, S. 120 f.). So wird in einigen Kommunen durch das Einfrieren der Aufgaben und Träger im derzeitigen Zustand eine Art „closed shop" errichtet, der dem korporatistischen Idealtypus von staatlich inszenierten Repräsentationsmonopol noch näherkommt als bisher.

Man kann deshalb durchaus von einem *regulierten Wohlfahrtskorporatismus* sprechen, der sich bspw. im Kontraktmanagement, einem wesentlichen Bestandteil neuer Steuerungsmodelle auf kommunaler Ebene, zeigt. Das Kontraktmanagement hat auf die Wohlfahrtspflege je nach Arbeitsbereich unterschiedliche Auswirkungen. In Kommunen, in denen sich Vernetzungen zwischen lokaler Sozialpolitik, Jobcentern und den Wohlfahrtsverbänden auch in Krisensituationen halten (wie etwa in der Jugendhilfe), wirken sie sich nicht negativ für die Verbände aus. In Kommunen mit eher losen Arrangements sind Wettbewerbselemente wie Ausschreibungen von sozialen Diensten wahrscheinlicher, wenngleich die Einhaltung der allgemeinen Bestimmungen von Vergabe- und Vertragsbestimmungen für Leistungen (VOL/A) mittlerweile für nahezu sämtliche öffentlichen Auftraggeber grundsätzlich bindend sind. Die Kehrseite neuer Steuerungsmodelle für die Verbände ist jedoch, dass sie Unstimmigkeiten und finanziellen Anpassungsdruck weitgehend selbst zu verantworten haben. Die Konfliktregelung wird so in die Organisation verschoben und kann zu internen Restrukturierungen führen, die aber auch Innovationen freisetzen können. „Ein offensiver Umgang mit den Anforderungen neuer Steuerungsmodelle und Sozialmanagement kann auch Spielräume für eine pragmatische Anpassung der Instrumente an die fachlichen Anforderungen eröffnen. In Zukunft wird die soziale Arbeit und Sozialwirtschaft nicht umhinkommen, Rechenschaft über ihren Ressourceneinsatz, die Qualität ihrer Angebote und die erreichten Wirkungen abzulegen, ob dies unter dem Etikett „Management" firmiert oder einem anderen" (Grohs 2018, S. 99).

Aber nicht nur die Handlungsstrategien der Wohlfahrtsverbände, sondern aller Akteure der kommunalen Sozialpolitik sind von den Schnittstellenproblemen, die zu Exklusionsrisiken für die Adressaten führen können, betroffen. Die Komplexität des deutschen Sozialstaates bleibt geprägt durch die institutionelle Arbeitsteilung zwischen Sozialversicherungen und Kommunen, die Trennung in örtliche und überörtliche Träger und die interne Ausdifferenzierung verschiedener Aufgabenbereiche. Und als Resultat dieser historischen Prägung und der vor allem in den letzten Jahren forcierten Verrechtlichung kann eine Versäulung konstatiert werden, die hinsichtlich der aktiven (und vor allem präventiven) sozialen Problembearbeitung erhebliche Defizite aufweist. Die Fragmentierung der Zuständigkeiten fördert erhebliche Schnittstellenproblemen und Intransparenzen, die vor allem auf kommunaler Ebene wie im Vergrößerungsglas aufscheinen. „In

Deutschland liegen die Hauptkompetenzen für Kinderbetreuung, Jugendhilfe und soziale Dienste in der Verantwortung der Kommunen. Grundsicherungsleistungen werden oft unter Beteiligung der Arbeitsagentur erbracht. Schule und Berufsausbildung sind in erster Linie auf Länderebene verortet. Der Gesundheitssektor wird durch verschiedene Krankenkassen finanziert. Die unterschiedlichen Leistungen zwecks Vorbeugung und Heilung werden in Netzwerken erbracht. Das Netzwerk besteht aus niedergelassenen Ärztinnen und Krankenhäusern in unterschiedlicher Trägerschaft. Ärztekammern und kassenärztliche Vereinigung nehmen Einfluss auf Regularien, die konkrete Auswirkungen vor Ort haben. Weitere Akteure sind die Gesundheitsämter in den Kommunen, obgleich sie über ein eher eingeschränktes Portfolio verfügen. Die Koordination der Bereiche Kinder- und Jugendhilfe, allgemeine soziale Dienste, Grundsicherung, Bildung, Gesundheit und Beschäftigung ist folglich hochkomplex" (Wieda et al. 2020, S. 23).

Die Heterogenität der Angebots- und Trägerstruktur im Feld der sozialen Dienste wird noch unterstützt durch die verschiedenen Finanzierungsquellen und – mit Blick auf Prävention – die oft nur temporäre Förderung von Maßnahmen. Dadurch wird das ohnehin schon beträchtliche Maß an Intransparenz noch zusätzlich erhöht. Empirische Studien aus jüngster Zeit bestätigen, wie durch den komplizierten Aufbau des deutschen Sozialstaates soziale Risiken nicht adäquat bearbeitet geschweige denn gelöst werden. „Betrachtet man die Sozialpolitik insgesamt, so ist sie bereits in ihren grundlegenden Strukturen durch eine Konstellation der Diffusion gekennzeichnet – die Umsetzung der im SGBI formulierten übergreifenden Zielsetzung sozialer Gerechtigkeit und sozialer Sicherung erfolgt in unterschiedlichen Politikfeldern mit jeweils spezifischen Governance-Strukturen, Leitbildern und Akteurskonstellationen. Hier wird mit der Formulierung eines umfassenden Teilhabeziels eine Querschnittsaufgabe der Sozialpolitik formuliert, deren Implementierung auf unterschiedliche Politikfelder und Rechtskreise verteilt wird. Die Organisationen verfolgen jeweils spezifische Ziele und orientieren sich, wie die Auswertungen zeigen, bei der Implementierung häufig stärker an ihren jeweiligen Organisationszielen als an ihrem (potenziellen) Beitrag zur Erreichung des übergeordneten Ziels. Diese Diffusion der Verantwortung für das übergeordnete Teilhabeziel stellt ein Grundproblem der Sozialpolitik dar" (Stöbe-Blossey et al. 2019, S. 181).

Die Zahl der Gesetze zur Unterstützung sozialer Probleme hat zwar in den letzten Jahrzehnten zugenommen und immer mehr Akteure kümmern sich um soziale Belange, allerdings fehlt es oft an strategischer Zusammenarbeit. „Menschen haben aber soziale Problemlagen, die sich nicht an diese Zuständigkeiten halten. Der an sich gut ausgebaute Sozialstaat bleibt vielerorts weit unter seinen Möglichkeiten, Notlagen vorzubeugen und Menschen stark zu machen. Das

Bewusstsein, wie notwendig es ist, die Kräfte des Sozialstaats zu bündeln, wächst seit längerer Zeit. Wo unter Pandemiebedingungen Kooperation gelingt, da haben Verantwortliche in den unterschiedlichen Institutionen über viele Jahre die Zusammenarbeit eingeübt und den rechtlichen Spielraum für pragmatische Lösungen genutzt" (Cremer 2021).

An dieser Stelle eröffnen sich Chancen wie Risiken durch den ohnehin sich vollziehenden Prozess der Digitalisierung auch in der Sozialwirtschaft. „Sie bietet einerseits bisher ungeahnte Unterstützungs- und Teilhabepotenziale, andererseits aber entstehen durch sie neue Formen der Ausgrenzung und Diskriminierung" (Vilain 2020, S. 89). Digitalen Angebote, bspw. zur Information und Kommunikation können sich die Organisationen auch deshalb nicht verschließen, da sie vielfach von souveränen Leistungsempfängern eingefordert werden. Mit Blick auf die Sozialorganisationen wird in der Forschung oft hervorgehoben, dass es ihnen schwerfällt organisatorische Neustrukturierungen einzuleiten, da sie nicht auf Wandel programmiert sind. „Organisationen der Sozialwirtschaft gelten oft als veränderungsresistent. Strukturen und Haltungen sind oft auf Langlebigkeit ausgelegt. Allerdings zeigen zunehmend mehr dieser Organisationen die notwendige Flexibilität und Bewegung, um sich den aktuellen Herausforderungen zu stellen. Die wirksame Planung, Umsetzung und Begleitung der Veränderung erfordert Mut und das Rüstzeug wirksamer Führung, beim Ansatz der Selbstorganisation der Selbstführung. Ein solcher Wandel muss nicht zwangsläufig radikal verlaufen, sondern wird oft über weiche Kanäle gesteuert" (Kaegi und Zängl 2019, S. 121).

Über Kontrakte wird allerdings nicht mehr nur in den politischen verantwortlichen Gremien verhandelt, sondern in Vertragsverhandlungen zwischen der Verwaltung und Verbänden bzw. deren Mitgliedsorganisationen entschieden. Die traditionellen politischen Verflechtungen zwischen einzelnen Wohlfahrtsorganisationen und politischen Parteien verlieren deshalb auch auf kommunaler Ebene an *Steuerungskraft*. Stehen die Kontraktbudgets fest, können die Verbände aber auch autonomer als vorher über die Mittelverwendung beschließen. Diese schleichende Entmachtung der Politik führt zwangsläufig zu einer Ausdifferenzierung des sozialpolitischen Kräftefeldes, das sich pluralisiert. Für die Wohlfahrtsverbände bedeutet eine solche Verbetrieblichung in Zeiten wachsender Ressourcenkonkurrenz, die Interessenfunktion gegenüber sozial marginalisierten Gruppen zu vernachlässigen. Die Einträglichkeit mancher Sozialmärkte desavouiert die Vorstellung, die Anbieter von sozialen Diensten könnten stets gleichzeitig auch die Anwälte ihrer potentiellen Nachfrager sein. Damit werden wiederum Gerechtigkeitsfragen virulent, die die etablierten Wohlfahrtsverbände in neue legitimatorische Probleme sowie Rollenkonflikte bringen können, zumal wenn die klassische Rhetorik nicht an die neuen Bedingungen angepasst wird und im Gegenteil sogar organisationspolitische Skandale in den Medien breitgetreten werden.

Hinzu kommt, dass das Kontraktmanagement nicht mit formalrechtlichen Entscheidungsbefugnissen ausgestattet ist; es ergänzt das demokratisch legitimierte System und die herkömmlichen Verfahrenswege politischer Entscheidungsfindung, ersetzt sie aber nicht. Dies bedeutet, dass der Staat weiterhin eine wichtige Rolle bei der Gestaltung des sozialen Sektors spielt. So kann er als Verhandlungsstaat die *Netzwerksteuerung* selbst zum Gegenstand staatlicher Politik machen, indem die Verfahrensregeln festgelegt werden und auf die Zusammensetzung der Interessen Einfluss genommen wird. Konkret bezogen auf die Sozialpolitik kann darin ein Weg bestehen, angesichts der Pluralisierung und Individualisierung der Gesellschaft sowie der Stärkung von Rechten von Leistungsbeziehenden zugleich den Wohlfahrtspluralismus zu stärken.

Insgesamt sind die Auswirkungen neuer Steuerungsmodelle eher *widersprüchlich:* Auf der einen Seite erhöht sich der Ökonomisierungsdruck auf die Einzelorganisationen der Wohlfahrtsverbände. Auf der anderen Seite führt dies nicht zu einer tatsächlichen marktlichen Regulierung des wohlfahrtsstaatlichen Systems. Ökonomisierung bedeutet also nicht automatisch mehr Wettbewerb, sei es zwischen privat-gewerblichen und freigemeinnützigen Anbietern oder großen und kleinen Trägern oder der einzelnen Träger untereinander. Entgegen den Etiketten werden das korporatistische System und die Funktionslogiken der Wohlfahrtsverbände oft auf niedrigem finanziellem Niveau stabilisiert, gleichzeitig diversifizieren und verbetrieblichen sich allerdings viele größere Wohlfahrtsverbände. Dies verschafft ihnen einerseits einen stärkeren Autonomie- und Entscheidungsspielraum, andererseits impliziert dies neue Fragen bezüglich der Selbststeuerungskapazität und der Legitimation (vgl. die Beiträge in Heinze et al. 2018 sowie in Grunwald und Langer 2018). Auch wenn manche Kritiker*innen (vornehmlich aus der Wissenschaft) seit Jahren vor einem Bedeutungsverlust der Verbände (etwa durch aufkommende Konkurrenzen von Privatunternehmen in Teilsektoren wie der Altenhilfe) warnen, expandieren die verbandlichen Dienste im Rahmen einer generellen Ausweitung des Sozialinvestitionsstaates weiter und befestigen darüber ihre herausgehobene lokale Positionierung im regulierten Wohlfahrtskorporatismus.

3.5 Auf dem Weg zum hybriden Wohlfahrtsmix

Der Sozial- und Gesundheitssektor wird durch neue Anbieter und veränderte Nachfragestrukturen unübersichtlicher, die Grenzen zwischen den Organisationsformen verschwimmen und lassen die Komplexität wachsen. Neue Verschränkungen von sozialstaatlichen, marktbezogenen und bürgergesellschaftlichen Elementen in sozialen Einrichtungen und Diensten machen die ohnehin schon unübersichtliche Architektur des deutschen Sozialstaates noch komplizierter. Dieser Trend zur Hybridisierung und damit implizierten multiplen Verflechtungen dürfte fortschreiten, zumal die abgeschotteten Problemlösungen des traditionellen Sozialkorporatismus mit der Tendenz zu „closed shops" der sozialen Vielfalt und den nötigen Problemlösungskompetenzen nicht länger entsprechen. Diese Ausdifferenzierung kann einerseits soziale Innovationen bewirken, da die etablierten Trägerstrukturen einen Weckruf bekommen, andererseits werden die in Deutschland markanten Schnittstellenprobleme damit nicht gelöst. Integrative Kooperationsstrukturen müssen noch aufgebaut werden. „Eine erfolgreiche Kooperation zu etablieren, ist äußerst anspruchsvoll. Im deutschen Kontext sind in unterschiedlichen Rechtskreisen Zuständigkeiten und Budgets über verschiedene Institutionen verteilt. Eine fach- und institutionenübergreifende Zusammenarbeit ist wenig etabliert. Mit Blick auf Kinder in benachteiligten Sozialräumen kann diese Fragmentierung fatale Folgen haben: Obwohl jede Behörde in ihrer Zuständigkeit administrativ korrekt arbeitet, ist nicht sichergestellt, dass die sozialen, gesundheitlichen und erzieherischen Bedarfe von Kindern so koordiniert werden, dass damit der Weg in ein selbstständiges und eigenverantwortliches Leben wirkungsvoll unterstützt wird. In der Politik- und Verwaltungsführung fehlt häufig noch das Bewusstsein für die strategische Bedeutung von kommunalen Netzwerken und Prävention" (Wieda et al. 2020, S. 17).

Durch die fortschreitende Alterung der Gesellschaft entstehen ebenfalls auf lokaler Ebene neue Herausforderungen an die Sicherstellung und Verbesserung der *medizinischen und pflegerischen Versorgung* älterer Menschen und damit weitere Nachfrage an sozialen und pflegerischen Diensten. Vor dem Hintergrund einer zunehmenden Singularisierung (insbesondere) hochaltriger Personen werden Konzepte benötigt, wie auch bei Krankheit oder Pflegebedürftigkeit im Alter, die die Teilhabe an gesellschaftlichen Prozessen sowie ein möglichst hohes Maß an Selbständigkeit gewährleisten können (vgl. zusammenfassend Heinze 2020a). In lokalen, wohnquartiersbezogenen Projekten kann man den Verbleib in der eigenen Wohnung in vielen Fällen aber nur ermöglichen, wenn sowohl soziale Betreuung (professionelle soziale Dienste sowie bürgerschaftliches Engagement) als auch technische Assistenzen eingesetzt werden. Über 90 % der Älteren über

65 Jahre lebt in privaten Wohnungen, knapp 4 % in Alten- und Pflegeheimen (jenseits des 80. Lebensjahres steigt der Wert auf rund 11 %). Nach dem Mikrozensus wohnen 97 % der 60-Jährigen und Älteren in einem privaten Haushalt, also allein oder mit Partnerin oder Partner (vgl. zusammenfassend BMFSFJ 2016, Generali-Altersstudie 2017 sowie den aktuellen Datenreport 2021 vom Statistischen Bundesamt et al.).

Das selbstbestimmte Wohnen zuhause stellt weiterhin für die große Mehrheit der älteren Menschen die beliebteste Wohnform dar. Die Wohnung und das nähere Wohnumfeld werden im Alter zunehmend zum Lebensmittelpunkt, in hohem Alter und bei Pflegebedürftigkeit oftmals zum alleinigen Lebensort. Wenn auch der Wohnbereich an Bedeutung gewinnt, sind derzeit noch erhebliche Nachholbedarfe im Bereich altengerechten Wohnens zu konstatieren. Dies tritt wie im Brennglas in der Corona-Pandemie zutage, in der die Älteren pauschal als Risikogruppe auf die eigene Wohnung und das Nahumfeld verwiesen wurden. „Durch den reduzierten Lebensradius wächst die Bedeutung der Wohnung für die Lebensqualität der Älteren um ein Vielfaches. Die Möglichkeit, sich in der Wohnung angemessen bewegen zu können, ist besonders für Personen mit Mobilitätseinschränkungen bedeutsam. Darüber hinaus dürften andere, für die Wohnzufriedenheit ausschlaggebende Wohnaspekte (wie Gartenzugang oder Balkon) zusätzlich an Gewicht gewinnen. Dazu gehören auch die nachbarschaftlichen Beziehungen und Hilfestrukturen. Die Nähe zu den Nachbarn kann neben konkreten Hilfen im Alltag auch Gefühle von Einsamkeit und sozialer Isolation mildern, gerade dann, wenn der Kontakt zu Freunden und zur Familie eingeschränkt ist" (Hoffmann et al. 2021, S. 90).

Der auch unabhängig von der konkreten Krise schon aus demografischen Gründen notwendige Aufbau einer neuen Versorgungsinfrastruktur auf lokaler Ebene muss vor dem Hintergrund gewandelter Sozialstrukturen betrachtet werden. Die Haushalte in Deutschland sind beispielsweise nicht nur kleiner geworden und der Anteil Älterer darin angestiegen, vieles spricht auch dafür, dass die primären sozialen Netzwerke ein Stück weit instabiler geworden sind, weil die traditionellen Großfamilien immer seltener zusammenleben. Wenn auch Erosionserscheinungen hinsichtlich der Familie unübersehbar sind, heißt dies jedoch nicht, dass es zwischen den Generationen keine Bindungen mehr gibt. Die meisten erwachsenen Familienangehörigen leben zwar nicht unter demselben Dach, sind aber räumlich zumeist nicht weit voneinander entfernt und können deshalb vielfältige Unterstützungsleistungen erfahren. Repräsentative Befragungen von Personen über 18 Jahren in Deutschland belegen die „Sesshaftigkeit": Ohne Weiteres wechseln Menschen „ihr" Quartier nicht. 80 % aller Deutschen und sogar 90 % der Über-65-Jährigen wohnen schon länger als fünf Jahre in ihrem

Quartier. Zusammen genommen sagen über 90 % der Befragten, dass sie sich in ihrem Quartier wohl fühlen und von der Politik erwarten, dass in ihrer Kommune öffentliche Formen der Daseinsvorsorge bereitgehalten werden.

Diese Verbundenheit mit dem sozialen Umfeld schafft auch sozialen Zusammenhalt, der in einer sich immer weiter zersplitternden und singularisierten Gesellschaft von hoher Bedeutung ist. Die Nachbarschaft kann als ein Identitätsanker wirken, was sich auch im derzeitig viel diskutierten Begriff „Heimat" widerspiegelt. Angesichts einer komplexer und für den Einzelnen oft schwerer nachvollziehbarer werdenden Welt (Globalisierung, Migration, Klimawandel), konzentrieren sich viele Menschen wieder stärker auf das nähere soziale Umfeld, um dort dem Bedürfnis nach Sicherheit gerecht zu werden. Es ist deshalb neben einer angemessenen materiellen Grundsicherung im Alter eine wichtige Aufgabe der Kommunen, im Sinne der Daseinsvorsorge den öffentlichen Raum so zu gestalten, dass Begegnungen zwischen den dort lebenden Menschen gestärkt werden. Sie haben in diesem Verständnis sogar die besondere Verantwortung, Akteure und Institutionen zu vernetzen und Teilhabe zu ermöglichen.

Trotz dieser bedeutenden Rolle der kommunalen Sozialpolitik kommt dieser in der sozialpolitischen Debatte in Deutschland ein Schattendasein im Vergleich zur staatlichen Sozialpolitik zu. Dies liegt auch daran, dass die *Kommunen* trotz der seit 2020 erfolgten Entlastungen der Länder durch den Bund grundsätzlich weiterhin noch gegenüber dem Bund und den Ländern „am kürzeren Hebel" sitzen, wenn sie ihre inhaltlichen und finanziellen Wünsche vorbringen. So wird schon seit längerem um eine Reform der Gemeindefinanzen und die Realisierung des Konnexitätsprinzips gestritten, das zwar verfassungsrechtlich fixiert ist, von dem allerdings real oft abgewichen wird. Aber nicht nur in dieser Hinsicht sind die Finanzierungsstrukturen im deutschen Sozialsystem (vornehm ausgedrückt) außerordentlich komplex und stark verrechtlicht. Es zeichnet sich aufgrund der fragmentierten Trägerstrukturen „durch eine Mischung verschiedener Finanzierungsquellen aus. Dadurch wird das ohnehin schon beträchtliche Maß an Intransparenz noch zusätzlich erhöht.

- Bei der Darstellung der Finanzierungsgrundlagen und -strukturen ist – trotz vieler Gemeinsamkeiten – aus analytischen Gründen zwischen den verschiedenen Träger- bzw. Anbietergruppen zu unterscheiden. Hier kann generell nach öffentlichen, freien und privat-gewerblichen Trägern differenziert werden. Eine zweite Systematisierung fragt nach der jeweiligen Herkunft der Mittel. Es überwiegen die öffentlichen, aus Steuer- und Beitragseinnahmen gespeisten Mittel. Hinzu kommen die (Zu)Zahlungen der Nutzer sowie – bei freigemeinnützigen Trägern – Eigenmittel insbesondere aus Mitgliedsbeiträgen, Kirchensteuern, Spenden und Sponsoring. Eine dritte Systematik bezieht sich auf die verschiedenen Finanzierungsformen. Hierbei kann hauptsächlich unterschieden werden zwischen Zuwendungen, Leistungsentgelten und Leistungsverträgen. Eine vierte Systematisierung lässt sich schließlich nach den Finanzierungsempfängern vornehmen. Hier dominiert eindeutig die Objektförderung, d. h. die finanzielle Förderung der Träger bzw. der Einrichtungen und Dienste, dominiert, während die Subjektförderung, die auf die unmittelbare Geldzuweisung an den/die Klienten/in bzw. Kunden/in selbst abhebt, eher selten vorkommt" (Bäcker et al. 2020, S. 1142).

Diese Versäulungen und Silobildungen stellen ein Hindernis für eine Umsteuerung und Weiterentwicklung der Sozialpolitik in Richtung einer fachlich gebotenen Fokussierung auf Prävention, Sozialräume und individuelle Präferenzen sowie Lebensverläufe der Leistungsberechtigten dar, denn diese erfordert auf kommunaler Ebene eine ressortübergreifende Querschnittspolitik. Man könnte auch von einer akteurs- und sektorenübergreifenden „Mission" sprechen, die nicht nur im Feld der Sozial- und Gesundheitspolitik, sondern auch in der Klimaschutzpolitik eingefordert wird (vgl. Mazzucato 2021; Leggewie 2021). Allerdings ist solch eine *missionsorientierte* Strategie in Deutschland schwer zu implementieren, denn eine ausgeprägte institutionelle Segmentierung mit spezifischen Spielregeln und Diskursformen prägt den deutschen Wohlfahrtsstaat seit seiner Entstehung und erschwert so eine konsistente und sektorenübergreifende Politik, wie sie gerade heute immer stärker gefordert ist. „So betrachtet erscheint die Bundesrepublik namentlich auf dem Feld der Sozialpolitik als eine Ansammlung mehr oder weniger lose verkoppelter policy-communities, von denen jede für sich als ein eigenes Verhandlungssystem zu betrachten ist" (Czada 2000, S. 42).

Deshalb ist ein *intelligentes Schnittstellenmanagement* gefordert, das auch der Gefahr des „Silodenkens" aktiv begegnen muss, um sowohl Doppelstrukturen zu vermeiden als auch neue Kooperationsformen mit Akteuren aus anderen Handlungsfeldern aufzubauen. So könnten die Kommunen bspw. im Bereich der Pflege mit den zentralen Organisationen in diesem Handlungsfeld (medizinischen und pflegerischen Einrichtungen, den Kranken- und Pflegekassen, ggf. Selbsthilfenetzwerken und der Wohnungswirtschaft) eine wichtige Moderations- und Koordinationsfunktion übernehmen. Dabei sollten sowohl die traditionellen Nachbarschaften als auch die neu entstandenen Engagementformen mit einbezogen werden (ein erneuerter „Wohlfahrtsmix"). In diesem Kontext sind in den letzten Jahren eine Reihe an Modellprogrammen aufgelegt worden, allerdings bestehen weniger Wissens- denn Umsetzungsdefizite. Gefragt ist deshalb ein konsistenter

Politikansatz, der ressort- und politikfeldübergreifend organisiert sein muss und die lokale Politik zu einem Labor für eine experimentell ausgerichtete Sozialpolitik macht. Die Stärken der traditionellen Wohlfahrtspolitik können genutzt werden, es müssen aber die bestehenden Fragmentierungen etwa in Kostenträger und Leistungen oder Prävention in Richtung einer integrierten Versorgung auf lokaler Ebene mit mehr Durchlässigkeit zwischen den Versorgungsformen überwunden werden.

Diese Doppelstrategie, einerseits die Entwicklungspfade mit ihren eingespielten Routinen zu beachten und andererseits auf neue institutionelle Arrangements zu setzen, knüpft an die vergleichende Wohlfahrtsstaatsforschung an, in der gezeigt wurde, dass die – gerade bei sozialstaatlichen Systemen – hohen Hürden für grundlegende Reformen nur unter Einbeziehung dieser stabilisierenden Mechanismen überwunden werden können. „Typischerweise entsteht in einer Gesellschaft oder in einem Politikbereich eine Vielzahl von Organisationen, die die Chancen der vorherrschenden Institutionen nutzen und dabei auch stark miteinander verwoben und voneinander abhängig sind. Institutionen haben, wenn sie einmal aufgebaut, einen selbstverstärkenden Charakter und tendieren zur Stabilität. Die möglichen Entwicklungspfade sind zwar weder vorherbestimmt noch unveränderlich, aber – und dies ist der Kern des Arguments einer pfadabhängigen Entwicklung – einmal aufgebaute Institutionen, engen die Möglichkeiten zukünftiger Entwicklungen stark ein. Ein Neustart ist nicht mehr möglich. Sollen neue Idee umgesetzt werden, muss hierzu das formale Regelsystem angepasst werden. Und, umso stärker eine neue Idee von der bestehenden Routine und Praxis abweicht, desto schwieriger ist es, dies zu bewerkstelligen. Wenn Reformideen eine Chance haben sollen, müssen sie deshalb gut zu den bestehenden institutionellen Arrangements passen" (Beyerler 2020, S. 289; vgl. auch Streeck und Thelen 2005). Beispiele aus verschiedenen Ländern zeigen, wie über solche Modernisierungskompromisse Reformen im sozialstaatlichen System realisiert wurden. Wir leiten für unsere Überlegungen zum Umbau sowie erforderlichen Weiterentwicklung wohlfahrtsstaatlicher Politik daraus ab, dass die Reformen und die damit implizierten institutionellen Wandlungsprozesse einerseits inkrementell und anderseits transformativ ausgerichtet sein müssen. Auf den inkrementellen Wandel in einzelnen Feldern der Sozialpolitik, der oft unsichtbar abläuft und der breiten Öffentlichkeit verborgen bleibt, ist bereits hingewiesen worden. Neue Leitbilder, wie es etwas das Paradigma einer universalistischen Sozialpolitik darstellen könnte, sind im institutionellen Kontext eines historisch gewachsenen und mehrere Jahrzehnte gut funktionierenden sozialpolitischen Regimes alles andere als leicht um- wie auch durchzusetzen. Aus der Organisationsforschung wissen wir, dass auch nicht mehr so gut funktionierende und von Ineffizienz bedrohte Systeme durchaus längere Zeit überleben können.

Mit Blick auf Reformen im deutschen wohlfahrtsstaatlichen Gefüge sind in den letzten Jahren zwar *Leuchtturmprojekte* zu einer besser verzahnten und auf Prävention und Nachhaltigkeit setzenden Politikstrategie angedacht und zum Teil auch umgesetzt worden. Allerdings sind solche kooperativen Reformstrategien einerseits nur punktuell sowie temporär im fragmentierten deutschen System gelungen, allerdings sind derzeit – aktuell bedingt durch die Corona-Pandemie, aber auch durch langfristige Wandlungsprozesse (demografischer Wandel, neue Klimapolitik) – solche strategischen Kooperationen und eine resiliente Politik auf lokaler Ebene stark gefragt. Für eine vernetzte Daseinsvorsorgepolitik spielen neben den öffentlichen Infrastruktureinrichtungen auch Unternehmen des Dienstleistungsgewerbes, des Einzelhandels oder der Gastronomie eine ebenso wichtige Rolle wie alternative, nicht auf Gewinnmaximierung ausgerichtete Wirtschaftsformen wie Genossenschaften und Wohlfahrtseinrichtungen. Die lokale Infrastruktur hat einen wesentlichen Einfluss auf die Lebensqualität und Versorgungssicherheit der Bevölkerung und ist somit auch als zentrale Komponente einer nachhaltigen, sozialinvestiven Sozialpolitik zu verstehen. „Der (zentrale) Staat sichert dabei vor allem die Grundansprüche, während die Akteure in den lokalen Netzwerken dazu beitragen, neue Integrations- und Förderangebote (Freiwilligenarbeit, Vereinstätigkeiten, Beschäftigungsmöglichkeiten, Betreuungsnetzwerke) aufzubauen und damit Handlungsoptionen anzubieten" (Beyerler 2020, S. 297).

Neue integrative Versorgungsangebote vor Ort stoßen allerdings auf zahlreiche institutionelle Hürden (bspw. existiert für sie häufig keine klare öffentliche Finanzierungsverantwortung), die ohne eine Regelveränderung in den formalen Strukturen kaum zu überwinden sind. Vor diesem Hintergrund ist es keine leichte Aufgabe, auf lokaler Ebene kleinteilig vernetzte Versorgungsstrukturen zu etablieren, die es bspw. älteren Menschen möglich machen, notwendige Versorgungs- und Dienstleistungen einschließlich Pflege und Betreuung innerhalb ihres Quartiers in für sie erreichbaren Distanzen zu erhalten und so im Nahbereich um ihre Wohnung herum soziale Kontakte zu erleben und zu pflegen. Eine solche Neustrukturierung der sozialen Dienste in Richtung sozialintegrierter, vernetzter Versorgung setzt ein strategisches Umdenken der zentralen Akteure in diesem Politikfeld voraus. Die Fokussierung auf integrierte, wohnquartiersbezogene Versorgungsstrukturen impliziert also einen erheblichen politischen Handlungsbedarf, der auf den unterschiedlichen Ebenen des politischen Systems ansetzen muss.

Vor diesem Hintergrund überrascht auch nicht die in der vergleichenden Wohlfahrtstaatsforschung vorgebrachte These der *Resistenz* gegenüber wohlfahrtsstaatlichem Wandel. „Reife Wohlfahrtsstaaten sind schwer zu reformieren wegen institutioneller Verfestigungen, zahlreicher Wählerinteressen und Interessengruppen, die der Staat selbst generiert hat" (Dallinger 2016, S. 195). Die ausgeprägte institutionelle Segmentierung der Politikfelder mit spezifischen Spielregeln prägt insbesondere den deutschen Wohlfahrtsstaat seit seiner Entstehung und erschwert eine sektorenübergreifende Aufgabenbewältigung. Vergleichende Wohlfahrtsstaatsanalysen sprechen deshalb mit Blick auf Deutschland nicht umsonst von einer „frozen welfare state landscape" (Esping-Andersen 1999), die zugunsten integrativer Lösungen erst „aufgetaut" werden muss. Allerdings hat sich Esping-Andersen in seiner vielbeachteten Wohlfahrtsstaatstypologie, die auf den nationalen wohlfahrtsstaatlichen Akzenten der 1980er und 1990er Jahre beruht und heute neu komponiert werden müsste, mit dem „Dritten Sektor" bzw. den in Deutschland ausgeprägten wohlfahrtsverbandlichen Potenzialen nicht explizit beschäftigt. In den sozialpolitischen Publikationen der letzten Jahre (zusammengefasst etwa im Siebten Altenbericht der Bundesregierung/vgl. BMFSFJ 2016) wird auf die zivilgesellschaftlichen Potenziale als komplementärer Beitrag zur sozialen Sicherung gesetzt. Eine „gelingende Sorge" für Menschen mit Unterstützungsbedarf erfordert neben materieller Sicherung das intelligente und effiziente Zusammenwirken von Angehörigen, Freunden, professionellen sozialen Diensten (also primär den Wohlfahrtsverbänden) und bürgerschaftlich Engagierten. Da sich die Möglichkeitsräume mit steigendem Lebensalter zusehends verringern, braucht es vor Ort kleinteilige Versorgungsstrukturen, die es älteren Menschen ermöglichen, notwendige Versorgungs- und Dienstleistungen einschließlich Pflege und Betreuung in für sie erreichbaren Distanzen zu erhalten und im Nahbereich soziale Kontakte zu erleben und zu pflegen.

Aus diesem Grund sind die Kommunen zentrale Adressaten für eine sozialpolitische Neuorientierung und die kommunale Verantwortung für ein soziales Miteinander aller Generationen wird auch oft in „Festtagsreden" proklamiert. Deren konkrete Umsetzung auf lokaler Ebene ist aber weiterhin eine große Herausforderung für alle Akteure. „Trotz der Tendenz einer Verlagerung sozialpolitischer Aufgaben auf die zentralstaatliche Ebene (so durch die Einführung der Pflegeversicherung und durch die gemeinsam mit dem Bund getragene Grundsicherung für Arbeitsuchende) sind immer noch die Kommunen hauptzuständig für die soziale Infrastruktur der Gesellschaft und für die Daseinsvorsorge. In ihre Verantwortung fällt die Sicherstellung eines bedarfsgerechten und bürgernahen Angebots an sozialen Einrichtungen und Dienstleistungen. Zugleich sind sie örtliche Träger der Sozialhilfe und der Jugendhilfe. Die Kommunen – kreisfreie

Städte, (Land)Kreise und kreisangehörige Städte) – regeln in Selbstverwaltung alle Angelegenheiten der örtlichen Gemeinschaft, soweit nicht Bund oder Länder zuständig sind. Zu den wichtigsten Aufgaben zählen soziale Leistungen, Kultur, Gesundheit, Sport und Erholung, Straßenbau und Verkehrswesen, Energie- und Wasserversorgung, Stadtreinigung, öffentliche Ordnung, Bau- und Wohnungswesen sowie Wirtschaftsförderung" (Bäcker et al. 2020, S. 97).

Die Umsetzung der Daseinsvorsorge ist jedoch nicht nur als staatliche Aufgabe zu betrachten, sondern das in Deutschland durch das Subsidiaritätsprinzip geordnete Miteinander von öffentlichen Leistungen und freigemeinnützigen Organisationen muss ebenso einen wesentlichen Beitrag zur kommunalen Daseinsvorsorge erbringen. Die Wohlfahrtsverbände stehen durch ihre rechtliche Sonderstellung und ihre Strukturprinzipien sogar in der Pflicht, die Daseinsvorsorge aktiv mitzugestalten, was in den internationalen Diskursen zur Fundamentalökonomie oft nicht hinreichend registriert wird (vgl. u. a. Foundational Economy Collective 2019; Streeck 2019). Der Schub für *integrierte, lokale Lösungen* wird nicht nur in diesem Politikfeld nur unter Einbeziehung aller betroffenen Akteure gelingen. Hierfür müssen neue Kooperationsformen, vor allem zwischen Wohnungsunternehmen, sozialen und Gesundheitsdiensten und -anbietern (u. a. niedergelassene Ärzte und Krankenhäuser), Informations- und Kommunikationswirtschaft, den Kommunen, den Krankenkassen sowie den Selbsthilfeverbänden und bürgerschaftlich Engagierten entwickelt werden. Abhängig von den jeweiligen Akteurskonstellationen vor Ort werden Treiber für neue strategische Partnerschaften im Feld der integrierten Versorgung benötigt.

Doch schon bei der Kooperation zwischen Kommunen und Akteuren aus der Sozial- und Gesundheitswirtschaft sind Defizite zu konstatieren. Einige Kommunen sehen sich aufgrund der Überbelastungen außerstande, den Vernetzungsaufgaben aktiv nachzugehen, zumal ihnen an finanzieller Ausstattung dafür oft fehlt. „Kommunale Infrastruktur- und Investitionspolitik ist immer auch Finanz- und Haushaltspolitik und bedarf deshalb eines integrierten Planungsansatzes, der auf einem fach- und periodenübergreifenden Diskurs aufsetzt. Voraussetzung dafür ist – gerade auch in fiskalisch schwierigen Zeiten – ein gesamtstädtischer Gestaltungsanspruch, mit dem Perspektiven aufgezeigt werden können, die über das einzelne Haushaltsjahr und den Zeitraum der mittelfristigen Finanzplanung hinausweisen. Mit neuen Beteiligungsverfahren und Planungsinstrumenten können dann auch unterschiedliche Akteure und Stakeholder (einschließlich der Bürgerinnen und Bürger) in derartige Prozesse einbezogen werden" (Scheller 2017, S. 46).

Der Staat besitzt vor diesem Hintergrund ohne die Mitwirkung privater Akteure und Organisationen nicht länger die geforderten Kompetenzen und finanziellen Ressourcen, um eine umfassende Daseinsvorsorge auf gleichwertigem Niveau zu gewährleisten. Von den öffentlichen Institutionen wird im Sinne eines neuen Managements sozialer Sicherung ein Paradigmenwechsel von bürokratischer Organisation und Planung hin zu einer Rolle als Vernetzungsinstanz und Koordinatoren gefordert, um die im deutschen System sozialer Sicherung angelegten Fragmentierungen zu überwinden. Netzwerke im sozialräumlichen Kontext werden zukünftig an Bedeutung gewinnen und werden derzeit auch politisch favorisiert. Hier können zunächst in einem Nischenfeld offene, plurale Kooperationsstrukturen entstehen, die aber nicht mehr die Sicherheit eines geordneten Wohlfahrtssystems aufweisen und (oft zeitlich befristet) unter turbulenten Rahmenbedingungen agieren müssen. Gefragt sind jedoch nicht nur temporäre Förderungen und Leuchtturmprojekte, sondern langfristig angelegte kooperative Lösungen und neue Finanzierungsmodelle. Diese berühren dann aber auch das Beziehungsgeflecht zwischen Staat und Wohlfahrtsverbänden, deren Governancestrukturen sich in den letzten Jahren hin zum Kontraktmanagement gewandelt haben.

So wird seit einigen Jahren staatlicherseits versucht, „die Freie Wohlfahrtspflege durch die Einführung (betriebs-)wirtschaftlicher Vorgaben stärker politisch zu steuern. Der Korporatismus zwischen Staat und Wohlfahrtsverbänden besteht in veränderter Form fort, aber die Machtbalance zwischen Staat und Wohlfahrtsverbänden hat sich deutlich zu Gunsten des Staates verschoben" (Backhaus-Maul 2018a, S. 22). Allerdings ist die im deutschen Gesundheits- und Sozialsektor über Jahrzehnte etablierte verbandliche Selbstverwaltung weiterhin ein relevanter Machtfaktor, der insbesondere im Gesundheitsbereich eine große Rolle spielt. Durch die neuen Steuerungsansprüche des Staates müssen die Verbandsführungen zwischen den Mitgliederinteressen und staatlichen Ansprüchen vermitteln. Beobachter sprechen von einem *Intermediaritätsdilemma*. „Die intermediäre Stellung zwischen Mitgliederinteressen und Staatsauftrag konfrontiert Verbandsführungen mit widerstreitenden Handlungslogiken: Als Interessenvertreter sind sie ihrer Mitgliedschaft verpflichtet, als Verhandlungspartner werden ihnen im Austausch mit anderen Verbänden und dem Staat Kompromissbereitschaft im Interesse der Allgemeinheit abverlangt. Das Spannungsfeld von Vertretung und Verhandlung drängt sie zu Konfliktmoderation und Kompromissbildung. Dies unterscheidet den Verbändekorporatismus vom pluralistischen Kräftemessen, das allein Interessendurchsetzung zum Ziel hat" (Czada 2020, S. 313).

Trotz der gewandelten Governancestrukturen wird sich die Trägerlandschaft sozialer Dienste in Deutschland vermutlich nicht grundlegend verändern, allerdings wird schon ein effizienteres Schnittstellenmanagement erforderlich. Hinsichtlich der wachsenden Aufgaben im Sozial- und Gesundheitssektor werden die Kommunen diese aber nur erfüllen können, wenn sie Kompetenzen und vor allem finanzielle Ressourcen bekommen. Andererseits wird von der lokalen Sozialpolitik verstärkt erwartet, dass die Schnittstellen unterschiedlicher Versorgungssysteme im Sozialraum besser vernetzt werden und ihr Informationsangebot transparent für potenzielle Leistungsbeziehende präsentiert wird. Dies ist aber nur möglich, wenn der Bund die notwendigen Rahmenbedingungen dafür schafft und auch finanzielle Mittel dafür bereitstellt. In diese Richtung hat sich ohnehin die Sozialpolitik in den letzten Jahrzehnten entwickelt und der Bund hat immer mehr Aufgaben übernommen, was „auch eine Verschiebung der Risiken auf den Staatshaushalt und damit alle Steuerzahler" bedeutet (Eichhorst und Marx 2019, S. 422; vgl. auch Bahle 2019; Fux und Baumgartner 2019).

Trotz dieser weitreichenden, aber immer punktuell ansetzenden realen Umsteuerungen dürfte sich für die wohlfahrtsstaatliche Option eines bedingungslosen Grundeinkommens derzeit und auch in der Legislaturperiode ab 2021 wohl keine politischen Mehrheiten finden lassen. Allerdings bewirken die durch die Intensität der Corona-Pandemie umgesetzten Kontinuitätsbrüche in der Arbeitsmarkt- und Sozialpolitikentwicklung (zumeist unbeabsichtigt) einen weiteren Schritt in Richtung eines sich herausschälenden *Grundsicherungsstaates* mit kontinuierlich wachsenden Autonomieansprüchen seitens der (potenziell) Leistungsbeziehenden. Diese schleichende Abkehr vom traditionellen Entwicklungspfad des gemäß Nachrangigkeitsprinzipien gewährenden deutschen Sozialstaats ist bislang nicht als einheitliche Strategie aufzufassen, sondern geschieht fast unsichtbar in kleinen Dosierungen, könnte jedoch durch die Pandemie in eine neue historische Transformationsphase münden. Es ist nicht unwahrscheinlich, dass in den politischen Parteien, der Wissenschaft und vor allem in öffentlichen Diskursen durch die jetzt gewonnenen Erfahrungen zunehmend mehr Chancen als Risiken für eine konzeptionelle Neuorientierung gesehen werden.

Angesichts der Corona-Krise, aber auch der Globalisierungsprozesse, gekoppelt mit der Ausbreitung von „Shareholder-Value-Prinzipien" in den in Deutschland traditionell geschützten Sektoren wie das Wohnen, die Bildung oder die Gesundheit, werden immer mehr Stimmen laut, die nach der sozialen Verantwortung und Nachhaltigkeit solcher Steuerungsmodelle fragen. Generell schwingt das Pendel von einer eher radikalen Marktorientierung wieder um in Richtung einer Renaissance staatlicher oder „gemischtwirtschaftlicher" Regulierungen. Hier richtet sich der Blick explizit auf den Nahbereich der Versorgung mit öffentlichen

Gütern: es geht um die aktive Gestaltung eigener assoziativer Sozialräume. Für den Umbauprozess in Richtung einer besseren Balance zwischen Staat, Markt und „aktiver" Zivilgesellschaft liegt jedoch bislang kein Drehbuch vor und wie schwierig sich der strukturelle Umbau gestaltet, ist anhand der verschleppten und halbherzigen Reformen (bspw. im Feld der Pflege) mehr als offenkundig. In diesem Sektor, der in den nächsten Jahren weiterwachsen wird, zeigt sich, wie diffizil es ist, Strukturreformen (bspw. in Form allgemein verbindlicher Flächentarifverträge) einzuführen. Deshalb bleibt die Unzufriedenheit vieler Beschäftigter wohl bestehen, die sich jetzt schon in einzelnen Protesten und der Exit-Option äußert.

Mit einer Neujustierung der Architektur des deutschen Sozialstaates wäre auch eine neue Phase wohlfahrtsstaatlicher Entwicklung eingeläutet, die manche Autoren bereits als *Postindustrialismus* bezeichnen, weil die letztlich am (sozialversicherungspflichtigen) Erwerbsstatus klebende soziale Sicherung qualitativ erweitert und die realen Strukturveränderungen auf dem Arbeitsmarkt in neue sozialpolitische Leitbilder transformiert werden. „Postindustrielle Solidarität achtet eher global Menschen, als ein Proletariat zu romantisieren. Sie bedeutet unter anderem, Dienstleister in einer ihnen gemäßen Weise sozial zu integrieren, die aus all ihren Erfahrungen, nicht nur aus einem vorwiegend ungeschützten Erwerbssektor heraus, längst postindustriell sind; deren Kreativität, Qualifikation, Mobilität und Flexibilität durch den Projektkapitalismus bereits lange ohne kernbelegschaftliche Absicherungen abgeschöpft worden ist; und deren so erzeugter und verstärkter Individualismus verständlicherweise schlecht auf die paternalistische Zumutung schmissiger Aktivierungsfloskeln anspricht, die sie in einer ihrer unzähligen Auftragsarbeiten gleich selbst verfasst haben könnten, da niemand das längst abgenutzte Vokabular des Projektkapitalismus besser kennt als sie" (Albert 2019, S. 87). Der Solidaritätsgedanke bleibt hier nicht bei den (abhängig) Erwerbstätigen stehen, sondern wird inklusiv und universalistisch für die gesamte Gesellschaft gedacht. In diesem Kontext sind auch die Konzepte zum Grundeinkommen anzusiedeln, die von den ökonomisch-sozialen Transformationen als Faktum ausgehen und dementsprechend neue Formen an autonomer Selbstbestimmung sowie institutioneller Solidaritäten als modernisierungstheoretische Variante formieren wollen.

Diese Modernisierungsidee hat – wie bereits aufgezeigt wurde – viele Vorläufer und einen großen Vorrat an visionärer Kraft, die allerdings oft in *Grundsatzdebatten* stecken blieb, zumal auch renommierte Sozialwissenschaftler*innen keineswegs von der Überlegenheit eines BGE überzeugt sind. So äußerte sich Esping-Andersen noch vor 15 Jahren ausgesprochen skeptisch und zurückhaltend zu einem bedingungslosen Grundeinkommen: „Die Schwäche des Vorschlags liegt woanders, nämlich in seiner ziemlich veralteten Diagnose der Risiken und

Bedürfnisse der Bürger. Die sozialen Risiken und Bedürfnisse sind zunehmend auf Pflege und auf Dienstleistungen ausgerichtet, die den Bürgern helfen, ihre Lebenschancen zu verbessern. Das eigentliche Problem besteht also darin, dass die zwangsläufig enormen Kosten eines Grundeinkommens die Dienstleistungen verdrängen werden, die die Bürger wirklich nachfragen, nämlich den Zugang zu bezahlbarer Kinderbetreuung, Altenpflege, lebenslanger Bildung und Ausbildungsmöglichkeiten. Zweifelsohne können wir die finanziellen Kosten eines Grundeinkommens reduzieren, indem wir es bei denjenigen, deren Einkommen bereits hoch ist, wieder besteuern. Aber warum sollte man es dann überhaupt einführen? Ich persönlich bin nicht gegen ein garantiertes Grundeinkommen und würde eine solche Politik für Familien mit Kindern und für ältere Menschen ohne weiteres befürworten. Aber es für alle Bürger zu propagieren, würde meiner Analyse nach bedeuten, fast alles auf eine einzige Karte zu setzen." (Esping-Andersen 2006, S. 73 [Übersetzung Heinze/Schupp]).

Im folgenden Kapitel werden deshalb die Gelingensbedingungen diskutiert, die in den Diskursen um ein BGE oft zu kurz gekommen sind. Es reicht für grundlegende Transformationen insbesondere in solch einem historisch gewachsenen und mit einer Organisationsvielfalt ausgestatteten Feld wie der sozialen Sicherung nicht aus, Ineffizienzen und Risiken der etablierten Systeme zu skizzieren und normativ ansprechende Konzepte zu formulieren, es müssen auch die Beharrungskräfte in Rechnung gestellt werden. Machtkonstellationen können aber auch erodieren, zumal wenn in der Realität schon länger ein stiller Wandel in Richtung einer garantierten Grundsicherung zu verzeichnen ist, der sich auch begrifflich in Worten wie Grundrente oder bedingungsarme Grundsicherung in der Arbeitsmarktpolitik niederschlägt.

Vom „Muddling Through" zum Politikwechsel: Hindernisse und Gelingensfaktoren

4

In den bisherigen Kapiteln wurde aufgezeigt, wie komplex die sozialstaatliche Architektur in Deutschland ist und diese strukturellen Fragmentierungen in einem Spannungsfeld zu den realen Problemlagen und Bedarfen der Menschen stehen. Bürgerinnen und Bürgern orientieren sich in ihrem Handeln keinesfalls ausschließlich an den bürokratischen Zuständigkeiten und deshalb bleibt der eigentlich gut ausgebaute Sozialstaat oft weit unter seinen Möglichkeiten, Notlagen vorzubeugen und effizient zu bekämpfen. Die Komplexität ist historischen geprägt durch die Arbeitsteilung zwischen Sozialversicherungen und Kommunen, die Trennung in örtliche und überörtliche Träger und die interne Ausdifferenzierung verschiedener Aufgabenbereiche. Hinzugekommen ist der kontinuierlich gewachsene Verrechtlichungsgrad der Sozialpolitik im Sinne einer starken Ausdifferenzierung gesetzlicher Grundlagen oder Verwaltungsanordnungen mit der Folge erheblicher *Vollzugsprobleme* durch eine immer stärkere Versäulung. Zudem führt die starke Arbeitsteilung und Bürokratisierung zu einer Diffusion der Verantwortung, wechselnden Ansprechpartner von Antragstellenden, wobei die große Zahl von Neuregulierungen diese sogar potentiell erhöht. Mangelnde Abstimmung und Verzahnung der verschiedenen Hilfesysteme tragen so oftmals zur Entstehung von Förderlücken, Unter- und Fehlversorgungen bei oder führen zu steigenden Widersprüchen und einer hohen Inanspruchnahme bis hin zu steigenden Bearbeitungsdauern der Sozialgerichtsbarkeit. Dies zeigt sich nicht nur aktuell etwa an der Problembearbeitung von Geflüchteten und Migrant*innen, sondern auch in verschiedenen sozialen Fragen. „Während die zu bearbeitenden sozialen Probleme ganzheitlicher Natur sind, sind die zuständigen Ämterstrukturen dagegen fragmentiert: die Zuständigkeit für Sozialhilfe liegt beim Sozialamt, für Jugendhilfe beim Jugendamt, für Mietbeihilfen beim Wohnungsamt. Diese unterschiedlichen Ämter sind häufig noch bei verschiedenen

R. G. Heinze und J. Schupp, *Grundeinkommen – Von der Vision zur schleichenden sozialstaatlichen Transformation*, https://doi.org/10.1007/978-3-658-35551-7_4

Verwaltungsebenen angesiedelt (Sozial- und Jugendhilfe beim Kreis, Wohngeld bei der Gemeinde). Folge ist eine Selektivität der Hilfe, die an den jeweiligen vom Gesetzgeber bestimmten Zuständigkeiten orientiert ist" (Grohs 2010, S. 29; vgl. auch Stöbe-Blossey et al. 2020).

Schon bei den klassischen Risiken traten durch die leistungsrechtliche Versäulung Schnittstellenprobleme auf, umso mehr gilt dies bei der Bekämpfung der sich neu herausgebildeten sozialen Ungleichheiten und Risiken (bspw. in einer Lebenslaufperspektive, denn es entstehen Schnittstellenprobleme bei riskanten biografischen Übergängen). „Zwar existiert auf kommunaler Ebene eine vergleichsweise umfangreiche soziale Infrastruktur, die vor allem durch die freigemeinnützige Wohlfahrtspflege gestellt wird. Aber die damit verbundenen Leistungen und Angebote kommen erst dann zum Zuge, wenn ein greifbarer negativer Befund wie Krankheit, Arbeitslosigkeit, Schulversagen oder andere spezifische Exklusionserfahrungen vorliegen. Dass dies – gemessen an den gewachsenen gesellschaftlichen Herausforderungen – als defizitär gilt, zeigt sich auch an den seit etwa zwei Jahrzehnten geführten Debatten über das Konzept einer investiven, aktivierenden, vorbeugenden, vorsorgenden, infrastrukturellen oder wirkungsorientierten Sozialpolitik. Wenn auch die Begrifflichkeiten variieren, so verbindet sich mit diesen unterschiedlichen Etiketten doch ein ähnliches Sozialpolitikverständnis, das mithilfe von personalen Dienstleistungen, Netzwerken, kompetenten Akteuren und sozialen Diensten darauf zielt, Individuen zu aktivieren, um das Eintreten von Risiken zu verhindern und die Potenziale für eine selbstverantwortete Lebensführung zu stärken" (Schroeder et al. 2018, S. 1; vgl. auch Rieger 2019).

Nach wie vor gilt für das sozialstaatliche System in Deutschland: es wird mehr *verwaltet* denn gestaltet, von einem grundlegenden Paradigmenwandel kann nicht gesprochen werden, eher von einem Ausbleiben eines strukturellen Politikwandels. Es ist – trotz des Ausbaus durch Grundsicherungsleistungen – von einer „recht hohen Selbststabilisierungsfähigkeit des deutschen Sozialstaates" (Nullmeier 2021, S. 841) auszugehen. Woran liegt die unzureichende Reformfähigkeit des wohlfahrtsstaatlichen Systems? Zur Beantwortung dieser Frage soll im Folgenden ein vor allem Prozesslogiken beschreibender politiktheoretischer Ansatz vorgestellt werden, der diese Phänomene zu beantworten beansprucht. Es handelt sich um den *Multiple-Streams-Ansatz* (MSA), der auf folgenden Grundannahmen beruht: „erstens, dass politische Systeme als organisierte Anarchien konzeptualisiert werden können; zweitens, dass Entscheidungssituationen über das Denken in Strömen erfasst werden können; und drittens, dass Agenda-Wandel davon abhängig ist, ob und wie sich die Ströme verbinden" (Herweg 2015, S. 326; vgl. auch

Herweg et al. 2018). Bislang wurde dieser Ansatz in der sozialpolitischen Forschung in Deutschland kaum aufgegriffen, obwohl hierüber ein Stück weit die Koordinationsdefizite und die fehlende Integrität erklärt werden könnten.

4.1   Der zähe Wandel der traditionellen Wohlfahrtsstaatlichkeit

Als grundlegende Strickmuster der deutschen Politik bleiben bislang die Detailversessenheit sowie die mangelnde Verkoppelung der unterschiedlichen „Ströme" bestimmend, die gerade mit Blick auf die Bearbeitung der neuen sozialen Risiken eigentlich dringend erforderlich wäre. Vor diesem Hintergrund ist nachvollziehbar, dass es in den letzten Jahrzehnten in Deutschland nur selten zu nachhaltigen Politikwechseln gekommen ist – und dies gilt explizit in sozialpolitischen Grundsatzfragen. In wissenschaftlichen Diagnosen wird das Bild eines erschöpften und überlasteten Wohlfahrtsstaates gezeichnet, der zudem auch vor Probleme seiner demokratischen Legitimation gestellt ist, da große Teile der Bevölkerung einzelne sozialstaatliche Leistungsbereiche als defizitär wahrnehmen: „Allerdings ist auch unser Wohlfahrtsstaat „in die Jahre gekommen". In seiner heutigen Strukturierung und institutionellen Ausgestaltung ist der Wohlfahrtsstaat in Deutschland ein Ergebnis der Industriemoderne des 19. und 20. Jahrhunderts. Es gibt viele Gründe, warum in den Sozialwissenschaften sowie in den Medien und der allgemeinen Öffentlichkeit eine „Generalüberholung" des Wohlfahrtsstaates gefordert wird. Aufgrund der technischen Revolution – Stichwort Digitalisierung – und Transformation der Wirtschaft kommt es zu neuen sozialen Risiken und Bedarfen; die Veränderung der Geschlechterrollen stellt die überkomme Arbeitsteilung und Differenzierung zwischen Haus- und Lohnarbeit infrage; der demografische Wandel führt herkömmliche Finanzierungsmodelle wohlfahrtsstaatlicher Dienstleistungen an ihre Grenzen; die zunehmende gesellschaftliche Pluralisierung verlangt nach individuelleren Lösungen und differenzierteren Angeboten, als sie bisher vom wohlfahrtsstaatlichen Dienstleistungskatalog vorgesehen sind. Kurzum: Der Wohlfahrtsstaat, wie er sich seit Ende des 19. Jahrhunderts entwickelt hat, steht auf dem Prüfstand. Seine eingefahrenen Strukturen sind nicht mehr zeitgemäß und werden zunehmend infrage gestellt" (Zimmer und Freise 2019, S. 5).

Ein Positivbeispiel wird immer wieder als Gegenthese vorgebracht. Um die potentielle Reformfähigkeit der Regierungspolitik zu reklamieren, wird die *Energiewende* bemüht, die nach dem externen Schock durch die Atomreaktorkatastrophe in Japan vor einem Jahrzehnt zu einem rapiden Politikwechsel in der von Angela Merkel geführten Regierungskoalition führte. Es gibt aber noch ein anderes großangelegtes Reformprojekt, die Agenda 2010 unter Bundeskanzler Gerhard Schröder, die in diesem Kontext ebenfalls genannt werden muss. Mit Hilfe des Multiple-Streams-Ansatzes kann dieser paradigmatische Wandel in Form der Hartz IV-Gesetzgebung in der deutschen Arbeitsmarktpolitik eingeordnet und seine Gelingensbedingungen erklärt werden. „Die Wahrnehmung, dass die Arbeitslosigkeit nicht im erwarteten Umfang bis zur nächsten Wahl fallen würde, zeigt, dass der Problemstrom reif war. Auch der Policystrom war reif, wurden doch die wesentlichen Elemente der Hartz-Reformen bereits zuvor in Expertennetzwerken ausführlich diskutiert. Die ungünstigen Bedingungen im Politics-Strom in Form des sektoralen Korporatismus, der starken Position des gewerkschaftsnahen Arbeitsministeriums sowie des mächtigen Traditionalistenflügels in der SPD verhinderten jedoch zunächst die Verabschiedung struktureller Reformen am Arbeitsmarkt. Erst als der Policy-Unternehmer Gerhard Schröder den Vermittlungsskandal bei der Bundesanstalt für Arbeit nutzte, um eine unabhängige Expertenkommission einzusetzen und damit das Arbeitsministerium zu umspielen, kam es zu Veränderungen auf der Agenda der Regierung. Der MSA kann also das Umspielen einer Vielzahl von Vetoakteuren und parteipolitischen Interessen erklären, dass bei der Verabschiedung der Hartz-Reformen zu beobachten war" (Zohlnhöfer und Herweg 2014, S. 124 f.; vgl. auch Spohr 2015).

Für den rapiden *Politikwechsel* in den Feldern Arbeitsmarkt- und Sozialpolitik existierte kein exakter Bauplan, deutlich werden aber die Bedeutung von political entrepreneurs und der richtige Zeitpunkt für den Start einer grundlegenden Reforminitiative. Ohne diese günstigen Auslösebedingungen wäre es wohl nicht zu dem institutionellen Umbau gekommen. In „normalen" Zeiten wird eine Reform als „Weg der Schnecke" beschrieben: „Sie dauern nicht nur lange, sondern weichen auch nur wenig vom Status Quo ab. Zunächst sind die institutionellen Rahmenbedingungen durch eine erhebliche Anzahl von Vetospielern charakterisiert. Zu den wichtigsten institutionellen Vetospielern gehören der Bundesrat, die unabhängige Bundesbank und das im Vergleich zu anderen Hohen Gerichten starke Bundesverfassungsgericht. Diese werden ergänzt durch parteipolitische Vetospieler, die in den Koalitionsregierungen auf Bundes- und Landesebene vorhanden sind. In jeder Koalitionsregierung sind die jeweils beteiligten Parteien Vetospieler in dem Sinne, dass ihre Zustimmung zu einer Policy – ebenso wie bei den institutionellen Vetospielern – notwendig ist" (Rüb 2014a, S. 12 f.). Nicht umsonst haben sich in vielen Grundzügen im deutschen Sozialstaat wesentliche Elemente der Bürokratisierung und strukturellen Fragmentierung im Verwaltungsaufbau bis heute erhalten und werden gefördert durch das Beharrungsvermögen und die

Eigeninteressen der sozialpolitischen Akteure. Das primäre Organisationsinteresse an Bestandserhaltung sowie einer Kontinuität der Zuständigkeit führen zu der in der Forschung konstatierten Pfadabhängigkeit als Erklärungsmodell für die wohlfahrtsstaatliche Entwicklung in Deutschland.

Vor diesem Hintergrund sind auch Modernisierungsbemühungen skeptisch zu bewerten, die die klassische Steuerung überwinden und bspw. moderne Konzepte *betriebswirtschaftlichen Managements* auf die öffentliche Verwaltung und Non-Profit-Organisationen übertragen wollten. Dadurch ist sicherlich Bewegung und Unruhe in die etablierten sozialstaatlichen Institutionen gekommen, in den Binnenstrukturen hat sich in der Regel hingegen nur wenig verändert, denn „Verwaltungsreformen scheitern nicht so sehr an fehlenden Konzepten, sondern vor allem an starken Beharrungskräften in den Organisationen. Ohne externen Druck reicht die Innovationsfähigkeit der Verwaltung nicht aus, zu strukturellen Veränderungen zu kommen. Dabei steigen die Erfolgschancen, wenn es einen breiten politischen Grundkonsens gibt, wenn es gelingt, die wichtigsten Entscheidungsträger in Politik und Verwaltung auf gemeinsame Ziele zu verpflichten. Gelingt dies nicht oder unzureichend, ist ein Scheitern wahrscheinlich. Allerdings muss der Reformprozess auch in der Organisation selbst stattfinden. Er muss zwar von außen unterstützt werden, lässt sich aber kaum von außen erzwingen oder steuern. Dazu ist der Aufbau einer Führungskoalition, die den Veränderungsprozess anleitet und unterstützt, wichtig" (Bogumil und Jann 2020, S. 368 f.).

Grundlegende Reformen sind also ausgesprochen *anspruchsvoll* und deshalb stellt sich die Frage nach den Grenzen der Umgestaltungs- und Reformpotenziale von Politik und wie deren Gelingensfaktoren beschrieben werden können. Deutlich wird im Sozial- und Gesundheitssektor, wie wenig die Politik ihre eigenen Handlungsspielräume definieren kann; sie wird – nimmt man den Krisenmodus wie in der Corona-Pandemie heraus – zumeist von einer Vielzahl ganz unterschiedlicher Akteure mit teils widersprechenden Einzelinteressen getrieben und verliert dadurch weiter an Deutungshoheit und letztlich an Legitimation. Hinzu kommt ein Defizit in der Politiksteuerung: es existiert in Deutschland außer dem Sachverständigenrat zur Begutachtung der gesamtwirtschaftlichen Entwicklung (SVR) kein (ressort-)übergreifendes Beratungsgremium von Expertinnen und Experten, dass unabhängig die Herausforderungen und Schwächen gebündelt analysiert und der Politik gesichertes Wissen für Handlungsempfehlungen zur Verfügung stellt. Auch der Sozialbeirat, das bereits seit 1958 bestehende Beratungsgremium, dessen Geschäftsstelle im Geschäftsbereich des Bundesministeriums für Arbeit und Soziales angesiedelt ist, spiegelt mit seinen insgesamt zwölf Mitgliedern (vier Versichertenvertretern, vier Arbeitgebervertretern, drei Wissenschaftler*innen und einem Vertreter der Deutschen Bundesbank) die gesetzgebenden Körperschaften wider. Der Beirat hat primär die Aufgabe, in seinen Gutachten die jährlichen Rentenversicherungsberichte der Bundesregierung zu kommentieren sowie zu aktuellen Entwicklungen der Alterssicherung Stellung zu nehmen. Eine Vielzahl an Berichten der Bundesregierung, die entweder auf gesetzlichen Aufträgen oder Beschlüssen der Bundesregierung beruhen, werden „in Eigenproduktion mit wissenschaftlicher Beratung" (Tiemann und Wagner 2013, S. 7) von der Ministerialbürokratie verantwortet. „Eines der zentralen Probleme für das Politikfeld der Sozialpolitik liegt darin, dass keine integrierte sozialpolitische Beratung existiert und auch die Forschung zur Politikberatung nur sektorale Analysen von Politikberatungsformen bietet. Das Zusammenwirken der Maßnahmen in den einzelnen Subfeldern der Sozialpolitik sowie die langfristigen Auswirkungen eines stark fragmentierten Politikgeschehens auf die sozialen Risikolagen und die staatlichen Steuerungsmöglichkeiten in der Zukunft wird in wissenschaftlicher Politikberatung nicht zum Gegenstand gemacht" (Nullmeier 2019, S. 1).

Auf sozialwissenschaftlicher Ebene ist hinsichtlich der Reichweite staatlicher Politik und politischer *Gesellschaftssteuerung* folglich Ernüchterung und Skepsis eingekehrt (vgl. zusammenfassend Willke 2020; Heinze 2020b). Wenngleich sich in den letzten Jahren „Schleichwege" aus der traditionellen Pfadabhängigkeit zeigen, verbleiben die institutionellen Reformen weitgehend dem klassischen Leitbild verhaftet. Die offizielle Politik schreckt noch immer vor größeren institutionellen Reformen zurück und dies gilt auch für die großen sozialpolitischen Organisationen, deren Erfolg eng mit dem klassischen Sozialstaatsmodell zusammenhängt. Das Fazit der letzten Jahre deutscher Sozialpolitik lässt sich kurz zusammenfassen: „Unpopuläre, umfassende Strukturreformen blieben insgesamt jedoch aus und die zukünftige Finanzierbarkeit lässt sich hinterfragen" (Voigt 2019, S. 415).

Eher ist von einem „reformlosen Wandel" und einer *schleichenden Transformation* des kompensatorischen deutschen Wohlfahrtsstaatsmodells zu sprechen. Vorangetrieben wurden die Veränderungen durch politische Faktoren, wie die Durchsetzung von Akteursinteressen und die unterschiedlichen Machtressourcen der verschiedenen sozialen Gruppen. Auch der Regierungsumzug nach Berlin verbunden mit der Hauptstadtrepräsentanz seiner zahllosen Lobbyistengruppen sowie der medialen Dauerbeobachtung dürften ebenfalls ihren Anteil an dieser Entwicklung haben. „Leistungen gehen nicht qua funktionalem Leidensdruck an die Bedürftigsten, sondern an die Gruppen, die sich durchsetzen können. Sozialpolitik ist nicht gleichbedeutend mit vertikaler Umverteilung, sondern mit der Kollektivierung ausgewählter sozialer Risiken auf Kosten und zu Gunsten bestimmter sozialer Gruppen. Diese verteilungspolitischen Prozesse haben in Zeiten knapper Mittel eher an Komplexität gewonnen, weil die Bedürfnisse verschiedener Gruppen in stärkerer Rivalität stehen. Deshalb reichen eindimensionale Links-Rechts-Schemata oft nicht mehr aus, um die Fronten der Verteilungspolitik darzustellen" (Häusermann 2015, S. 608).

Anspruchsvolle Neudesigns von sozialer Sicherung stehen auch deshalb vor großen Problemen, da die *Strategiefähigkeit* der deutschen Politik nicht allzu hoch eingeschätzt wird und seit längerem auch im sozialpolitischen Gefüge Erschöpfungszustände konstatiert werden. Schon seit einiger Zeit wird in der Forschung die Frage gestellt: „Kann Politik (noch) mit den Eigendynamiken und Zeitrhythmen der gesellschaftlichen Teilsysteme und der globalen Welt mithalten? Dies ist die Frage nach der (Dys) Synchronität von Politik und Umwelt, also ob Politik in der Lage ist, sich mit den Entwicklungsdynamiken der gesellschaftlichen Umwelt zu koordinieren und mit ihrer Entscheidungsproduktion auf gegebene Herausforderungen zeitgemäß zu reagieren" (Rüb 2011, S. 72). Grob betrachtet ergibt sich eher das Bild einer tendenziell *überforderten Politik,* die von verschiedenen Ereignissen getrieben wird und nicht rational und möglichst autonom Probleme löst. Diese Beobachtung ist nicht gänzlich neu, sondern wird in der Politikwissenschaft schon länger geteilt. „Das Krisenmanagement sichert nur einen Zeitgewinn. Politik im Krisenfall wird reduziert auf die Überbrückung von Zeit, eine Bekämpfung der Ursachen der Krise wird nicht ernsthaft angestrebt. Dadurch bleiben aber die krisenhaften Tendenzen in der Ökonomie vorhanden, während sich das politisch-administrative System bei der Krisenrettung „verausgabt", seine Mittel überspannt und mit wachsender innerer Desorganisation zu kämpfen hat. Die Krisenbewältigung überfordert den Staat auf längere Sicht. Kommt es zudem in nicht allzu großer Ferne zu einer weiteren ökonomischen Krise, vermag der bereits geschwächte Staat nicht mehr die nötige Handlungsfähigkeit aufzubringen" (Klenk und Nullmeier 2010, S. 289; vgl. auch Streeck 2013).

Manche Beobachter*innen sehen deshalb nicht erst seit jüngster Zeit ein „Zeitlupenland", das sich vor allem an wohlfahrtsstaatlichen Erfolgen aus der Vergangenheit orientiert und die gewonnenen Sicherheiten und Statuszuschreibungen mit aller Kraft verteidigen möchte. Die am Erhalt des Status-quo orientierten Akteure brauchen nicht unbedingt offensiv auftreten, vielmehr reicht es oft, die Leitbild- und Organisationsdiskurse auf aus ihrer Sicht „sichere" Fragen zu beschränken. In der politikwissenschaftlichen Forschung wird in diesem Kontext von den zwei Gesichtern der Macht („two faces of power") und „non-decision-making"-Prozessen gesprochen. Konkret bedeutet dies: „the practice of limiting the scope of actual decision- making to „safe" issues by manipulating the dominant community values, myths, and political institutions and procedures. To pass over this is to neglect one whole „face" of power" (Bachrach und Baratz 1963, S. 632; vgl. auch dies. 1962 und 1977 sowie Offe 1977).

Indem über grundlegende Fragen *nicht entschieden* wird, sind Politikwechsel verbunden mit institutionellen Neuordnungen in einem solchen Umfeld schwer umzusetzen, eher ist ein Reformstau zu vermuten. Die Vermittlung von Stabilität und Sicherheit gilt nach wie vor bei den „mitteversessenen" Deutschen als höchstes Gebot der Regierungspolitik; es fehlt eine Kultur experimenteller und evidenzbasierter Politik. Nicht Gesellschaftsgestaltung ist deshalb angesagt, sondern ein „Muddling Through", das als Management von Sachzwängen dargestellt wird. In den letzten Jahrzehnten haben sich deshalb viele Menschen nicht zuletzt auch deshalb von der Politik entfremdet, allerdings heißt dies nicht, dass die Ansprüche an die Politik zurückgegangen wären – im Gegenteil: „Dass die Erwartungen an die Handlungsfähigkeit der Politik weiter anstiegen, anstatt mit der schwindenden Steuerungsfähigkeit des Staates zu sinken, war und ist – auch – die Folge einer Veränderung der kognitiven Dispositionen und moralischen Mentalitäten, die man zusammenfassend als eine Umstellung der Ereignis- und Prozessbeschreibung von Unglück auf Ungerechtigkeit bezeichnen kann. Was früher als Zusammenspiel von Unverfügbarem und Kontingentem begriffen worden ist, wird immer mehr als Ergebnis menschlichen Handelns oder Nichthandelns dechiffriert, wofür Verantwortliche benennbar und Veränderungen mit dem Ziel von mehr Gerechtigkeit vorzunehmen sind. An die Stelle von Zufall, Schicksal oder Gott ist politische Verantwortlichkeit getreten, von Krankheiten bis zu Naturkatastrophen, von Seuchenepidemien und Hungerkatastrophen bis zu den Folgen von Erdbeben oder Überschwemmungen" (Münkler 2010, S. 50 f.; vgl. auch Reckwitz 2019).

Konträr zu den immer weiterwachsenden Anforderungen an staatliche Steuerung treten tendenzielle Entmachtungstendenzen der nationalen Politik sowohl durch die EU-Politik als auch die in den letzten Jahren stark angestiegene *Justizialisierung.* Das Bundesverfassungsgericht wirkt immer direkter auf die Legislative ein. So entschied das Gericht einerseits am 9. Februar 2010, dass die Vorschriften des SGB II, die die Regelleistungen für Erwachsene und Kinder betreffen, nicht den verfassungsrechtlichen Anspruch auf Gewährleistung eines menschenwürdigen Existenzminiums erfüllen (vgl. BVerfG 2010 sowie Baer 2018). Zum zweiten entschied das Gericht im November 2019, dass auch die bisherige Sanktionspraxis im SGB II mit einer Kürzung von Grundsicherungsleistungen über 30 % nicht mit dem Grundgesetz in Einklang steht (BVerfG 2019 sowie ausführlich Abschn. 1.3). In der zunehmenden Verrechtlichung der

Politik sehen Beobachter*innen einen grundlegenden Wandel der korporatistischen Arbeits- und Tarifbeziehungen hin zur Justizialisierung: „Mit der Erosion traditionell korporatistischer Netzwerkstrukturen und einer Fragmentierung der politischen Handlungsarenen gewinnen die ohnehin wichtigen Arbeitsgerichte weiter an Bedeutung" (Rehder 2015, S. 66). Nicht nur diese Politikarena hat sich erweitert und macht politische Entscheidungsprozesse noch unübersichtlicher, zumal die Gerichte mit einer hohen Autonomie agieren und in der Bevölkerung – anders als die politischen Parteien – in der Wertschätzung an der Spitze stehen.

4.2 Ausdifferenzierte Politikströme und politisch-organisatorische Silos

Die Akteurskonstellationen und Beziehungsstrukturen sind vor allem in den ohnehin schon komplexen sozialen Hilfesystemen nicht allein aus der Perspektive der Politik selbst noch unübersichtlicher und intransparenter geworden. Insgesamt wird es dadurch immer schwieriger, aus den Partialinteressen eine kohärente Politik zu koordinieren, formulieren und zielführend zu implementieren. Politikwechsel sind folglich schwierig zu organisieren, denn jede „Policy setzt sich aus insgesamt drei Ebenen zusammen, die hierarchisch strukturiert sind: Die oberste Ebene besteht aus grundlegenden Glaubenssystemen oder auch Ideologien, den „deep core beliefs" einer Policy, und betrifft Grundsätze wie bspw. Staat versus Markt, Eigenverantwortung versus Solidarität, Pro und Kontra zur Kernenergie. Die zweite, darunterliegende Ebene betrifft sog. „policy beliefs", bezogen auf bestimmte Grundsätze einer Policy, die eine Konkretisierung und Engführung des „deep core" in Bezug auf eine spezifische Policy darstellen. In der Sozialpolitik wäre das bspw. das Sozialversicherungsprinzip, das beitrags- und umlagefinanzierte Systeme favorisiert und politisch definierte Bedarfe, konkret lohn- bzw. statusorientierte Einkommensersatzleistungen, garantiert. Auf der untersten Ebene sind sog. „secondary aspects" zu identifizieren, wie etwa eine spezifische Ausprägung der Rentenformel oder Anpassungstechniken von Leistungen (Bafög, Renten, Steuerprogression etc.). Eine reine Anpassung findet dann statt, wenn nur die unterste und eventuell die zweite Ebene einer Policy erfasst wird. Von einem Politikwechsel ist zu sprechen, wenn sich auf der Ebene der „policy beliefs" eine Veränderung vollzieht, die auch in den Bereich des „deep core" hineinreicht" (Rüb 2014a, S. 16).

Ohne Zweifel betrifft der grundlegende Umbau der sozialstaatlichen Architektur in Richtung eines Grundeinkommens ein Herzstück des deutschen Wohlfahrtsstaates. Deshalb bleiben auch die Versuche, strukturelle Reformen in Angriff zu nehmen, in den Verästelungen sozialpolitischen Regimes und markanten Vetospielern hängen. Die angesprochenen Differenzierungsmuster sind hilfreich, um diesen Reformstau zu verstehen. Mit Hilfe des MSA und organisationssoziologischer Studien kann relativ plausibel erläutert werden, dass Politikentscheidungen oftmals anders ablaufen als dies klassische politische Theorien meinen, die von einer *Rationalität politischer Entscheidungsprozesse* mit klaren Zielsetzungen und Präferenzen ausgehen. Explizit erwähnt sei zudem die „Garbage Can Theorie" (Cohen et al. 1972), die auf die Komplexität, Störanfälligkeit und Zufälligkeiten politischer Entscheidungsprozesse auf der Meso-Ebene verweist oder die organisationssoziologischen Überlegungen von Weick (1995), der die in Organisationen inhärente „Unordnung" und „Unvorhersehbarkeit" hervorhebt. Transformationsprozesse, verstanden als sektorenübergreifende und bewusst gestaltete Prozesse, die sich von einem evolutionär verlaufenden sozialen Wandel unterscheiden, sind deshalb gerade im deutschen Sozialsystem schwer zu realisieren. Diese These gilt insbesondere vor dem Hintergrund, dass der öffentliche Sektor gegenüber dem Marktsektor bei Innovationen ohnehin strukturelle Unterschiede überwinden muss. „Innovation in the public sector is in many ways different in nature than corresponding activities within the private sector. It is easy to associate innovation with products, technology and business. In the public sector, innovation often involves new services or new ways of providing services, but it also involves developed organisational solutions that streamline how the public actors carry out their assignments. Unlike the business sector where the pursuit of competitive advantage is a driving force for innovation, public sector innovation pursues other more complex goals. It is about meeting the demands and needs of citizens through values such as democracy, efficiency and service, objectivity and legal certainty" (Vinnova und Engström 2020, S. 6).

Neben der besonderen Spezifik im öffentlichen Sektor unterscheiden sich die Problemsichten und Steuerungsinstrumente auch zwischen den Politikfeldern, bspw. der Energie- und der Sozialpolitik. Beide prägt eine Zerfaserung der politischen Einflussstrukturen, aber während in der Energiepolitik ein Richtungskonsens mit Blick auf eine Energiewende zu verzeichnen ist, gilt dies für die sozialpolitische Arena nicht bzw. nur in Teilfragen. Dies impliziert eine sehr geringe Wahrscheinlichkeit für einen strukturellen Umbau, denn ohne Richtungskonsens bei den zentralen Akteuren kommt es auch nicht zum Handlungskonsens, was im Übrigen auch für das Transformationsprojekt einer postfossilen Gesellschaft gilt. „Das politische System tut sich schwer, die massiven Verteilungs-

und Interessenskonflikte zu verarbeiten. Zwar kam es nach der Dreifachkata-strophe von Fukushima zu einer großen parlamentarischen Mehrheit für die Energiewende. Dies war aber nur ein allgemeiner Richtungskonsens. Der für die Realisierung politischer Programme nötige Handlungskonsens kam dagegen nicht zustande. Verteilungskonflikte zwischen windreichen, wenig industrialisier-ten Regionen und windarmen Bundesländern mit traditioneller Kohleverstromung oder hohem Kernenergieeinsatz behindern den Fortgang" (Czada 2020, S. 180).

Mit Absichtserklärungen für eine ressortübergreifende und alle politische Ebe-nen integrierende Politik sind die anstehenden Probleme – ganz gleich ob es sich um Klimafragen, den demografischen Umbruch, die Herausforderungen durch die umfassenden Digitalisierungsprozesse oder die Bekämpfung von Pan-demien handelt – nicht mehr zu lösen; die *politische Strategie* des „Weiter-so" ist ausgereizt, allerdings sind Politikwechsel aufgrund der ausdifferenzierten Poli-tikströme schwer zu inszenieren. Bislang kam es aber erst dann zu nachhaltigen Lernprozessen, wenn externe Schocks einschlugen. „Zu den Voraussetzungen rapider Politikwechsel gehören sodann schockartige Ereignisse, die Gelegen-heiten für große Kurswechsel schaffen. Hierdurch wird, so das Vokabular der Policy-Forschung, ein „Agenda-Fenster" oder ein „policy window" geöffnet. Der Reaktorunfall im Kernkraftwerk Fukushima in Japan im Jahre 2011 war ein Schock, der eine rapide Kursänderung ermöglichte, wie der Atomausstieg der schwarz-gelben Regierung der 17. Legislaturperiode des Deutschen Bundestages zeigt. Dass sich hierbei auch die Chance eines „Überzeugungswandels" ergab und dass der „Überzeugungswandel" den Politikwandel miterklärt, sollte nicht übersehen werden" (Schmidt 2014, S. 244).

Der in der Energiepolitik durch den externen Schock ausgelöste Richtungs-konsens in der Politik war aus heutiger Sicht temporär und kann nicht auf andere Politikfelder übertragen werden, geschweige denn hat er zu einem umfassenden Umbau geführt, weil wie erwähnt der Handlungskonsens im Laufe der Zeit sich immer mehr verflüchtigte. Zudem wurden bspw. die demografischen Herausfor-derungen für die soziale Sicherung bislang zwar systemimmanent zum Anlass genommen, bspw. das Rentenalter schrittweise zu erhöhen oder die Riester-Rente einzuführen, aber bislang erfolgte noch keine grundsätzliche Abkehr vom beitragsfinanzierten Grundsatz oder dem Äquivalenzprinzip. Die Auslösebedin-gungen für einen Politikwandel sind situationsbedingt und damit selektiv (vgl. Rüb 2014b sowie Bandelow und Vogeler 2019). Da die beteiligten Organisationen und öffentlichen Institutionen in der Sozialpolitik weitgehend am status-quo fest-halten (wollen), kommt ein Paradigmenwandel nicht auf die politische Agenda. So ergibt sich auch kein „one best way" zur Reform des Sozialstaates, auf soziale

Konfigurationen, Zeitfenster und den Eigensinn der beteiligten Akteure ist Rücksicht zu nehmen. Eine konsensuale Strategie mit einer gemeinsamen Problemsicht und -bearbeitung ist *nicht* der Normalfall, sondern muss in vielen Fällen erst organisiert werden.

Der Multiple-Streams-Ansatz bezweifelt sowohl die Rationalität als auch die Langfristigkeit der Politik und weist stattdessen auf relativ autonom agierende Teilsysteme und unterschiedlichen Akteurskonstellationen und Dynamiken im Zeitverlauf hin. Zufälligkeiten (etwa der richtige Zeitpunkt: die „windows of opportunity" oder bestimmte politische „Unternehmer") spielen in politischen Entscheidungsprozessen gleichwohl eine große Rolle und können Horizonte für einen Paradigmenwandel eröffnen. „Die angesprochenen Elemente des Entscheidungsprozesses (Entscheidungsgelegenheiten, Probleme, Lösungen und Teilnehmer) befinden sich in keinem festen Zusammenhang mehr, der Entscheidungsprozess weist anarchische Züge auf. Entscheidend ist nicht die sachliche Erfordernis der Problemlösung, sondern der Kontext des Entscheidungsprozesses, also welche und wie viele Entscheidungsgelegenheiten sich bieten, mit welchen Problemen es die Organisation gerade zu tun hat, welche Lösungen sich gerade anbieten, wie die Teilnehmer ihre Aufmerksamkeit und ihre Zeit auf verschiedene Entscheidungen verteilen und wie viel Zeit zur Verfügung steht. Die Koppelung der Elemente des Entscheidungsprozesses kann damit eher als zufälliges Zusammenfließen relativ unabhängiger Ströme beschrieben werden. Dies bedeutet jedoch keine völlige Regellosigkeit, sondern diese vier Ströme werden insbesondere durch Organisationsstrukturen und die soziale Struktur der Gesellschaft kanalisiert" (Schmid 2011, S. 5; vgl. auch Kingdon 2003; Zahariadis 2007; Herweg 2015; Rüb 2014b).

Der „Multiple-Streams-Ansatz" geht davon aus, dass es keine systematische Verknüpfung zwischen einem Problem und einer bestimmten politischen Entscheidung geben muss; Politik ist deshalb *weitaus weniger* rational programmiert und liefert auch nicht unbedingt problemlösende Entscheidungen. Es sind verschiedene „Ströme" (multiple streams) zu unterscheiden, wobei die Ströme dadurch gekennzeichnet sind, dass sie relativ *autonom* agieren und ihre eigene Dynamik und Antriebskräfte haben. Folgende zentrale Ströme sind zu unterscheiden:

- der Problemstrom mit Agendasetting (bspw. Krisen wie ein Atomreaktorunfall, die Corona-Pandemie)
- der Policystrom, in dem Ideen getestet, Programme formuliert und mit Interessenorganisationen und Experten diskutiert werden

- Political Stream (Politics-Strom) mit der Umsetzung (hier kommt der „Zeitgeist" dazu, nationale Konfliktkulturen, Machtverteilung der organisierten Interessen, Ideologie der Regierungspartei etc.: zusammengenommen: Bargainingprozesse)

Durch diese differenzierten Entwicklungsverläufe sind gesteuerte Wandlungsprozesse wie der Umbau eines historisch erfolgreichen Sozialstaatsprojekts außerordentlich schwierig zu realisieren, denn die Entscheidungsströme „existieren weitgehend unabhängig voneinander, ihre Interaktionen sind stark situationsabhängig und deshalb nur schwer vorhersehbar. Konkrete Entscheidungsprozesse ähneln daher besagtem Mülleimer, in dem die vier Ströme mehr oder weniger zufällig zusammentreffen. Offensichtlich gibt es verschiedene Mülleimer, und welche Lösungen mit welchen Akteuren wann zusammenkommen, hängt u. a. davon ab, welches Etikett die einzelnen Mülleimer tragen (daher die Bedeutung von Organisationsstrukturen)" (Bogumil und Jann 2020, S. 223). Von der öffentlichen Verwaltung wird nun im Sinne eines neuen Managements sozialer Sicherung ein *Paradigmenwechsel* von bürokratischer Organisation und Planung hin zu einer Rolle als Vernetzungsinstanz gefordert. Organisationen sind nun als Akteure des Wandels gefordert, Führungskräfte müssen zu „Change Agents" bzw. zu „Social Intrapreneurs" werden (vgl. die Beiträge in Eurich et al. 2018). Diese neue strategische Option zur Steuerung von Sozialleistungen ist allerdings schwer zu realisieren, denn integrative Angebote stoßen in der etablierten Landschaft auf zahlreiche institutionelle Hürden. Das Beharrungsvermögen und vor allem auch die Eigeninteressen der etablierten politischen Akteure sind nicht zu unterschätzen, obwohl in der Forschung immer wieder darauf hingewiesen wird, dass der Spielraum für Variationen innerhalb eines Entwicklungspfades relativ groß ist und auch Pfadkombinationen möglich sind. Diese werden aber – wenn etwa Sicherungslücken und Fehlversorgungen offensichtlich werden und damit Druck von außen wächst – aufgrund der dominierenden Besitzstandsinteressen und Koordinationsdefiziten nicht als bewusste Transformationsstrategien umgesetzt. Vielmehr werden sie in die traditionellen Organisationslogiken eingepresst, denn „Umbau ist schwieriger als Zubau" (Czada 2020, S. 178).

4.3 Institutionelle Erstarrungen statt nachhaltiger Reorganisation: das Beispiel Demografie- und Rentenpolitik

Allerdings lösen sich manche Herausforderungen wie etwa der Klimawandel oder der demografische Wandel nicht durch partielle Ergänzungen – um im eben erwähnten Bild zu bleiben: durch Renovieren und Umbauen. Am Beispiel der demografischen Entwicklungsprozesse, die schon seit Jahrzehnten trotz aller kleinerer Veränderungen einen klaren Trend aufweisen, ist dies gut zu belegen. Galt noch zu Adenauers Zeiten die grobe Formel „Kinder bekommen die Leute immer" und favorisierte die Rentenpolitik deshalb ein *Umlageverfahren,* so erweist sich dieses Konstruktionsprinzip als veraltet und bedarf schon seit einiger Zeit einem grundlegenden Wandel. Nicht nur die Geburtenzahlen haben sich seitdem halbiert, auch die Beitragszahlenden schrumpften, während die Zahl der Rentnerinnen und Rentner permanent wachsen und die Lebenserwartung zudem erheblich angestiegen ist. Jahrzehntelang wurden aber von der Regierungspolitik immer wieder versöhnende Formeln wie „Die Rente ist sicher" kommuniziert, während sich schleichend die staatlichen Subventionen in Form des Bundeszuschusses für die eigentlich umlage- und beitragsfinanzierten Rentenzahlungen immer weiter erhöhten und derzeit schon über 25 % des Bundeshaushaltes betragen.

Von wissenschaftlicher Seite gibt es seit Jahren von verschiedenen Experten mehr oder weniger fundierte Beiträge zu einer *Reform der Alterssicherung,* die aber nur zögerlich in den politischen Entscheidungsarenen aufgenommen wurden. Vor diesem Hintergrund ist es deshalb überraschend, wenn im Frühjahr 2021 präsentierte Prognosen des Wissenschaftlichen Beirates beim Bundeswirtschaftsministerium und daraus abgeleitete Vorschläge für eine Reform der gesetzlichen Rentenversicherung (vgl. BMWi 2021) von Mitgliedern der Bundesregierung als „Horrorszenarien" (Finanzminister Scholz) und Panikmache abgetan werden. Ähnlich wie beim jüngsten Urteil des Bundesverfassungsgerichts zum Klimawandel argumentiert der federführende Autor des Gutachtens, der Direktor des Max-Planck-Instituts für Sozialrecht und Sozialpolitik Axel Börsch-Supan, mit den Einschränkungen jüngerer Generationen, die sich aus den steigenden Rentenausgaben ergeben und die nicht allein dadurch aufzufangen seien, dass man Teile davon auf die Steuerzahlenden verschiebe.

Unabhängig davon, wie einzelne der vorgetragenen Reformschritte zu bewerten sind, wäre es zentrale Aufgabe der Politik, die Vorschläge ernsthaft zu prüfen und angesichts der strukturellen Überforderungen des beitragsfinanzierten

Umlage- und Äquivalenzsystems der Sozialversicherungen strategische Überlegungen auch für einen Umbau nicht von der politischen Tagesordnung zu verbannen oder als Tabu erklären. Ansonsten manövriert sich der Staat immer weiter in eine Zwickmühle und in ein Glaubwürdigkeitsdilemma: Sowohl die Herausforderungen bei der sozialen Sicherung wachsen als auch sind die Erwartungen gerade hinsichtlich der Absicherung elementarer Risiken im Alter enorm hoch. Die bislang erprobten Handlungsoptionen (wie die steigenden Bundeszuschüsse in das Rentenversicherungssystem) sind vor dem Hintergrund der enormen Verschuldungen der öffentlichen Haushalte begrenzt und deshalb ist die Verschiebungstaktik irgendwann erschöpft. Im Gutachten wird von markant steigenden Finanzierungsproblemen schon in den nächsten Jahren gesprochen. „Dieser Finanzierungsbedarf ist so groß, dass sich die Frage stellt, ob die Gesamtbelastung überhaupt finanzierbar ist, zumal wichtige Zukunftsausgaben (Digitalisierung, Klimawandel und Energiewende, öffentliche Infrastruktur) anstehen. Der Beirat rät daher davon ab, die Illusion von langfristig gesicherten Haltelinien weiter aufrechtzuerhalten. Stattdessen sollte sich die Politik umgehend mit möglichen Alternativen auseinandersetzen" (BMWi 2021, S. 53).

Vor diesen Grundsatzentscheidungen duckt sich die Politik seit Jahren weg und auch die ersten offiziellen Reaktionen deuten nicht auf einen Politikwechsel hin, sondern alte Argumente werden immer wieder und zum Teil in polemischer Weise gegen ernstzunehmende Analysen und Reformvorschläge vorgebracht. Selbst im Wahlprogramm von Bündnis 90/die GRÜNEN heißt es zum Thema der Finanzierung der Renten: „Um die Belastungen der Versicherten und der Arbeitgeber*innen zu begrenzen, sollen bei Bedarf die Steuerzuschüsse erhöht werden." (Bündnis 90/Die Grünen 2021). Symbolisch hat die Politik zwar die Demografiefrage entdeckt und engagiert sich in Einzelfragen, setzt Kommissionen ein etc., allerdings handelt es sich bei den bislang getroffenen Entscheidungen um Anbauten und Fassadenverzierungen, ohne die Architektur zu verändern und vor allem bei der derzeit beitragszahlenden jüngeren Generation noch glaubwürdig für die Zukunftsfestigkeit des derzeitigen Systems werben zu können. Grundlegende Fragen, wie nach der Neuformulierung der Rentenformel mit dem Grad der Dynamisierung der Rentenhöhe an die Einkommensentwicklung oder der Verlängerung der Lebensarbeitszeit wurden bislang weitgehend vermieden oder wie bei der Erhöhung der Altersgrenze in der Rentenversicherung auf 67 Jahre tendenziell wieder aufgeweicht. Diverse Rentenkommissionen, wie etwa die von Bundesarbeitsminister Heil eingesetzten Rentenkommission der Bundesregierung. „Verlässlicher Generationenvertrag", haben die grundsätzlichen und drängenden Fragen vor allem der künftigen Finanzierung in gewisser Weise *umschifft* und für eine verbindliche Festlegung die Einrichtung eines neuen Gremiums, „Alterssicherungsbeirat" empfohlen.

Axel Börsch-Supan, der auch wissenschaftliches Mitglied dieser Rentenkommission war, konnte sich der Empfehlung der Kommission nicht anschließen, „von einer weiteren quantifizierten Empfehlung für verbindliche Haltelinien und damit auch für die langfristige Quantifizierung von Beitragssatz und Sicherungsniveau abzusehen" (Kommission Verlässlicher Generationenvertrag 2020, S. 68). Weiterhin schloss er sich auch der Empfehlung nicht an, hinsichtlich zusätzlicher Fragen einer Altersvorsorge für Erwerbstätige Entscheidungen auf das Jahr 2025 zu verschieben. Wenn nachhaltige Vorschläge wie die von vom zitierten wissenschaftlichen Beirat beim Bundeswirtschaftsministerium kommen, werden sie reflexartig von allen Parteien der Regierungskoalition rasch als unseriös abgetan. Aus wissenschaftlicher Sicht mehren sich allerdings spürbar die Stimmen, „dass die Zeit reif für eine umfassende Rentenreform ist – zumal die letzten beiden Bundesregierungen durch ihre markanten, vorrangig klientelspezifischen Leistungsausweitungen alle früheren Bemühungen zur Erhöhung der finanzwirtschaftlichen Nachhaltigkeit der Rentenversicherung konterkariert haben" (Rürup 2021, S. 1). Dass beim Thema grundlegender Reformen der gesetzlichen Rentenversicherung offensichtlich lange Zeit sowohl Politik und auch Wähler die *Fakten* leugneten, kann auch mit dem politikökonomischen Dilemma, dass es bei möglichen Lösungsvorschlägen praktisch stets Verlierer gäbe, begründet werden: „Es ist unausweichlich, dass entweder die Jüngeren mehr belastet werden müssen oder dass die Älteren weniger erhalten oder eine Mischung aus beiden, möglicherweise gewürzt mit anderen Umverteilungsmaßnahmen. Diese Mischung ist im Wahlkampf toxisch. Mit nüchternen Fakten gewinnt man keine Wählerstimmen. Die Strategie der Leugnung und Verdrängung kommt uns als Gesellschaft jedoch teuer zu stehen. Je länger eine Reform, oder sogar die Debatte darüber, aus offensichtlich wahltaktischen Gründen verzögert wird, umso schwieriger und teurer wird die Lösung des Problems" (Sunde 2021, S. 18).

Die *Verdrängung* wiegt umso schwerer, als die Folgewirkungen der Alterung der Gesellschaft bereits seit Mitte der 1970er Jahre bekannt waren. Dennoch leiteten die politischen Akteure weder einen Diskurs über die absehbaren Folgewirkungen noch eine strategische Neuausrichtung ein. Kaufmann (2002, S. 145 ff.) spricht mit Blick auf das Sozialleistungssystem in Deutschland von „demographischer Blindheit". Auch die schon seit einiger Zeit vorliegenden Vorschläge für eine neue soziale Lebenslaufpolitik (vgl. die Beiträge in Naegele 2010) sind weiterhin mit dem Umsetzungsproblem konfrontiert und stoßen zwar vielfach auf großes Interesse in der Politik, verbleiben aber auf einem recht allgemeinen Richtungskonsens. Das dann gerade von Wissenschaftlern oft beklagte

Rationalitätsdefizit der politischen Akteure ist also nachvollziehbar und liegt nicht nur an den Vetospielern in diesen Politikarenen, die einen Umbau der Systeme verschleppen, sondern auch an institutionellen Abschottungen. Die ausgeprägte Fragmentierung des deutschen Sozialstaates gepaart mit dem Fehlen von political entrepreneurs, die vehement für einen Umbau eintreten und Agendasetting betreiben, führt zu einer *Defensivtaktik,* die grob mit der Formel „Muddling through" umschrieben werden kann. Die institutionelle Segmentierung und Differenzierung von Politikfeldern mit spezifischen Spielregeln und Diskursformen ist charakteristisch für den deutschen Wohlfahrtsstaat und erschwert eine „erfolgreiche sektorübergreifende Konsensbildung" (Lehmbruch 2000, S. 99), wie sie für eine nachhaltige Demografiepolitik notwendig wäre.

Wie bereits ausgeführt, wurde der demografische Wandel und insbesondere die Alterung der Gesellschaft auf politischer Ebene erst relativ spät wahrgenommen und bearbeitet, nachdem auf kulturell-medialer Ebene bereits seit einiger Zeit ein Altendiskurs lief. Anhand dieser Thematisierung kann der gewandelte Einfluss der Medien auf politische Kommunikation gut verdeutlicht werden. Die These einer gewachsenen Mediatilisierung von Politik besagt, dass das „was in der Politik von allgemeinem Interesse ist, als adäquate Funktionserfüllung gilt und öffentliche Aufmerksamkeit verdient hat, zunehmend von den Medien und nicht mehr von Parteien, Parlament oder Regierung bestimmt wird. Medialisiert ist die Politik in dem Maße, wie sie die von den Medien gelieferte Beschreibung ihrer selbst samt der sich daraus ergebenden Handlungsanforderungen als gültige Orientierung akzeptiert hat" (Marcinkowski 2015, S. 74).

Bezogen auf den von wissenschaftlicher Seite schon länger konstatierten demografischen Wandel legte die Bundesregierung im Jahr 2011 zum ersten Mal einen Demografiebericht vor (vgl. BMI und Bundesregierung 2011) in dem hervorgehoben wird, wie der demografische Wandel „alle Lebensbereiche der Menschen" trifft und die Gestaltung dieser Wandlungsprozesse zu den „großen Zukunftsaufgaben" gehört. Um die besonderen Herausforderungen in Deutschland zu bewältigen, wird ebenfalls eine nachhaltige, „ebenen- und maßnahmenübergreifende Koordinierung" eingefordert. Ebenso wird die Rolle des Staates nicht mehr als der alleinige, hierarchisch anordnende Politikadministrator gesehen, wenngleich vielfältige Gestaltungsaufgaben dieses „komplexen Prozesses" bei ihm verbleiben. Vielmehr wird auf Dialogprozesse und den Austausch mit anderen politischen Akteuren und den Bürgern verwiesen.

Solch programmatische Feststellungen zu einer koordinierten und sektorübergreifenden Politikstrategie verdeutlichen, wie eine zeitgemäße Regierungspolitik aufgestellt sein müsste, die sich immer weniger auf die Verteidigung des

Status-Quo beschränken kann. Vielmehr ist sie bspw. in der Demografiepolitik gefordert, die verschiedenen Politikfelder (Bildungs-, Sozial-, Arbeitsmarkt-, Alterssicherungs- und Familienpolitik) mit Blick auf ein „aktives Alter" zusammenzuführen. Während der traditionelle Sozialstaat einen „Risikotransfer vom Individuum auf den Staat oder die Gesellschaft organisiert hat", so Giddens, „geht es jetzt um viel mehr: die Menschen müssen sich in einer dynamischen Umwelt nicht nur auf Veränderungen einstellen, sondern müssen verstehen, den Wandel für ihre Zwecke zu nutzen. [...]Wir sollten Bildung und Lernen fördern, Wohlstand, Wahlmöglichkeiten, aktive soziale und wirtschaftliche Partizipation sowie gesunde Lebensweisen" (ders. 2007, S. 61). Dieser Strategiewandel würde zu einer Entgrenzung der traditionellen Seniorenpolitik führen und insgesamt auf eine *Transformation* der kompensatorischen Staatlichkeit hinauslaufen und die bereits erwähnten hybriden Strukturen der Wohlfahrtsproduktion stärker hervortreten lassen. Aufgrund der Pfadabhängigkeit gerade im Feld wohlfahrtsstaatlicher Sicherung sind diese Prozesse allerdings konflikthaft und benötigen Zeit sowie political entrepreneurs, ohne die ein Pfadwechsel nicht zu realisieren ist. Schaut man nach 10 Jahren darauf, welche Folgewirkungen der erste Demografiebericht der Bundesregierung hatte, dann zeigt sich eine wiederkehrende Beschäftigung mit diesem Thema auf Regierungsebene, verschiedene Expertenkommissionen lieferten weitere Berichte ab, Dialogrunden tagten vielfach, allerdings rückten andere Konfliktthemen (etwa die Flüchtlingsströme) stärker in den Mittelpunkt und außer Publikationen und geringfügigen Reformschritten sowie Förderinitiativen ist bislang *keine handlungsorientierte Umbaustrategie* zu erkennen.

Die zögerliche Haltung der Regierungspolitik erklärt sich aber auch daraus, dass ein Wandel der Steuerungsphilosophie gerade im Feld der sozialen Sicherungssysteme einem besonderen Risiko unterliegt, denn jeder Reformpolitik sind zeitliche Verzögerungen inhärent: die erwarteten „Erträge" liegen in der Zukunft, während die Auseinandersetzungen um Statusverschiebungen und vor allem um Einbußen und ökonomischer Verlierer sofort geführt werden. Eine Verteidigung des status-quo ist folglich schnell zu organisieren, während kollektive Rationalität herzustellen für die politischen Akteure immer schwieriger wird. Deshalb überrascht nicht, dass es bislang zu keiner Verkoppelung der Politikströme gekommen ist und stattdessen lediglich Reformsemantiken seit Jahren die politische Bühne bestimmen. Ein solches „Durchlavieren" scheint einige Zeit möglich zu sein, ohne dass der Staat in Legitimationsprobleme gerät, allerdings entstehen dadurch neue Steuerungsprobleme: „Das kann sachlich bedeuten, dass das sich als Druck bemerkbar machende Problem seinen Charakter ändert, ohne an Dringlichkeit zu verlieren. Finanzierungsprobleme der Rentenversicherung werden zum Beispiel zu steigender Staatsverschuldung. In sozialer Hinsicht heißt Problemverschiebung, dass ein Problem auf andere überwälzt wird, was wiederum bei diesen zu Protestaktivitäten führen kann. Die steigende Staatsverschuldung – um das Beispiel fortzuführen – betrifft die jüngere Generation, nicht die heutigen Rentner. Um den intergenerationalen Verteilungskonflikt heute zu vermeiden, werden intragenerationale Konflikte in der Zukunft heraufbeschworen. In zeitlicher Hinsicht wird das Problem also hinausgeschoben, um sich aber früher oder später wieder einzufinden. Auch das ist am Beispiel augenfällig. Je mehr Druckpotenziale auf diese Weise lediglich verschoben werden, desto mehr türmen sie sich auf, was dann erst recht wieder nichts anderes als Problemverschiebung zulässt usw. – ein Teufelskreis, in den Akteure und Konstellationen von Akteuren leicht hineingeraten können und aus dem sie dann nur schwer herauszufinden vermögen" (Schimank 2011, 24; vgl. auch ders. 2019).

Dass das derzeitige Sozialstaatsmodell die Grenzen seiner Belastbarkeit bereits überschritten habe, wird unter Experten seit Jahren hervorgehoben und durch das 2021er Gutachten des wissenschaftlichen Beirates beim Bundeswirtschaftsministerium erneut bestätigt. So betragen mittlerweile die Leistungen des Bundes an die Rentenversicherung den mit Abstand *größte Posten im Bundeshaushalt;* er wird auf 106 Mrd. Euro im Jahr 2021 ansteigen (BMI 2020), aber die Hauptlast der Sozialstaatskosten wird von den sozialversicherungspflichtig Beschäftigten getragen. Der bislang dominante normative Grundsatz unseres beitragsfinanzierten Sozialstaatsmodells nämlich einer Gleichwertigkeit von Leistung und Gegenleistung (Äquivalenzprinzip) hat bereits heute für etliche Gruppen keine Geltung mehr. „In der Praxis ist das längst nicht mehr so eindeutig der Fall. Jeder der 21 Mio. Rentenbezieher erhält rechnerisch im Durchschnitt etwa 400 € monatlich aus Steuergeld. Das Äquivalenzprinzip wird längst verwässert" (Rürup 2019). Interessant in diesem Zusammenhang ist auch der jüngst vom (ehemaligen) „Rentenpapst" Bert Rürup geäußerte Vorschlag, statt an den drei Stellschrauben, Beitragssatz, Rentenhöhe und Rentenzugangsalter zu drehen, den Steueranteil zur Finanzierung der laufenden Rentenzahlungen zu erhöhen. Denn dadurch würde auch die wachsende Zahl der steuerzahlenden Rentenempfänger an der Finanzierung des Rentensystems stärker beteiligt, die bereits jetzt „einen beachtlichen Anteil am Steueraufkommen"[1] beitragen. Einen solchen Vorschlag interpretieren wir ebenfalls als Beleg für eine schleichende Transformation des

---

[1] Vgl. Interview von Hendrik Munsberg mit Bert Rürup in der Süddeutschen Zeitung vom 26.8.2021.

Sozialstaates. Auf diese in der Öffentlichkeit und insbesondere bei den betroffenen Gruppen, den Rentner*innen, oft nicht wahrgenommene Tatsache, wurde bereits in Abschn. 2.4 verwiesen.

Zudem hat das dem Äquivalenzprinzip folgende Berechnungsmodell von Rentenanwartschaften in den Jahren gestiegener Niedrigeinkommensbeziehender dazu geführt, dass das gegenwärtige System der gesetzlichen Rentenversicherung nur durch einen wachsenden Anteil der Steuerfinanzierung noch vor dem Problem von Altersarmut sichern kann (vgl. Niemeier 2020). „Derzeit dominiert in den großen politischen Parteien die Auffassung, was bisher getan wurde, war ‚erfolgreich'. Die Erkenntnis, dass der Dreh- und Angelpunkt der neuen deutschen Alterssicherungspolitik – der Abbau des Leistungsniveaus der GRV und der Ersatz durch kapitalmarktabhängige Alterssicherung – nicht etwa die Lösung des Problems unzureichender Alterseinkommen, sondern selbst dessen Ursache ist, hat sich noch nicht durchgesetzt. Zwar gelingt die Demontage der GRV, nicht aber das Schließen der Sicherungslücke. Es wäre keine Schande, würden Politiker zugeben, dass die Wirkungen ihrer Entscheidungen anders sind, als sie erhofft und propagiert wurden. Dazu gehört aber Mut, der jedoch notwendig wäre, denn der in der deutschen Alterssicherungspolitik eingeschlagene Weg hat das Potential für eine gesellschaftspolitische Zeitbombe" (Schmähl 2012, S. 313).

Aber auch kulturelle Deutungsmuster (etwa die ständig aufflackernden Katastrophenszenarien einer „überalterten" Gesellschaft) können hemmend auf strategische Politikwechsel wirken. Die Verschleppung nachhaltiger Reformen trifft nicht nur die etablierten Felder der Altenpolitik wie die Rente, sondern gilt auch in Feldern, die sich nicht den klassischen Bereichen der Alterssicherung zuordnen lassen. Beispielhaft seien genannt das Sozialengagement Älterer oder der immer wichtiger werdende Bereich des „Wohnens im Alter" mit all seinen Herausforderungen auf kommunaler Ebene und seinem Querschnittscharakter. Um die Potentiale des Alters zur Entfaltung kommen zu lassen, wäre eine integrierende, Sektorengrenzen überwindende Altenpolitik notwendig. Das kollektive Altern der Gesellschaft könnte dann sogar zu einem „Laboratorium" werden, anstatt demographische Horrorszenarien zu entwickeln. Generell gilt: der Wohlfahrtsstaat „bedarf ständiger Reformen und Anpassungen, um den sozialen Zusammenhalt sicherzustellen und nicht zu einem Ensemble sozialer Besitzstände beziehungsweise zum „Pflegefall" zu verkommen. Letzteres ist der Fall, wenn die Grundstruktur des Wohlfahrtsstaates nicht im Abstand von zwei bis drei Jahrzehnten immer wieder aufs Neue den veränderten Herausforderungen angepasst wird. Die Politik schreckt jedoch vor solchen strukturellen Reformen zurück, weil sie zwangsläufig zu Leistungseinschränkungen führen und Wählerstimmen kosten" (Münkler und Münkler 2019, S. 331).

Und nicht nur die Alterssicherungssysteme stehen seit Jahren unter Handlungsdruck und müssten mit Blick auf die zukünftige Handlungsfähigkeit umstrukturiert werden. Auch über die Zukunft der Arbeit, insbesondere der Erwerbsarbeit, wird schon seit langem diskutiert. Erinnert sei nur an die Debatte um die „Krise der Arbeitsgesellschaft" aus den 1980er Jahren (vgl. die Beiträge in Matthes 1983). Es wurde auch in der Folgezeit versucht, diese sozialwissenschaftlichen Diagnosen in die politische Praxis zu transformieren und es gab auch einzelne politische Reaktionen auf der Ebene von Länderregierungen hierzu (bspw. in der Zukunftskommission der Länder Bayern und Sachsen) (vgl. die Beiträge in Beck 2000). Auf die verschiedenen Tätigkeiten *außerhalb* der Erwerbsarbeit, die informelle Seite der Wohlfahrtsproduktion (wie Pflege und Betreuung in Familiennetzwerken, soziales Engagement), ohne die der heutige Sozialstaat gar nicht funktionieren könnte, ist auch bereits hingewiesen worden. Zwischen Erwerbsarbeit und erwerbsfreier, individuell genutzter Zeit existiert weiterhin eine Sphäre, in der unzählige Tätigkeiten mit gesellschaftlichen Anknüpfungspunkten zu finden sind. Unter Erwerbsarbeit werden nur diejenigen Arbeitsformen subsummiert, bei denen Arbeitnehmer*innen in unselbständiger oder selbständiger Beschäftigung Einkommen zur Existenzsicherung erzielen. Dies ist aber die Basis für die soziale Sicherung und wenn die Basis schrumpft oder sich zersplittert, hat dies gravierende Auswirkungen auf das Sicherungsniveau jedes Einzelnen (sofern man nicht anderweitig abgesichert ist, aber dies ist in entwickelten Wohlfahrtsstaaten wie Deutschland nur noch für eine kleine Minderheit von Relevanz).

Wenn es nicht gelingt, dauerhaft die große Mehrheit der Bevölkerung durch das Nadelöhr der Erwerbsarbeit in soziale Sicherungssysteme zu integrieren, müssen sowohl steuerfinanzierte, universelle Sicherungen zur Verfügung stehen als auch die vielfältigen Formen von Tätigkeiten jenseits des Arbeitsmarktes als komplementäre Mechanismen zur sozialen Integration thematisiert werden. Ulrich Beck hat dies prononciert und gegen die seinerzeitigen Verteidiger des status-quo, die in allen zentralen politischen Organisationen als auch innerhalb der Sozialwissenschaft anzutreffen waren und sind, mit der Formel der „Bürgerarbeit" umschrieben, die statt der Arbeitslosigkeit finanziert werden sollte. Sein Ausgangspunkt, die schwindende Erwerbsarbeit, war sicherlich zum damaligen Zeitpunkt zu global formuliert, allerdings gab es schon deutliche Hinweise auf die Auswirkungen der Globalisierung und Digitalisierung auf die Beschäftigungsstrukturen, so dass die erwerbsarbeitszentrierte soziale Sicherung auf ihre *Zukunftsfähigkeit* hätte breiter, auch mit der Bereitschaft zu grundlegenden Alternativpfaden, überprüft werden müssen. Damit soll keineswegs in Abrede gestellt

werden, dass die subjektive Bedeutung der traditionellen Arbeit ebenfalls ero-
diert oder die Arbeitsmarktintegration der Frauen sich nicht steigern würde.
„Diese Paradoxie vor Augen – einerseits schrumpft das Volumen der Erwerbsarbeit, andererseits nimmt sie eine Art Daseins-Monopol in unserem kulturell
verordneten Selbstwertgefühl ein -, läßt sich die Grundidee der Option »Bürgerarbeit« einführen. Ihr Ziel ist ein doppeltes: Einerseits soll „Arbeit" außerhalb
von Staat und Markt innerhalb des gemeinwohl-orientierten Freiwilligen-Sektors
gesellschaftlich aufgewertet, finanziell abgesichert und in neue Rollen gegos-
sen werden. Andererseits wird hier im fliegenden Übergang auch Nicht-Arbeit
in Gestalt von freiem, politischem Handeln ein- und ausgeübt" (Beck 2000,
S. 416 f.; vgl. auch Bonß 2000).

Die aktuellen Debatten zur Verarmung und sozialen Ausgrenzung sowie zu
den diversen neuen Spaltungslinien in der Gesellschaft setzen eine Diskussion in
der Soziologie fort und machen sie öffentlich, die schon in den 1980er Jahren mit
der Debatte um die Opfer des Arbeitsmarktes, die Krise der Arbeitsgesellschaft
oder die Normalisierung der Arbeitslosigkeitserfahrung begann. Im internationalen Vergleich fällt die ausgeprägte Langzeitarbeitslosigkeit in Deutschland auf,
die zu sozialen Ausgrenzungen führt. Dies impliziert nicht eine klare und eindeutige *Scheidungslinie* zwischen den Zonen sozialer Sicherheit und prekären
Lebenssituationen, vielmehr ist insgesamt eine Flexibilisierung und Entgrenzung
der Beschäftigungsstrukturen zu konstatieren, die durch die Digitalisierungsprozesse beschleunigt werden. Ebenfalls wurde bereits in den Diskussionen zur Krise
der Arbeitsgesellschaft und vorangetrieben durch die Frauenbewegung auf die
Notwendigkeit einer generellen Aufwertung der unbezahlten Arbeit (im Haushalt,
in der Pflege etc.) hingewiesen, die weit überwiegend durch Frauen verrichtet
wird (vgl. aktuell dazu Ketterer 2019b; Winker 2020).

Trotz einer wirtschaftlichen Belebung in den Jahren nach der Finanzkrise,
die auch die Arbeitslosigkeit reduzierte, ist weiterhin ein nicht zu unterschätzen-
des Beschäftigungsdefizit explizit für Langzeitarbeitslose zu konstatieren. Diese
Gruppe reduzierte sich zwar in der Phase des Beschäftigungsaufbaus ab 2010,
wächst jetzt aber nach der Corona-Krise wieder deutlich an (im Frühjahr 2021
waren es über eine Million). Vor dem Hintergrund der wieder ansteigenden
Arbeitslosigkeit bestätigt sich der erneut „Anachronismus, dass die entwickelten Wohlfahrtsstaaten die unfreiwillige Untätigkeit mehrerer Millionen Menschen
bezahlen und die Zahlungen selbst beim Verharren in sogar an das Versprechen
der Untätigkeit knüpfen -, während es im sozialen, kulturellen und ökologischen Bereich jede Menge notwendiger und sinnvoller Aufgaben gibt, die
niemand anpackt. Aber das Modell Bürgerarbeit greift wesentlich darüber hinaus: Dem Schreckgespenst der Arbeitsgesellschaft ohne Arbeit soll eine Vision

entgegengestellt werden, die das, was im ungebrochenen Paradigma der Vollerwerbsgesellschaft als „Krise" und „Katastrophe" erscheint, als historische Chance begreift und nutzt, gemäß dem Motto: Bürger-Engagement statt Arbeitslosigkeit finanzieren!" (Beck 2000, S. 417; vgl. auch ders. 2017 sowie Bregman 2020).

Es ging den Protagonisten einer Bürgerarbeit oder eines Bürgergeldes nicht allein um Existenzsicherung, sondern auf gesellschaftlicher Ebene um neue Formen sozialer Integration und auf individueller Ebene ein erfüllendes und zufriedenes Leben auch jenseits der Vollbeschäftigungsorthodoxie. Dies sollte verstanden werden als eine Antwort auf das traditionelle „Recht auf Arbeit" in Richtung auf ein „Bürgerrecht", das nicht über das erwerbsarbeitszentrierte klassische System der sozialen Sicherung führt. Und deshalb stand eine steuerfinanzierte Ausgestaltung im Mittelpunkt solcher Überlegungen. Damit könnten dann auch die Abschottungen und Scheidungslinien zwischen den Zonen sozialer Sicherheit und prekären, unsicheren Lebenssituationen tendenziell aufgebrochen werden. Heute erscheint diese Perspektive durchaus nicht utopisch zu sein, wie manche Kritiker*innen in den Debatten zur Krise der Arbeitsgesellschaft monierten, denn die Hoffnungen auf eine Rückkehr zu den ehemalig gesicherten Beschäftigungsverhältnissen verblassen immer mehr. Vor allem die Kombination verschiedener Merkmale (geringe Bildung und Qualifizierung, Migrationshintergrund etc.) führt zu einem erhöhten Arbeitsmarktrisiko, das durch die positive Beschäftigungsentwicklung in den letzten Jahren vor der Corona-Krise zwar etwas verdeckt, aber nicht aufgehoben wurde.

Hat man diese realen Verlaufsprozesse auf dem Arbeitsmarkt mit einer Verstärkung sozioökonomischer Polarsierungen in den letzten Jahrzehnten und insbesondere nach der Corona-Pandemie vor Augen, kann der Arbeitsmarktpolitik zwar bescheinigt werden, in dieser Frage im Krisenmodus der Corona-Pandemie schnell gehandelt zu haben, allerdings auf die grundlegenden Problemlagen bislang nur vereinzelt (bspw. mit dem Mindestlohn) eingegangen ist. Die in den letzten Jahren sich abzeichnenden Verbesserungen für Erwerbstätige auf dem Arbeitsmarkt (etwa der Rückgang der Niedriglohnbeschäftigten und der Anstieg der Lohnquote) verdanken sich eher dem demografischen Wandel und den Fachkräftelücken in expandierenden Branchen (zumeist aus dem Dienstleistungssektor). Ein Mangel an politisch-organisatorischer Phantasie, nicht nur in den sozial- und arbeitsmarktpolitischen Feldern der etablierten Politik, ist unübersehbar. Über das Konzept der Bürgerarbeit konnte auch *kein Gegenakzent* zur organisierten Phantasielosigkeit gesetzt werden, die soziologischen Debatten versickerten und wurden höchstens noch in akademischen Kreisen oder im Umfeld von Stiftungen und Akademien ohne breite Resonanz weitergeführt. Vor dem Hintergrund der nach der Corona-Krise ansteigenden Arbeitslosigkeit stehen trotz einiger, aber vom Volumen her begrenzten Beschäftigungsprogramme (wie dem Sozialen Arbeitsmarkt), die politischen Akteure nun wieder mit „leeren Händen" da. Dies ist insofern auch politisch sehr kurzfristig gedacht, denn es gab nicht nur aus soziologischer und sozialphilosophischer Sicht, sondern auch von etablierten Ökonomen konzeptionelle Beiträge (etwa das bereits in Abschn. 1.4, erwähnte „participation income" von Atkinson).

Ein erster Schritt wäre in der aktuellen arbeitsmarktpolitischen Situation mit steigenden Arbeitslosenzahlen und einer wachsenden Zahl von Langzeitarbeitslosen eine kreative Anknüpfung an die internationalen Debatten zur Überwindung und Neuakzentuierung der klassisch kompensatorischen Sozial und Arbeitsmarktpolitik („Social Investment Turn") (vgl. Busemeyer et al. 2018). Bezogen auf konkrete arbeitsmarktpolitische Programme kann angeknüpft werden an die Diskurse zur Ausdifferenzierung des *Arbeitsbegriffs* und eine stärkere Berücksichtigung der verschiedenen Tätigkeitsformen, die zum Fortbestand eines freiheitlichen und demokratischen Gemeinwesens unverzichtbar sind (etwa zivilgesellschaftliche Aktivitäten).

Dieser Weg wird nach unserer Einschätzung bislang noch zu zögerlich von der Arbeitsmarktpolitik beschritten, aber auch nur begrenzte Wirkung entfalten. Deshalb ist es wenig überraschend, dass die Debatten um Grundeinkommen und Bürgerarbeit wieder aufflammen. „Bürgerarbeit wird nicht entlohnt, aber belohnt, und zwar materiell und immateriell (durch „Bürgergeld", Qualifikationen, die Anerkennung von Rentenansprüchen und Sozialzeiten, „Favour Credits" usw.). Materiell erhalten diejenigen ein „Bürgergeld", die hierauf existentiell angewiesen sind. Die Maßstäbe sind die gleichen wie bei der Gewährung von Sozialhilfe; deshalb können in den ausgebauten Wohlfahrtsstaaten die erforderlichen Mittel aus den Haushalten der Sozialhilfe und gegebenenfalls der Arbeitslosenhilfe entnommen werden. Jedoch, die Bezieher von Bürgergeld sind – bei sonst gleichen Voraussetzungen – keine Empfänger von Sozial- oder Arbeitslosenhilfe, da sie in Freiwilligeninitiativen gemeinnützig tätig sind. Auch stehen sie dem Arbeitsmarkt nicht zur Verfügung, wenn sie das nicht wünschen. Sie sind keine Arbeitslosen" (Beck 2000, S. 418).

Diese Grundsatzdebatte scheuen aber bislang vor allem die traditionellen Volksparteien in Deutschland. Nach den Erfahrungen mit der letzten „großen" Reform dieser Art, der Agenda 2010, fürchten sich insbesondere die Insider der Arbeitsmarktpolitik vor einem solchen Politikwechsel. Es scheint unausgesprochen einen Konsens bei den politischen Eliten in Deutschland zu geben, solch strukturelle Reformen künftig besser nicht konkret anzupacken und sich auch von der Erwartung zu verabschieden, die Empfehlungen einer Expertenkommission anschließend „eins zu eins" im parlamentarischen Gesetzgebungsverfahren umzusetzen. Eher werden *kleine Schritte* im Stillen präferiert, die zwar grundsätzlich bereits in Richtung einer universalistischen sozialen Sicherung laufen, aber nicht den gezielten und nachhaltigen Umbau auf die Agenda setzen. Sie reichen in demografischen Fragen von den Versuchen, die Arbeitswelt so umzugestalten, dass auch Ältere dort ihre Kompetenzen länger und produktiver einbringen können, bis zu Bemühungen, die Produkt- und Dienstleistungsangebote so anzupassen, dass die Interessen und Bedürfnisse älterer Menschen stärker Berücksichtigung finden. Ganz zentral sind dabei die gesundheitlichen Dimensionen des Alters, denn es ist sowohl für die einzelnen älteren Menschen als auch für die Gesellschaft von großer Bedeutung, dass die gewonnene Lebenszeit möglichst gesunde Jahre werden. Zentral sind ebenfalls die vielfach ungenutzten und brachliegenden Potentiale des Alters jenseits von Erwerbsarbeit. Um diese erhöhten Anpassungserfordernisse zu bewältigen, muss aber auch massiv für eine Veränderung der Einstellungen bei den zentralen gesellschaftlichen Akteuren eingetreten werden.

Jedwede Regierungspolitik muss die paradoxe Situation überwinden, dass einerseits politische Experimentierfreude und strategische Führung gefordert sind, um die Herausforderungen produktiv anzugehen, andererseits das dafür notwendige *Grundvertrauen* in die Regierungspolitik bei der Bevölkerung immer weniger vorhanden ist. „Für die mentale Bereitschaft zum Umsteuern bleibt zu werben" (Kocka 2006, S. 22). An dieser nüchternen Diagnose hat sich 2021 nichts verändert, vielleicht stellt sich die Situation sogar hinsichtlich eines öffentlichen Reformwillens noch schwieriger dar, weil es die Politik in den letzten Legislaturperioden versäumt hat, die Wahlberechtigten auf grundlegende Transformationsprozesse einzustimmen, obwohl die Erwartungen an die Politik angestiegen sind. Schon die eher simple Feststellung, dass das Erreichte nur bewahrt werden kann, wenn es sich ständig erneuert, wird zugunsten der These „Wir schaffen das" zurückgedrängt. Eine positive Einstellung zum Wandel und damit zu Reformen wurde von der Regierungspolitik nicht eingefordert und führte einerseits bei einem großen Teil der Bevölkerung zu einer gewissen Lethargie und andererseits zu offenen Protesten wie etwa beim Klimaschutz. Scheinbar fehlen mutige entrepreneurs, die die gesellschaftlichen Herausforderungen nicht nur rhetorisch aufgreifen, sich umfassend (evidenzbasiert) informieren, auf grundlegende Wandlungsprozesse hinweisen und einen Handlungskonsens herbeiführen, anstatt der Bevölkerung zu suggerieren, alles könne beim Alten bleiben, wenn das „Getriebe" hin und wieder gewartet wird.

Ohne die Fach- wie Vermittlungskompetenz von political entrepreneurs und deren Fähigkeiten sowohl zum Schnittstellenmanagement als auch zum Selbstmanagement sind grundlegende sozialpolitische Reformen kaum zu realisieren,

was sich auch anhand der großen Sozialreformen belegen lässt. „Erfolgsrele-
vant war, so ist plausiblerweise anzunehmen, die Fähigkeit der maßgeblichen
Reformakteure zur Konditionierung ihrer selbst und ihrer Heimatorganisationen
in dem Sinne, dass sie das immerwährende Bedürfnis nach normativer Selbst-
vergewisserung in eine Balance mit der Fähigkeit zur nüchternen Wahrnehmung
der Handlungswelt zu bringen wussten. Denn der Aufgabenhorizont der erfolg-
reicheren Strategen besteht nicht nur aus der Außenwelt ihrer Gegenspieler und
Bündnispartner, sondern erstreckt sich auch auf die Innenwelt des Akteurs, sei
es der individuellen Person, sei es der Gruppe oder Organisation" (Wiesenthal
2019a, S. 33).

4.4   Annäherungspfade an ein Grundeinkommen: zur Rolle wissenschaftlicher Politikberatung und des Politikmanagements

Mit Blick auf ein Grundeinkommen wurde nach der Etablierung und Umsetzung
der Hartz IV-Gesetze von einer Gruppe von Wissenschaftlern und Politikern aus
der CDU um den ehemaligen Ministerpräsidenten von Thüringen, Dieter Althaus, ein Konzept für ein solidarisches Bürgergeld (SBG) vorgelegt (vgl. Althaus
2007). Dieses ist als eine Abkehr vom Sozialstaat Bismarckscher Prägung zu
interpretieren und läuft auf eine Variante eines partiellen bedingungslosen Grundeinkommens hinaus. Mit Hilfe des Multiple-Streams-Ansatzes kann analysiert
werden, welche Kriterien erfüllt werden müssten, damit ein solches BGE-Modell
erfolgreich auf der politischen Agenda platziert werden könnte (vgl. Rüppel
2020). Ohne an dieser Stelle die verschiedenen Aspekte hinsichtlich einer Plat-
zierung des Modells auf der politischen Bühne abzuhandeln (etwa die scheinbar
fehlende Akzeptanz in der Bevölkerung, mangelnder Rückhalt in den wichtigen Organisationen, einflussreiche Vetospieler) kommt Althaus zu folgender
Einschätzung: „Um ein Konzept auf der Entscheidungsagenda der Regierung
zu platzieren, ist es demnach nötig, neben einem inhaltlich implementierbaren
und von den Experten der policy-community als erfolgsversprechend eingestuften
Vorschlag entweder die nötige Problemwahrnehmung bei Bevölkerung und Politik oder günstige politische Rahmenbedingungen – also einen reifen problem-
oder politics-stream – vorzufinden, der mit dem im policy-stream entwickelten
Vorschlag verknüpft werden kann. Zudem muss ein Gelegenheitsfenster für die
Etablierung des Konzepts geöffnet sein und ein policy-entrepreneur muss das
Projekt konstant unterstützen, die Ströme verknüpfen und die policy letztlich auf
der relevanten Ebene platzieren. Im Fall des SBG zeigt sich, dass weder von

einer ausreichenden Reife der Ströme gesprochen werden kann, noch konnte ein policy-Unternehmer Gelegenheitsfenster vorfinden und nutzen, um das Thema entsprechend zu platzieren" (ders. 2020, S. 60).

Mit dem Ausscheiden des ehemaligen Ministerpräsidenten in Thüringen wurde das Thema dann nach Vorlage eines entsprechenden Kommissionsberichts jedoch innerparteilich in der CDU nicht weiterverfolgt – und dies gilt bis heute. Es scheint in der fehlenden Aufmerksamkeit und der jedenfalls in den zentralen Gremien und Personen nicht vorhandenen politischen Unterstützung begründet zu liegen. Der Promotor für ein solches Grundeinkommen sieht deshalb nur eine „ernsthafte existentielle Krise der Gesellschaft" als *Treiber* für solch ein Projekt, „eine Integration von BGE-Modellen in bestehende Systeme wäre dagegen zu aufwendig, um von der Politik umgesetzt werden zu können" (a. a. O., 62). Ein mögliches „Politikfenster" könnte die Corona-Pandemie sein, allerdings fehlt es an einflussreichen Akteuren, die als Treiber für das Modell agieren und in öffentlichen Diskursen gehört werden.

Der Befürwortendenkreis für eine umfassende und zugleich ganzheitliche Reform ist in den letzten Jahren jedoch breiter geworden und umfasst auch einzelne Unternehmerpersönlichkeiten, die sich in ihrer Kritik nicht als Repräsentanten von Arbeitgeber- oder Industrieverbänden äußern. Konsens besteht bei allen unterschiedlichen Modellen darin, dass die Protagonisten den klassischen Sozialstaat an seinen Grenzen angelangt sehen und deshalb für eine radikale Vereinfachung des Sozialleistungssystems plädieren, indem ein steuerfinanziertes bedingungsloses Grundeinkommen (ohne Bedürftigkeitsprüfung und Gegenleistung) für alle aus Steuermitteln geleistet wird.

Reformpolitische Bemühungen werden gleichwohl mit hoher Wahrscheinlichkeit scheitern, wenn sie sich nur an den Bargainingprozessen zwischen den etablierten Interessen orientieren. Gefragt sind neue „Spieleröffnungen" durch eine akzentuierte Reformthematisierung, wobei herausgestellt werden sollte, dass es nicht mehr allein der Staat sein kann, der verantwortliche und zukunftsfähige Steuerung gewährleisten kann. Antworten sind deshalb weder im Marktradikalismus noch in einer sozialstaatlichen Orthodoxie zu suchen. Angesagt sind vielmehr balancierte Verknüpfungen zwischen den Handlungslogiken von Staat, Wirtschaft und Gesellschaft. Richtungweisende Reformen für den institutionellen Umbau können nicht mehr von (korporatistischen) Bündnissen zwischen dem Staat und organisierten Interessen erwartet werden. Das heißt: Politik wird *unbeständiger,* es gibt keinen „Königsweg" aus der Krise und auch die Tür für eine Rückkehr zu Lösungen von gestern ist verschlossen. Negativ formuliert bedeutet dies die faktische Anerkennung diverser politisch-institutioneller Segmentierungen, die eine vom ambitionierten Anspruch und Grundsatz her notwendige evidenzbasierte, ressortübergreifende Politik erschwert. Alle bislang vorliegenden Erfahrungen besagen, dass der Wandel von Regulationsstrukturen vermutlich nur über experimentell ausgerichtete, zeitraubende und manchmal konfliktreiche Planungs- und Gestaltungsprozesse überhaupt möglich sein wird. Die Zusammenarbeit wird oft dadurch beeinträchtigt oder kommt überhaupt nicht zustande, weil einzelne Akteure entweder befürchten müssen, benachteiligt zu werden oder andere sich erhoffen, übervorteilt zu werden. Vor diesem Hintergrund bleibt die Beantwortung der künftigen Verteilungsfrage sowie Aspekte eines polarisierenden oder nivellierenden Grades an sozialer Ungleichheit eine wichtige Gelingensbedingung reformpolitischer Bemühungen, wobei bei Fragen der sozialen Sicherheit zudem horizontalen Aspekten der Generationengerechtigkeit eine immer stärkere Bedeutung zukommt.

Eine konsistente und traditionelle Fachfelder überwindende Sozialpolitik muss aber nicht nur „Silos" überwinden, sondern bleibt zugleich eingebunden in die institutionellen Strukturen der öffentlichen Verwaltung in Deutschland. Demnach nehmen die Kommunen vor allem Aufgaben in den Sektoren innere Verwaltung und allgemeine Staatsaufgaben, Soziales, Bildung, Gesundheitswesen, Wirtschaftsförderung, Wohnen, Verkehr und öffentliche Einrichtungen wahr. Die Nachfrage nach verschiedenen Formen der Daseinsversorgung vor Ort wird in nächster Zukunft besonders in strukturschwachen, schrumpfenden Regionen stark anwachsen. Derzeit ist das Versorgungssystem in Deutschland auf diese seit längerem zu beobachtenden demografischen Verschiebungen noch unzureichend vorbereitet und hat bislang kein umfassendes Konzept für das Leben in der immer älter werdenden Gesellschaft entwickelt. Mit dem fragmentierten und in vielen Fällen überbürokratisierten sozialen Hilfesystem wird dies kaum gelingen; gefragt sind sowohl garantistische als auch sektorenübergreifende (verkoppelte) Lösungen. Wenngleich die Bekämpfung der Corona-Pandemie als Stunde der Exekutive gilt, hat diese „neben unbestreitbaren Leistungen auch die nervenzehrende Langsamkeit und Schwerfälligkeit aller staatlichen Ebenen erbarmungslos ans Licht gebracht" (Seibt 2021).

Es gibt einen medialen Hype um das *Pflegethema,* der auch die Regierungspolitik erreicht hat – allerdings um Jahre verspätet. Zudem ist der „rentenpolitische Immobilismus" (Ebert 2020) noch nicht überwunden, der im Endergebnis die Kommunen treffen könnte, die, obwohl sie seit 2014 von der Zahlung von Mindestsicherungsleistungen im Alter durch den Bund entlastet wurden, gleichwohl aufgrund der Übernahme der steigenden Kosten der Unterkunft von der wachsenden Altersarmut betroffen bleiben. Innovationspolitisch orientierte Szenarien für eine neue Landkarte positiver Wohlfahrt werden in der Regierungspolitik

bislang, wenn überhaupt, nur am Rand behandelt. Die absehbare deutliche Steigerung des Anteils der älteren Bevölkerung in den kommenden Jahrzehnten macht
jedoch die Entwicklung integrierter Versorgungsformen und damit verbunden
auch neuer altersgerechter Produkte und Dienstleistungen zu einer dringenden
Notwendigkeit, die auch ökonomische Chancen bietet. Da die große Mehrzahl
der Älteren möglichst lange im gewohnten Wohn- und Lebensumfeld verbleiben will, sind bei sinkenden innerfamilialen Versorgungsarrangements innovative
Verbundlösungen zwischen sozialen Diensten und technischen Assistenzsystemen
gefragt, die auch für Hilfebedürftige helfen können, den Lebensalltag in der
gewohnten Wohnumgebung zu bewältigen. Die ausgeprägte institutionelle Segmentierung und Differenzierung von Politikfeldern mit spezifischen Spielregeln
und Diskursformen erschwert allerdings eine ressort- und sektorenübergreifende Konsensbildung, worauf bereits hingewiesen wurde. Gefragt ist ein kluges
politisches Entscheidungsmanagement und strategische Führung, die drei Dimensionen koordinieren muss: „Sie muss (a) günstige Zeitpunkte nutzen oder selbst
beschaffen, sie muss (b) mutig sein, d. h. trotz ungewisser Umstände und unvor-
hersehbarer Folgen ein Risiko auf sich nehmen und (c) riskante Entscheidungen
politisch verantworten können" (Rüb 2014a, S. 26).

Diese Voraussetzungen sind ohne schockartige Ereignisse im Feld der sozialen
Sicherung scheinbar bislang nicht gegeben, wenngleich die hemmende Wirkung
der Kompetenzzersplitterungen sowie Warteschleifen von Zuständigkeitsprüfun-
gen inzwischen auch in der Politik und der Verwaltung zur Kenntnis genommen
werden. Programmatisch zeigen sich bereits auf den verschiedenen Ebenen
des politisch-administrativen Systems Erneuerungsprozesse in Richtung auf eine
sektoren- und *ebenenübergreifende* Politik. Bislang dominiert insbesondere auf
zentraler Ebene des Bundes und der Länder mehr „Talk" denn „Action". Dazu
passt auch die Ausweitung der Politikberatung in verschiedenen Formaten: von
den klassischen Beiräten bei den Ministerien über Ad-Hoc-Kommissionen und
persönliche Beratungsprozesse bei den Spitzenpolitikern. Es ist schon von einer
„Kommissonitis" zu sprechen, dennoch sind konsistente und ressortübergreifende
Lösungsstrategien, die die verschiedenen Politikströme verkoppeln, noch immer
Desiderate. Das dynamische Wachstum der wissenschaftlichen Politikberatung
liegt nicht nur an der gewachsenen Komplexität der Herausforderungen, sondern auch an der Ausweitung der Staatsfunktionen, die sich exemplarisch in der
sozialpolitischen Arena zeigen. „Eine tiefere Ursache der Expansion der wissenschaftlichen Politikberatung, die inzwischen als eine eigenständige institutionelle
Ebene zwischen Politik und Wissenschaft gesehen werden kann, liegt in der Ausweitung der Staatsfunktionen, die seit dem 19. Jahrhundert andauern und ihren

bisherigen Höhepunkt zunächst in einer immer weiter ausgreifenden Sozialgesetzgebung sowie zuletzt in einem umfassenden Umweltschutz und einer im Prinzip
uneingeschränkten Risikoregulierung findet. Wissenschaftliche Themen werden
aufgrund der Vorsorgepflicht des Staates zu wichtigen Themen auf der politischen
Agenda" (Weingart 2019, S. 68; vgl. auch die Beiträge in Falk et al. 2019).

Dass von den politischen Akteuren vermehrt auch sozialwissenschaftliches
Orientierungswissen im Rahmen von Politikberatung nachgefragt wird, liegt an
der Kompetenz für die Beschreibung gesellschaftlicher Entwicklungstrends und
deren Verdichtung zu soziologischen Zeitdiagnosen (vgl. etwa die Debatte um die
„Gesellschaft der Singularitäten", die von Reckwitz (2017) ausgelöst wurde), die
gerade in „unsicheren" Zeiten gefragt ist. Sozialwissenschaftliche Beratung muss
aber die komplexe Eigenlogik und Ausdifferenzierung der Politikproduktion im
Blick haben, um effiziente Beratungsleistungen zu generieren. Zentrale Leitbilder
vor allem der privatwirtschaftlich ausgerichteten oder auch der stiftungsorientier-
ten wie auch der rein wissenschaftlichen Politikberatung leiden darunter, dass
sie die institutionelle Eigensinnigkeit des „Policy-Making-Systems" nicht erkennen. „Jeder Ratschlag, ob technokratischer, dezisionistischer oder pragmatischer
Provenienz muss durch den Regierungsapparat bearbeitet werden. Hier erweist es
sich als bedeutsam, dass Parlament und Regierung eigenständige ausdifferenzierte
Teilsysteme innerhalb des politischen Systems darstellen. Denn beide besitzen
eigene Handlungsrationalitäten, aus denen spezifische Funktionen, Aufgaben und
Organisationsprofile folgen. Vor allem aber verfügen Parlament und Regierung
gegenüber der wissenschaftlichen Beratung über eigenständige und unabhängige
Mechanismen der formalen wie informellen Willensbildung und Entscheidungsfindung. Die in den Leitbildern unterstellten Transformationsprozesse erweisen
sich angesichts der Eigensinnigkeit von Parlament und Regierung/Verwaltung als
unrealistisch und führen deshalb in die Irre" (Bröchler 2004, S. 23 f.; vgl. auch
Blätte 2019; Bogumil und Jann 2020, S. 267 ff.).

Der Bedeutungsgewinn des Expertenwissens ist ein Mosaikstein beim Wandel
des Politischen; externe Experten – seien es wissenschaftliche Berater, Public Affairs-Berater oder Verbandsvertreter – bekommen immer stärker Einfluss
auf Politik und Verwaltung. Zugleich wird das Politikmanagement durch die
Informationsüberflutung immer komplexer und es breiten sich Informalisierungs-
prozesse aus. „Alternative Entscheidungsstrukturen sind in der unmittelbaren
Nähe der Spitzenakteure durch Personen mit Maklermacht geschaffen worden.
Eine Akzentverlagerung von den formalisierten in die informalisierten Strukturen lässt sich feststellen. Die Fähigkeiten der Spitzenakteure im Umgang mit
diesem Mix aus formalisierten und informalisierten Informationswegen sind für
die Machtsicherung elementar und demokratietheoretisch zwingend" (Korte 2019,

S. 141). Gleichzeitig stehen diese Beratungsformate zum Teil unter dem Verdacht der Intransparenz und die involvierten Beratungsakteure könnten vorbei an demokratischen Gremien Lobbyismus betreiben. Dieser Vorwurf wird bereits seit längerem erhoben, wurde in der Vergangenheit aber primär auf den Einfluss der Verbände auf politische Entscheidungen bezogen.

Dass ausgewählte Interessenverbände an Gesetzesvorhaben „mitschreiben", wird weder in der Forschung noch in der Politik bezweifelt, allerdings haben sich auch hier strukturelle Verschiebungen ergeben. Neben der *Informalisierung* ist auf den direkten Einfluss von Großunternehmen hinzuweisen, die zunehmend „neben" und unabhängig von den Wirtschaftsverbänden agieren. Insofern haben wir es mit einer Pluralisierung und neuen Unübersichtlichkeit der Politikberatung zu tun. Und auch die Feststellung eines Spannungsverhältnisses von Lobbyismus und parlamentarischer Demokratie begleitet historisch die Debatte um den Einfluss unterschiedlich organisierter Interessen auf die Regierungspolitik. Der Hinweis auf die Intransparenz des Lobbyismus ist unbestreitbar und hieran hat auch die 1972 eingeführte offizielle „Lobbyliste" nichts geändert, die an sich den Einfluss der Verbände auf die Gesetzgebung transparenter machen sollte und in die inzwischen 2297 Organisationen eingetragen sind (Stand: 1. Juni 2021). Der Eintrag sagt jedoch über den realen Einfluss auf die Gesetzgebung wenig aus, so dass seit langem um mehr Transparenz gerungen wird. 2021 wurde nach intensiven Diskussionen auch die Einführung eines Lobbyregisters im Bundestag beschlossen. Ziel des Gesetzes ist es, mehr Transparenz bezüglich des Einflusses von Interessenvertreterinnen und Interessenvertretern auf Willensbildungs- und Entscheidungsprozesse in Parlament und Regierung zu schaffen. So werden künftig professionelle Interessenvertreter dazu verpflichtet, sich öffentlich registrieren zu lassen, verbunden mit Angaben über Auftraggeber und finanzielle Aufwendungen. Da eine wichtige Machtposition bei der Politikformulierung den Ministerien zukommt (vgl. zusammenfassend Baruth und Schnapp 2015), sollen bis zur Ebene der Unterabteilungsleiter Treffen erfasst und dokumentiert werden. Zugleich werden die Interessenvertreter zur Zustimmung zu einem Verhaltenskodex, der Grundsätze integrer Interessenvertretung definiert, verpflichtet und Verstöße sollen als Ordnungswidrigkeit geahndet werden.

So nachvollziehbar diese Regelungen aus demokratietheoretischer Sicht sind, so können sie dennoch nur teilweise Transparenz herstellen. Vor dem Hintergrund der in diesem Kapitel diskutierten unterschiedlichen Politikströme, setzen sie nur an *einem Hebel* zu einem gewissen Zeitpunkt an und bleiben deshalb in ihren Wirkungen begrenzt. Die Prozesse des Lobbying in der Politik sind komplexer geworden und haben sich professionalisiert. Wie bereits erwähnt, hat sich bei den Spitzenakteuren in der Regierung neben dem administrativen

Informations- und Kommunikationsmanagement ein informelles Politikmanagement etabliert, das auch in der stärkeren Personalisierung des Regierungshandelns in den letzten Jahren begründet liegt. Diese Entwicklungen generieren einen von außen nur schwer zu durchschauenden Mix aus formalisierten und informellen Informations- und Entscheidungswegen und solch ein Politikmanagement ist auch anfällig für *kommerzielle Lobbyingstrategien.* Diese neue Szenerie des kommerziellen Lobbyismus ist bislang wissenschaftlich nicht hinreichend durchleuchtet worden, wenngleich Beobachter davon ausgehen, dass im deutschen Politikbetrieb die Public-Affairs-Berater zunehmend an Macht gewonnen haben. „So werden medienwirksame Kampagnen mittels Public Affairs-Agenturen durchgeführt, die als Wirtschaftsunternehmen arbeiten, und die Mobilisierung von Aktivist*innen erfolgt im Netz mittels der gezielten Lobby-Arbeit einer NGO, die sich über Spenden finanziert. Diese Art von Interessenvertretung – eben Lobby Work – hat nicht mehr viel zu tun mit der „guten alten Zeit" neo-korporatistischer Interessenvertretung, in der die Welt noch in Ordnung und der Vertreter des Bauernverbandes a priori Mitglied des Bundeskabinetts war, und die Wohlfahrtsverbände maßgeblich verantwortlich waren für die Ausformulierung der Sozialgesetze" (Zimmer und Speth 2015, S. 13; vgl. auch Speth 2015). Insgesamt ist es sowohl zu einer Intensivierung unternehmerischen Lobbyings und damit verbunden einem Bedeutungsverlust traditionellen verbandlichen Lobbyings als auch im Trend zu einer organisatorischen Ausdifferenzierung des Einflusses organisierter Interessen gekommen (zu denen in den letzten Jahren zunehmend auch diverse selbstorganisierte Netzwerke und Stiftungen etc. gehören).

Verbunden mit der gestiegenen Anzahl von Beratungsgremien und Expertenkommissionen ist eine unübersichtliche Beratungslandschaft festzustellen, die insbesondere in Krisenzeiten (wie seit 2020 in der Corona-Pandemie) schon als „Expertokratie" bezeichnet wird. „Entsprechend bildet (Experten-)Wissen die höchste Entscheidungsinstanz in vielen politischen Kontroversen" (Bogner 2021, S. 8). Politikwissenschaftlichen Beobachter sprechen schon von einem neuen „Modus der Konsensformation in regierungsfreundlichen Gipfel- und Expertenrunden. Der Ansatz entwickelte sich zum neuen Standard außerparlamentarischer Konsensmobilisierung" (Czada 2019, S. 405). Bezogen auf Politikwechsel kann die Delegation von Entscheidungen an Expertengremien einerseits für eine gewisse Entlastung der zunehmend überforderten Politik sorgen und auch gegen populistische Manipulationen helfen, andererseits besteht die Gefahr der Aushöhlung demokratischer Gremien. Gerade wenn es um Streitfragen wie die Zukunft des sozialen Sicherungssystems geht, sollte deshalb die Politik durchaus im Sinne einer Rationalisierung der Diskurse auf Expertenkommissionen setzen, die höchstwahrscheinlich auftretenden Streitfragen aber nicht in Wissensauseinandersetzungen transformieren, sondern diese in der politischen Arena offen austragen.

In diesem Kontext wäre von einem dialogorientierten, reflexiven Beratungsmodell zu sprechen. Hier wird die klassische Rollentrennung etwa zwischen Experten und Laien nicht länger aufrechterhalten, und auch das klassische Verhältnis zwischen Öffentlichkeit, Wissenschaft und Politik löst sich tendenziell auf. „Das starre Dreieck zwischen Wissenschaft, Politik und Experten zerfließt, Rollen werden gewechselt, im Fokus stehen nunmehr Interaktionen und Schnittflächen, aus denen sich variable Beratungsöffentlichkeiten ergeben" (Leggewie 2007, S. 8; vgl. auch Nullmeier 2019). Wenn auch wissenschaftliche Politikberatung keine eindeutigen Prognosen liefern kann, so kann sie dennoch das Wissen der Politik erweitern und mit Blick auf die Multiple-Streams-Ansätze ermöglicht das eine zusammenführende Problemsicht, die nicht so stark von den Eigeninteressen der tangierten Akteure dominiert wird. Deshalb sollte in der Politik auch der Vorschlag geprüft werden, eine *nachhaltige Politikberatung* im Feld der Sozialpolitik zu implementieren, die folgenden Anforderungen genügen müsste:

„- Unter einer nachhaltigen Politikberatung wird erstens eine dauerhaft angelegte Politikberatung mit einer entsprechenden Infrastruktur verstanden, die zudem so flexibel ist, neue, virulente Themen aufzugreifen, ohne dabei zu einem Instrument kurzfristiger politischer Interventionen zu werden.

- Unter einer nachhaltigen Politikberatung wird zweitens eine integrierte, themenübergreifende und das gesamte Politikfeld der Sozialpolitik berücksichtigende Form der Politikberatung verstanden, die der Fragmentierung der Sozialpolitik in Unterfelder und Teilpolitikgebiete entgegenwirkt.

- Unter einer nachhaltigen Politikberatung wird drittens eine auf die mittel- und langfristige Fortbildung des Politikfeldes Sozialpolitik ausgerichtete Form der Politikberatung verstanden, die nicht allein auf aktuelle Gesetzgebungen gerichtet ist. Erforderlich ist die Reflexion auch der langfristigen Folgen von Politiken sowie der zukünftigen Reaktionsmöglichkeiten von Politik angesichts veränderter Rahmenbedingungen gesellschaftlicher Entwicklung" (Nullmeier 2019, S. 3 f; vgl. auch Strohschneider 2020).

Die Sozialpolitik kann sich hinsichtlich einer nachhaltigen und zugleich vorsorgenden Beratungsstrategie sicherlich an anderen Politikfeldern (wie bspw. der Energiepolitik) orientieren, aufgrund der hohen individuellen Betroffenheit von sozialpolitischen Veränderungen handelt es sich aber um sensible Sachverhalte, die leicht zu emotionalen Erregungen führen, zumal wenn sowohl Gewerkschaften als auch Arbeitgeberverbände institutionalisierte Akteure im Feld der Sozialpolitik sind. „In einem Land, wo Tausende Lobbyorganisationen jeden

Paragrafen eines neuen Gesetzes auf ihre Interessen hin durchforsten, wird es kein Sozialsystem geben, das alles auf den Kopf stellt" (Koch 2021). Dies kann die wissenschaftliche Beratungsszene treffen, die ohnehin in den letzten Jahren durch die erheblich verstärkte massenmedial strukturierte Kommunikation (auch durch social media) in das Fahrwasser des Infotainments geraten ist, was ihre klassische Rolle (vor allem ihre Unabhängigkeit) tangiert. Einerseits werden Berater in einer medialisierten Gesellschaft zu einer „Ressource neuen Grades", anderseits geraten sie in die „unberechenbare Dynamik des Mediendiskurses" (Patzwaldt 2007, S. 226) und in kommunikative Marketingstrategien, die insgesamt die Rolle wissenschaftlich fundierten Wissens herabsetzen. Anhand der Medienkommunikation in der Corona-Krise, die auf Personalisierung und Konfliktzuspitzung setzt, zeigt sich exemplarisch, wie nicht nur die wissenschaftliche Solidität unterminiert wird, sondern auch Vertrauensverluste in der Bevölkerung herbeigeführt werden, so dass das Rationalitätsniveau der Politikentscheidungen nicht wesentlich gestärkt wurde.

Trotz der vielfältigen Expansion der wissenschaftlichen *Politikberatung* ist deshalb vor allzu großem Optimismus hinsichtlich der realen Steuerung politischer Prozesse zu warnen, allerdings sind mit der Ausbreitung der Wissensgesellschaft und der damit verbundenen Wissensgläubigkeit sowie dem ambitionierten Anspruch einer evidenzbasierten Wirkungsforschung diese Einflussströme nicht aufzuhalten, auch wenn es weltweit zur Ausbreitung populistischer „Post-Wahrheiten" gekommen ist. Wissenschaftliche Expertise spielt gerade aus Sicht vieler Wissenschaftler im politischen Entscheidungsprozess seit Jahren eine bedeutsame Rolle, dennoch sind gerade Wissenschaftlerinnen und Wissenschaftler gut beraten, eine abgeklärte Haltung einzunehmen und nicht zu glauben, dass wissenschaftliche Politikberatung immer ‚Licht ins Dunkel bringen' kann oder diese selbst bei eindeutigen Handlungsempfehlungen von der Politik zwingend aufgegriffen und umgesetzt würden. „Einerseits werden in der sich verkomplizierenden Gemengelage wirtschaftlicher und gesellschaftlicher Entwicklungen auch wissenschaftliche Analysen und Aussagen über kausale Wirkungszusammenhänge immer schwieriger (so es diese überhaupt gibt). Andererseits kann nicht davon ausgegangen werden, dass die von Seiten der Wissenschaft formulierten Empfehlungen tatsächlich Entscheidungen der Politik beeinflussen. Zwar wird die scheinbare Objektivität wissenschaftlicher Expertise von Politikern gern zur äußeren Legitimation verwendet; unklar bleibt in der ‚blackbox' der tatsächlichen Entscheidungsfindung jedoch oft, ob die von der Wissenschaft präsentierte Faktenlage hier Eingang fand oder ob z. B. allein der Umstand, zu einem Themengebiet ein Gutachten in Auftrag gegeben zu haben, als Legitimation genügt" (Beckmann et al. 2017, S. 22; vgl. auch Streeck 2017).

Sozialwissenschaftliche Beratung muss die komplexe *Eigenlogik* der Politikproduktion sowie die unterschiedlichen Handlungsrationalitäten der Akteure im Blick haben und über die verschiedenen Politikströme informiert sein. Aussagen zur Reichweite von wissenschaftlicher Politikberatung müssen deshalb einerseits wissens- und organisationssoziologisch fundiert werden und andererseits auch empirisch abgesichert sein – zumal in vielen Politikberatungsmodellen ein relativ naiver Begriff des Wissens und der Rationalität von Organisationsstrukturen unterstellt wird. Dies würde dann ein weitaus komplexeres Bild der Politikberatung ergeben und könnte auch die Diskrepanzen zwischen den Selbstbeschreibungen der politischen Akteure und den realen Ungereimtheiten und Rationalitätslücken in den politischen Organisationen erklären. Generell sollte man sich – und dies legen Analysen wieder des MSA nahe – davor hüten, von einem „best way" der Reformpolitik auszugehen. Noch so gut begründete wissenschaftliche Beratungsergebnisse bilden sich nicht deckungsgleich in politischen Entscheidungsprozessen ab, denn diese verlaufen eben nicht nach der wissenschaftlichen Logik von wahr und falsch, sondern müssen auch stets die Sicherung des Machterhalts in demokratisch verfassten Wohlfahrtsstaaten im Blick behalten. „Der typisch wissenschaftliche Traum von einer Rationalisierung der Politik jedoch läuft darauf hinaus, der Politik das typisch Politische auszutreiben, nämlich die Aushandlung von Interessenkonflikten und das mühsame Ringen um tragfähige Kompromisse" (Bogner 2021, S. 118 f., vgl. auch die Beiträge in Berlin-Brandenburgische Akademie der Wissenschaften 2008). Insofern ist das Rationalitätspotenzial wissenschaftlicher Politikberatung systematisch begrenzt.

Vor diesem Hintergrund ist jede Form von Politikberatung ein schwieriges Unterfangen und zudem muss anerkannt werden, dass der meiste Rat, den Politiker bekommen, nicht den innerhalb des Wissenschaftssystems definierten Kriterien der Wissenschaftlichkeit standhält und viele Politiker ihre Politik nicht unbeträchtlich „aus dem Bauch" heraus strukturieren (vgl. Bogumil 2017). Schon von daher kann die Beratung der Politiker durch wissenschaftliche Expertise auch nur als ein „rettender Strohhalm" verstanden werden, um die komplexen und zerstückelten Aufgaben annäherungsweise zu bewältigen. Evidenzbasierte Politik durch wissenschaftliche Politikberatung ist deshalb eher eine Ausnahme denn die Regel.

Unterstützt werden könnte das Agendasetting wie auch das Feintuning für eine nachhaltige und in Gesamtzusammenhängen operierende Sozialpolitikreform durch ein, den Reformprozess begleitendes, neues, von Wissenschaftlern besetztes Gremium wie einem Sachverständigenrat oder einer Enquete-Kommission, die auch als vermittelnde Instanz und Organisationsform gilt, um gesellschaftlich relevante Diskurse in die parlamentarische Politik zu tragen (vgl. Altenhof

2002). Allerdings ist dies keine hinreichende Bedingung für einen erfolgreichen, grundlegenden Wandel, denn die Erfahrung lehrt, dass auch viele Expertenkommissionen oft primär symbolischen Charakter haben. Auch wenn ein Thema gesellschaftspolitisch hohe Priorität genießt und in den Medien vielfach bespielt wird (wie etwa das Grundeinkommen), ist die „strukturelle „Verspätung" der „demokratischen" Politik gegenüber sich langfristig zusammenbrauenden Problemlagen" (Offe 2015, S. 46) nicht zu unterschätzen. Umsteuerungsprozesse sind mit vielen Hürden ausgestattet, die aus organisationssoziologischer und politiktheoretischer Sicht nicht überraschend sind. „Wandel, der das Bestehende nicht mehr reproduziert, sondern Neues hervorbringt, findet nur in wenigen institutionalisierten Situationen statt, in denen Aushandlungsprozesse möglich sind und lang praktizierte Routinen und Policies ihre Selbstverständlichkeit verlieren" (Trampusch 2009, S. 225).

Die *Wiedervereinigung* in Deutschland zeigt, dass exogene Schocks nicht quasi automatisch einen grundlegenden Politikwandel hervorbringen, sondern darauf aus Scheu vor weiteren Risiken mit den traditionellen Handlungsstrategien reagieren kann. Und es ist auch nicht völlig ausgeschlossen, dass sich diese Option auch in der Phase nach der akuten Corona-Pandemie bewahrheiten könnte. Deshalb ist nach weiteren Faktoren zu suchen, die nicht auf die Gegenüberstellung von Konstanz und Dynamik pochen, sondern vielmehr auf einen *inkrementellen Wandel* zielen. Nicht nur das seit Frühjahr 2020 mehr als 18 Monate andauernde Krisenmanagement hat die Politik an den Rand der Erschöpfung gebracht, auch die gewachsenen Verteilungsprobleme sowie die sozialen und kulturellen Separatismen erschweren die Formulierung eines auf den Gesamtzusammenhang der Sozialpolitik zielenden integrativen Richtungskonsens – ganz zu schweigen von einer umsetzbaren Handlungsstrategie.

Dennoch bleibt eine dialogorientierte und *reflexive Politikberatung,* die aber explizit ihre eigenen Handlungsspielräume und Grenzen kennt, neben der Thematisierung von Herausforderungen auch Gestaltungsstrategien entwickelt und auch Szenarien möglicher unbeabsichtigter Nebenfolgen reflektiert, auch zukünftig eine unverzichtbare politische Option. Eine solch soziologisch aufgeklärte Politik- und Politikerberatung darf aber nicht vergessen, dass es in der politischen Entscheidungsproduktion keine abstrakten Rationalitäts- oder Reformgarantien gibt und deshalb der Weg vom Ist-Zustand zum Soll-Zustand nicht geradlinig und zudem steinig verlaufen kann und immer wieder auch ein Scheitern einkalkuliert werden muss. Und dies liegt nicht nur an der strukturellen Unsteuerbarkeit von Beratungsprozessen (deshalb werden ja weder Ärzte noch Unternehmensberater nach Erfolg, sondern nach Zeit honoriert), vielmehr an der spezifischen Logik des Politikprozesses in demokratisch verfassten Wohlfahrtsstaaten. Ratsam ist dennoch, nicht auf die großen Lösungen zu hoffen, sondern eher auf zeitlich befristete innovative Experimente und deren Befunde sowie ein langsames Einträufeln/Diffundieren zu setzen. Wissenschaftliche Beratung kann beispielsweise keine konkreten Organisationsreformen umsetzen, allerdings strategische Anregungen und Orientierungen geben und mitarbeiten an der Erstellung von Drehbüchern, Skripten sowie Narrativen für eine strategische Neuausrichtung. „Politische Entscheidungen sind aber darüber hinaus macht- und mehrheitsbasiert zu treffen. Die politische Rationalität von Entscheidern, wiedergewählt zu werden, hat mit der wissenschaftlichen Rationalität nichts gemein. Politik versteckt sich gerne in Zeiten von dominantem Nichtwissen hinter Wissenschaftlerinnen. Doch eine Expertenregierung wäre eine funktionale Entpolitisierung der Demokratie, die Politik wäre vom Parteienwettbewerb entkoppelt. Dennoch gehört Wissen zu einer eminent resilienzermöglichenden Ressource. Wie das Politikmanagement letztlich davon profitiert, wie es die Ressourcen nutzt, ist Teil der einer umfassenden und höchst komplexen Politikberatungsstruktur in Deutschland" (Korte 2021, S. 32; vgl. auch Busch 2021).

In wissenschaftlichen Diskursen über die unterschiedliche Reformfähigkeit der poltisch-administrativen Ebenen wird schon seit einiger Zeit den Kommunen eine gewisse Vorreiterrolle zugesprochen, da hier bspw. auch hinsichtlich sozialer Problemlagen sich die Herausforderungen kumulieren und von der lokalen Politik Lösungswege direkt erwartet werden. Wenngleich die Kommunen in Deutschland in einer Mehrebenverflechtung stecken und finanzielle Handlungsspielräume zentral vom Bund und den Ländern abhängen, demonstrieren aktuelle Beispiele einen gewissen Variationsspielraum. Aber auch die kommunale Sozialverwaltung weist bereits eine hohe Komplexität auf. Zuständigkeiten verteilen sich auf viele unterschiedliche Behörden, Ämter und Fachbereiche und zwischen öffentlichen und privaten Trägern (wie etwa Wohlfahrtsverbänden) bis hin zu privaten Anbietern. Dies führt zu erheblichen Schnittstellenproblemen und deshalb bemühen sich einzelne kommunale Akteure inzwischen darum, unnötige Schnittstellen abzubauen und Doppelarbeiten zu vermeiden, Kooperation und Koordination da, wo nötig, zu verstärken und Verwaltungsverfahren ohne Qualitätsverluste zu beschleunigen.

Die Digitalisierung von Verwaltungsprozessen bietet an dieser Stelle ebenfalls die Chance, Bürgerinnen und Bürgern wachsende Transparenz und leichter zugängliche Informationsangebote zu unterbreiten und zudem auch die Prozessgeschwindigkeit zu erhöhen. Bezogen auf die Verkoppelung der unterschiedlichen Politikströme wird in einzelnen Bundesländern explizit auf kooperative, sektorenübergreifende Arrangements bei der Bearbeitung neuer sozialer Risiken gesetzt, die sich am Leitbild des (bereits im zweiten Kapitel erwähnten) Sozialinvestitionsstaates orientieren. „The findings of our study indicate that change is taking place regarding the operational dimension of social policy. Much effort is being made to cooperate across the borders of organizations and policy fields to overcome compartmentalized problem-solving structures, which have proven to be ineffective for handling complex social problems. The results also suggest that politicians and public servants in charge of designing implementation arrangements for social investment programmes increasingly perceive themselves as metagovernors: they are aware of the typical pitfalls of local network governance, and they know that they can make a difference by using tools of metagovernance" (Berzel und Klenk 2021, S. 19; vgl. auch Sörensen und Torfing 2017 sowie Schroeder et al. 2018).

Dass diskursorientierte Beratungsprozesse politisch etwas bewirken, kann an der Arbeitsmarktpolitik belegt werden, wo auch eine gewisse Autonomisierung der Politik gegenüber organisierten Interessen, die stark am Erhalt des Statusquo orientiert sind, erreicht werden konnte. Es ist nicht zu leugnen, dass sich der Typus politischer Steuerung seit den 1980er Jahren strukturell verändert hat; staatliche Akteure knüpfen „stärker als je zuvor an die selbstregulativen Potenziale gesellschaftlicher Bereiche und Wirtschaftssektoren, d. h. an die (Selbst-) Steuerungskompetenzen der außerstaatlichen Akteure" (Wiesenthal 2006, S. 130; vgl. auch Heinze 2020b) an. Eine solche Ausweitung des Handlungskorridors mit Blick auf zivilgesellschaftliche Potentiale wie auch Expertenwissen ist neben dem experimentierfreudigen Wirken einer aktiven politischen Führung aber auch von günstigen Zeitfenstern abhängig. Realistisch betrachtet ist davon auszugehen, dass neue, nicht nur auf die klassischen Institutionen bezogene Umbaustrategien nur langsam in die politischen Entscheidungsprozesse einsickern. Es werden *starke Impulse* von außen benötigt, um die vielfältigen Blockaden und die Trennung der Funktionsbereiche in der Politik und den Verwaltungen kreativ anzugehen. Die Corona-Pandemie kann aufzeigen, wie externe Einflüsse ein kuratiertes Regieren bewirken. „Politikmanagement verbindet die Steuerbarkeit des politischen Systems mit der Steuerungsfähigkeit der wichtigen politischen Akteurinnen. Regieren als eine Form des Politikmanagements nutzt Resilienz zur Krisenbewältigung. […] Institutionelle Resilienz setzt auf offene (Selbst-) Lernprozesse: Fehlertoleranz, Reversibilität und Offenheit sind ihre Kennzeichen. Resilientes Lernen ist mehr als Krisenmanagement. Es ist eher die Fähigkeit der Akteurinnen im System kontinuierlich Veränderungen zu antizipieren und proaktiv darauf zu antworten. Das System bleibt im aktiven Lern-Modus der Selbst-Transformation" (Korte 2021, S. 28).

Ein solches Problemlösungslernen, das hier als kuratiertes Regieren umschrieben und eingeordnet wird, ist bislang im heterogenen und unübersichtlichen Feld der sozialen Sicherung (noch) nicht zur Anwendung gekommen. Diese Aufgabe ist auch nicht über einen Masterplan vorstellbar, sondern – und dies demonstrieren auch die grundlegenden frühen Sozialreformen – über experimentelle Strategien. „Die Kombination von autonomen Initiativen und staatlicherseits gewährten Entfaltungsbedingungen schüfe eine Startbasis für die Herausbildung neuer gesellschaftlicher Institutionen – nicht unähnlich dem Muster der „natürlichen" Evolution: Günstige Bedingungen für die Generierung testbarer Alternativen entsprächen dem Evolutionsmechanismus der Variation; der gesellschaftliche Attraktivitätstest von potenziell reproduktionsfähigen Formen würde dem Evolutionsmechanismus der Selektion gleichkommen; und die praktische Bewährung der gesellschaftlich akzeptierten Innovationen spiegelte den Evolutionsmechanismus der Retention wider" (Wiesenthal 2019b, S. 380).

Das Grundeinkommen könnte ein Narrativ sein, um die sowohl in der Forschung als auch in einzelnen Bundesländern und Kommunen begonnene gewandelte Kommunikation über Sozialpolitik, die sich in verschiedenen Leitprojekten niederschlägt, auch bundesweit umzusetzen. Es ist inzwischen vielen sozialpolitischen Akteuren klar, dass eine vorbeugende, mehrere Politikfelder (z. B. Familien-, Bildungs- und Arbeitsmarktpolitik) umfassende Politik notwendig ist, um den Daseinsvorsorgeaufgaben wie auch den gewachsenen sozialen Risiken aktiv zu begegnen, um Chancen und Perspektiven für ein selbstbestimmtes Leben zu eröffnen und dass die etablierten bürokratischen Strukturen dafür oftmals ein Hindernis darstellen. Ein Baustein für eine sozialinvestive Entflechtungs- und Entbürokratisierungsstrategie könnte eine garantistische Grundsicherung sein, die komplementär zu einer ressortübergreifenden (querschnittsorientierten) Problembearbeitung die staatlichen Transferleistungen vereinfacht, selektive Nutzungen überwindet und zugleich Stigmatisierungseffekte sowie Schamgefühle reduziert. Ansatzpunkte für ein solches Narrativ sind bereits in den Debatten zur Bürgerarbeit explizit formuliert worden, denn hier wurde – ausgehend von den Aufweichungen der Lohnarbeitsbezogenheit der Sozialversicherungen durch das Pflegeversicherungsgesetz – die Einbeziehung der Bürgerarbeit in die sozialpolitischen Sicherungssysteme gefordert. „Wenn jedoch zugleich mit Recht gefordert wird, „versicherungsfremde" – also nicht lohnarbeitsgestützte – Leistungen mittels Steuern zu finanzieren, so stellt sich einmal mehr die Frage nach einer steuerfinanzierten Grundabsicherung, anstatt jeweils den Bundeszuschuss zu erhöhen" (Beck 2000, S. 440).

Offenkundig hat sich diese Debatte um Alternativsysteme aber nicht als richtungsweisender politischer Strom herausgebildet, der in der Regierungspolitik aufgegriffen wurde. Nach Jahren der *Verdrängung* und *Marginalisierung* werden aber nun nicht nur in den sozialen Medien und einigen gesellschaftlichen Experimenten diese als visionäre Ideen abgestempelten strategischen Überlegungen zum

Wandel der „Nur-Erwerbsarbeitsgesellschaft" zu einer gemischten und nachhaltigen Tätigkeitsgesellschaft wieder revitalisiert. Zudem verlieren die jüngeren jetzt das Erwerbsleben betretenden Geburtskohorten zunehmend den Glauben daran, dass das Äquivalenzprinzip der umlagefinanzierten Rentenversicherung auch bei ihrem fernen Renteneintritt noch Geltung haben wird.

Ansatzweise zeigen sich die positiven Wirkungen einer deutlich abgeschwächten Grundsicherungsvariante während der Corona-Pandemie in der Arbeitsmarktpolitik mit der bedingungsarmen Grundsicherung, die sich – folgt man ersten empirischen Untersuchungen – durchaus bewährt hat. Deutlich wurde in einer Studie auch, dass sich die *Digitalisierung* als ein ermöglichender Faktor herausgestellt hat, der eine koordinierte und tendenziell präventive Problembearbeitung vorantreiben kann. „Entgegen vieler Befürchtungen zu Beginn der Corona-Pandemie kann eine Vielzahl von Verfahrensprozessen problemlos digital erledigt werden. Dies trifft vor allem auf die Einreichung von Unterlagen und generell allen stark standardisierten Abläufen zu. Dabei ist die Digitalisierung von Verfahren und Abläufen kein Selbstzweck: Ziel muss es sein, hierdurch unnötige bürokratische Hürden und Stolperfallen abzubauen, um darauf aufbauend freie Ressourcen in die Vermittlungspraxis überführen zu können. Die Untersuchung zeigt darüber hinaus, dass eine solche Digitalisierungsoffensive nicht zulasten weiterhin wichtiger Face-to-Face-Interaktionen durchgeführt werden darf und zwar speziell in solchen Tätigkeitsfeldern, die einen engen, dialogorientierten Austausch zwischen Verwaltung und Leistungsbeziehenden erfordern. Notwendig ist somit eine funktionale Ausdifferenzierung der Digitalisierung mit dem übergeordneten Ziel, die Beratungsintensität und -qualität kontinuierlich zu verbessern" (Beckmann et al. 2021, S. 19 f.).

Solche Erfahrungen können als notwendige Impulse – „nudging" – wirken und mithelfen, in einem überbürokratisierten sozialen Hilfesystem auf lokaler Ebene weitere Laboratorien für einen vorsorgenden, kooperativ organisierten Sozialstaat anzuregen, die gezielter die zivilgesellschaftlichen Ressourcen einbeziehen und ohne bürokratische Zwangswerkzeuge auskommen. Experimente mit einem universellen Grundeinkommen (Universal Basic Income/UBI) in verschiedenen Ländern belegen, dass schon kleine Änderungen an der Wohlfahrts- und Arbeitslogik enorme Auswirkungen haben, etwa die Aufhebung von Konditionalitäten und Sanktionsregelungen. „Other potential short-term measures towards implementing UBI as a long-term goal include the universalization of access to specific benefits, such as child allowance or disability benefits. Implementing such shifts on a large-scale basis would allow important pilot experiences to be generated, which may have a much stronger weight in future policy discussions than small, complex, short-term experiments. At the same time, it is evident that the scope and legitimacy of three-tier systems (involving lifelong, basic security, means-tested top-ups, and voluntary or compulsory contributions and voluntary savings elements) depend on the future of work and employment. UBI policies are only one measure in a policy basket to ensure sustainable and inclusive growth and development" (Haagh und Rohregger 2019, S. 23; vgl. auch Haagh 2019).

Für die Akzeptanz garantistisch ansetzender Grundsicherungsmodelle können die Erfahrungen während der Corona-Krise als Treiber wirken, allerdings sind dies im eben zitierten Sinne alles andere als Formen eines bedingungslosen Grundeinkommens, sondern niederschwelliger zugängliche sowie abgestufte und überprüfbare Grundsicherungen für ausgewählte Gruppen. In den Diskursen zu den Folgewirkungen von Corona wurden aber auch weitergehende Formen eines universellen Basiseinkommens als existentielle Absicherung für Sorgearbeit gefordert. „Eine Möglichkeit, diese grundlegende Absicherung zu realisieren, ist das bedingungslose Grundeinkommen, das schon lange diskutiert wird und noch während der Pandemie Wirkung zeigen könnte. Da gerade Menschen mit umfassenden Sorgeaufgaben Unterstützung in den Bereichen von Bildung und Erziehung, von Gesundheit und Pflege benötigen, gilt es, die öffentliche soziale Infrastruktur auszubauen, sie gebührenfrei zu gestalten und ihre Qualität zu steigern" (Winker 2020, S. 401). Auch wenn solche heute eher visionär anmutenden Vorschläge wenig überraschend auf der politischen Bühne keine Resonanz fanden, thematisieren sie ein gesellschaftliches Problemfeld, das in der offiziellen Politik gern verdrängt wird: die nicht entlohnte Sorgearbeit, die in verkürzter Form in den Debatten um einen wachsenden Pflegenotstand aufblitzt und deutlich macht, dass den eigentlichen Engpass des Gesundheitswesens zur erfolgreichen Bekämpfung und Eindämmung der Pandemie weniger die Anzahl der verfügbaren Intensivbetten und deren Apparate Engpass darstellen, als vielmehr die Verfügbarkeit hinreichend in Intensivmedizin ausgebildeter Pflegerinnen und Pfleger. Wenngleich eine solche „Care Revolution" – schon aufgrund der geschilderten Fragmentierungen und festgefügten Strukturen im deutschen Hilfesystem – nicht in nächster Zukunft auf der politischen Tagesordnung erscheinen dürfte, werden die gesellschaftspolitischen Dimensionen der Grundeinkommensdebatten hieran ersichtlich und können Anstöße für eine Reformdebatte liefern, die sowohl die Relevanz öffentlicher Infrastrukturen als auch die Anerkennung persönlicher Sorgebeziehungen anerkennt.

Auch wenn das sozialpolitische Institutionensystem an mehreren Stellen brüchig geworden ist, haben es die an Aufrechterhaltung interessierten Akteure und deren „Architekten" mit Hilfe von Anbauten und einzelner Sanierungen geschafft, die Grundmauern zu bewahren. Allerdings sind – abweichend vom historischen und administrativen Grundriss – neue *systemfremde Elemente* oft verdeckt aufgenommen worden, die mittelfristig auch auf eine neue Fundierung hinauslaufen, um das Gebäude resilient und sicher gegen alte wie neue Naturgefahren abzusichern. Vielleicht bestimmen dann auch nicht mehr primär die großen Parteien und die etablierten sozialpolitischen Institutionen den Diskurs, sondern er wird gespeist von Einflüssen außerhalb der klassischen, kanalisierten Formen politischer Kommunikation (auch durch digitale soziale Netzwerke). Sowohl neue Regierungskonstellationen als auch neue Formen politischer Partizipation mit anders definierten politischen Prioritätensetzungen können Ermöglichungsräume schaffen, vermutlich aber in polarisierterer Form als dies in den auf Konsens bedachten politischen Debatten üblich war.

Damit wird die Abschätzung der Erfolgsaussichten nochmals schwieriger, weil sich mit dem Funktionsverlust der traditionellen Volksparteien schwer zu kalkulierende Koalitionsbildungen ergeben können, die insgesamt Regierungsbildungen erschweren und zeitlich instabiler machen. Andererseits ist nicht auszuschließen, dass genau solche Diffusionsprozesse auch bislang in den politischen Institutionen vernachlässigten Streitthemen wie dem Grundeinkommen neue Aufmerksamkeit bescheren können. „Die Herrschaft über die Themenagenda ist ins Netz diffundiert, die offiziell verfasste Politik ist oft nur noch reaktiv, es sind nun umgekehrt „die großen Majoritäten jenseits des Parlaments", die auf die des Parlaments übergreifen, trotz aller verzweifelten Versuche der etablierten Akteure, so etwas wie Diskurshegemonie zurückzugewinnen" (Manow 2020, S. 115). Diese weitgehend digital vermittelte politische Mobilisierungskraft, die über das Internet „individualisiertes Kollektivhandeln" (Tormey 2015, S. 84) ermöglicht, dürfte schon aufgrund der breiten Berichterstattung über die Experimente das Grundeinkommensthema auf der politischen Agenda halten.

Dennoch müssen das starke Sicherheitsempfinden sowie die vergleichsweise hohe Risikoaversion der Bevölkerung in Deutschland bedacht werden, die gerade in Wahlkämpfen immer wieder bemüht werden und im Feld der sozialen Sicherung (nach dem Motto: „Die Rente ist sicher") schon vor Jahrzehnten für eine trügerische Ruhe sorgten und letztlich erforderliche Reformschritte verschleppten. Sicherheitsbotschaften von der politischen Führung sind insbesondere in Krisenzeiten wie der Corona-Pandemie wichtige Signale zur Angsteindämmung und können somit auch gesellschaftsstabilisierend wirken. Partei- und Wahlkampfstrategen sollten allerdings nur temporär davon Gebrauch machen, um Handlungsfähigkeit anzuzeigen. Es bleibt zu hoffen, dass die Erfahrungen mit „kuratiertem" Regieren im Ausnahmezustand insgesamt die Lernfähigkeit des politisch-administrativen Systems erhöht haben und das im Krisenmodus neu erworbene Politikvertrauen sich produktiv auch auf die Bearbeitung weiterer

Systemfragen wie die Zukunftsfähigkeit der sozialen Sicherung niederschlägt. Politikstrategisch ist das Thema einer vorsorgenden sozialen Infrastruktur und generell die Daseinsvorsorge durch die Pandemie wieder in den Vordergrund gerückt und könnte mobilisierend auch auf das Narrativ eines Grundeinkommens ausstrahlen. Mit der schrittweisen Bewältigung der Pandemie wird aber bereits deutlich, dass die Aushebelung der etablierten Politikpraktiken primär im Ausnahmezustand funktioniert. Für den strukturellen Umbau der sozialstaatlichen Architektur liefert dieser Stresstest dennoch einige Hinweise zur grundsätzlichen Fähigkeit einer Transformation der Sozialstaatlichkeit, da es letztlich auch hier um die Bewältigung von Risiken geht. „Das zu Regelnde gewinnt gegenüber dem Marktlichen. Soweit man der Rettung eine Richtung gibt, besteht eine Chance darin, die Zukunft auch zu gestalten. Das gilt für alle Aspekte eines Vorsorgestaates, aber sicher auch für die große Transformation in Richtung einer digitalen Nachhaltigkeitsgesellschaft. Aber Wandel geschieht nicht einfach, es braucht Gestaltung" (Florack et al. 2021, S. 21).

In diesem Kontext wird heute in globalen gesellschaftswissenschaftlichen Diskursen oft von einem neuen *Gesellschaftsvertrag* gesprochen (new social contract), denn Krisenzeiten öffnen Fenster für grundlegende Reformen (wie etwa den Aufbau des Wohlfahrtsstaates in Großbritannien nach dem Zweiten Weltkrieg). Allerdings stellt sich die Frage, ob das Politikmanagement angesichts der vielfältigen Herausforderungen noch die Ressourcen für eine solche Umgestaltung besitzt. De erfahrene wissenschaftliche Politikberaterin Minouche Shafik ist optimistisch und sieht durch die globale Pandemie „a moment of opportunity for change: I have learned after decades of conducting negotiations is that, sometimes, making the problem bigger makes it easier to solve" (dies. 2021, S. 187).

Aber auch wenn sich Regierungen auf diesen Umgestaltungspfad begeben, muss der Widerstand vieler organisierter Interessen einkalkuliert werden, die jede Veränderung des Status-quo hinsichtlich der Frage überprüfen, was er für ihre Klientelinteressen bedeutet und dementsprechend gegebenenfalls Widerstand aufbauen. Kluges Politikmanagement ist dann gefordert, um breite Koalitionen aufzubauen, um die etablierten und zumeist institutionalisierten Interessenvertretungen einzudämmen. Zudem ist die *politische Kommunikation* der Umbauprozesse von elementarer Bedeutung, die nicht nur über die traditionellen Kanäle geführt werden darf, sondern die sozialen Medien mit einbeziehen muss. Die Medialisierung der Politik ist inzwischen auch für strukturelle Reformvorhaben eine wichtige Determinante, die in Rechnung zu stellen ist. Sicherlich gibt es nicht für alle Länder ein „fixed menu" für einen neuen Gesellschaftsvertrag, denn dies hängt von vielen Rahmenbedingungen (sowohl sozioökonomischen als

auch kulturellen Faktoren) ab und es wird auch nicht „den" nationalen Gesellschaftsvertrag geben, denn historische Erfahrungen lehren uns, dass „most social
contracts have been reformed in stages and over decades as a result of continuos
pressure from society" (a. a. O., 189).

Risiken der Status quo Fortschreibung ohne Strategiewechsel

5

5.1 Sozialer Wandel: Individualisierung, Singularisierung

Eine Reihe an Entwicklungs- und gesellschaftlichen Transformationsprozessen kollidieren mit den Konstruktionsprinzipien des gegenwärtigen Systems der beitragsfinanzierten sozialen Sicherung und lassen erwarten, dass sich künftig Konflikte weiter entfalten, die nur schwer oder gar nicht innerhalb des bestehenden Systems entschärft werden können. Die schrittweise Einführung eines BGE weist – zumindest auf den ersten Blick – demgegenüber partiell Vorteile auf und kann Lösungsoptionen zur Konfliktreduktion eröffnen, weshalb dieses Konzept auch immer wieder in einer Vielzahl an Diskursen auf der politischen Bühne erscheint.

Der Strukturwandel von Gesellschaften wie Deutschland wurde innerhalb der Sozialwissenschaften schon vor über 30 Jahren mit den Stichworten *zunehmender Individualisierung* sowie *einer Pluralisierung von Lebensstilen* charakterisiert. Zwar wurde der Grad der sozialen Ungleichheiten in Folge der anhaltenden Wohlfahrtssteigerungen der letzten 40 Jahre keineswegs nivelliert, jedoch wurde – nicht zuletzt auch ausgelöst durch langjährige Nettozuwanderung aus dem Ausland – in gewissem Umfang ein „Fahrstuhl-Effekt" (Beck 1986, S. 122) wirksam, der auch untere Einkommensschichten am wachsenden Einkommensniveau partizipieren ließ. Realeinkommenssteigerungen konnten in Deutschland innerhalb der marktwirtschaftlichen Ordnung mit hohem Wettbewerbsdruck aufgrund der hohen Exportabhängigkeit der Wirtschaft nur zum Preis wachsender Produktivität erzielt werden. Die wirtschaftliche und ökonomische Entwicklung ging mit einer Individualisierung sozialer Risiken einher, an deren Ende dann die

Abhängigkeit sowie die Gewährung von Sozialtransfers infolge von Arbeitslosigkeit oder Niedrigeinkommen steht. „Es kommt immer stärker zu einer Abspaltung eines Vollbeschäftigungs- von einem System der flexiblen, pluralen, individualisierten Unterbeschäftigung. Die sich verschärfenden Ungleichheiten verbleiben in der Grauzone. Der Lebensschwerpunkt verlagert sich vom Arbeitsplatz und Betrieb in die Gestaltung und Erprobung neuer Lebensformen und Lebensstile. Die im Aufbrechen der Lebensform entstehenden Gegensätze zwischen Männern und Frauen treten in den Vordergrund" (Beck 1986, S. 152).

Die Ansätze zur Individualisierung und Pluralisierung der Lebensformen gehen davon aus, dass die Lebensstile der Menschen immer weniger nach Klasse und Stand geordnet sind, sondern sich in einer verflüssigten Sozialstruktur neue Autonomie-, aber auch Risikospielräume eröffnen. Die Lebensstile sortieren sich zu neuen sozialen Milieus, die sich nicht mehr in erster Linie über Beruf, Bildung und Einkommen definieren. Individualisierung führt so zur Entgrenzung, indem bislang von außen definierte Lebenslaufoptionen mehr und mehr in die Hand des Individuums gelegt und die Menschen dadurch zu „Wählenden" werden. Dies impliziert einerseits neue Freiheitsspielräume, andererseits kann es vor dem Hintergrund selektiver Arbeitsmarktintegration auch die sozialen Sicherungslücken verschärfen. Diese Beobachtungen aus den 1980er Jahren wurden neu akzentuiert in der These einer „Gesellschaft der Singularitäten", wobei Singularisierung über die These der Individualisierung hinausgeht: „Singularisierung meint aber mehr als Selbständigkeit und Selbstoptimierung. Zentral ist ihr das kompliziertere Streben nach Einzigartigkeit und Außergewöhnlichkeit, die zu erreichen freilich nicht nur subjektiver Wunsch, sondern paradoxe gesellschaftliche Erwartung geworden ist" (Reckwitz 2017, S. 9). Wenn sich diese These nur ansatzweise bestätigt, hat dies auch Folgewirkungen auf die Steuerungsfähigkeit der Politik und Gesellschaftsgestaltung insgesamt, denn Singularisierung bedeutet, dass selbstgewählte Kollektive, die zumeist kulturelle Begründungsmuster (etwa Lebensstile) haben, zur zentralen Vergesellschaftungsform werden. „Singulare Kollektive stellen sich damit generell als Sozialitäten mit intensiver Affektivität dar, die nicht nur Praktiken, sondern auch Narrative und Imaginationen teilen" (a. a. O., S. 62)[1].

Auch die US-amerikanische Sozialforscherin Elizabeth Currid-Halkett (2021) hat im Feld der Lebensstile eine Untersuchung vorgelegt, über welche Statussymbole Eliten sich heute definieren und somit auch Mechanismen sozialer

---

[1] An dieser Stelle soll weder auf die empirisch vorgetragene (Dietrich und Hess 2021) noch auf die soziologische Kritik an den Studien von Reckwitz eingegangen werden, sondern nur auf die gewachsene Desynchronisierung von sozialem Wandel und wohlfahrtsstaatlicher Sicherung verwiesen werden; zur Kritik vgl. u. a. Kumkar und Schimank (2021), Mau (2021) und Sachweh (2021)

Schließung stattfinden. Sie zeigt, dass vor allem die Konsumgewohnheiten neue Eliten reproduzieren und dabei die ohnehin bestehende Kluft zwischen mobilen, weltoffenen und höher qualifizierten Schichten und geringqualifizierten und von Transferbezügen abhängigen Gruppen der Gesellschaft verstärkt haben. „Unsere Konsumgewohnheiten offenbaren, wer wir sind und wer wir sein wollen. Unsere Entscheidungen rund um die Frage, was wir konsumieren, verbinden uns mit und entfremden uns gleichzeitig von verschiedenen Gruppen innerhalb der Gesellschaft" (dies. 2021, S. 312). Ein Resultat dieser soziokulturellen Verschiebungen und sozialen Zersplitterungen sind wachsende Sicherungslücken, die über die traditionellen sozialstaatlichen Mechanismen nicht bzw. nur unzureichend abgefangen werden können – auch nicht über die in den letzten Jahren eingeführten Erweiterungen wie den Mindestlohn.

Vor dem Hintergrund der Ökonomisierung zentraler gesellschaftlicher Bereiche und speziell des Drucks auf Selbstkontrolle und Selbstmotivation werden auch individuelle Überforderungen produziert. Deshalb haben die subjektiven Verunsicherungen in den letzten Jahren zugenommen. Verschärfend kommt jetzt die Sorge hinzu, dass über die von der Corona-Pandemie ausgelösten sozioökonomischen Erschütterungen der Sozialstandort Deutschland gefährdet ist und die soziale Sicherung brüchiger wird. Ängste um den Statuserhalt prägen deshalb immer stärker die soziale Atmosphäre. Auch wenn man darüber streiten kann, ob Deutschland tatsächlich auf dem Weg in die „Abstiegsgesellschaft" (Nachtwey 2016) ist oder ob nicht eher Bilder von der zersplitterten bzw. granularen Gesellschaft (Kucklick 2015) realitätstauglicher sind, so gibt es einen Konsens darin, dass der Traum eines prosperierenden und schützenden Wohlfahrtsstaates *Risse* bekommen hat und es für viele Gruppen immer schwerer wird, eine autonome Lebensführung zu realisieren. Es deutet sich somit die Krise eines Gesellschaftsmodells an, das über Jahrzehnte als *aufstiegsorientierte* Wohlstandsgesellschaft mit einer ausgebauten sozialen Sicherung erfolgreich war. Nun scheinen die Säulen dieses Modells zunehmend zu bröckeln. Die nach dem Zusammenbruch des Eisernen Vorhangs vor mehr als 30 Jahren rasch gewachsenen globalisierten Märkte werden zudem unbeherrschbarer, wie es die Finanzkrise exemplarisch vorführte und mit den ökonomischen Irritationen geraten auch die sozialinstitutionellen Arrangements der wohlfahrtsstaatlichen Sicherungssysteme ins Wanken. Verunsicherungsphänomene werden folglich auch in Gesellschaftstheorien verstärkt thematisiert, wobei der Fokus sowohl auf sozialstrukturellen Zersplitterungen als auch subjektiv erlebten Unsicherheiten liegt; prominent skizziert in den Schriften von Alain Ehrenberg zum „erschöpften Selbst" oder zum „Unbehagen in der Gesellschaft": „Die gesellschaftliche Bindung wird schwächer, und als Folge davon muss sich der einzelne immer mehr auf sich selbst stützen, auf seine persönlichen Fähigkeiten, seine Subjektivität, seine „Innerlichkeit". Daraus ergeben sich jene massenhaften psychischen Leiden und die Vervielfältigung psychologischer, medizinischer, spiritueller Techniken oder sozialer Unterstützung, die sich dieser »Bindungspathologien« annehmen. Die Sorge um die Subjektivität und die Verankerung der Autonomie nähren die Vorstellung, daß unsere Gesellschaften einem dreifachen Prozess der Entinstitutionalisierung, der Psychologisierung und der Privatisierung des menschlichen Lebens gegenüberstehen" (Ehrenberg 2011, S. 19; vgl. auch Pörksen 2018; Grünewald 2019 sowie Mau 2019; Reckwitz 2019).

Der im Frühjahr 2021 präsentierte sechste Armuts- und Reichtumsbericht der Bundesregierung hat nunmehr erstmals in einer empirischen Expertise zur sozialen Mobilität ermittelt, wie stark Verfestigung sowie Durchlässigkeit von *Lebenslagen* über einen Zeitraum von dreißig Jahren ausgeprägt sind. Demnach hat seit den 1980er Jahren der Anteil der Personen, die sich jeweils stabil in der untersten oder obersten sozialen Lage befinden, kontinuierlich zugenommen. Diese Entwicklung geht mit dem fortwährenden leichten Anstieg der Niedrigeinkommensquote einher und gibt Hinweise auf einen der möglichen Gründe für diese Entwicklung. Auch zeigt sich im Zeitverlauf eine Verfestigung und Konzentration von Langzeitarbeitslosigkeit (vgl. Abb. 5.1). Die soziale Mobilitätsdynamik vor allem im unteren als Armut bezeichneten Segment hat zudem abgenommen: „Im Fall der Zugehörigkeit zu der im Forschungsvorhaben als „Armut" bezeichneten Lage ist die Wahrscheinlichkeit, ihr auch in der nächsten Fünfjahresperiode noch anzugehören, seit Ende der 1980er Jahre von 40 % auf 70 % angestiegen" (BMAS 2021a, S. XVI).

Angesichts dieser in den letzten Jahren gewachsenen Risiken, in Armut zu fallen und finanzielle Hilfen in Anspruch nehmen zu müssen und auch der gewachsenen Angst in der Mittelschicht (vgl. Lengfeld und Hirschle 2009 sowie Heinze 2011) vor sozialen Abstiegen sieht das derzeitige System der Grundsicherung immer noch eine Antragstellung und damit verbundene Bedürftigkeitsprüfung vor. Ein bedingungsloses Grundeinkommen – und sei es auch nur in partieller Höhe – stünde hingegen zunächst jeder Bürgerin und jedem Bürger ex ante an jedem Monatsanfang zur Verfügung. Eine Einkommensprüfung sowie mögliche Verrechnung des gezahlten Grundeinkommens würde von der Logik hingegen erst ex post erfolgen, bei der entsprechenden Besteuerung und „Verrechnung" eines ausgezahlten BGE mit dem Steuerfreibetrag (immerhin beträgt er 9744 € im Jahr 2021 und für das Jahr 2022 steigt er auf 9984 € an). Für eine solche langfristig garantierbare Grundausstattung für alle Bürgerinnen und Bürger plädierte bereits im Jahr 1986 der liberale Soziologe Ralf Dahrendorf:

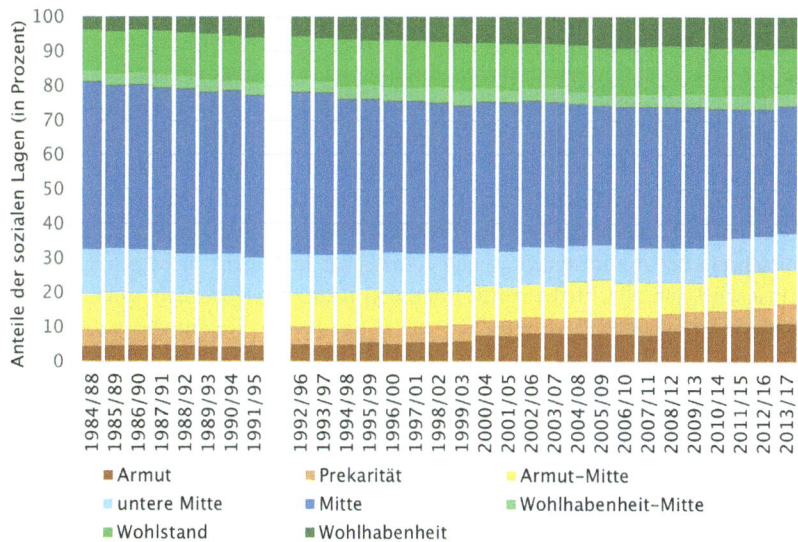

Abb. 5.1 Entwicklung sozialer Lagen, 1984 bis 2017. (Quelle: BMAS 2021a, S. 142.)

„Wer dagegen das garantierte Mindesteinkommen als Staatsbürgerrecht will, muss mit einem mäßigen, aber eben garantierbaren Betrag beginnen. Dieser braucht nicht wesentlich über dem gegenwärtigen Sozialhilfesatz zu liegen. Entscheidend ist nur seine grundsätzliche Unangreifbarkeit, also sein Anrechtscharakter" (ebd. 2019, S. 336). Er knüpft dabei an ein bereits im sog. „Beveridge-Bericht" während des Zweiten Weltkriegs entwickeltes Modell einer staatlichen Vorsorge an, welche alle Risiken abdecken sollte. Zu den zentralen Grundsätzen zählten dabei: „einheitliche, allgemeine und beitragspflichtige Versicherungen, um jeden Mann für sich und für seine Familie zu jedem Zeitpunkt ein eigenes Einkommensminimum als Rechtsanspruch zu sichern; das soll heißen, ohne jede Form einer Bedürftigkeitsermittlung oder eine Untersuchung darüber, welche Mittel ihnen zur Verfügung stehen" (Marshall 1992, S. 157 f.)

5.2 Wandel der Arbeitswelt und Digitalisierung

Ein zentraler Strang der Debatten zum Grundeinkommen bezieht sich auf das vermeintliche Ende der Erwerbsarbeitsgesellschaft infolge von Digitalisierung,

Robotereinsatz und neuerdings des Einsatzes künstlicher Intelligenz, die eine fortschreitende Freisetzung menschlicher Arbeit bewirken würden. Auch diese Debatten um eine technologische Arbeitslosigkeit sind nicht neu, sondern werden seit Jahrzehnten mit unterschiedlichen Schwerpunkten geführt. Neu sind hingegen die besonderen Ausprägungen der Digitalisierung und der künstlichen Intelligenz, die die Produktionsstruktur und Funktionsweise der Gesellschaft verändern. „Die Prominenz, die das Grundeinkommen in jüngerer Zeit erlangt hat, verdankt sich vor allem der Einschätzung vieler Beobachter, dass es in Zukunft aufgrund der Fortschritte bei Automatisierung und Künstlicher Intelligenz nicht genug Arbeit geben wird, um alle Menschen in Lohn und Brot zu setzen, nicht einmal unter prekären Bedingungen" (Crouch 2019, S. 97 f.) oder in den Worten des zu Online und digitale Ökonomie forschenden Timo Daum: „Der Digitale Kapitalismus verabschiedet sich vom Primat der Arbeit und verordnet keinen Arbeitszwang mehr. Für die von der Digitalisierung Ausrangierten wird das BGE dann zum Hartz IV der kommenden Jahrzehnte – sanktionsfrei, denn: Arbeit, zu der irgendjemand gezwungen werden musste, gibt es dann nicht mehr" (ders. 2017, S. 204).

Der *Begriff* der Digitalisierung hat in den letzten Jahren eine erstaunliche Karriere gemacht. In allen Studien zu den zentralen sozioökonomischen Trends wird neben der Globalisierung, dem demografischen Wandel und der Individualisierung die Digitalisierung genannt. Die durch die „digitale Revolution" abgeleiteten Umbrüche in der Arbeitswelt werden nicht nur abstrakt diskutiert, sondern sind schon heute spürbar, etwa indem manche Berufe einfach verschwinden. Soziologen sprechen von einer Neuvermessung der Gesellschaft, die sich zunehmend granularisiert und uns durch Sensoren und Netzwerke ein „hochaufgelöstes" Gesellschaftsbild produziert (vgl. Mau 2017). Das Internet dient aber nicht nur als Kommunikationsmedium, sondern dringt auch in sensible Lebensbereiche ein, etwa wenn gesundheitliche Diagnosen aus dem Internet bezogen werden. An der Personalisierung der Sicherheits- und Gesundheitsdaten zeigt sich, wie sich grundlegende sozioökonomische und kulturelle *Trends* – die Individualisierung und die Digitalisierung – treffen und gegenseitig verstärken. In Übereinstimmung mit dem Zeitgeist nehmen wachsende Teile der Bevölkerung Gesundheit als eine persönlich formbare Größe an und kümmern sich verstärkt um einen gesundheitsorientierten Lebensstil. Hierfür bieten jetzt diverse Gesundheits-Apps digitale Lösungsmöglichkeiten an. Fitness- und Gesundheits-Apps erfreuen sich wachsender Beliebtheit. Die Selbstvermessung bzw. Selbstoptimierung, die bislang primär im Bereich der Fitness praktiziert wird, weist auf einen gesellschaftlichen Trend zur individuellen Ressourcensteigerung durch „Selbstarbeit" hin, der moderne Gesellschaften derzeit auszeichnet. „Dies führt dazu, dass die Individuen immer mehr Energie in die Aufrechterhaltung ihrer Wettbewerbsfähigkeit und Ressourcenausstattung investieren müssen, um ihren Platz zu halten, mithin also den Status quo zu reproduzieren" (Rosa 2016, S. 219).

Die sich ausbreitende Digitalisierung ist insofern ein *qualitativer Sprung,* dass viele menschliche Tätigkeiten ersetzt werden können (von selbstfahrenden Autos bis hin zu telemedizinischen Verfahren und dem 3D-Druck). Zwar wird die Digitalisierung gemäß verschiedener Studien zur Jobentwicklung in Deutschland (vgl. Arnold et al. 2016, Stettes 2020,) unter dem Strich nicht unbedingt zu deutlich weniger Erwerbsarbeit führen. Im Anschluss an eine aktuelle Neubewertung der Substituierbarkeitspotenziale beruflicher Tätigkeiten errechnete allerdings das Institut für Arbeitsmarkt und Berufsforschung, dass etwa ein Drittel (11,3 Mio.) der sozialversicherungspflichtig Beschäftigten des Jahres 2019 in Berufen tätig waren, für die ein hohes *Substituierbarkeitspotenzial* errechnet wurde, was impliziert, das rund elf Millionen Jobs wegfallen können (vgl. Dengler und Matthes 2021). Die OECD stellte in einem ihrer letzten Employment Outlook dar, dass in Deutschland mehr Arbeitsplätze einem hohen Automatisierungs- bzw. Änderungsrisiko ausgesetzt sind als im Durchschnitt der OECD-Länder (OECD 2019). Gleichwohl konnte für die zurückliegenden Automatisierungsprozesse gezeigt werden, dass Deutschland im Bereich mittlerer Qualifikationen eher Beschäftigungszuwächse zu verzeichnen hatte (OECD 2020). Hinsichtlich der neuen Arbeitsplätze stellt sich die Frage, welche Art von Jobs dies sein werden – sind diese sozialversicherungspflichtig oder werden bspw. durch die Plattformökonomie sich künftig Formen von Selbstständigkeit ausdehnen, bei denen die Erwerbstätigen eben nicht in jenes Netz sozialer Sicherung eingebunden sind, das bislang tragfähig war.

An diesem Punkt setzen umfassende Reformvorschläge von Colin Crouch an, um generell prekäre Arbeit in Zeiten der *Gig-Economy* sozial abzusichern. Hierzu schlägt er vor, einen speziellen Sozialversicherungsfond zu schaffen, der analog dem derzeitigen Besteuerungssystem angelegt wäre: „Alle volljährigen Einwohner eines Landes müssen unabhängig davon, ob sie einer bezahlten Tätigkeit nachgehen oder nicht, in die Sozialversicherung einzahlen. Die Höhe der Beiträge wird nicht in Abhängigkeit von ihrem Status auf dem Arbeitsmarkt bestimmt (so haben Nicht-Arbeitende und Beschäftigte, Selbstständige und Arbeitnehmer grundsätzlich dieselben Beiträge zu entrichten), sie variieren anhand des Einkommens, unabhängig davon, in welcher Form sie erzählt wird" (ders. 2019, S. 118). In diesen Fond müssten zudem auch Arbeitgeber einzahlen: „Alle Unternehmen und andere Organisationen, die über einen bestimmten Schwellenwert hinaus Dienstleistungen von Arbeitskräften nutzen, müssen Sozialversicherungsbeiträge entsprechend der Anzahl der Stunden abführen, in denen sie Dienstleistungen Arbeit in Anspruch nehmen, ungeachtet dessen, ob ihr Vertrag mit den Anbietern der Arbeitskraft ein Arbeitsvertrag ist und ungeachtet der Dauer dieses Vertrags" (ebd., 111). Solche Vorschläge zielen auf eine umfassende Sozialversicherungsreform, „die diese in eine Steuer umwandelt und nicht mehr auf der Verantwortung eines Arbeitgebers, sondern auf der Tatsache der Nutzung menschlicher Arbeitskraft beruht" (ebd., 20). Diese Reform würde – ähnlich wie auch die sicherlich bürokratieärmere Alternative eines BGE – das historisch gewachsene und auch mit Prinzipien der Selbstverwaltung ausgestatte System der deutschen Sozialversicherung durch einen neuen zentralen Verwaltungs- und Bürokratieapparat ablösen, allerdings mit einer Fülle offener Fragen seiner konkreten institutionellen Verankerung und Governance.

Auch der jüngste Bericht der ILO (2021) hat sich mit genau diesen *neuen Beschäftigungsformen* auf digitalen Arbeitsplattformen beschäftigt, die mittlerweile einen ausgeprägten Teil der digitalen Wirtschaft ausmachen und erhebliche Auswirkungen auf die Zukunft der Arbeit haben werden. Die bei Internetplattformen Beschäftigten werden „gig workers", „crowdworkers" oder als „platform workers" bezeichnet. Die ILO-Studie identifizierte bei diesen Beschäftigten große Lücken bei der Krankenversicherung und der Versorgung bei Arbeitsunfällen, bei der Arbeitslosen- und Invaliditätsversicherung sowie hinsichtlich der Alterssicherung. Politischer Handlungsbedarf ergibt sich im Bereich der Gig-Economy neben der Regulierung von Arbeits- und Beschäftigungsbedingungen der dort Beschäftigten auch in der Angleichung von Wettbewerbsbedingungen zwischen den verschiedenen Beschäftigungsmodellen und bei der Sicherstellung, dass internetbasierte Plattformen keine Monopolmacht zu entwickeln vermögen. Auch im ersten Bericht des Rates für Arbeitswelt, einem Beratungsgremium des Bundesministeriums für Arbeit und Soziales, wird im Bereich neuer Beschäftigungsformen empfohlen: „Bei Überlegungen zu einer besseren Absicherung von Einkommensrisiken bei (Solo-)Selbstständigen ist darauf zu achten, dass die Balance zwischen unternehmerischer (Eigen-)Verantwortung und sozialpolitischer Risikovorsorge gewahrt bleibt und die Unterschiede zwischen abhängiger und selbstständiger Tätigkeit nicht aus dem Blick geraten. Zu würdigen ist aber auch, dass

- die Zunahme hybrider Erwerbsformen und ein potenziell häufigerer Wechsel zwischen beiden Erwerbsformen in der Zukunft die Separierung von abhängiger und selbstständiger Beschäftigung problematischer macht,
- auch bei selbstständiger Beschäftigung ein Bedarf an sozialer Sicherung existiert
- und bisherige Ansätze nur eine fragmentierte Sicherheit bieten" (Rat der Arbeitswelt 2021, S. 90)

Auch in diesem Diskurs gibt es also eine Reihe an Argumenten dafür, perspektivisch unser derzeitiges Sozialsystem zu transformieren – weg von der Belastung des Faktors Arbeit hin zu einer stärkeren Finanzierung aus Steuern.

Wenngleich sich die Digitalisierungsprozesse nicht in allen Wirtschaftsbranchen gleichstark ausbreiten, so sind dennoch immer mehr jungen Leuten die klassischen Normalarbeitsverhältnisse nur noch aus Erzählungen der Eltern und Großeltern bekannt, sie kennen primär die „atypischen" Formen von Beschäftigung wie Teilzeitarbeit, Werkverträge etc. Basierend auf den oft negativen Erfahrungen im Bildungssystem sind Jugendliche aus den unteren sozialen Schichten oft schon so frustriert, dass sie sich als „Überflüssige" definieren, die in einer durch forcierte Ökonomisierungsprozesse durchsetzten Gesellschaft keinen Halt mehr finden. Die für die Nachkriegsgenerationen selbstverständlich gewordenen Garantien auf eine existenzsichernde abhängige Erwerbstätigkeit werden für diese Gruppen immer selektiver. Für alle Gruppen auf dem Arbeitsmarkt wächst der Zwang zu Selbstmanagement und manche können diesem Perfektionsdruck kaum standhalten. Wenn Sicherheiten verloren gehen, reichen normative Ansprüche nach einer gerechten Arbeitswelt nicht aus, sondern eine langfristig angelegte Politik muss sich um neue Absicherungsformate bemühen. In seiner Betrachtung zur fortschreitenden gesellschaftlichen Spaltung stellte Heinz Bude fest: „Zu den Armen von morgen gehört auch die Gruppe jener prekären Individualisten, die durch die Mobilisierungsmaßnahmen des aktivierenden Wohlfahrtsstaats aus den Nischen ihres alimentierten Überlebens vertrieben worden sind. Sie hatten sich mit einem Einkommensmix aus staatlichen Transfers, kleinen Zinseinkünften aus geerbten Rücklagen und periodischem Zuverdienst eingerichtet, um auf kleiner Flamme ihre Selbstverwirklichungsprojekte zu verfolgen" (ders. 2008, S. 130).

Da in Deutschland der Erwerbsstatus bei der Absicherung sozialer Risiken weiterhin die zentrale Rolle spielt, sind die durch die Digitalisierung vorangetriebenen flexiblen Erwerbsformen hinsichtlich der sozialen Sicherung bei Arbeitslosigkeit, Krankheiten oder im Alter strukturell benachteiligt. Folglich stellt sich die Frage, wie sie institutionell besser geschützt und in die Systematik der sozialen Sicherung einbezogen werden können. „Die Herausforderung liegt in einer institutionellen Unterstützung von Bewältigungspraxen diskontinuierlichen Erwerbs, welche die Risiken von Handlungsoptionen im Kontext von Haushaltsbezug und biografischer Entwicklung systematisch reduziert, ohne das Gestaltungsspektrum auf die normativen Leitvorstellungen der Normalitätstypen von Arbeitnehmer- oder Unternehmertum zu beschränken. Die Aufgabe liegt im Entwurf einer institutionellen Gestaltungsperspektive von Erwerbstätigkeit, welche die Gesamtheit der Erwerbsformen umfasst, auf ihre jeweiligen Besonderheiten abgestimmt ist und zugleich die Möglichkeit ihrer synchronen oder diachronen Kombination unterstützt" (Pongratz und Bührmann 2018, S. 72; vgl. auch die Beiträge in Haipeter et al. 2021).

Diese Fragen nach der Zukunft der sozialen Sicherung in einer immer stärker digital geprägten Arbeitswelt werden zukünftig verstärkt ins Blickfeld geraten, allerdings sind sie auch von arbeits- und industriesoziologischen Konzepten bislang nicht hinreichend beantwortet worden. Hoffnungen auf eine Rückkehr zu stabileren Erwerbsformen oder die auch von den Gewerkschaften immer wieder vorgetragenen Optionen auf „gute Arbeit" und mehr staatliche Regulierungen sind aus Sicht der Organisation nachvollziehbar[2], werden aber nur begrenzt greifen. „Wir gehen von etwa 45 % der Arbeitsplätze aus, die sich verlagern ließen. Tatsächlich sind es um die 20 % der Beschäftigten, die während Corona im Homeoffice arbeiten. Dadurch, dass der Großversuch des Homeoffices während Corona gut funktioniert, steigt jedoch nicht nur die Bereitschaft von Unternehmen, optional Homeoffice anzubieten. Es existieren auch Überlegungen, einen Teil ihrer Arbeitsplätze nur noch als Homeoffice-Beschäftigungsverhältnisse auszuschreiben – nicht zuletzt mit der Absicht, damit teuren Büroraum einsparen zu können" (Schroeder 2021).

Zweifelsohne hat auch die Corona-Pandemie diese Transformationsprozesse der Arbeit wesentlich beschleunigt und auch die klassische Trennung von Erwerb, Familien- und Freizeitrolle tendenziell aufgelöst, was für die meisten Erwerbstätigen nicht nur mit Freiheitsgewinnen verbunden ist, sondern auch neue Belastungen schaffen kann. Gekoppelt mit den Digitalisierungsoptionen werden sich die neuen flexiblen Erwerbsformen (wie etwa die Plattformökonomie) bzw. die neuen hybriden Verknüpfungen von abhängiger und selbständiger Tätigkeit weiter ausbreiten. Auch wenn sie noch keine wesentliche Größe im Beschäftigungssystem sind, schaffen diese hybriden Formen Sicherungslücken, da sie nicht in die Logik des herkömmlichen Systems passen (vgl. Beckmann und Spohr 2022).

Erforderlich wären nicht nur defensive Maßnahmen zur Eindämmung dieser rasch angestiegenen Erwerbsformen, sondern nachhaltige Antworten auf eine strukturell gewandelte Arbeitswelt, die nicht mehr in dem Ordnungsrahmen traditioneller sozialstaatlicher Absicherungen gedacht werden können. Wie allerdings eine Kombination kollektiver Schutzrechte und universalistisch ansetzenden Sicherungskonzepten entwickelt werden könnte, wird zwar bspw. von

---

[2] Vgl. in diesem Zusammenhang auch die Themen des 18. DGB-Bundeskongress zum Thema „Arbeit der Zukunft und soziale Sicherheit" im Mai 2018. https://www.dgb.de/themen/++co++76417c1e-5500-11e8-9aa6-52540088cada

Colin Crouch breit diskutiert und auch auf entsprechende französische und britische Studien verwiesen (ebd., S. 91 f.) – gleichwohl stehen solche Vorschläge bislang nicht auf der Tagesordnung der arbeitspolitischen Akteure. Während die Gewerkschaften sich vor grundlegenden Innovationen in dieser Frage bislang scheuen, halten sich die Arbeitgeberorganisationen in dieser Frage zurück und überlassen es einzelnen Unternehmerpersönlichkeiten weitreichende Forderungen nach einem bedingungslosen Grundeinkommen zu propagieren. Die von Kritikern eines BGE vielfach vorgetragene Vermutung, dass die von der Digitalisierung erzeugten Rationalisierungsverlierer*innen mit Hilfe eines Grundeinkommens „ruhiggestellt" werden sollten (Butterwegge 2018, S. 211) und dies deshalb auch im Unternehmerinteresse liege, mag vor allem zur Mobilisierung gewerkschaftlicher Kräfte gegen ein Grundeinkommen geeignet sein, färbt dabei aber die real existierenden Ausgrenzungen und Zugangsschwellen des derzeitigen Systems in einem milden Licht. Bedenkenswerter erscheint eher die Mutmaßung, warum viele Unternehmerpersönlichkeiten im Silicon Valley vom BGE als „Zauberstab" so positiv eingenommen sind. Es ist zu vermuten, dass mit Hilfe eines Grundeinkommens gern vergessen wird, über die kritischen gesellschaftlichen Auswirkungen der von ihnen entwickelten Technologien nachzudenken (etwa die Steigerung einer individualistischen Grundhaltung und den Rückzug aus öffentlichen Räumen).

Der am Berliner Exzellenzcluster „Scripts" forschende amerikanische Historiker Benavav beurteilt den Wandel der Arbeitswelt zu mehr Digitalisierung und Automatisierung sowie Lösungspotenziale durch ein bedingungsloses Grundeinkommen eher skeptisch bzw. verweist dabei auf voraussetzungsvolle notwendige Nebenbedingungen: „If full automation can appear as both a dream and a nightmare, that is because it has no innate association with human dignity, and because it will not generate a post-scarcity world by itself. Nor will UBI. Perhaps if access to education and healthcare were dramatically widened, communities revitalized through cooperation sharing of the work necessary to their reproduction, industries partially socialized, and massive investment made in the transition from fossil fuel to renewable sources of energy – then, a basic income could form one part of a larger project aiming at human freedom. Both the path to a post-scarcity world could also take some other form entirely. Without a clear vision of this coming world, it is easy to get lost along the way" (Benavav 2020, S. 97).

## 5.3	Zur Rolle von Mindestlöhnen

Mit der Forderung ihres Regierungsprogramms: „Wer den ganzen Tag arbeitet, muss von seiner Arbeit ohne zusätzliche Unterstützung leben können. Auch das ist eine Frage des Respekts" (SPD 2021, S. 35), verfolgt die SPD im Bundestagswahlkampf das politische Ziel, den gesetzlichen Mindestlohn auf 12 € zu erhöhen, was einer Ausweitung der von der Mindestlohn-Kommission vorgeschlagenen Erhöhung gleichkäme. Der Kanzlerkandidat Olaf Scholz sieht in einem höheren Mindestlohn auch die Alternative zu einem Bedingungslosen Grundeinkommen[3]. Jedoch ist zweifelhaft, ob ein erhöhter Mindestlohn überhaupt eine überlegene Alternative einer existenzsichernden Einkommenszahlung darstellen kann. Denn beim Mindestlohn in Deutschland handelt es sich um einen Stundenlohn. Aber selbst für kinderlose Alleinstehende reicht ein Mindestlohn von 12 € nicht, um eigenständig in größeren Städten ihre Existenz zu sichern. Das impliziert, wenn selbst Singles sich mit dem derzeitigen Mindestlohn an der Armutsschwelle befinden, reicht ein solcher Mindestlohn in Mehrpersonenhaushalten mit Kindern nicht für eine auskömmliche Existenzsicherung aus. So bilanzierte Buttel auch als Fazit der Rückwirkungen der Mindestlohneinführung und der armutsreduzierenden Wirkung: „Der Mindestlohn scheint insgesamt ein wenig zielgenaues Instrument zur Reduzierung von Sozialleistungsbezug und Armutsgefährdung zu sein" (Bruttel 2020, S. 9). Aber auch als Mittel gegen Altersarmut ist der Mindestlohn selbst bei einem Niveau von 12 € derzeit wenig geeignet. Ein solches Mindestlohnniveau reicht derzeit nicht aus, um bei 39 Wochenstunden und einer 45 Jahre dauernden Erwerbstätigkeit eine Rentenhöhe zu erzielen[4], die über dem aktuellen Niveau der Grundsicherung im Alter liegt.

Gleichwohl bleibt ein Mindestlohn vor allem in den Wirtschaftsbereichen und Beschäftigungsverhältnissen auch künftig notwendig, wo fehlende Tarifverträge und geringe gewerkschaftliche Organisationsgrade von Beschäftigten zu einer Ausweitung von Niedrigentlohnung geführt haben. Dies gilt zugleich auch für Beschäftigungsverhältnisse, die von Job-Centern als zumutbar erachtet werden. Gleichwohl ist zu konstatieren, dass trotz der Geltung des Mindestlohns in vielen Fällen der tatsächlich ausgezahlte Stundenlohn nach wie vor unter dem gesetzlichen Mindestlohn liegt. Im Rahmen der Evaluierung der Mindestlohnkommission wurde hinsichtlich der Quantifizierung der Zahl der Beschäftigungsverhältnisse

---

[3] SPD-Kanzlerkandidat: Scholz hält bedingungsloses Grundeinkommen für „Neoliberalismus" | Politik (fr.de)

[4] Microsoft Word – 2105Auswertung-schrFrage Mindestlohn-Birkwald.docx (linksfraktion.de)

mit geringeren als den gesetzlich geltenden Stundenlöhnen für das Jahr 2018 festgestellt: „Somit verdienten 2,4 Mio. Beschäftigte weniger als den Mindestlohn. Basierend auf der Direktabfrage des Stundelohns im SOEP liegt der ermittelte Wert hingegen bei 2,1 % und 745.000 Beschäftigungsverhältnissen. Unabhängig von der gewählten Datenquelle zeigen sich jedoch mit Blick auf die Beschäftigungsformen ähnliche Muster: Löhne unterhalb der Mindestlohnschwelle sind bei geringfügig Beschäftigten deutlich häufiger festzustellen als bei sozialversicherungspflichtig Beschäftigten" (BMAS 2020, S. 50).

Befürwortende eines BGE argumentieren deshalb, dass die Freiheit „Nein zu sagen" zu Beschäftigungsverhältnissen unterhalb des Mindestlohns gerade bei dieser Gruppe an Beschäftigten die Verhandlungsposition gegenüber ihren Arbeitgebern wachsen würde, da sie künftig weniger finanziell erpressbar wären, solche Tätigkeiten auszuüben. Allerdings besteht auch die Möglichkeit, dass bei Einführung eines BGE vor allem diejenigen Beschäftigten, die überwiegend eine intrinsische Arbeitsmotivation haben, eher bereit sein könnten, freiwillig und unentgeltlich Mehrarbeit zu leisten. Diese Form des Unterlaufens von Mindestlöhnen wäre nur wahrscheinlich, wenn dies vom Arbeitnehmer freiwillig erfolgt und könnte gleichwohl ein schleichendes Unterlaufen von Mindestlohnverabredungen bis hin zur Einhaltung von tariflich festgelegten Löhnen zur Folge haben. „Noch viel mehr Beschäftigte als heute wären daher vermutlich bereit, für einen minimalen Lohn zu arbeiten. Jeder Lohn hätte dann den Charakter eines Zuverdienstes zum BGE, auch der gesetzliche Mindestlohn wäre kaum zu halten. Seine zentrale Begründung, dass der Lohn bei Vollzeitbeschäftigung mindestens existenzsichernd sein muss, könnte mit einem BGE nicht mehr geltend gemacht werden" (Krämer 2018, S. 333).

5.4 Brüche im sozialpolitischen Leitbild der Bedarfsgemeinschaft

Der in Abschn. 5.1. beschriebene Individualisierungsschub führte in besonderer Weise bei der Gruppe der Frauen dazu, dass sie zunächst frühere Rückstände in der Bildungsqualifikation aufholten und sie im Bildungserfolg die Männer mittlerweile übertroffen haben. Hinsichtlich ihrer Erwerbsbeteiligung und ihrer Karrieren im Berufsleben haben sie, trotz nach wie vor bestehender Benachteiligungen, erhebliche Fortschritte einer gewachsenen Arbeitsmarktintegration zu verzeichnen. Gleichwohl muss bei einer Bewertung der gestiegenen Erwerbquote von Frauen die nach wie vor unterschiedlichen Arbeitszeitpräferenzen im Vergleich zu Männern berücksichtigt werden: „Gemessen an den geleisteten

Stunden partizipieren Frauen jedoch deutlich weniger als Männer, denn Frauenerwerbstätigkeit ist überwiegend Teilzeittätigkeit. Fast 60 % der beschäftigten Frauen arbeitete 2019 in Teilzeitjobs, damit hatten sie drei Viertel aller Teilzeitstellen inne, hingegen nur ein Drittel aller Vollzeitarbeitsplätze. So ergibt sich für das Jahr 2019 zwar ein Frauenanteil an allen Erwerbstätigen von fast 48 %, zum gesamtwirtschaftlichen Arbeitsvolumen trugen Frauen aber nur 40 % bei" (Wanger 2020, S. 83).

Eine jüngst veröffentlichte Studie des RWI ist dabei der Frage nachgegangen, ob der geschlechtsspezifische Unterschied bei den Erwerbsquoten und den geleisteten Arbeitsstunden hauptsächlich auf persönliche Präferenzen oder auch teilweise auf politisch bedingte Fehlanreize zurückzuführen ist. Die Studie konnte mit Hilfe von Mikrosimulationsstudien ermitteln, dass „ein Wechsel zur Individualbesteuerung das Arbeitsangebot in Deutschland deutlich erhöhen würde. Dieser Anstieg betrüge 389.000 VZÄ, wenn ein Wechsel zur Individualbesteuerung ohne zusätzliche Anpassung des Steuertarifs erfolgte. Würden die erhöhten Steuereinnahmen über eine Erhöhung des Grundfreibetrags an die Steuerzahler zurückgegeben, betrüge der Anstieg der geleisteten Arbeitsstunden 581.000 VZÄ" (Bachmann et al. 2021, S. 23) Daraus folgern die Autoren, dass eine Abschaffung des Ehegattensplittings und ein Übergang zur Individualbesteuerung einerseits die Ungleichheiten zwischen den Geschlechtern auf dem Arbeitsmarkt mindern würde und zudem zu ökonomischen Gewinnen führen würde: „Angesichts der großen positiven Arbeitsangebotseffekte sind die aggregierten Gewinne größer als die aggregierten Verluste. Ein Wechsel zur Individualbesteuerung ist aus Effizienzgesichtspunkten eindeutig wünschenswert. Dennoch produziert eine solche Reform Gewinner und Verlierer, und es ist ein Werturteil erforderlich, um zu entscheiden, ob die Gewinne für einige die Verluste für andere überwiegen. Spezifische Maßnahmen, die auf die Verlierer eines Wechsels zur Individualbesteuerung abzielen, könnten eine solche Reform begleiten" (ebd., S. 23).

Die bisherigen politischen Versuche, das Ehegattensplitting zu überwinden, scheiterten bislang an CDU/CSU und es hat allen Anschein, dass dies auch in Zukunft so sein dürfte: „Das Ehegattensplitting ist die modernste Form der Besteuerung von Frauen und Männern und auch von gleichgeschlechtlichen Partnern in einer Erwerbs- und Unterhaltsgemeinschaft, und zwar ganz unabhängig davon, wer arbeiten geht und wer sich für die Familie entscheidet oder für eine reduzierte Berufstätigkeit außerhalb der Familie. Das schafft Freiräume und lässt sich nur auf diesem Wege auch verwirklichen " so der CDU-Politiker Friedrich Merz in einem Interview mit FAZ im Juni 2021[5].

Die Soziologin Jutta Allmendinger plädiert hingegen klar für eine Abschaffung oder einen Umbau des Ehegattensplittings: „Das Ziel einer eigenständigen Sicherung von Frauen verträgt sich nicht mit dem Ehegattensplitting, das ungleiche Einkommen in Partnerschaften belohnt. Kurzfristig führt dies zwar zu finanziellen Erleichterungen, mittel- und langfristig aber geht dies meist zulasten von Frauen. Das Ehegattensplitting muss umgebaut werden, etwa in Richtung eines Familiensplittings" (Allmendinger 2021,S. 100).

Auf den vor allem in den nordischen Ländern in den letzten Jahren erfolgenden Prozess einer „Entfamilialisierung auch der Fürsorgepflichten" verweist Gösta Esping-Andersen, wobei der von ihm bezeichnete „Familialismus" ein Wesensmerkmal des konservativen Wohlfahrsstaatsmodells ist, das auch den deutschen Sozialstaat charakterisiert: „Der Familialismus war wohl praktikabel, solange der männliche Ernährer ein angemessenes Maß an Sicherheit garantieren konnte und die Frauen sich hauptsächlich der häuslichen Produktion widmeten. Heute ist er kontraproduktiv, sowohl für das Streben der Frauen nach Autonomie als auch, paradoxerweise, für die Familienbildung" (Esping-Andersen 2006, S. 77 [Übersetzung Heinze/Schupp]).

Diese Entwicklung hat zudem vielfältige Folgen auch in der Sozialpolitik: „Demographische Probleme der sozialen Sicherung ergeben sich aus wachsender Lebenserwartung, abnehmender Geburtenrate und grenzüberschreitender Migration. Die Lebensform des Familienhaushalts wird (im Querschnitt) von einem abnehmenden Teil der Wohnbevölkerung praktiziert und erstreckt sich (im biographischen Längsschnitt) über abnehmende Teile des Lebenslaufs; aus beiden Gründen – und aus dem weiteren Grund eines veränderten Geschlechtsrollenverständnisses vieler Frauen – erfährt die Familie als Mikro-Netz der sozialen Sicherheit einen Funktionsverlust, der u. a. bei der Einführung einer sozialen Pflegeversicherung in Rechnung zu stellen war" (Offe, 2019[1995] S. 144 f.)

Es bleibt fraglich, ob sich der Trend zur Individualisierung weiblicher Lebensentwürfe sowie ihr Wunsch auch am Erwerbsleben teilzuhaben noch dauerhaft abbremsen oder gar umkehren lässt: „Im Ergebnis wird die Macht der Familie, vor allem des Mannes weiter beschränkt. Frauen sind nicht mehr, wie die meisten Frauen der Generationen zuvor, um der ökonomischen Existenzsicherung und des Sozialstatus willen auf Ehe verwiesen. Sie können – vielleicht nicht frei, aber doch freier als früher – entscheiden, ob sie heiraten oder allein bleiben

---

[5] *Friedrich Merz verteidigt im Interview die teuren Pläne der Union (faz.net)*

wollen; ob sie, wenn die Ehe nicht ihren Hoffnungen entspricht, gegebenenfalls lieber die Scheidung beantragen als dauernde Konflikte ertragen. Das heißt,
auch in der weiblichen Normalbiographie setzt allmählich die Logik individueller Lebensentwürfe sich durch, der Zwang zur Solidarität wird weiter gebrochen"
(Beck-Gernsheim 1994, S. 123).

Die Idee eines Grundeinkommens würde an dieser Stelle eine eigenständige Existenz von Frauen auch in Partnerschaften und der Ehe sichern und
die individuelle Autonomie von Frauen stärken und dem gleichstellungspoliti-
schen Anspruch auf Individualität und Selbständigkeit nachkommen. „Es macht
Männer und Frauen finanziell unabhängig voneinander. Der Familienstand ist
keine Bezugsgröße mehr. Es macht Männer und Frauen finanziell unabhängig
voneinander. Der Familienstand ist keine Bezugsgröße mehr. Eine Zwangsverge-
meinschaftung wie in der sog. Bedarfsgemeinschaft nach dem Sozialgesetzbuch
findet nicht statt. Die individualisierte Zahlung entspricht der modernen Lebensform, den geschlechterübergreifend individualisierten Lebensentwürfe in ihrer
wachsenden Pluralität. Sie erkennt an, dass frühere „Normalbiografien" keine realistische Bezugsgröße für sozialpolitische Maßnahmen mehr sein können. Galt
das Schema einer unbefristeten Vollzeitarbeit in seiner Allgemeinheit ohnehin
vornehmlich für Männer, so eröffnet das Grundeinkommen die Möglichkeit,
selbstbestimmte Lebenswege mutig zu wagen, Neues auszuprobieren und dabei
auch Geschlechterstereotype hinter sich zu lassen" (Fischer 2018, S. 99).

Ob sich jedoch in einer Welt eines bedingungslosen Grundeinkommens
zwischen Männern und Frauen auch automatisch eine Änderung der geschlechts-
spezifischen Arbeitsteilung und eine stärkere Übernahme von Care-Tätigkeiten
durch Männer ergeben würde, bleibt derzeit offen: „Wie sich Frauen und Männer
in den gesellschaftlichen Bereichen auf Basis des Grundeinkommens engagieren
und ob sich die geschlechtsspezifische Arbeitsteilung ändern wird, lässt sich nicht
vorhersagen. Die Aushandlungsbedingungen einer den eigenen Bedürfnissen und
Wünschen angemessenen Aufgabenverteilung werden jedenfalls günstiger, weil
Frauen ebenso wie Männer vom Zwang zur Erwerbsarbeit befreit sind und
sich damit auch kollektive Deutungsmuster wertzuschätzender Lebensbereiche
verändern kann" (ebd., S. 112).

Fazit und Ausblick: Universalistische Sozialstaatlichkeit als emanzipatorisches Leitmodell

6

> „So viel Wissen über unser Nichtwissen und über den Zwang, unter Unsicherheit handeln und leben zu müssen, gab es noch nie". Jürgen Habermas, Frankfurter Rundschau vom 10.4.2020.

In unserem Ausblick möchten wir an eine zu Beginn der Corona-Pandemie von Jürgen Habermas geäußerte Erkenntnis anknüpfen, die wir auch als Appell an uns Sozialwissenschaftler*innen interpretieren, demutsvoll einzuräumen, dass wir uns trotz all unserer disziplinären Kenntnisse nicht zu sicher hinsichtlich unserer Prognosekraft sein sollten. Mit welchen Entwicklungen und künftigen Herausforderungen, wie auch möglichen sozialstaatlichen Transformationen und Weiterentwicklungen unserer Zivilgesellschaft sowie des gesellschaftlichen Zusammenhalts wir kurz-, mittel- wie langfristig konfrontiert sein werden, wissen wir schlicht nicht. Gespiegelt auf das Thema dieses Buches können wir einerseits bilanzieren, dass das Tempo sozialstaatlicher Transformationen vor allem in Deutschland mit seinem ausdifferenzierten und über viele Jahrzehnte gewachsenen institutionellen Gefüge nicht überschätzt werden sollte, selbst wenn eine Fülle an guten Gründen für einen grundlegenden Umbau angeführt werden können und auch eine jüngere Generation an politischen Akteuren Verantwortung übernehmen wird. Angesichts der vor uns liegenden globalen Herausforderungen wie Klimawandel, Pandemien, Ungleichheiten wie Ressourcenknappheiten wird aber das derzeitige System der sozialen Sicherung vor großen neuen Belastungen stehen und wer will derzeit ausschließen, dass bspw. bei einer sprunghaften

© Der/die Autor(en), exklusiv lizenziert durch Springer Fachmedien Wiesbaden GmbH, ein Teil von Springer Nature 2022
R. G. Heinze und J. Schupp, *Grundeinkommen – Von der Vision zur schleichenden sozialstaatlichen Transformation*,
https://doi.org/10.1007/978-3-658-35551-7_6

Erhöhung der Arbeitslosigkeit es nicht auch zu „Kipp-Punkten" unseres beitragsfinanzierte Sozialstaatsmodells kommen könnte, die auch zu einem politischen Richtungswechsel hin zu einem Grundeinkommensmodell führen.

6.1 Systematische Erweiterung der Grundeinkommensdiskurse

In den vorhergehenden Kapiteln ist darauf verwiesen worden, dass grundlegende Politikwechsel eher die Ausnahme denn die Regel der deutschen Politik darstellen. Es müssen mehrere „Ströme" zusammenkommen, damit die institutionell verankerten Beharrungstendenzen im System sozialstaatlicher Sicherung überwunden werden. Ein zentrales Argument ist die *Finanzierungsfrage,* die in vielen konzeptionellen und insbesondere den strategischen Überlegungen der auf ein bedingungsloses Grundeinkommen setzenden Akteure oft nicht hinreichend (jedenfalls aus dem Blickwinkel der Mehrheit der Bevölkerung) beachtet wurde. Hinzu kommt die zu wenig thematisierte konzeptionelle Verbindung von Grundeinkommen und der Förderung sozialer Aktivitäten durch eine öffentliche Daseinsvorsorge- bzw. Infrastrukturpolitik. Im Gegenteil: in sozialpolitischen Diskursen wurde sogar die öffentliche Daseinsvorsorge als Gegenmodell zum bedingungslosen Grundeinkommen dargestellt. Im Gegensatz zu diesen auf Polarisierung setzenden Debatten, die letztlich auf eine Konservierung des Status-quo mit kleinen eher kosmetischen Veränderungen hinauslaufen, läuft die hier präsentierte Argumentation auf eine komplementär angelegte Umbau- und Weiterentwicklungsstrategie des Wohlfahrtsstaates hinaus.

Es geht nicht nur um die Absicherung und den Abbau von bürokratischen Überregulierungen und Stigmatisierungen bei gewissen sozialen Gruppen, deren gesellschaftliche Integrationswirkungen gerade angesichts der gegenwärtigen Krisenhäufungen nicht unterschätzt werden sollten. Vielmehr wollen wir die materielle Basissicherung mit der Schaffung von Optionen einer produktiven Zeitverwendung verbinden, für die Anreize geschaffen werden müssen. Einige neue Beteiligungsformate wurden in den letzten Jahren auf lokaler Ebene bereits gefördert (z. B. Ehrenamtsagenturen und weitere Anlaufstellen für soziales Engagement), allerdings bleibt der Wirkungsradius begrenzt und spricht eher die gesellschaftliche Mitte an. Ein Abbau sozialer Ungleichheiten gelingt hierüber nicht, dennoch sind sie erforderlich, um dem Strukturwandel des Engagements konstruktiv zu begegnen, denn die traditionellen Vereine und Verbände tun sich vor dem Hintergrund einer individualisierten und singularisierten

Gesellschaft schwer, ihre Engagementpotenziale zu organisieren und neue Betätigungsfelder zu erschließen. Neben der stärkeren Beteiligung auch „schwacher" Interessengruppen ist der *Zeitpunkt der Beteiligung* für die politische Entscheidungsfindung bedeutsam, worauf auch die Multiple-Streams-Ansätze explizit hinweisen. „Zum anderen ist bei einer solchen Bürgerbeteiligung die Gleichzeitigkeit wichtig. Gerne finden deliberative Bürgerinnenforen sehr frühzeitig im Prozess der Politikentwicklung statt. Die Ergebnisse werden dann in den weiteren politischen Prozess eingespeist, an dem eben nicht nur Parlamentarierinnen, sondern auch Experten und Bürokratinnen beteiligt sind. Am Ende sind die ursprünglichen Vorschläge dann kaum noch zu erkennen. Das birgt Potenzial für weitere Frustrationen. Werden Expertinnen, Bürokraten und Bürgerinnen gleichzeitig eingebunden, kann der Wille der Beteiligten mit sachlichen Notwendigkeiten abgeglichen werden; gleichzeitig wächst im Idealfall das Verständnis für rechtliche und technische Limitationen" (Schäfer und Zürn 2021, S. 210 f.).

Das freiwillige soziale Engagement ist zwar in den letzten Jahrzehnten angewachsen, dennoch ist die öffentliche Infrastruktur – trotz aller politischen Beteuerungen, wie wichtig das soziale Engagement sei – auf diese fluiden zivilgesellschaftlichen Potentiale noch nicht hinreichend eingestellt. Der empirisch immer wieder nachgewiesenen relativ hohen Bereitschaft zum Engagement fehlen in vielen Fällen soziale Infrastrukturen und kommunale Orte, um diese zur Entfaltung kommen zu lassen. Digitale Netzwerke, wie sie sich massenweise ausgebreitet haben, stellen eine neue sozialtechnologische Option dar, die auch zur Koordination von Engagement genutzt werden kann, allerdings unterliegen sie auch dem Trend zur *Granularisierung* sozialer Beziehungen (vgl. Kucklick 2015). Sie sind also hinsichtlich sozialer Integrationskraft ebenfalls als limitiert einzustufen. Die Digitalisierung verstärkt Tendenzen zur „frakturierten" Gesellschaft (Mau 2019), sorgt damit bei einzelnen Gruppen für spontane, nicht immer belastbare soziale Kontakte, kann jedoch die zweifellos vorhandenen zivilgesellschaftlichen Potentiale bislang ebenfalls nur begrenzt produktiv nutzen, wenngleich im Stifterverband die Digitalisierung durchaus als Potential auch zur Erschließung im Feld ehrenamtlichen Engagements erkannt wird (vgl. Gilroy et al. 2018).

Unsere Vermutung geht dahin, dass sich durch ein Grundeinkommen eine reale Belebung der vielfältigen Formen sozialen Engagements zu entfalten vermag – innerhalb und außerhalb der Familie (z. B. in Nachbarschaftsnetzwerken, Hobbygruppen und Vereinen, Selbsthilfegruppen und digitalen Netzen). Eine Grundsicherung in Form eines Bürgergeldes für alle würde dann nicht den Rückzug in die „Hängematte" unterstützen, den viele Kritiker seit Jahrzehnten immer wieder beschwören, sondern könnte unterschiedliche Modelle einer gemeinwohl-orientierten Zeitverwendung befördern und damit zumindest optional sinngebende Tätigkeitsformen auch für diejenigen Gruppen bereitstellen, die auf den flexibilisierten und dynamisierten Arbeitsmärkten keine oder zu geringe Anerkennung finden. Die bislang eher auf selektive Partizipation beschränkten sozialen Netzwerke und Engagements könnten so durch eine Grundsicherung gestärkt werden. Darüber hinaus können sie ebenfalls als Sprungbrett für Existenzgründungen und generell soziale Innovationen wirken, da sie die in der Gründungsphase auftretenden Absicherungsprobleme mildern.

Allgemein dürften Maßnahmen, die auf eine *Teilhabegesellschaft* zielen, insofern an Bedeutung gewinnen, da in Zukunft in westlichen Ländern die Epoche stetig steigenden Wohlstands gepaart mit der Ausdehnung „normaler" Erwerbsarbeit zwar nicht vollkommen zu Ende geht, aber allein auch wegen der Herausforderungen des Klimawandels und des ökologischen Umbaus unserer Gesellschaft deutlich an Bedeutung verlieren wird und schon deshalb neue soziale Steuerungsformen gesucht und erprobt werden müssen. Entwicklungsdynamiken gehen schon seit längerem in diese Richtung, der Transferstaat hat sich immer weiter ausgedehnt, allerdings weitgehend im Schatten der offiziellen Politik und der Sozialadministrationen sowie der sozialpolitischen Verbände, die pfadabhängig dem Status-quo verpflichtet bleiben und diesen verteidigen.

Die Corona-Krise hat diese Erstarrungen erschüttert und Themen wie die Grundsicherung und basale Infrastrukturen auf die politische Tagesordnung gesetzt. *Handlungsbedarfe* gab es auch schon vorher in nahezu allen Feldern des Sozialstaats und auch die Frage, wie zivilgesellschaftliche Leistungspotentiale besser genutzt werden können, ist nicht neu. Während jedoch die Zivilgesellschaft die letzte große gesellschaftliche Herausforderung (die Flüchtlingszuwanderung im Herbst 2015) zu einer enormen Mobilisierung führte, blieb aufgrund der erforderlichen Kontaktbeschränkungen in der Corona-Pandemie ihr Aktionsradius beschränkt bzw. wurde sogar zurückgefahren. Regierungshandeln scheint gegenwärtig darauf programmiert zu sein, erst dann zu agieren, wenn Strukturbrüche unübersehbar sind oder sich politische Protestkonstellationen bilden, die die Regierungsfähigkeit in Frage stellen (etwa in Folge eines Anwachsens rechtspopulistische Bewegungen). So betrachtet kann das weltweit grassierende Virus als Beschleuniger für Entwicklungsprozesse wirken, die ohnehin *im Stillen* schon abliefen und jetzt sichtbar wurden. Universelle Basissicherungen gekoppelt mit einer daseinsvorsorgenden Infrastruktur können in diesem Steuerungskontext als Rahmung verstanden werden, um gesellschaftliche Transformationsprozesse anzuregen und auf diese Weise auch Perspektiven für ein derzeit noch utopisches Sozialstaatsmodell zu öffnen.

6.2   Wachsende Zeitkontingente, individuelle Freiheitsgewinne und neue Vergemeinschaftungen

Im Folgenden soll die Fokussierung der insbesondere von Ökonominnen und Ökonomen dominierten Auseinandersetzung mit dem Grundeinkommen dahingehend korrigiert werden, als dass die einseitige Fixierung auf die Finanzierungsperspektive überwunden wird in Richtung eines Diskurses um eine Neufundierung der sozialen Sicherung, die auf kollektive, öffentliche Infrastrukturen sowie eine Requalifizierung von Zeit setzt. Es geht also nicht nur um ein für alle Gesellschaftsmitglieder zu erhaltendes Grundeinkommen, das sicherlich dazu beitragen würde, die sich gegenwärtig vor dem Hintergrund der Corona-Pandemie ausbreitenden Ängste in vielen Bevölkerungsschichten zu reduzieren, sondern auch um die derzeit empirisch offene Frage, wie die größer gewordenen (Frei-)Zeitpotenziale produktiv und auch in Zeiten der Umsetzung von Klimazielen ressourcenschonend genutzt werden können. Auch wenn jemand nicht das Menschenbild teilt, dass sich bei einem bedingungslosen Grundeinkommen viele passiv in das soziale Sicherungsnetz zurückziehen, woran zumindest anhand anekdotischer Evidenz Zweifel angemeldet werden (Bohmeyer und Cornelsen 2019), ist die Frage nach der *Requalifizierung von Zeit* und staatlich zu gewährleistenden inklusiven Infrastrukturen nicht nur aus soziologischer Perspektive von großer Bedeutung. Claus Offe gelangt zu einer ähnlichen Vermutung bezüglich einer erheblichen Überschätzung von negativen Motivationswirkungen eines BGE: „Dass Personen, die auch ohne Arbeit ein ausreichendes Einkommen erzielen könnten, deswegen in dramatischem Umfang die Arbeit einstellen werden, ist eine nahezu genauso waghalsige Hypothese wie die Vermutung, dass der Anspruch auf kostenlose Gesundheitsdienste die Folge hätte, dass die Leute nun dauernd ihren Arzt aufsuchten. In beiden Fällen wird versäumt, den intrinsischen Wert einer Erwerbstätigkeit und ihres sozialen Umfeldes bzw. den intrinsischen Unwert des Patientenstatus in Rechnung zu stellen." (ebd. 2019[1990], S. 141).

Dies impliziert eine Debatte um einen erweiterten Arbeitsbegriff, der auf die außerhalb der Erwerbssphäre angesiedelte gesellschaftlich sinnvoll und für das Funktionieren eines Gemeinwesens als essentiell angesehene Tätigkeiten in der Familie, Nachbarschaft, unter Freunden etc. zielt und der sich ausdehnt bis in das politisch-soziale Engagement. Und auch die traditionelle Erwerbszentrierung wird künftig Veränderungen erfahren und es werden sich mehr „income mixes" ausbreiten. „In der neuen Arbeitsgesellschaft wird die Erwerbsarbeit auch weiterhin eine beträchtliche Rolle spielen, aber fortschreitende Verkürzung der Erwerbsarbeitszeiten und steigende Lebenserwartung könnten die andren Formen der Arbeit, die Eigenarbeit, die Tauscharbeit, die ehrenamtliche Arbeit im Non-Profit-Sektor, stärker in den Vordergrund treten lassen" (Strasser 1999, S. 62 f.; vgl. auch Vobruba 2019).

Damit werden dann auch die Kernpunkte einer primär auf Profitorientierung ausgerichteten Wirtschaftsordnung angesprochen und insbesondere die system-immanente Steigerungslogik unterlaufen, was quasi natürlichen Widerstand bei einem großen Teil der wirtschaftlichen und politischen Eliten hervorruft, die einen solchen Paradigmenwechsel auch als Bedrohung ihrer privilegierten Situation wie ihres bislang praktizierten Handlungsmodells betrachten. Andererseits könnte die Option eines existenzsichernden Grundeinkommens neue Sicherheiten vor allem bei den Bevölkerungsgruppen bewirken, die sowohl positive Auswirkungen auf die Qualität der Arbeit wie auf die allgemeine gesellschaftliche Innovationsfähig-keit hat. „Was die Idee eines Bedingungslosen Grundeinkommens gegenwärtig so attraktiv macht sind die jüngsten Entwicklungen in der Sozialpolitik, die wohlfahrtsstaatliche Leistungen allein nach ihrer Marktadäquanz bewerten und einen entsprechenden Umbau der Leistungssysteme forcieren. Transfers sollen die Anreize, in das eigene Humankapital zu investieren und sich auf Arbeits-märkten zu engagieren, nicht beeinträchtigen oder diese gar ganz ausschalten, sondern diese stabilisieren und stärken. Dies ist der gemeinsame Nenner der bildungs- und sozialpolitischen Reformen der letzten Jahrzehnte, mit ‚Hartz IV' und ‚Bologna' als richtungsweisenden Beispielen. Es ist deshalb wichtig zu sehen, dass ein Bedingungsloses Mindesteinkommen auf das Herz der kapitalistischen Verkehrs- und Wettbewerbswirtschaft zielt, in der das Streben nach Markteinkom-men die alleinige und unvermeidliche Triebfeder alles wirtschaftlichen Handelns sein soll. Dafür sorgt das Unversorgtheitsrisiko, das heißt die Gefahr, ohne regel-mäßiges und genügend hohes Arbeitslohneinkommen als Person schlicht nicht existieren zu können" (Rieger 2019, S. 64 f.; vgl. auch weitere Beiträge hierzu in Baumgartner und Fux 2019).

Unabhängig von der Frage der Finanzierung ist allerdings auch kritisch zu fra-gen, ob sich durch ein Grundeinkommen quasi automatisch die Sozialinklusion strukturell einstellt und sich soziale, kulturelle wie auch politische Aktivitäten und informelle Tätigkeiten außerhalb des Haushalts in großem Umfang ausbrei-ten werden. Zur Beantwortung solcher Fragen können die im ersten Abschnitt vorgestellten Pilotprojekte wertvolle empirische Erkenntnisse liefern. Interessant ist in diesem Zusammenhang die Argumentation der beiden Nobelpreisträger für Wirtschaftswissenschaften des Jahres 2019. Obwohl Banerjee und Duflo ein bedingungsloses Grundeinkommen zur Bekämpfung von Armut in Entwicklungs-ländern als wirksamer erachten als die bisherige Form der Entwicklungshilfe und deshalb zu den Befürwortern eines Grundeinkommens zu zählen sind, haben sie große Zweifel, ob es auch ein wirksames Mittel bspw. bei Jobverlust in entwickelten Ökonomien darstellt (vgl. Banerjee und Duflo 2020, S. 440 ff.). Zur Begründung greifen die beiden Ökonomen auf Ergebnisse aus Zeitbudgeterhebungen in den USA zurück, anhand derer sie zeigen, dass die in den letzten Jahrzehnten gewachsene Freizeit im Saldo eher durch passive Aktivitäten wie TV-Konsum sowie Videospiele verbracht werden als durch einen Zuwachs an ehrenamtlichen oder nachbarschaftlichen Aktivitäten. Denn in entwickelten Wohlfahrtsstaaten stehen im Gegensatz zu früher die „zwei Variablen – Arbeit und Freizeit – in einer „umgekehrten Beziehung" zueinander: Die Produktion und die Arbeit, die man für diese neuen Formen der hochwertigen Herstellung benötigt, haben einen Einfluss auf die freie Zeit. Heute ist es kein Zeichen von höherem Gesellschaftsstatus mehr, wenn man über viel Freizeit verfügt" (Currid-Halkett 2021, S. 28 f.).

Die insbesondere soziologisch spannende Frage, wie die wachsende verfügbare Zeit (jedenfalls bei einer Vielzahl von Individuen) in Wohlfahrtswerte überführt werden könnte, ohne dass diese Zeit zuvor als bezahlte Arbeitszeit oder als selbständige wirtschaftliche Tätigkeit in Geldeinkommen umgewandelt werden müsste, haben wir schon vor einiger Zeit behandelt (vgl. zur theoretischen Ausarbeitung und einen internationalen Vergleich Offe/Heinze 1990 und die Beiträge in Heinze/Offe 1990). Vor dem Hintergrund der Digitalisierungswelle und aktuell der Corona-Pandemie wird gegenwärtig wieder über einen Neuzuschnitt des Verteilungsmusters zwischen formeller Erwerbsarbeit und informeller, d. h. nicht durch Marktmechanismen zugewiesener und entgoltener Tätigkeit diskutiert. Als ein Alternativmodell wurden – ähnlich wie auch in den visionären Ideen zum Grundeinkommen – historisch bereits länger Kooperations- oder Tauschringe konzeptionell entwickelt, die darauf abzielen, eine überhaushaltliche Kollektivierung von Selbstversorgungseinrichtungen zu etablieren. Sie werden nach diesem Modell weder gemeinschaftlich noch administrativ, sondern marktförmig organisiert, „allerdings mit den beiden Besonderheiten, dass (a) der Leistungsaustausch nicht über das allgemeine Medium des Geldes, sondern über Leistungsgutscheine als eine Parallelwährung läuft, welche nur im Kreis der Teilnehmer und nur für den Zweck des Leistungsverkehrs zwischen einer lokal abgegrenzten Zahl von Haushalten Geltung haben, und dass (b) das Zustandekommen und der Bestand eines derartigen, durch eine nicht-konvertible Eigenwährung ausgegrenzten Marktes öffentlich subventioniert wird durch die Bereitstellung von Räumen, Geräten, Sachleistungen und Humankapital" (Offe und Heinze 2018, S. 208 [1986]).

Bei den Kooperations- bzw. Tauschnetzwerken ging es nicht um den Entwurf einer gänzlich anderen Wirtschaftsordnung, sondern vielmehr um begrenzte Ergänzungen und Kompensationsmechanismen, die deutlich im Rahmen der reformpolitischen Spielräume liegen. Bislang sind unter den sozial- und wirtschaftsstrukturellen Bedingungen, wie sie in Deutschland und anderen vergleichbaren Ländern vorliegen, die Möglichkeiten einer „produktiven" Zeitnutzung am Geldmedium vorbei stark eingeschränkt, wenn sie auch nicht völlig fehlen. Zudem besteht eine wachsende „Konkurrenz" „produktiver Zeitnutzung" in Form des gerade in den letzten Jahrzehnten enormen Wachstums der Freizeitindustrie, in der Freizeitkonsum zunehmend mit Dienstleistungen der Kommunikations- und Unterhaltungselektronik verknüpft wurde. „Das Verhältnis von Arbeit und Freizeit ergibt sich in saturierten westlichen Gesellschaften nicht bloß aus dem Gesetz einer Minimierung der Freizeit bis zur Grenze der Effizienzbeeinträchtigung der Arbeitsleistung, sondern muss zugleich Freizeit auch als Variable der Absatzsteigerung berücksichtigen. Der Lohnabhängige benötigt nicht bloß genügend Freizeit um seinen Lohn um seinen Lohn auf dem Markt absetzen zu können. Konsum wird hier neben der Erholung zu einer zweiten Komplementarität der Arbeit, die die oben genannte Suchtstruktur ausmacht" (Gimmel 2017, S. 58 f.). Diese Beschränkungen führen einerseits zu der ökonomisch irrationalen, zumindest suboptimalen Brachlegung von Faktoren gesellschaftlicher Wohlfahrt und mithin zu einem geringeren Versorgungsniveau. Sie führen andererseits zu dem kaum akzeptablen Befund, dass gerade diejenigen Bevölkerungsgruppen, bei denen ungenutzte Zeitressourcen verfügbar sind und die aufgrund ihrer allgemeinen Versorgungslage am dringlichsten darauf angewiesen wären, diese verfügbare Zeit auch in „Gebrauchswerte" umzusetzen, dazu am wenigsten in der Lage sind (z. B. Arbeitslose). Ein funktionsfähiges Institutionensystem der nicht-monetären gesellschaftlichen Zeitnutzung könnte deshalb neben den Vorschlägen zur monetären Umverteilung von Einkommen eine Perspektive auf eine gerechtere Verteilungsstruktur der Lebenschancen eröffnen, die zugleich auch den sozialen Zusammenhalt stärken könnte trotz oder gerade wegen der Wahrung der freiwilligen sowie jederzeit kündbaren Eigenverpflichtung. Ein bedingungsloses Grundeinkommen, das sich auf den Umstand einer (arbeits-) zwangfreien Produktivität beruft, enthält ein Moment an *Zeitsouveränität,* um das Verhältnis von Faulheit, Muße, produktiver und konsumptiver Zeitnutzung neu bestimmen zu können.

Aus heutiger Sicht erscheint ein Grundeinkommen als pragmatischer Versuch jenseits nostalgischer Rückblicke auf „heile" Gemeinschaften oder umfassende sozialstaatliche Planungen bzw. eine andere Wirtschaftsordnung. Insofern passen solche strategischen Überlegungen durchaus in eine heterogene, singularisierte Gesellschaft „Die spätmoderne Gesellschaft ist keine Gemeinschaft, kein homogenes Kollektiv und wird es auch niemals sein. Sie ist in Lebensstilen pluralisiert, in Klassen stratifiziert und multiethnisch. Die Herausforderung liegt vielmehr in der Konstitution eines gesellschaftlichen Allgemeinen, das sich inmitten der sozialen Unterschiede und kulturellen Heterogenitäten zu behaupten vermag. Im Unterschied zur „Gemeinschaft" gibt es in der spätmodernen „Gesellschaft" keine verbindliche und von allen geteilte Lebensform, und die Individuen sind je irreduzibel besonders – trotzdem oder gerade deshalb ist sie auf Regeln und deren Durchsetzung angewiesen und bedarf Anerkennungsformen, welche die Einzelnen in ihrer, ab er auch trotz ihrer Unterschiedlichkeit tragen" (Reckwitz 2019, S. 290). Da die Beteiligung an einer freiwillig eingegangenen Gemeinschaft – und dies sind Kooperationsnetzwerke, aber auch die in den letzten Jahren aufgeblühten selbstorganisierten zivilgesellschaftlichen Initiativen – und jede einzelne Transaktion in ihr auf freiwilliger Entscheidung beruht, handelt es sich um eine jederzeit kündbare Interaktionsbeziehungen mit einem hohen Solidaritätspotential. In einem gewissen Gegensatz zu den traditionellen lebenslangen Verpflichtungen (etwa in den Wohlfahrtsverbänden oder Kirchengemeinden) erscheinen sie gerade deswegen nicht nur für jüngere Menschen attraktiv, weil unter stark individualisierten Lebens- und Gesellschaftsverhältnissen mit traditionellen Formen der Gemeinschaftsbildung und Pflichtbindung kaum noch zuverlässig zu rechnen ist. Zudem stellen sie auch eine überlegene Alternative zu neuerdings wieder diskutierten Dienstpflichten für junge Erwachsene dar.

Obwohl inzwischen in Deutschland nach Schätzungen von Expert*innen rund 800.000 zivilgesellschaftliche Organisationen (mit rund 3, 7 Mio. Mitarbeiter*innen) aktiv sind, allein über 600.000 eingetragene Vereine existieren (vgl. Alscher et al. 2021 sowie Alter et al. 2021, S. 124), kann nicht davon ausgegangen werden, dass sich solche Netzwerke auf breiter sozialer Basis spontan bilden, erhalten und verlässliche Organisationsstrukturen entwickeln. Dies gilt vor allem für die Bevölkerungsgruppen, in denen ein erheblicher wohlfahrtssteigernder und egalitärer Effekt von solchen nichtmonetären haushaltsnahen Gemeinschaften erwartet werden könnte. Daraus folgt, dass zivilgesellschaftliche Organisationen sich nur als Ergebnis stützender, fördernder politischer Initiativen entwickeln und ausbreiten können: sie müssen inszeniert und zur sozialen Norm weiterentwickelt werden und durch eine öffentliche Infrastruktur getragen werden. Ein Grundeinkommen könnte hierfür einen Impuls verleihen, da infolge der „Bedingungslosigkeit" der Zahlung durch alle Steuerzahlenden eine Reziprozitätserwartung im Sinne eines Vertrauensvorschusses an die Bürger*innen ausgelöst werden könnte.

Es gibt zwar in den letzten Jahrzehnten in verschiedenen Kommunen (vorwiegend im städtisch-alternativen Bereich) Vorstöße für die Gründung solcher zivilgesellschaftlicher Initiativen, allerdings demonstriert die deutsche Gesellschaft auch in der Erfindung derartig experimenteller sozialer Arrangements, für die es ja genügend historische und internationale Erfahrung gibt, bislang noch wenig Phantasie. In Krisenzeiten sind allerdings solche gemeinschaftlichen Aktivitäten jenseits von Markt und Staat aufgeblüht (etwa in der Flüchtlingskrise) und auch in der Corona-Phase spielen sie eine wichtige Rolle. Die erwähnten Kooperationsringe bzw. Tauschnetzwerke haben sich zwar in Deutschland nicht über gewisse Subkulturen (in städtisch-alternativen und studentischen Milieus) hinaus entfaltet, allerdings wurden die Erfahrungen aus diesen sozialinnovativen Experimenten von Unternehmen der Plattformökonomie (bspw. Airbnb mit der ursprünglichen Idee von Übernachtungs- sowie Wohnungstauschringen) aufgegriffen und erfolgreich kommerzialisiert. Der digitale Kapitalismus mit all seinen neuen Facetten scheint in der Lage zu sein, auch aus dem Non-Profit-Sektor Ideen und Konzepte aufzugreifen und in seine Verwertungslogik einzuspeisen.

Der noch immer relativ hohe Lebensstandard für breite Bevölkerungsgruppen und die eingeschliffenen (wenn nicht bereits verkrusteten) politisch-institutionellen Verfahrenswege bei der Bearbeitung gesellschaftlicher Problemlagen beschränken die potentiell vorhandene Kreativität selbstorganisierter Initiativen. Hinzu kommt die Geschlechterthematik und die Dominanz des männlichen Ernährermodells, dass trotz Erosionserscheinungen im Alltag von Paaren noch oft anzutreffen ist und Fragen der Reproduktion und insbesondere der „Carearbeit" eher als randständig betrachtet wird. „Auch wenn man das Grundeinkommen als symbolische Anerkennung des Beitrages aller Tätigkeiten zum gesellschaftlichen Reichtum betrachten kann, ist in der Praxis zumindest fraglich, in welchem Maße Akteur*innen in einer nach wie vor durch Sinnstiftung im Rahmen der Erwerbsarbeit geprägten Gesellschaft bereit wären, auf eine gesellschaftliche Anerkennung in der Erwerbsarbeit vollständig zu verzichten. Die Frage stellt sich insbesondere hinsichtlich der Geschlechterproblematik: Ein Grundeinkommen kann prinzipiell als eine Voraussetzung für Frasers „universal caregiver model" betrachtet werden, nach welchem Frau und Mann die Rollen der Erwerbsarbeiterin bzw. des Erwerbsarbeiters und der bzw. des Sorgegebenden gleichberechtigt untereinander aufteilen könnten. Dennoch ist nicht ohne Weiteres, d. h. ohne zusätzliche politische Maßnahmen und einen gesellschaftlichen Wandel, mit einem größeren Engagement von Männern im Bereich der sozialen Reproduktion zu rechnen" (Ketterer 2019b, S. 339).

Durch die Corona-Pandemie und insbesondere den Schließungen öffentlicher Einrichtungen (Schulen, Kindergärten etc.) verbunden mit der markanten Ausweitung von Arbeiten im Home-Office ist der *private Haushalt* plötzlich auch wieder in das Zentrum wohlfahrtsstaatlicher Versorgungsstrukturen geraten. Dadurch werden auch Erkenntnisse über die derzeitigen Verteilungsmuster (bspw. nach Geschlecht, aber auch sozialem Status) abzuleiten sein, die die Debatte um „Sorgearbeit" empirisch befruchten können. Bislang erste vorliegende Daten betonen oft eine Retraditionalisierung der Geschlechterverhältnisse (vgl. Allmendinger 2021, Hipp und Bünning 2020), allerdings ist vor vorschnellen Verallgemeinerungen zu warnen, da auch Väter sich während der Corona-Pandemie verstärkt bei Kinderbetreuungstätigkeiten zeitlich engagierten (vgl. Zinn et al. 2020 sowie Jessen et al. 2021).

Konsens besteht demgegenüber in der Frage nach der Relevanz öffentlicher Infrastrukturen für die alltägliche Lebensführung und vor allem hinsichtlich der Betreuungsleistungen (seien es Kinder oder hilfsbedürftige ältere Menschen). Hier könnte die Pandemie sogar einen Schubs geben („nudging") und das Thema auf die politische Bühne bringen. In diese Richtung zielen auch strategische Überlegungen zur Erneuerung der Ökonomie des Alltagslebens bzw. einer neuen *Infrastrukturpolitik*. Benötigt werden dazu „Hybridorganisationen und fundamentalökonomische Bündnisse, in denen entweder lokale/regionale Verwaltungen oder intermediäre Institutionen die Führung übernehmen, um die Politik zu einer Erneuerung der Fundamentalökonomie zu bewegen" (Foundational Economy Collective 2019, S. 233; vgl. auch Streeck 2019; Heinze 2020b). Die komplementäre Vernetzung von lokaler Infrastrukturpolitik und einer auf kollektive Bedürfnisse orientierten Zeitpolitik steht allerdings in Deutschland noch am Anfang, wenngleich soziologische und sozialpolitische Diskurse darauf seit Jahrzehnten verweisen. Bislang entstehen selbstorgansierte Versorgungsformen (seien es Tauschringe, Kinderbetreuungseinrichtungen, Wohnprojekte für Ältere, oder generationenübergreifende Nachbarschaftsinitiativen etc.) primär in einem bestimmten ökonomischen und soziokulturellen Umfeld, das sich eindeutig weniger aus den sozial benachteiligten Gruppen rekrutiert. Der Rückzug vieler Individuen aus kollektiven Zusammenhängen (sei es aus dem Parteiensystem, den Gewerkschaften, Wohlfahrtsverbänden und Kirchen sowie Vereinen) erschwert zudem das Aufblühen kooperativer Netzwerke auf lokaler Ebene. Allerdings zeichnet sich in Fragen von Gegenbewegungen zur etablierten Politik und selbstorganisierten, nichtmarktlichen Netzwerken im Sozial- und Gesundheitssektor in den letzten Jahren eine neue Dynamik ab. Empirische Studien zeigen einen breiten Radius der Freiwilligenorganisationen, die sich auch in benachteiligten Stadtquartieren ausgebreitet haben und auf eine Politik der sozialen Integration und ökologischen Nachhaltigkeit setzen. Die organisationalen Felder, inhaltlichen Bezugspunkte und Erscheinungsformen solcher sozialen Innovationen und speziell innovativer sozialer Dienstleistungen sind dabei sehr vielfältig (vgl. Kopf et al. 2015, Roth 2020 sowie die Beiträge in Becher und Hastedt 2019).

In diesem Kontext wäre auch die öffentliche Daseinsvorsorge neu aufzustellen und könnte produktiv die bislang unausgeschöpften Potenziale des Nonprofit-Sektors erschließen. Der Mehrwert der zivilgesellschaftlichen Organisationen liegt nicht nur in der Bereitstellung sozialer Angebote, sondern diese können auch sozialinnovatorisch wirken und öffentliche Debatten zur Zukunft des Sozialsystems anregen. Collier spricht in diesem Kontext von einem moralischen Pragmatismus, „der einen politischen Kurswechsel inspirieren konnte: weg von polarisiertem Versagen hin zu kooperativen Bemühungen, die Spaltungen in unseren Gesellschaften zu überwinden" (ders. 2018, S. 291). Einen sehr weitgehenden Anspruch einer notwendigen künftigen öffentlichen Daseinsfürsorge mit dem Ziel solche Spaltungen zu kitten würde in einen „Infrastruktursozialismus" münden: „Wirtschaftliche Bürgerrechte müssen aber auch das Leben von Arbeitenden außerhalb der Erwerbssphäre regulieren. Sie sollten ein Moratorium für Mietensteigerungen und einen garantierten Zugang zu Strom, Wasser und Internet festlegen. Das Gesundheitswesen sollte zudem dem Markt entzogen und Großunternehmen verpflichtet werden, ihre wirtschaftliche Tätigkeit am Allgemeinwohl auszurichten. All das wären Elemente eines Infrastruktursozialismus, der für Arbeitende insgesamt – und gerade auch für die verkannten Leistungsträger*innen unter ihnen – deutlich bessere Bedingungen schaffen kann, sich ohne Existenzangst für ein Arbeiten und Leben in Würde einzusetzen. Damit würden wir noch nicht die Klassengesellschaft überwinden, es wäre aber ein wichtiger Schritt in diese Richtung" (Mayer-Ahuja und Nachtwey 2021, S. 120).

Ein Dilemma bezüglich der *Entgrenzung* von Erwerbsarbeit und nichterwerbsbezogenen, gesellschaftlich sinnvollen Tätigkeiten darf dabei nicht vergessen werden. Es liegt darin, dass diese Entgrenzung unter den gegebenen Rahmenbedingungen eine attraktive Perspektive vor allem für diejenigen bietet, die sich qualifizierte Erwerbspersonen „leisten" können. Große Teile der Erwerbsbevölkerung haben aber gegenwärtig überhaupt nicht die ökonomischen Spielräume, um auf einen Teil der Erwerbsarbeit und damit auf Einkommen verzichten zu können, zumal von einer Förderung in Form steuerlicher Abschreibungsmöglichkeiten der haushaltnahen Dienstleistungen ebenfalls vor allem höhere Einkommensgruppen profitieren. Empirische Untersuchungen haben das Problem bereits in den 1980er Jahren deutlich gemacht: Eine erweiterte informelle Arbeit oder das Engagement in Netzwerken ist zumeist für diejenigen attraktiv, die regelmäßige Einkünfte aus der Normalbeschäftigung beziehen und in die berufs- und betriebsbezogenen Netzwerke eingebunden sind. Bei Verlust des Arbeitsplatzes sinken auch Niveau und Umfang informeller Tätigkeiten, was verschiedene Zeitbudgetstudien belegen (vgl. Banerjee und Duflo 2020). Hinzu kommt ein weiteres Phänomen.

Während bei großen Gruppen von Beschäftigten flexible Arbeitszeiten und Teilzeitarbeit attraktiver werden, gewinnt an den beiden Polen der Arbeitsnachfrage die Vollzeiterwerbsarbeit wieder an Bedeutung: sowohl bei hochqualifizierten und anspruchsvollen Aufgaben als auch aus der Not, vor allem bei denen, die ohnehin auch im besten Fall nur ein geringes Einkommen erzielen können.

Durch das Festhalten an den traditionellen Sicherungsinstitutionen ist nach wie vor Realität, dass die Erwerbsarbeit die Andockstelle an ein System ist, das Sicherheit und Aufrechterhaltung des Lebensstandards verheißt. Die Arbeitsgesellschaft setzt mit diesem Mechanismus kontraproduktiv Prämien und Status auf die Lebensform des Arbeitnehmers aus. Aber nicht alle nützlichen Tätigkeiten, derer der Mensch fähig ist, müssen durch das Nadelöhr der Erwerbsarbeit gefädelt werden. Dies trifft in besonderer Weise für den Haushaltssektor und die Sorge- und Versorgungswirtschaft zu: „Rund 825 Mrd. € pro Jahr ist die unbezahlte Arbeit der Frauen in Deutschland laut der letzten Erhebung aus dem Jahr 2012 wert. Diese Zahl verdeutlicht: Der Beitrag der Frauen zu unserem Lebensstandard in Form von unbezahlt geleisteter Arbeit ist ökonomisch von enormer Bedeutung" (Peter und Rudolf 2021). Gemessen am gesamten „Arbeitsvolumen" (also sowohl bezahlter wie nicht-bezahlter Arbeit) lässt sich gar zeigen, dass „der Anteil der Sorge- und Versorgungswirtschaft 64 % des gesamten Arbeitsvolumens in Deutschland ausmacht … und somit den größten Sektor der Wirtschaft" (ebd.) und somit auch unseren gegenwärtigen Lebensstandard prägen. Angesichts des hohen zeitlichen Umfangs bei gleichzeitiger geringer Sichtbarkeit in wirtschaftspolitischen Debatten wirft dies eine Reihe an Fragen auch hinsichtlich einer gesellschaftlichen Aufwertung dieser Tätigkeiten auf. „Im Zuge der Automatisierung werden viele Jobs verloren gehen. Klar ist hingegen, dass die Sorge- und Versorgungsarbeit, sei sie unbezahlt oder bezahlt, nicht weniger werden wird. Deshalb sehen wir die dringende Notwendigkeit, eben diese Arbeit mit der ihr angemessenen Bedeutung und Wertigkeit aufzuladen und in Überlegungen zukunftsfähiger Versorgungsökonomien einzubeziehen" (ebd.).

Infolgedessen ist von Interesse, sich das Repertoire an institutionellen *Alternativen* zur Erwerbsarbeit zu vergegenwärtigen, das in modernen Gesellschaften noch zur Verfügung steht bzw. inszeniert und neu geschaffen werden könnte. Wenn Arbeit im landläufigen Sinne auf bezahlte – oder zumindest marktfähig organisierungsfähige – Zeit reduziert bleibt, wie lässt sich dann eine Zeitverwendung vorstellen und ggf. auch institutionalisieren, die einerseits individuellen wie sozialen und gesamtgesellschaftlichen Nutzen stiftet, andererseits aber nicht nur monetär bewertet und wertgeschätzt wird?

Allerdings gibt es zwischen den Medien 'Zeit' und 'Geld' eine ganz grundsätzliche Asymmetrie. Man kann mit Geld Zeit kaufen, d. h. zeitsparende Güter und Dienstleistungen beschaffen und so gebundene Zeitkontingente für eine konsumtive Verwendung freimachen. Es ist aber in unserem Gesellschaftssystem (jedenfalls unter den gegenwärtigen konjunkturellen und sozialstrukturellen Bedingungen) nicht immer und nicht für alle möglich, umgekehrt für Zeit Geld zu beschaffen, d. h. durch eine individuell wählbare Art der Zeitverwendung (Erwerbsarbeit) Geldbedarfe zu decken. Diese asymmetrische Austauschbeziehung zwischen Zeit und Geld privilegiert das Geld und diskriminiert die Zeit. Ein weiterer Vorsprung des Geldes gegenüber der Zeit beruht darauf, dass Zeit für sich genommen oft nicht sehr viel wert ist. Das bloße „Zeithaben" ist keine unmittelbare Quelle von Genuss und Lebensqualität, auch wenn es solche Potenziale ihrer Transformation in sich birgt. Zumeist wird Zeit erst in Kombination mit Geld (Stichwort Freizeitkonsum) oder in Interaktion mit Menschen wertvoll. Zeit selbst zu sparen oder zu akkumulieren ist hingegen im Gegensatz zu Geld nur innerhalb enger Begrenzungen möglich. Einzelne Zeitkontingente können nicht wie viele einzelne Einzahlungen auf ein Sparkonto zusammengelegt und dann in beliebigen Kontingenten verausgabt werden. Andererseits ist die Lebenszeit unabhängig von der Einkommens- und Vermögensposition ein „knappes Gut", was bereits Keynes mit den Worten „in the long run we are all dead" prägnant auf den Punkt brachte. Wo die verfügbaren Zeitkontingente jedoch mit hohen Einkommen zusammentreffen, steigt durchaus die Lebensqualität. Wo dies jedoch nicht der Fall ist, zeigen sich Symptome einer institutionell bedingten Entwertung derjenigen Zeitanteile, die nicht in nützlicher und sozial anerkannter Weise organisiert werden können.

Deshalb benötigt jede Form der *Requalifizierung* von Zeit eine infrastrukturelle Basis. Dies könnte ein Grundeinkommen auf nationaler Ebene sein, hinzutreten müsste aber auch eine kollektiv nutzbare öffentliche Daseinsvorsorge auf lokaler Ebene, ohne die sich potentiell für das Gemeinwesen verfügbare Zeitkontingente leicht in einem zunehmend individualistisch ausgerichteten Konsumverhalten verflüchtigen können. Man wird deshalb in den nächsten Jahren nicht umhinkommen, den Einstieg in die Förderung und Unterstützung von kollektiven Formen der Daseinsvorsorge, selbstorganisierten Tätigkeiten und die Entwicklung neuer sozialer Grundsicherungselemente als Ergänzung zum traditionellen wohlfahrtsstaatlichen System in Angriff zu nehmen (vgl. Heinze 2020b). Manche der derzeitigen in diese Richtung zielenden Projekte stehen zwar noch im Schatten, dennoch besitzen sie ein Innovations- und Erfahrungspotential, das gerade in Krisenzeiten aufblühen kann. Aber nicht nur in den „hippen" Graswurzelbewegungen zur Energiewende und Klimapolitik sowie den kommunalen Hilfenetzwerken für Geflüchtete wird der soziale Zusammenhalt gestärkt und vielfältige soziale Dienste organisiert, sondern auch in den „normalen" zivilgesellschaftlichen Organisationsformen – vom Sportverein über die Seniorengruppe bis hin zu Kulturinitiativen, Quartiersbüros, Sozialgenossenschaften und Dorfläden. Aktionsfelder für solche sozialinnovativen Netzwerke gibt es in der Daseinsvorsorge in verschiedenen Bereichen, wobei die *Sozialinnovationen* zumeist „von unten" kommen. „Impulse für soziale Innovationen kommen in der Regel von nicht-staatlichen Akteuren. Das sind neben den Wohlfahrtsverbänden zahlreiche Initiativen, Stiftungen und Projekte, aber auch Firmen und soziale Unternehmen und natürlich Gemeinschaften wie Nachbarschaften und die Familie. Soziale Dienstleistungen sind meist in eine Art von „Wohlfahrts-Mix" eingebettet. Staatliche Sozialleistungen ergänzen familiäre Hilfe und Pflege, Wohlfahrtsorganisationen steuern professionelle Angebote bei, und nachbarschaftliche Netzwerke sind eine Art Früherkennungs- und Nachsorgesystem" (Strünck 2017, S. 318 f.; vgl. auch die Beiträge in Heinze 2019a).

Nach dem im Frühjahr 2021 veröffentlichten fünften Deutschen Freiwilligensurvey engagierten sich im Jahr 2019 rund 28,8 Mio. Menschen freiwillig und damit fast 40 % der deutschen Bevölkerung ab 14 Jahren. Schaut man in die Bereiche, in denen sich Personen freiwillig engagieren, liegt „Sport und Bewegung" ganz vorn, gefolgt von „Kultur und Musik" sowie „Sozialer Bereich" und „Schule und Kindergarten". Wenngleich die Engagementquoten stabil blieben, hat sich ein Strukturwandel des Engagements vollzogen, der sich auch in den Daten widerspiegelt. Während das klassische Ehrenamt mit seiner relativ festen Bindung an die Organisationen schrumpft, wächst ein „neues" Engagement, das stärker situativ und flexibel agiert. Der zeitliche Umfang muss biographisch „passen" und ist dementsprechend geringer oder unregelmäßiger. „Im Jahr 2019 wenden etwa siebzehn Prozent der Engagierten mit sechs und mehr Stunden viel Zeit für ihre freiwillige Tätigkeit auf. Dabei zeigt sich seit 1999 ein fortlaufender Trend zu einer weniger zeitintensiven Ausübung der freiwilligen Tätigkeit: Zwischen 1999 und 2019 sank der Anteil der Engagierten, die mit sechs und mehr Wochenstunden viel Zeit in ihre freiwillige Tätigkeit investieren, um 5,9 Prozentpunkte. In der gleichen Zeitspanne stieg der Anteil derer, die mit bis zu zwei Wochenstunden deutlich weniger Zeit in ihre freiwillige Tätigkeit investieren (1999: S. 50,8 %, 2019: 60,0 %)" (BMFSFJ 2021, S. 5).

Die *Engagementlandschaft* in Deutschland ist dadurch vielgestaltiger, aber auch unübersichtlicher geworden, worauf bereits mit dem Hinweis auf den Strukturwandel des Engagements eingegangen wurde, der insbesondere die traditionellen Organisationen wie Wohlfahrtsverbände trifft. Das Sozio-oekonomische Panel (SOEP) erhebt seit 1985 Daten zum gegenwärtigen ehrenamtlichen Engagement der in Deutschland lebenden Bevölkerung ab 17 Jahren (dabei handelt es sich um eine freiwillige, nicht auf Entgelt ausgerichtete Tätigkeit im Rahmen von Vereinen, Verbänden oder sozialen Diensten). Während 1990 rund 27 % der Befragten ehrenamtlich aktiv waren, waren es 2017 bereits 32 % (was hochgerechnet eine Gesamtzahl von 22 Mio. Engagierten ergibt). Hier muss auf die unterschiedlichen Befunde zum quantitativen Ausmaß des Engagements aufgrund von leicht abweichenden Frageformulierungen hingewiesen werden (vgl. Kelle et al. 2021), denn im Freiwilligensurvey sind es 44 % anstatt 32 % wie im SOEP und damit 30,9 Mio. Menschen anstatt 22 Mio. Aufschlussreich sind die Daten für die verschiedenen Generationen, denn scheinbar variiert das Engagement je nach Lebensphase. „Im mittleren Lebensalter von 30 bis 59 Jahren zeigen sich insgesamt die höchsten Engagementquoten. Auffallend ist zum einen der steigende Trend bei den jungen Erwachsenen. Unter den 17–29–Jährigen erhöhte sich der Anteil der Engagierten von 26 % im Jahr 1990 auf nunmehr ein Drittel. Die wesentlichen Steigerungen in dieser Altersgruppe erfolgten dabei bereits im Jahr 2009 – also deutlich vor dem Aussetzen der Wehrpflicht im Jahr 2011. Zum zweiten fallen die Steigerungen der ältesten Altersgruppen ins Auge. Die Engagementquote der 60–76-Jährigen, also jenen Personen, die unmittelbar vor dem Ruhestand stehen oder gerade das Alter der gesetzlichen Regelaltersgrenze überschritten haben, erhöhte sich im Beobachtungszeitraum um über zehn Prozentpunkte auf 33 %. Selbst für die – aufgrund steigender Lebenserwartung – wachsende Gruppe von Personen, die 77 Jahre oder älter und bereits lange im Ruhestandsalter angekommen ist, erhöhte sich der Anteil seit 2009 um 14 Prozentpunkte auf nunmehr 23 %. Insgesamt zeigt sich, dass sich insbesondere die Personen über 65 Jahre heute stärker engagieren als noch vor 20 bis 30 Jahren" (Burkhardt und Schupp 2019, S. 769; vgl. auch Generali Altersstudie 2017 sowie Erlinghagen und Hank 2019).

Die Bereitschaft zum ehrenamtlichen Engagement ist also weiterhin stark ausgeprägt und wird durch den demografischen Wandel sogar eher noch gefördert, denn ältere Menschen sind heute länger gesund und bringen sich zunehmend in verschiedenen Bereichen der Zivilgesellschaft ein. Diese Potentiale müssen aber auch gefördert werden; d. h. möglichst flexible und niedrigschwellige Angebote müssen vorgehalten und es sollten Verbindungen zu den bestehenden Sozialorganisationen hergestellt werden, um Doppelstrukturen zu vermeiden und einen Wohlfahrtsmix zu generieren, der Formen digitalen Zeitengagements enthalten sollte. Aber auch die jüngere Generation (1983 bis 1999 Geborene) engagiert sich nach den SOEP-Daten stärker als vorangegangene Generationen im gleichen Alter und relativiert damit manch skeptische Aussagen über die angeblich stärker egozentrisch orientierten jungen Leute, die sich um das Gemeinwohl kaum noch kümmert. Demgegenüber sind sie überdurchschnittlich engagiert und dürften damit neben der älteren Generation, die in den nächsten Jahren erheblich anwächst, insgesamt das Potential für gemeinnützige Aktivitäten vergrößern.

Hinsichtlich des *Motivationswandels* lässt sich eine Zunahme von intrinsisch motiviertem Engagement feststellen. Empirische Untersuchungen legen in Teilbereichen eine doppelte Subjektivierung des Engagements nahe (vgl. Heinze et al. 2017). Auf individueller Ebene der Engagierten zeigt sich, dass vor allem in dynamischen Feldern wie der Flüchtlingshilfe Selbstverwirklichungsansprüche weit verbreitet sind. Dies korrespondiert mit einer tendenziellen Ablehnung hierarchischer Organisationsstrukturen, wie es viele traditionelle Sozialorganisationen noch immer aufweisen. Der Motivationswandel wird deshalb flankiert von einem Organisationswandel. An die Seite etablierter zivilgesellschaftlicher (Groß-)Organisationen treten vermehrt Bottom-Up-Initiativen und selbstorganisierte Netzwerke und Projekte. In der Flüchtlingskrise traten diese Wandlungsprozesse exemplarisch hervor und auch in der Corona-Pandemie zeigen sich die verschiedenen Formen sozialen Engagements in sozialen Netzwerken, in der Nachbarschaft und der Familie und es entwickelten sich spezielle und erfolgreiche Patenschaftsmodelle der einheimischen Bevölkerung mit Geflüchteten (vgl. Jursch et al. 2020).

In der ersten Phase der Corona-Krise wurden sie sogar unter dem Blickwinkel des gesellschaftlichen Zusammenhaltes als systemrelevante Akteure gefeiert und hat all diesen sozialen Organisationen Auftrieb gegeben, indem aufgezeigt wurde, wie wichtig sozialer Zusammenhalt als „Kitt" einer Gesellschaft ist und dass verschiedene Organisationsformen daran mitwirken, die primär nicht über marktliche sowie gewinnorientierte Beziehungen organisiert sind. In der Corona-Pandemie wurde die organisierte Zivilgesellschaft wie auch die sozialen Netzwerke in der Nachbarschaft und Familie unter dem Blickwinkel des gesellschaftlichen Zusammenhaltes nun als systemrelevante Akteure betrachtet. „In den letzten großen Krisen in Europa – der Eurokrise und der Flüchtlingskrise – zeigten sich die große Bedeutung des sozialen Kapitals und die Stärke der Zivilgesellschaft besonders deutlich. Engagement und solidarisches Handeln nahmen damals ebenso zu wie verschiedene Formen des politischen Protests. Der Herbst 2015 gilt zu Recht als ‚Sternstunde' der Zivilgesellschaft in Deutschland. Seinerzeit engagierten sich Millionen von Bürger*innen, viele von ihnen zum ersten Mal, unzählige Helfer*innen-Initiativen für Geflüchtete wurden gegründet, und auch etablierte Vereine und Wohlfahrtsorganisationen engagierten sich" (Grande und Hutter 2020, S. 27; vgl. auch die Beiträge in Grande et al. 2021).

Allerdings hat diese öffentliche Wertschätzung weder dauerhaft gehalten noch haben sich die Rahmenbedingungen für den sozialen Zusammenhalt verbessert – im Gegenteil. Nach über einem Jahr Pandemieerfahrung stellt sich die Situation nun anders dar: von einer dauerhaften Rückkehr eines handlungsmächtigen Staates ist nach den Pannen im Bereich der Virusbekämpfungsmaßnahmen kaum noch die Rede, in öffentlichen Debatten wird über Politikversagen der Regierung und ein *erschöpftes Land* diskutiert. Die Enttäuschungen über die Politik und Dysfunktionalitäten staatlicher Regulierungen (wie etwa die Verantwortungsdiffusion) prägen im Frühjahr 2021 das Gesellschaftsbild, allerdings werden die Leistungen der einzelnen Menschen und der zivilgesellschaftlichen Organisationen weiterhin positiv bewertet.

Allerdings hat die geforderte soziale Distanz sowie die Ausgangsbeschränkungen viele zivilgesellschaftliche Organisationen und Netzwerke (von den Seniorengruppen, Chören über die Sportvereine bis hin zu Selbsthilfegruppen) negativ betroffen, weil sie letztlich nicht ohne Nahdistanz dauerhaft funktionieren. So wurden die Sportvereine, die in Deutschland mehr als 24 Mio. Mitglieder haben, durch die Lockdowns nicht nur temporär getroffen, sondern haben einen deutlichen Mitgliederrückgang zu verzeichnen (vor allem bei den Kindern und Jugendlichen). Deshalb überrascht es nicht, wenn 52 % von ihnen für die nächsten Monate eine „existenzbedrohende Lage" erwarten (vgl. Bidder et al. 2020). Bei der Devise „stay at home" fällt es schwer, soziale Netzwerke aufrechtzuerhalten und auch Solidarität zu praktizieren, wenn Sozialkontakte und Gemeinschaftsbildungen auf das Notwendigste beschränkt bleiben sollen, um die Ansteckungsgefahr zu minimieren. Die mit den abrupten und in der Größenordnung noch nie dagewesenen Unterbrechungen des öffentlichen Lebens verbundene Entschleunigung hat viele Menschen auf ihr nahes Lebensumfeld zurückverwiesen und einen *Rückzug* aus dem öffentlichen Raum ausgelöst. Formen des Gemeinsinns, wie sie sich bei der Bewältigung der Flüchtlingskrise zeigten, waren zu Beginn der Corona-Pandemie ebenfalls zu registrieren, durch die Kontakteinschränkungen schrumpfen diese allerdings mit der zeitlichen Dauer der Pandemie. Befragungen vor Ort weisen auf die Grenzen solidarischer Hilfepotenziale und die Notwendigkeit öffentlicher Infrastrukturen hin. „Fraglich bleibt in unseren Gesprächen jedoch, wie belastbar die Unterstützungsleistungen auf Dorfebene dauerhaft sind. Möglicherweise besteht und funktioniert die große Hilfsbereitschaft nur bei kleineren Herausforderungen des Alltags und solange nur wenige von der Epidemie betroffen sind. Für die Stabilität sozialer Strukturen bleibt es daher wichtig, dass öffentliche Institutionen vor Ort handlungsfähig sind – von der Gemeindeverwaltung bis zur Caritas" (Simmank und Vogel 2020, S. 2; vgl. auch Klein 2021).

Inzwischen wächst der soziale Zusammenhalt nicht mehr, sondern wird auf eine harte Probe gestellt und anders als bei Unternehmen, die nach der Pandemie in den meisten Fällen ihre „Geschäfte" wieder hochfahren können, ist dies bei vielen zivilgesellschaftlichen Organisationen schwierig. Manchen von ihnen droht der Zusammenbruch (wie viele Sportvereine berichten), weil sich soziales Engagement eben nicht „auf Kopfdruck" wieder neu etabliert, wenn man von der hohen spontanen Bereitschaft in der Nachbarschaft wie der Zivilgesellschaft nach den Starkregenfällen Mitte Juli 2021 in Rheinland-Pfalz und Gebieten in Nordrhein-Westfalen absieht. Ohne öffentliche Förderung werden einige dieser sozialen Infrastrukturen, die zentral den „sozialen Kitt" der Gesellschaft ausmachen, sehr wahrscheinlich nicht überleben. Die Zivilgesellschaft wäre dann nicht der Gewinner der Corona-Krise, worauf viele Gesellschaftsdiagnostiker hofften, sondern als Opfer zu begreifen (vgl. die Beiträge in Grande et al. 2021.).

6.3 Daseinsvorsorge und kollektive Infrastruktur als öffentliche Aufgabe

Auch in der Bundespolitik ist ein Schwenk in Richtung Daseinsvorsorge als Staatsaufgabe in verschiedenen Verlautbarungen der Regierungsparteien CDU/CSU und SPD zu erkennen. Insbesondere die kommunalen Spitzenverbände (der Deutsche Städtetag, der Deutsche Städte- und Gemeindebund und der Verband kommunaler Unternehmen) betonen die Bedeutung der kommunalen Infrastrukturen, die Lebensqualität und gesellschaftlichen Zusammenhalt vor Ort schaffen. Nicht nur in Deutschland grassierten auch schon vor der Ausbreitung der Corona-Pandemie strategische Überlegungen zu einer neuen Infrastrukturpolitik auf lokaler Ebene. Auch die Direktorin des in London angesiedelten Institute for Innovation and Public Purpose Mariana Mazzucato sieht die lange Zeit verbreitete Annahme eines „schlanken Staats" innerhalb der Gesellschaftswissenschaften kritisch und wirbt für den Ausbau staatlicher Infrastrukturprogramme: „Jüngere Forschungen zur Wirkung der Größe des Staats auf das Wirtschaftswachstum sind sich nahezu einig, dass wenig Staat schlecht ist. Dann ist er zum Beispiel nicht in der Lage, die grundlegende Infrastruktur aufrechtzuerhalten, die Herrschaft des Rechts (in Form von Mitteln für die Polizei und die Bildungsbedürfnisse der Bevölkerung zu befriedigen. Auf der anderen Seite kommt dieselbe Forschung zu dem Schluss, dass ein Zuviel an Staat „schlecht" sein könnte, wenn er das Resultat von Maßnahmen ist, die den privaten Sektor verdrängen (das heißt reduzieren)[1] oder einschneidend auf Aktivitäten des privaten Sektors wirken und in zu vieler Menschen Leben eingreifen (Bergh und Henrekson 2002). Innerhalb dieser offensichtlichen Parameter jedoch ist die ideale Größe des Staats schwer zu quantifizieren – nicht zuletzt, weil sie in hohem Maße davon abhängt, was der Staat soll und welchen Wert man den Aktivitäten des Staats beimisst" (Mazzucato 2019, S. 308).

Interessant ist das breite politische Spektrum in Deutschland, das sich für eine Öffnung gegenüber *solidarökonomischen Strategien* ausspricht und nahezu alle politischen Strömungen umfasst. Auf EU-Ebene wird ebenfalls die Revitalisierung des Solidar- und auch explizit des Genossenschaftsgedankens im Rahmen der Debatte um soziale Innovationen angestrebt. Auch die Regierungspolitik sieht inzwischen die Grenzen der eigenen Handlungsfähigkeit und setzt in vielen Fragen auf die Koproduktion und selbstverantwortliche Eigenleistung individueller wie kollektiver gesellschaftlicher Akteure. Dennoch liegt die Letztverantwortung beim Gewährleistungsstaat, allerdings kann die Umsetzung sowie Bereitstellung von Dienstleistungen in den verschiedenen Feldern der Daseinsvorsorge sowohl durch öffentliche, gemeinnützige oder private Institutionen erfolgen. Wenn auch in öffentlichen Diskursen wie bei den politischen Akteuren ein gewisser Konsens vorhanden ist, dass der Marktradikalismus als Steuerungssystem abgewirtschaftet hat, sind neue gemischtwirtschaftliche (subsidiäre) Lösungen in einer verunsicherten Umwelt mit viel Misstrauen weiterhin schwer zu implementieren. Der Staat hat zwar, seine ordnungspolitischen Schranken überwindend, gegenüber den historischen Krisen dazugelernt und großangelegte Konjunkturprogramme aufgelegt, dadurch werden aber die öffentlichen Haushalte enorm belastet und die Wirkungen hinsichtlich der Überwindung der Corona-Pandemie sind noch nicht eindeutig prognostizierbar. Vor allem die enormen Schuldenberge sowie deren zumindest schrittweise Rückführung engen zukünftig weitere Handlungsmöglichkeiten des Staates drastisch ein, was allerdings auf eine Umsetzung neuer Steuerungsmodelle hoffen lässt.

Da die herkömmlichen Methoden der Risikoabsicherung selbst riskant geworden sind, ist weder eine Strategie der Verstaatlichung noch eine der Vermarktlichung angebracht, sondern eine neue Komplementarität zwischen Politik,

---

[1] „Crowding out (verdrängen) bezieht sich für gewöhnlich auf die negativen Effekte die Ausgaben der öffentlichen Hand haben oder staatliche Investitionen auf private Investitionen haben können, hauptsächlich, weil staatliche Kreditaufnahme den Zinsen nach oben treibt (was privaten Geschäften die Kreditaufnahme erschwert oder weil sich der Staat in bis dahin der Privatwirtschaft vorbehaltene Bereiche bewegt). Analysen dieser Verdrängung gestalten sich nicht einfach wegen des Mangels an Analysen, was der private Sektor zu tun bereit ist" (Mazzucato 2019, S. 308)

Wirtschaft, gemeinschaftlicher Handlungsfähigkeit (einer „aktiven" Zivilgesellschaft) und auch Eigenverantwortung sind zunehmend gefragt. Auch wenn sich gerade in letzter Zeit die negativen Auswüchse eines „entfesselten" Digitalkapitalismus nachhaltig zeigen, hat der Markt nach wie vor eine zentrale Bedeutung für die Gesellschaftssteuerung, was auch Autoren hervorheben, die die Domestizierung marktliberaler Strömungen fordern: „Eine Gesellschaft ohne Markt wäre eine große Gemeinschaft, das heißt eine Art der gesellschaftlichen Organisation, von der uns die ältere und jüngere Vergangenheit lehrt, dass sie gemeinhin auf unbarmherzigen Herrschaftsstrukturen oder auf entwürdigenden paternalistischen Abhängigkeitsbeziehungen beruhte. Den Markt abzuschaffen ist eine durch und durch reaktionäre Utopie, eine Art rückwärtsgewandte Utopie, die bereits Marx verspottete. Moderne ist ohne Markt nicht denkbar" (Castel 2005, S. 134; vgl. hierzu bereits Polanyi 1978, insbes. S. 297 ff.).

Es geht also gegenwärtig in der Politik um die Realisierung eines neuen *Mischungsverhältnisses* von Staat, Zivilgesellschaft und Markt, wobei allerdings in den letzten Jahren das Risikomanagement des Marktes versagt und viel Vertrauen zerstört hat. Deshalb muss jetzt eine neue Balance zwischen den oft ideologisch besetzten Positionen gesucht werden und schaut man sich die wohlfahrtsstaatlichen Diskurse an, dann ist immer weniger von konkurrierenden Wohlfahrtsstaatswelten (á la Esping-Andersen) die Rede, vielmehr zeichnet sich eine gewisse *Konvergenz* in Richtung sozialinvestiver und aktivierender Elemente ab, die teilweise auch den deutschen Sozialstaat still gewandelt haben. Aber auch schon diese graduellen Schritte fallen in einer organisierten Gesellschaft bereits in Normalzeiten der Regierungspolitik schwer und noch aufwendiger ist es, aus den punktuellen Krisenbearbeitungen zugunsten einer gestaltenden und vorausschauenden Perspektive auszubrechen. Gefordert ist eine *resiliente Politik,* jedoch nicht nur nach der unmittelbaren Pandemie. „Resilienz zu fördern heißt, die vertraute Komfortzone der schrittweisen Adaptation und des erst nach der Krise einsetzenden Krisenmanagements zu verlassen. Tatsächlich erfordert Resilienz ein strategisches Vorgehen beim Aufbau von Steuerungssystemen, die über die bloße Korrektur von Störungen und Fehlern hinaus wirken" (Willke 2014, S. 71; vgl. auch ders. 2020 sowie Korte 2021). Dies wird nur gelingen, wenn das politische Steuerungsrepertoire durch das Zusammenspiel mit den in den jeweiligen Funktionssystemen maßgeblich agierenden Organisationen angereichert wird und auch neue Formen der Kooperation mit der Zivilgesellschaft auf Augenhöhe etabliert werden. Zweifelsohne stehen diesen neuen Gestaltungskoalitionen die faktischen Machtverhältnisse in Form von institutionellen Hürden und tradierten Leitbildern entgegen, aber in der Corona-Krise wurde auch deutlich, wie fragil manche Machtkonstellationen sind und Blockaden auch überwunden werden können. Allerdings müssen mehrere Faktoren zusammenkommen, um die etablierten Strukturen in einem gerade in Deutschland so sensiblem Feld wie der sozialen Sicherung neu zu ordnen – und dies sowohl in Richtung einer universalistischen Sicherung als auch einer stärkeren Teilhabe zivilgesellschaftlicher Akteure.

Im politisch-administrativen System nehmen in sozialpolitischen Fragen die Kommunen gemäß Art. 28 Abs. 2 GG im Rahmen ihrer Selbstverwaltung eine Vielzahl von Dienstleistungs- und Sicherungsfunktionen wahr, müssen dafür aber mit den erforderlichen finanziellen Mitteln ausgestattet werden, was offensichtlich in der Vergangenheit nicht flächendeckend und nachhaltig genug geschah. Insbesondere gilt dies für die derzeit verschuldeten Kommunen, die dringend eine finanzielle Unterstützung bzw. Entschuldungsperspektive des Bundes und der Länder benötigen, um die soziale und infrastrukturelle Daseinsvorsorge ihrer Bürger*innen in Zusammenarbeit mit freien und privaten Trägern sicherzustellen und dem im Grundgesetz verankerten Grundsatz der gleichwertigen Lebensverhältnisse in Deutschland auch Geltung verschaffen zu können. Bereits seit einigen Jahren wird auch im Feld der Daseinsvorsorgepolitik zudem ein Wandel des Wohlfahrtsstaates konstatiert, der als Entwicklung hin zu einer Wohlfahrtsgesellschaft beschrieben und dabei deutlich gemacht wird, dass die *öffentliche Daseinsvorsorge* zunehmend im Modus der Koproduktion von Staat, Wirtschaft und Zivilgesellschaft (d. h. primär der organisierten Zivilgesellschaft) umgesetzt wird. Demnach geht es durchaus in Übereinstimmung mit den skizzierten Steuerungskonzepten in den Diskursen um Daseinsvorsorge in Deutschland um den Aufbau eines sachgerechten „Wohlfahrtsmix" vor Ort, der auf eine Neujustierung der verschiedenen Steuerungsformen setzt. Daseinsvorsorge kann aber nicht nur verstanden werden als die Erbringung von Gütern und Dienstleistungen, mit denen die Menschen als passive Empfangende mit Leistungen versorgt werden. Daseinsvorsorge in einem modernen Verständnis ist darauf ausgerichtet, die Handlungsautonomie von Menschen zu fördern und zu stärken und sie zu befähigen, ein gutes Leben eigenständig zu führen, am gesellschaftlichen Leben teilzuhaben und dieses mitzugestalten.

Dabei müssen die ausgeprägten Fragmentierungen im deutschen Versorgungsmodell überwunden werden, die vor dem Hintergrund vielfältiger Herausforderungen (erweiterte Problemlagen und Bedarfe, Kostendruck, Legitimationsund Steuerungsprobleme, nachlassende Mobilisierungsfähigkeit der etablierten Sozialorganisationen) inzwischen auch von den Akteuren selbst als Handlungsrestriktionen wahrgenommen werden. „Nur mit integrierten Konzepten und einer Intensivierung der Wissensströme zwischen den verschiedenen Akteuren können diese Herausforderungen gemeistert werden. Da sich sowohl soziale Innovationen als auch wirtschaftlich nutzbare Innovationen immer stärker aus der Verknüpfung unterschiedlicher Themenfelder ergeben, müssen demnach interaktive Lernprozesse systemisch vernetzter Akteure angestoßen werden. Aus der Perspektive vieler sozialpolitischer Akteure vor Ort gelten eben nicht unbearbeitete Probleme, sondern mangelnde Koordination in der Problembearbeitung als das Hauptproblem" (Grohs 2018, S. 97 f.).

Wenn man die Komplexität des sozialpolitischen Institutionensystems auf kommunaler Ebene inklusive der Verschränkungen mit zivilgesellschaftlichen Organisationen wie den Wohlfahrtsverbänden betrachtet, dann überrascht es nicht, dass neuere Theorien zur Policyforschung und organisationssoziologische Studien von einer „bounded rationality" sprechen. Aus der Sicht mikropolitischer Ansätze werden die in den meisten politischen Organisationen noch immer dominierenden *Vetopositionen,* die alles „beim Alten" lassen wollen oder eine Strategie der Problemverschiebung präferieren, eher verständlich (vgl. Bogumil und Schmid 2001). Allerdings sind mit einer klassischen „Weiter-so-Strategie" die notwendigen Ordnungsleistungen der Politik nicht länger zu bewerkstelligen und zudem schafft ein solches Durchlavieren neue Steuerungsprobleme.

Als Initiator und Moderator von Steuerungsprozessen kommt den Kommunen gerade mit Blick auf hybride Versorgungsformen eine entscheidende Rolle zu. Versorgung sollte dabei unabhängig von Sektorengrenzen dort geleistet werden, wo sie gebraucht wird. Mit Blick auf die Betreuung und Versorgung von in stärkerem Maße auf Unterstützungsleistungen angewiesenen älteren Menschen steht für die Kommunen insbesondere die Aufgabe im Vordergrund, die Verfügbarkeit und Vernetzung professioneller Dienste im Wohnquartier zu ermöglichen und zu sichern. Zudem muss eine Infrastruktur bereitgestellt werden, die eine selbstverantwortliche Alltagsgestaltung unterstützt, einen möglichst barrierefreien Zugang zu Geschäften, Behörden und Ämtern, öffentlichen Verkehrsmitteln, fachärztlicher Versorgung, aber auch zu Freizeit-, Kultur- und Bildungsangeboten eröffnet und es so Menschen auch bei zunehmenden Einschränkungen ermöglicht, in ihrer vertrauten Wohnumgebung zu verbleiben. Explizit wird diese Sicht im Achten Altenbericht der Bundesregierung vorgetragen, der im August 2020 vorgestellt wurde. Dort heißt es mit Blick auf die *Nutzungspotenziale der Digitalisierung* für die Verbesserung der lokalen öffentlichen Infrastruktur. „Basale Infrastrukturen der kommunalen Daseinsvorsorge (Energie- und Verkehrsnetze) bilden die Basis für Nachbarschaftsplattformen, die vielfältige lokale Akteure (kommunale Einrichtungen, Unternehmen, bürgerschaftlich Engagierte) und deren Angebote vernetzen und sichtbar machen. Der Abruf von Angeboten kann über den eigenen Internetzugang (z. B. über Smartphones) erfolgen, manche Quartiere nutzen auch digitale Anzeigen im öffentlichen Raum (als „digitales Schwarzes Brett"), um Informationsflüsse sichtbar zu machen" (BMFSFJ 2020, S. 50 f.; vgl. auch die Beiträge in Heinze et al. 2019).

Von der Politik wird allerdings verstärkt erwartet, dass die Schnittstellen unterschiedlicher Versorgungssysteme wie auch Akteurs-Strukturen im Sozialraum besser vernetzt werden. Sowohl Kommunen als auch die gemeinnützigen Sozialorganisationen sind in dieser Frage gefordert, zumal in den letzten Jahren die Herausforderungen an die öffentliche Daseinsvorsorge erheblich angestiegen sind und allein durch den demografischen Wandel weiterwachsen werden. Einige Soziologen sahen durch die Corona-Krise schon eine grundlegende Transformation und einen konkreten Wendepunkt für eine Neuausrichtung der Gesellschaft: „Zu dieser Analyse gehört der Hinweis, dass das dominante Paradigma der Gesellschaft in eine tiefe Krise geraten ist, sodass der operative Normalmodus in vielen Bereichen außer Kraft gesetzt ist – weshalb die Chance auf einen Pfadwechsel jetzt gegeben ist. Dass dafür ein wirkmächtiges Instrument in Form des handlungsfähigen Staates zur Verfügung steht, hat die Krisenreaktion eindrucksvoll vor Augen geführt" (Rosa 2020, S. 211).

Dieser zu Beginn der Pandemie fokussierte Blick auf den Geist der Solidarität hat sich allerdings als ein zeitlich und sachlich begrenztes Füreinandersorgen dargestellt, denn schon nach einigen Monaten Krisenerfahrung zeigten sich massiv die sozialen Selektivitäten. Deshalb sollte mit pathetischen Formulierungen zum Durchbruch der Solidarität als besondere Ressource (Promberger 2020) oder gesellschaftliche Gestaltungsmaxime Zurückhaltung geübt werden, vielmehr werden vermehrt die je nach sozioökonomischer Stellung unterschiedlich starken Betroffenheiten der gesundheitlichen Auswirkungen offensichtlich (Wachtler et al. 2020) und auch die sozial-desintegrierenden Wirkungen der Pandemie sind zu thematisieren. Diese zeigen sich in Verschärfungen sozioökonomischer Polarisierungen wie auch in einer Zunahme von Konflikten (etwa Demonstrationen gegen die Corona-Auflagen von zahlenmäßig zwar kleinen aber medial breit wahrgenommenen Kreisen vielfach auch im Verbund mit politisch rechten Gruppen). „Je länger die Krise anhält, umso klarer treten sukzessive die jeweils eigenen wirtschaftlichen und sozialen Interessen zutage. Bereits vorhandene Bruchlinien innerhalb und zwischen Gesellschaften werden nun deutlich sichtbar. Nichts spricht aus soziologischer Sicht dafür, dass das Virus und die Pandemie-Krise Gleichmacher oder Zusammenhaltsverstärker wären. Im Gegenteil: Die Pandemie ist ein unerbittlicher Trennungsbeschleuniger. Covid-19 attackiert den sozialen Zusammenhalt" (Vogel 2020, S. 468). Ähnlich düster schätzt Dörre die durch die Corona-Pandemie ausgelösten sozioökonomischen und ökologischen Folgewirkungen ein und sieht konkret „die Gefahr, dass harte

Verteilungskämpfe, zunehmende Ungleichheit und Entsolidarisierung eine Nachhaltigkeitswende zusätzlich erschweren" (Dörre 2020, S. 165; vgl. auch Rehder 2021). Zudem führt die Corona-Pandemie auch zu neuen Erfahrungen hinsichtlich der Verwendung von Zeit in einer Phase der Entschleunigung aufgrund von Ausgangsbeschränkungen sowie einem gewachsenen Budget frei verfügbarer Zeit. „Die Zeit ist da, aber die Muße fehlt. Diese Rastlosigkeit, die wir spüren, die kommt eben nicht nur von außen, wie wir dachten. Sie kommt auch von innen, was man genau daran sieht, dass wir anstatt eine Wagner-Oper zu hören oder Thomas Mann zu lesen, doch durch die sozialen Medien surfen oder Netflix anwerfen. Wir tun also Dinge, die kurzgetaktete hohe Stimulationsdichte bei niedrigem Resonanzwert liefern" (Rosa 2021).

Diese Tendenz zur passiven Zeitverwendung könnte nach den verschiedenen Wellen der Corona-Pandemie auch dadurch unterstützt werden, dass eine durchaus beträchtliche Zahl von Geschäften und gastronomischen Einrichtungen auf lokaler Ebene nicht überleben werden, was sich bereits nach gut eineinhalb Jahren des Virus in vielen Städten besichtigen lässt. Benötigt werden deshalb *strategische Allianzen,* die die Innenstädte und Ortskerne wieder revitalisieren und zu attraktiven öffentlichen Räumen gestalten. Man könnte sich dabei an folgenden Leitideen orientieren, die auch für eine Re-Vitalisierung ehrenamtlicher Engagement Formen Anknüpfungspunkte liefern könnte:

> „– mehr (öffentliche) Angebote in den Bereichen Kultur, Bildung, Gesundheit, Grün- und Wasserflächen;
> – mehr (soziales/genossenschaftliches) Wohnen im unmittelbaren Innenstadtzusammenhang;
> – mehr Flächen für Verkehre des Umweltverbunds, mehr ÖPNV-Angebote, nachhaltige Gestaltung der Liefer- und KEP-Verkehre (KEP: Kurier-, Express- und Paketdienste);
> – mehr Initiativen im öffentlichen Raum, mehr attraktiver öffentlicher Raum;
> – mehr soziale Infrastruktureinrichtungen;
> – mehr kleinteilige Läden, Handwerksbetriebe, Existenzgründungen;
> – mehr Einbeziehung, Beratung und Verantwortungsübernahme der lokalen Wirtschaft;
> – mehr Berücksichtigung des Klimaschutzes;
> – mehr Beteiligung der Bevölkerung" (Hatzfeld und Weis 2021, S. 3).

Die Auflistung macht deutlich, dass es viele Möglichkeiten gibt, auf kommunaler Ebene die Zivilgesellschaft zu fördern und zu stärken, wenn der Bereitschaft der Bürger*innen zum Engagement auch geeignete Gelegenheiten und Freiräume für Beteiligungen an die Seite gestellt werden. „Die Kommunen haben sich in den letzten Jahren zu spannenden Experimentierfeldern für neue Formen der demo-kratischen Beteiligung entwickelt. Angesichts der zunehmenden Spaltungen in unserer Gesellschaft sollte bei der Förderung der Engagementbereitschaft der Bür-ger das Bauen von Brücken zwischen verschiedenen sozialen Gruppen und die Verbesserung der Dialogfähigkeit und -bereitschaft eine zentrale Rolle spielen. Besonders wichtig scheinen mir Projekte, in denen es nicht nur um das »Mit-reden« geht, und in deren Mittelpunkt das *gemeinsame Machen* steht, wie dies in der nachbarschaftlichen Selbsthilfe, in Bürgergenossenschaften, Dorfläden etc. der Fall ist." (Grande 2021, S. 179). Auch solche Ideen und Projekte bedürfen jedoch der Förderung, sei es durch öffentliche Mittel oder gefördert durch die in Deutschland vielfältige Stiftungskultur.

Wenn der Überlegung gefolgt wird, dass eine lebendige Zivilgesellschaft nicht voraussetzungslos ist, sondern vielmehr gerade auch in Folge der Corona-Pandemie durch eine *aktive Engagementpolitik* zur gezielten Förderung nach-haltigen bürgerschaftlichen Engagements nötiger ist als je zuvor, kann man an Vorschläge von Edgar Grande (2021) anknüpfen, der Handlungsfelder und Orte für das Engagementlernen identifizierte: Zum einen durch eine stärkere Förderung des Erlernens von bürgerschaftlichem Engagement als Teil schulischer Aktivi-täten. „Auf diese Weise kann zum einen in Zusammenarbeit von Schulen und lokalen zivilgesellschaftlichen Organisationen Engagement gelernt werden, zum anderen können aber auch die Brücken geschlagen werden zu den lokalen Ver-einen und Initiativen, und so die organisierte Zivilgesellschaft besser vernetzt und gestärkt werden" (a. a. O., S. 177) Als weiteres Feld zur Förderung wird der Ausbau von Freiwilligendiensten für Jugendliche zu einer verbindlicheren – und zugleich besser materiell kompensierten – Form des Engagements. Ob die in letzter Zeit vermehrt öffentlich debattierte Einführung eines sozialen Pflichtjahres wirklich die überlegene Alternative zum Prinzip der Freiwilligkeit bei verbesser-ten Anreizen wäre, darf bezweifelt werden. Auch hier erscheint der Vorschlag von Edgar Grande der zielführendste Pfad zu sein: „Wichtig hierbei ist, dass die Gesellschaft die klare Erwartung an junge Menschen formuliert: Wir wollen, dass Du etwas für die Gesellschaft tust! Du darfst selbst entscheiden, was Du machst und wie Du das machst, aber Nichtstun ist keine akzeptable Option" (a. a. O., S. 177). Ein weiterer wichtiger Punkt zielt auf das Scharnier sowie die Verzah-nung zwischen bürgerschaftlichen Aktivitäten und Erwerbsarbeit und die Frage, wie die Durchlässigkeit zwischen der lohnzentrierten Arbeitswelt und ehrenamt-lichen Engagement verbessert werden kann. Als Lösung wird die Einführung eines bezahlten „Engagementurlaubs" vorgeschlagen. „Davon würde im Übrigen nicht nur die Zivilgesellschaft profitieren; die von Mitarbeitern im Rahmen ihrer sozialen und kulturellen Tätigkeiten gesammelten Erfahrungen könnten auch den

Unternehmen zu Gute kommen... Die Förderung von bürgerschaftlichem Engagement ist nicht nur eine Aufgabe des Staates, dabei sind auch die Unternehmen gefordert" (a. a. O., S. 179).

6.4 Umsetzungsoptionen (Kindergrundsicherung)

Mit dem Kindergeld wird bereits heute eine bedingungslose Geldleistung des Staates gewährt, da keinerlei Erwartungen hinsichtlich der jeweiligen Verwendung damit verbunden ist. Mit einem einmaligen einfachen Antrag zu Beginn des Lebens wird anschließend regelmäßig bis zu einem gewissen Alter ein fester Betrag – abhängig von der Zahl sowie altersmäßigen Reihenfolge der Geschwister – überwiesen. Derzeit beträgt die monatliche Höhe 219 für das erste und zweite Kind, 225 € für das dritte sowie 250 € für das vierte sowie weitere Kinder. Ausgezahlt wird es in der Regel an die Eltern, die auch für die Lebenshaltungskosten des Kindes Verantwortung tragen. Das Kindergeld ist eine Steuervergünstigung (negative Steuer) mit dem Ziel, das Existenzminimum des Kindes von der Einkommensteuer freizustellen. Bei Eltern mit einem (sehr) hohen Einkommen wird diese Zahlung mit dem Kinderfreibetrag (gegenwärtig in Höhe von 8388 €/Jahr) verrechnet. Also auch der Millionär erhält sowohl für sich selbst wie für seine möglicherweise bereits sehr vermögenden Kinder auf diese Weise einen Steuerbonus/-freibetrag.

Das Kindergeld kann somit als partielles Grundeinkommen für eine bestimmte Altersgruppe einer Gesellschaft angesehen werden, da es bedingungslos gezahlt wird. Verschiedene Autoren, wie bspw. die Ärztin und Psychotherapeutin Baukje Dobberstein[2] fordert vor diesem Hintergrund auch die generelle Umwandlung des steuerlichen Grundfreibetrags in ein partielles Grundeinkommen. Hinsichtlich der Finanzierung wäre die Umwandlung des Grundfreibetrags der Einkommensteuer in ein partielles monatlich ausgezahltes Grundeinkommen eine – bis auf die bürokratischen verwaltungstechnischen Umsetzungskosten – weitestgehend kostenneutrale Reform. „Dabei können weitere Erfahrungen mit bedingungslosen Zahlungen gemacht und ein wichtiger Beitrag zu einem positiveren Staatsverständnis geleistet werden. Es könnte auch zunächst als Modellprojekt in einer Region für alle dort Lebenden durchgeführt werden" (Dobberstein 2021). Die Argumentation ist dabei, dass es vor allem psychologisch einen Unterschied mache, Geld zu bekommen im Gegensatz zu Geld nicht zahlen zu müssen und es sei nicht auszuschließen, dass sich auch das Verhältnis zwischen Staat und

---

[2] *Kindergeld für alle – Bedingungsloses Grundeinkommen (baukje.de)*

Bürger*innen ändert, wenn man jeden Monat eine Geldzahlung erhält statt am Monatsende etwas von den Steuerpflichten abgezogen zu bekommen.

Hinsichtlich der Umsetzung einer Kindergrundsicherung hat die Partei Bündnis 90/DIE GRÜNEN in ihrem Wahlprogramm zur Bundestagswahl einen festen Garantie-Betrag für Kinder vorgesehen. „Unser Vorschlag: Kindergeld, Kinderzuschlag, das Sozialgeld für Kinder und die Bedarfe für Bildung und Teilhabe in eine neue eigenständige Leistung zusammenzufassen. Mit einer Kindergrundsicherung bekommt jedes Kind einen festen Garantie-Betrag, Kinder in Familien mit geringen oder gar keinem Einkommen bekommen zusätzlich noch einen GarantiePlus-Betrag" (Bündnis 90 und Die Grünen 2021, S. 53). Ihre Pläne nehmen dabei einen bereits 2019 im Parlament eingebrachten Antrag zur Einführung einer Kindergrundsicherung auf (Deutscher Bundestag 2019). Das zugrundeliegende Reformkonzept baut dabei auf einem von Becker und Hauser (2012) bereits vor längerer Zeit vorgelegten Konzeptpapier auf. Das Ziel besteht darin, hiermit einen Beitrag zur Senkung der verdeckten Kinderarmut zu leisten und zudem die gegenwärtige Situation zu ändern, dass Eltern mit hohem Einkommen durch die steuerlichen Kinderfreibeträge für ihre Kinder eine höhere steuerfinanzierte Unterstützung vom Staat gewährt bekommen als Eltern mit kleinem oder mittlerem Einkommen, die Zahlungen von Kindergeld erhalten. Zu den Kernelementen einer solchen *Kindergrundsicherung* zählt der Grundsatz, dass eine Kindergrundsicherung eine eigenständige Leistung des Kindes ist, die nicht länger bei den Eltern (oder der Bedarfsgemeinschaft) als Einkommen angerechnet wird, wenn diese bedarfsgeprüfte Leistung des Systems der sozialen Sicherung erhalten. So müsste die Vielzahl von kinderbezogenen Leistungen so weit wie möglich in eine integrierte Leistung zusammengefasst werden. Mit wachsendem Einkommen der Eltern könnte dabei die Kindergrundsicherung auf einen Mindestbetrag abgeschmolzen werden, der der derzeitigen maximalen Entlastung durch die steuerlichen Kinderfreibeträge entspricht.

In die gleiche Richtung zur Einführung einer Kindergrundsicherung zielt ein von der Partei „Die Linke" vorgelegter Antrag (Deutscher Bundestag 2020). Auch dieser zielt darauf, das Existenzminimum von Kindern und Jugendlichen neu zu ermitteln und die empirische Berechnungsgrundlage zu ändern. Beide Anträge wurden im Frühjahr 2020 in einer öffentlichen Sitzung des Ausschusses für Familie, Senioren, Frauen und Jugend des Deutschen Bundestags diskutiert und die Mehrheit der geladenen Expert*innen hegte auch Sympathien für die beiden Vorschläge. Gleichwohl verwies ein Gutachten darauf (Bonin 2020), dass die von Grünen und Linken gemachten Vorschläge für eine Kindergrundsicherung mit einem hohen finanziellen Aufwand verbunden wären. So haben Simulationsrechnungen für ein großzügig ausgestattetes Kindergrundsicherungsmodell (wie das der Linksfraktion) ergeben, dass dies zu *Nettokosten* für die öffentliche Hand von über 40 Mrd. € jährlich führen würde. Auch das Modell der Grünen hätte Kosten zwischen 20 und 25 Mrd. € zur Folge.

Hinsichtlich einer Kindergrundsicherung ist das Konzept der SPD derzeit noch vergleichsweise weit von der Position der Grünen entfernt. „Wir haben deshalb ein Konzept der Kindergrundsicherung entwickelt, das aus zwei zentralen Bereichen besteht. Zum einen aus einer Infrastruktur, die gerechte Bildung und Teilhabe für alle Kinder ermöglicht. Sie beinhaltet gute und beitragsfreie Kitas, ein Ganztagsangebot für Schulkinder, eine soziale Infrastruktur für Jugendliche und freie Fahrt für Kinder und Jugendliche mit Bus und Bahn im Nahverkehr. Die Kindergrundsicherung besteht zum anderen aus einem neuen existenzsichernden, automatisch ausgezahlten Kindergeld, das nach Einkommen der Familie gestaffelt ist – je höher der Unterstützungsbedarf, desto höher das Kindergeld" (SPD 2021, S. 49). Bislang verweigert sich die SPD, innerhalb der Großen Koalition eine Debatte über die Angemessenheit der Höhe der Grundsicherungsleistungen zu führen. Zwar wird deutlich, dass die SPD offensichtlich zunächst auf eine Verbesserung der Infrastruktur für Bildung und Teilhabe der Kinder setzt – wie bspw. die Einführung eines gesetzlichen Anspruchs auf Ganztagsbetreuung für Grundschulkinder –, aber es bleibt derzeit noch unklar, ob die SPD auch bei einer Erhöhung des steuerlichen Existenzminimums und einer Erhöhung des Kindergeldes mitgehen würde.

Die CDU/CSU streben hingegen in ihrem Wahlprogramm primär den vollen Grundfreibetrag für Kinder an, um damit den Einstieg in ein „Kindersplitting" bei der Besteuerung zu vollziehen (CDU/CSU 2021).

Die Freien Demokraten setzen sich für ein sog. Kinderchancengeld ein, das sich aus einem Grundbetrag, einem Flexibetrag sowie aus einem nichtmateriellen Chancenpaket zusammensetzt (FDP 2021).

Einen Monat vor dem Wahltag zum Deutschen Bundestag präsentierte – wie bereits erwähnt – ein breites Bündnis von verschiedenen Organisationen die Forderung nach einer Kindergrundsicherung: „Wir fordern alle Parteien auf, der Bekämpfung von Kinderarmut höchste Priorität einzuräumen und eine Kindergrundsicherung einzuführen. Die Kindergrundsicherung gehört in den nächsten Koalitionsvertrag und muss als prioritäres Vorhaben in der kommenden Legislaturperiode umgesetzt werden."[3]

---

[3] https://www.dgb.de/presse/++co++845a0f6e-00f6-11ec-a312-001a4a160123

6.5   Garantistische Grundsicherung in den Wahlprogrammen der im Bundestag vertretenen Parteien

In Abschn. 1.6. erfolgte bereits eine Einordnung des Themas für alle im Bundestag vertretenen Parteien[4]. Innerhalb der CDU/CSU Fraktion gibt es eine eindeutige ablehnende Haltung zu einem bedingungslosen Grundeinkommen. Zuletzt dokumentiert in der ablehnenden Haltung der CDU/CSU zu dem Referentenentwurf von Bundesarbeits- und Sozialminister Hubertus Heil, um die zumindest zeitlich befristet bei SGB II-Beziehenden bedingungsärmere Bedarfsprüfungen einzuführen. Der Vorschlag gelang nicht ins Kabinett, sondern wurde im Vorfeld von der CDU/CSU Fraktion abgelehnt. „Wir stehen aber weiterhin zu dem Grundsatz ‚Fördern und Fordern' und lehnen auch eine Entfristung dieser Sonderregelungen ab." Eine „schleichende Einführung" eines bedingungslosen Grundeinkommens käme nicht in Frage. „Denn dadurch wird Arbeit abgewertet und die Vermittlung in Arbeit weitgehend unattraktiver."[5] Auch im Juni 2021 präsentierten Wahlprogramm der CDU/CSU wird dem BGE durch eine explizite Absage erstmals eine öffentliche Bühne gebaut: „Ein bedingungsloses Grundeinkommen wird es mit uns aber nicht geben"[6]

Der Begriff „Grundeinkommen" kommt im aktuellen SPD-Parteiprogramm überhaupt nicht vor. Die bisherige Grundsicherung (Hartz IV) soll im „Zukunftsprogramm" zu einem Bürgergeld weiterentwickelt und „umgetauft" werden und als Einstieg in neues „Verständnis eines haltgebenden und bürgernahen Sozialstaats" gesehen werden (SPD 2021, S. 41). Gleichwohl gären mittlerweile auch in der SPD – zumindest innerhalb diverser Arbeitsgemeinschaften – einzelne Papiere und Antragskonzepte, die keine grundsätzlichen Berührungsängste auch mit Elementen eines Grundeinkommens mehr haben. So wurde innerhalb der Arbeitsgemeinschaft für Selbständige in Nordrhein-Westfalen ein Sozialstaatspapier erarbeitet, in dem auch detailliert ein institutioneller Übergang unseres derzeitigen Systems der sozialen Sicherung in ein grundlegend reformiertes und um bedingungslose und garantistische Elemente der Grundsicherung erweitertes

---

[4] Hinsichtlich der Position der AfD hierzu vgl. den Abschn. 1.6

[5] ZEIT-Online vom 10. Januar 2021. *Streit um Hartz IV: CDU lehnt Pläne von SPD-Minister Heil zu Sozialleistungen ab | ZEIT ONLINE*

[6] S. 61 *Regierungsprogramm.pdf (csu.de)*

Konzept „Sozialstaat 2030" skizziert wird. Dies hätte einen Paradigmenwechsel bei allen Sozialsystemen sowie dem Steuersystem zur Folge; Elemente einer stufenweise Einführung wären dabei[7]:

- Alle Erwerbstätigen, Arbeitslose und Erwerbsgeminderte BürgerInnen bekämen ein steuerfinanziertes Grundeinkommen in Höhe von monatlich 1.200 €. Die Zahlung erfolgt durch Bund und der Anspruch auf ein Grundeinkommen entsteht erst ab einer bestimmten Wartezeit.
- Kindergeld würde durch ein Bildungsgeld für alle Erziehende in Höhe von monatlich 600 € ersetzt
- Im Alter würde eine dritte steuerfreie Stufe der Grundrente von 1200 € für 40 Berufsjahren eingeführt werden. Ebenso soll, durch Überführung junger Beamtenanwärter*innen und Politiker*innen in die Rente und gleichzeitiger Abschaffung der Beitragsbemessungsgrenze, nach 45 Berufsjahren ein Rentenniveau jenseits der 55 % zustehen und eine durch Arbeitgeber*innen finanzierte obligatorische Mindestbetriebsrente geben[8]

Zwar weist ein solch umfassendes Reformkonzept sowie der Paradigmenwechsel nach wie vor stark erwerbszentrierte Elemente der Gewährung auf, aber der Vorschlag der Arbeitsgruppe belegt, dass mittlerweile auch innerhalb der SPD innovative Ideen eines umfassenden Umbaus der Sozial-, Einkommens- und Steuersysteme reifen, bei der die Mindestabsicherung einer gesellschaftlichen Teilhabe künftig primär durch den Sozialstaat übernommen würde.

Die FDP setzt in ihrem Wahlprogramm für die Bundestagwahl 2021 auf ein sog. „Liberales Bürgergeld". Darin soll das bedarfsgeprüfte System sozialer Grundsicherungsleistungen erhalten bleiben, aber sämtliche steuerfinanzierten Sozialleistungen wie das Arbeitslosengeld II, die Grundsicherung im Alter, die Hilfe zum Lebensunterhalt oder auch das Wohngeld in einer Leistung und auch einer staatlichen Stelle zusammengefasst werden. „Die Grundsicherung muss unbürokratischer, würdewahrender, leistungsgerechter, digitaler und vor allem chancenorientierter werden" (FDP 2021, S. 72). Darüber hinaus will die FDP die Hinzuverdienstmöglichkeiten für SGB II Leistungsempfängern verbessern in dem Sinne, dass die Transferentzugsrate gesenkt würde. Hierzu hat die Friedrich-Naumann-Stiftung der FDP auch bereits eine Mikrosimulationsstudie erstellen

---

[7] https://www.agsnrw.net/wp-content/uploads/sites/1216/2020/10/Waru_wir_einen_neuen_Sozialstaat_ben__tigen_.pdf, S. 4.

[8] https://www.agsnrw.net/wp-content/uploads/sites/1216/2020/10/Waru_wir_einen_neuen_Sozialstaat_ben__tigen_.pdf

lassen, um bei verbesserten Anreizstrukturen im Niedrigeinkommensbereich die hiermit verbundenen Mehrkosten abschätzen zu lassen (vgl. Blömer und Peichl 2019). Die Reformszenarien kommen zu dem Ergebnis, dass die Beschäftigung steigen würde, ohne zusätzliche Kosten für den Staatshaushalt zu verursachen und gar zu Mehreinnahmen führen könnten. Eine von der FDP befürwortete Reform der Hinzuverdienstregelungen im Transferbereich könnte die Effizienz des Steuer- und Transfersystems erhöhen und gleichzeitig zu höheren verfügbaren Einkommen der betroffenen Haushalte führen.

Die Partei Bündnis 90/Die Grüne bekennt sich in ihrem Wahlprogramm zwar grundsätzlich ebenfalls zu den grundlegenden Prinzipien einer bedarfsgeprüften Mindestsicherung. Gleichwohl will die Partei Hartz IV ebenfalls Hartz IV überwinden und durch eine „Garantiesicherung" ersetzen. Zum Konzept ihrer Garantiesicherung zählen folgende Elemente. Einerseits mit der sofortigen Erhöhung des Regelsatzes um 50 € sowie einer künftig grundsätzlich erneuerten Berechnungsmethodik zur Bestimmung einer sachgerechten Höhe des sozio-kulturelle Existenzminimum. Weiterhin soll die bisherige Sanktionspraxis eingestellt werden und die hierfür nötigen bürokratischen Personalressourcen in die Job-Vermittlung gelenkt werden. Die Anrechnung von Einkommen soll attraktiver gestaltet werden in dem Sinne, dass die Transferentzugsrate gesenkt wird, sodass zusätzliche Erwerbstätigkeit zu einem spürbar höheren Einkommen führt. Jugendliche in leistungsempfangenden Familien sollen ohne Anrechnung Geld verdienen dürfen. Die gegenwärtige Vermögensprüfung soll unbürokratischer erfolgen und künftig allein mit Hilfe einer Selbstauskunft geprüft werden. Zudem sollen die Leistungen der Garantiesicherung schrittweise individualisiert werden. Organisatorisch sollen existenzsichernde Leistungen perspektivisch zusammengelegt werden und ihre Auszahlung im Steuersystem integriert werden. Modellprojekte, um die Wirkung eines bedingungslosen Grundeinkommens zu evaluieren, werden explizit begrüßt und sollen unterstützt werden (Bündnis 90 und Die Grünen 2021, S. 46).

Bereits noch einen Schritt weiterführender und hinsichtlich der Durchführung von Modellprojekten konkreter ist in diesem Zusammenhang das Wahlprogramm von Bündnis 90/Die Grünen für die Abgeordnetenhauswahl des Landes Berlin, die ebenfalls im September 2021 stattfinden wird: „Langfristig müssen wir der gerade in Berlin gut spürbaren Diversifikation der Arbeitswelt Rechnung tragen und nach neuen Wegen suchen, die Menschen in den unterschiedlichsten Lebenssituation bei Bedarf sicheren Halt und Unterstützung geben zu können. Aus den Erfahrungen mit den Corona-Soforthilfen, dem Teilhabechancengesetz sowie dem Modellversuch eines"solidarischen" Grundeinkommens wollen wir deswegen in Zusammenarbeit mit Berliner Forschungseinrichtungen ein Pilotprojekt für ein bedingungsloses Grundeinkommen in Berlin entwickeln… Das Pilotprojekt soll das ändern, indem die die möglichen Auswirkungen eines Grundeinkommens u. a. auf Chancen bei der Arbeitssuche, auf unternehmerische Aktivitäten, auf zivilgesellschaftliches Engagement, auf körperliche und seelische Gesundheit, auf Integration sowie auf gesellschaftliche Teilhabe erforscht werden"[9] (Ziffer 311–329).

Die Partei Die Linke beabsichtigt in ihrem Wahlprogramm einen „neuen Sozialstaat" zu schaffen. Die Partei will dafür sorgen, „dass niemand im Monat weniger als 1200 € zur Verfügung hat. Das ist unsere Grenze für ein gerechtes Mindesteinkommen. Wir wollen eine Versicherung gegen Erwerbslosigkeit, die auch Soloselbstständige absichert. Die Zeit für Hartz IV ist abgelaufen. Wir führen eine Mindestsicherung ein, die sanktionsfrei ist, also nicht gekürzt werden kann".[10]

6.6 Konsumsteuer oder Geldtransaktionsbesteuerung

Oswald Sigg war einer der Initiatoren der 2016 in der Schweiz mit 23 % gescheiterten Volksabstimmung zum Bedingungslosen Grundeinkommen. Der frühere Vizekanzler und Bundesratssprecher der Schweiz gab im April 2021 bekannt, dass er derzeit einen zweiten Anlauf für ein Grundeinkommen in der Schweiz vorzunehmen beabsichtige. Unter dem Motto „Für ein finanzierbares Grundeinkommen" ist der Initiativtext mittlerweile veröffentlicht (Abb. 6.1) und die Initiative nimmt sich vor, bereits im Sommer 2021 Unterschriften für einen zweiten Anlauf einer neuerlichen Volksabstimmung zu sammeln.

Corona und die gewachsene ökonomische Existenznot vieler Haushalte sei für ihn der Grund gewesen, eine zweite Initiative in die Wege zu leiten mit dem Ziel, „gesellschaftliche Krisenresistenz durch ein gesichertes Auskommen für alle" zu erreichen. Im Gegensatz zur ersten Volksabstimmung steht jedoch die nach wie vor zentrale offene Frage der Finanzierung eines Grundeinkommens dieses Mal im Mittelpunkt der Volksinitiative. Hierzu sollen zum einen künftig in der Schweiz sämtliche Transaktionen der Finanzwirtschaft besteuert werden, also die Einführung einer *Mikrosteuer,* die Sigg bereits seit Jahren propagiert. Weiterhin soll die Finanzierung angemessene Besteuerungen der Umsätze der

---

[9] Kapitel 4: Zukunft schaffen – Innovationen und Chancen (Wahlprogramm-LDK 2021, Antragsgrün) (antragsgruen.de)

[10] https://www.die-linke.de/wahlen/wahlprogrammdebatte-2021/wahlprogrammentwurf-2021/

Die Bundesverfassung wird wie folgt geändert:

Art. 110a Bedingungsloses Grundeinkommen

1. Der Bund gewährleistet den in der Schweiz niedergelassenen Menschen ein bedingungsloses Grundeinkommen. Dieses soll ein menschenwürdiges Dasein in Familie und Gesellschaft, die Teilnahme am öffentlichen Leben und den Einsatz für das Gemeinwohl ermöglichen.

2. Das Grundeinkommen ist so zu gestalten, dass es zur Erhaltung und Weiterentwicklung der Sozialversicherungen beiträgt.

3. Das Gesetz regelt die Höhe und den Bezug des Grundeinkommens.

4. Es regelt zudem die Finanzierung des Grundeinkommens. Sämtliche Bereiche der Volkswirtschaft tragen solidarisch, basierend auf ihren Erträgen, zur Finanzierung bei. Insbesondere werden der Finanzsektor sowie Technologieunternehmen angemessen besteuert und die Erwerbstätigkeit entlastet.

Art. 197 Ziff. 13

13. Übergangsbestimmungen zu Art. 110a (Bedingungsloses Grundeinkommen)

1. Die Bundesversammlung erlässt die Ausführungsbestimmungen zu Artikel 110a spätestens fünf Jahre nach dessen Annahme durch Volk und Stände.

2. Das Gesetz regelt die Koordination des bedingungslosen Grundeinkommens mit den Leistungen der bestehenden Sozialversicherungen sowie allfällige Anpassungen dieser Leistungen.

3. Es bestimmt, inwieweit nicht in der Schweiz niedergelassenen Menschen ein bedingungsloses Grundeinkommen ausgerichtet werden kann.

4. Um die Finanzierung durch Erträge sämtlicher Bereiche der Volkswirtschaft sicherzustellen, besteuert der Bund angemessen insbesondere:
    a.   die Transaktionen des Finanzsektors;
    b.   die Umsätze der Technologieunternehmen; und
    c.   die Kapitaleinkünfte.

5. Zu diesem Zweck legt der Bund die Gesamtsumme der Einkommen der natürlichen Personen und die Gesamtsumme der Gewinne der juristischen Personen offen.

6. Die Schweizerische Nationalbank veröffentlicht Angaben über den gesamten bargeldlosen Zahlungsverkehr, einschließlich Giroüberträge, Interbank-Zahlungen, Intrabank-Zahlungen und Zahlungen über neue Technologien.

Abb. 6.1 Initiativtext der Eidgenössischen Volksinitiative „Leben in Würde – Für ein finanzierbares bedingungsloses Grundeinkommen" (Quelle: https://grundeinkommenschw eiz.ch//)

Technologieunternehmen wie von Kapitaleinkünften erfolgen. Auch hinsichtlich der Vereinbarkeit mit dem System der in Schweiz geltenden sozialen Sicherung plädiert der Initiativtext für eine „Erhaltung und Weiterentwicklung der Sozialversicherungen" und nicht etwa für eine reine Substitution durch ein BGE. Hinsichtlich der konkreten Höhe eines BGE macht die Initiative wie bereits bei der ersten Volksabstimmung jedoch erneut keine genauen Aussagen.

Sollte es tatsächlich gelingen, die Finanzierung eines BGE zu konkretisieren und eine Besteuerung auch nicht beim Faktor Arbeit mit Hilfe einer entsprechenden Erhöhung der Einkommenssteuer zu lösen, sondern in Zeiten der fortschreitenden Digitalisierung sämtlicher Geldtransaktionen erfolgreich eine entsprechende Steuer zu etablieren, so ist keineswegs ausgeschlossen, dass die Skepsis gegenüber dem BGE signifikant sinkt.

Eine Geldtransaktionsbesteuerung hätte zudem im Vergleich zu einer von DM-Gründer Götz Werner (2018) propagierten Konsumbesteuerung den Vorteil, dass nicht derzeit geringverdienende Haushalte überproportional von Preissteigerungen betroffen wären und sich deshalb leicht schlechter stellen könnten als im derzeitigen System.

Das Modell einer Automated Payment Transaction (APT) Tax, das der neuen Schweizer Initiative zugrunde liegt, wird seit geraumer Zeit in der Finanzwissenschaft diskutiert (vgl. Feige 2000). Für die Schweiz errechnete Bollinger (2017), dass bei einem Steuersatz von 1 Promille (0,5 Promille für Belastungen sowie 0,5 für Gutschriften) sowie der derzeitigen Zahlungsverkehrssumme ein jährliches zusätzliches Steueraufkommen von 200 Mrd. Schweizer Franken. Der renommierte Finanzwissenschaftler Marc Chesney der Universität Zürich bringt ebenfalls die Einführung einer Mikrosteuer auf alle elektronischen Finanztransaktionen ins Gespräch und ist Mitinitiator einer entsprechenden Schweizer Volksinitiative. Seine Initiative wirbt für eine solche Steuer nicht für Zwecke eines BGE, sondern um durch diese neue Steuer die bestehende Mehrwertsteuer der Schweiz und direkte Bundessteuern sowie deren Bürokratie zu ersetzen (ders. 2019). Insgesamt zeigen die Erfahrungen mit den Diskursen um ein Grundeinkommen in der Schweiz, das hierüber Schritt für Schritt das politische System und die Öffentlichkeit an das Thema herangeführt wurde und über die Aufmerksamkeitssteigerung stiegen auch die *Zustimmungswerte*. Nichtsdestotrotz verbleibt viel „sozialpolitische Arbeit, bei der die geeignetsten Schnittstellen zwischen dem Bestehenden und einem garantistischen Wohlfahrtsstaat identifiziert, gewürdigt und genutzt werden" (Albert 2019, S. 97).

Der wissenschaftliche Dienst des Deutschen Bundestages hat 2019 das Volumen aller jährlichen Finanztransaktionen[11] in Deutschland ermittelt (Wissenschaftlicher Dienst 2019). Die Schätzung beläuft sich auf mehr als 300.000 Mrd. Euro. Sämtliche Finanztransaktionen wären grundsätzlich für eine Mikrosteuer wie eine APT-Tax nutzbar und könnten bei einer Steuerquote von insgesamt ebenfalls 1 Promille Steuermehreinnahmen in Höhe von mehr als 300 Mrd. Euro pro Jahr generieren. Bei solchen Perspektiven möglicher Steuereinnahmen wird deutlich, dass eine Gesellschaft, die grundsätzlich bereit ist für ein Grundeinkommen und die Politik für entsprechende Gesetzesänderungen auch eine politische Mehrheit gefunden hätte, dann die Finanzierungsfrage durch eine Erhebung neuer

---

[11] Dabei wurden Finanztransaktionen sämtliche Privatpersonen, alle juristischen Personen, aller Unternehmen sowie aller im Geltungsbereich deutscher Bundesgesetze Handelnden einbezogen.

Steuern, die auch nicht den Faktor Arbeit belasten würden, ebenfalls Lösungen politisch umgesetzt werden könnten.

6.7   Verknüpfung von Klima- und Sozialpolitik (CO$_2$ Steuer)

Am 30. April 2021 veröffentlichte das Bundesverfassungsgericht (BVerfG) in Karlsruhe seinen Beschluss zu einer Verfassungsbeschwerde gegen das Klimaschutzgesetz des Jahres 2019 und stellte fest, dass die nationalen Klimaschutzziele und die bis zum Jahr 2030 zulässigen Jahresemissionsmengen mit Grundrechten unserer Verfassung unvereinbar sind, da „hinreichende Maßgaben für die weitere Emissionsreduktion ab dem Jahr 2031 fehlen."[12] Dem Gesetzgeber räumten die Karlsruher Richter eine Frist für eine Reform des Klimaschutzgesetzes bis zum Ende 2022 ein. Zum Kern des Urteils zählt vor allem, dass für den Weg zum Ziel der Treibhausgasneutralität bis zum Jahr 2050 Transparenz zu einschneidenden Schritten zur Senkung von Emissionen hergestellt werden müsse, so dass nach dem Jahr 2030 vor allem die Belastung der jüngeren Generation nicht überproportional ausfallen. So dürfe einer Generation nicht zugestanden werden, „unter vergleichsweise milder Reduktionslast große Teile des CO$_2$-Budgets zu verbrauchen, wenn damit zugleich den nachfolgenden Generationen eine – von den Beschwerdeführenden als „Vollbremsung" bezeichnete – radikale Reduktionslast überlassen und deren Leben schwerwiegenden Freiheitseinbußen ausgesetzt würde" (BVerfG 2021, Ziffer 192).

Das Gericht hat sich in seinem Urteil mit den unter grundgesetzlichen Schutz stehenden *Freiheitsrechten* sowie der *Generationengerechtigkeit* auseinandergesetzt, die möglicherweise in der weiteren Debatte auch die Frage der Generationengerechtigkeit des derzeitigen Prinzips der Beitragsäquivalenz aufwerfen könnte, die in Kap. 2 als nicht mehr gegeben herausgearbeitet wurde. Im Urteil rufen die Richter letztlich die Politik dazu auf, im demokratischen Wettbewerb den besten Weg eines gesetzlich vorgeschriebenen Klimaschutzes im Einklang mit möglichst vielen verbundenen Freiheiten zu bestimmen. Als möglicher Weg zur Einhaltung der Klimaziele ist aber auch nicht ausgeschlossen, dass dies am Ende nur mit weniger Freiheit für alle umsetzbar sein könnte. „Praktisch verlangt die Schonung künftiger Freiheit hier den Übergang zu Klimaneutralität rechtzeitig einzuleiten. In allen Lebensbereichen – etwa Produktion, Dienstleistung, Infrastruktur, Verwaltung, Kultur und Konsum, letztlich bezüglich

---

[12] Beschluss vom 24. März 2021–1 BvR 2656/18.

aller heute noch CO_2-relevanten Vorgänge – müssen Entwicklungen einsetzen, die ermöglichen, dass von grundrechtlicher Freiheit auch später noch, dann auf der Grundlage CO_2-freier Verhaltensalternativen, gehaltvoll Gebrauch gemacht werden kann" (BVerfG 2021, Ziffer 248).

Das Urteil könnte zur Folge haben, dass es zum Ausgangspunkt für eine *generelle Neuorientierung* in der gesamten Parteienlandschaft kommt, in dem die Realität der Klimakrise und die nicht aufschiebbare Reduzierung der Emissionen breit akzeptiert wird. Denn erstmals wird festgestellt: „Art. 20a GG ist eine justiziable Rechtsnorm, die den politischen Prozess zugunsten ökologischer Belange auch mit Blick auf die besonders betroffenen künftigen Generationen binden soll" (BVerfG 2021, S. 197). Es ist somit nicht ausgeschlossen, dass Klimaschutz in Folge des Urteils des BVerfG „endgültig ein Kulturkampfthema wird"[13] bei dem politische Akteure – wie übrigens in den USA unter dem letzten Präsidenten Donald Trump zu beobachten war – sich der Einsicht ganz bewusst widersetzen, und sich auf die Freiheit der Menschen berufen, weiter mit Hilfe fossiler Energie leben zu wollen und Öko-Lobbygruppen unterstellen, das freie Leben unterbinden zu wollen. Nicht auszuschließen ist andererseits auch, dass die lange praktizierte *Verdrängung* seitens der Politik wie der Wähler beim Thema Klimawandel nunmehr auch auf das Thema der demographischen Herausforderungen des Systems sozialer Sicherung auszustrahlen vermag. „Dabei sollte die Erfahrung aus der Debatte um den Klimawandel mittlerweile gezeigt haben, dass langes Leugnen und Verdrängen das Problem nicht löst, sondern verschlimmert. Vielleicht kommt in die Klimapolitik schneller und mehr Bewegung als in die Diskussion über die Rente, weil sich die Alterung schwerer begreifen und medial aufbereiten lässt als die Folgen der jüngsten Extremwetterereignisse" (Sunde 2021, S. 18).

Es bleibt abzuwarten, wie ein ambitionierteres Klimapaket für Deutschland ausgestaltet wird und ob eine Absenkung der CO_2-Emissionen bis 2030 von 55 % erhöht werden wird auf eine Quote von eher 62 oder gar 68 %, wie es in den Klima-Expertenräten empfohlen wird. Aber eine Konsequenz scheint unbestreitbar bzw. für eine marktwirtschaftliche Lösung nahezu „alternativlos" zu sein; dass nämlich die veranschlagte CO_2-Verbrauchsbesteuerung[14] *deutlich* angehoben werden muss, um auf mittel- und langfristige Sicht auch substanzielle Verhaltensänderungen in Richtung einer CO_2-Verbrauchsminderung erreichen zu können. Eine solche Strategie wäre im nationalen Alleingang wenig effektiv

---

[13] Siehe den Kommentar von Jonas Schaible „Jetzt bloß kein Kulturkampf" auf SPIEGEL Online vom 29.4.2021

https://www.spiegel.de/politik/deutschland/erfolgreiche-klimaklage-jetzt-bloss-kein-kulturkampf-a-504b72f8-9951-44b2-bde8-f46f249fd3c9

[14] https://www.bmu.de/themen/klima-energie/klimaschutz/nationale-klimapolitik/co2-preis/

und muss zwingend durch eine internationale Koordination der CO_2-Bepreisung flankiert werden. Auch der Sachverständigenrat zur Begutachtung der gesamtwirtschaftlichen Entwicklung (SVR) hat in seinem letzten Gutachten empfohlen, einen Abbau verzerrender Anreize durch eine Energiepreisreform bei gleichzeitiger Stärkung der CO_2-Bepreisung vorzunehmen, um auf diese Weise die Koordinationsfunktion des Marktes zu stärken. Gemäß von Berechnungen für den SVR läge der im Jahr 2030 notwendige Preis zur Erreichung der nationalen Klimaziele im Jahr 2030 zwischen 70 € je Tonne CO_2 im günstigsten Szenario und 350 € je Tonne CO_2 im ungünstigsten Szenario (SVR 2020, Ziffer 380).

Ausgehend vom derzeitigen Preis fossiler Brennstoffe von rund 25 € dürfte deutlich werden, dass dies enorme *Preissteigerungen* zur Folge haben wird. Der SVR hat in seinem letzten Gutachten darauf hingewiesen, dass Verteilungseffekte aus einer steigenden CO_2-Bepreisung mit geeigneten Maßnahmen adressiert werden müssten. „Ein CO2-Preis, der die Zielerreichung im Jahr 2030 sicherstellen würde, hat daher verteilungspolitische Relevanz" (SVR 2020, Ziffer 381). Auch das DIW Berlin hat im Rahmen eines Gutachtens für das Bundesministerium für Umwelt, Naturschutz und nukleare Sicherheit (BMU) bezüglich möglicher Verteilungswirkungen einer wachsenden CO2-Bepreisung bereits das Modell einer sog. Klimaprämie ins Gespräch gebracht, die auch als partielles BGE eingeordnet werden könnte. „Das Mehraufkommen aus der Energiesteuer, das auf die privaten Haushalte entfällt, soll diesen zunächst in Form einer „Klimaprämie" zurückgegeben werden, die als einheitlicher Pro-Kopf-Transfer in Höhe von 100 € im Jahr ausgestaltet wird (angepasst um die allgemeine Preisentwicklung). Die Klimaprämie soll als gleicher Betrag jedem Einwohner ausgezahlt werden, vom Neugeborenen bis zum Greis, vom Obdachlosen bis zum Milliardär" (Bach et al. 2019, S. 66).

Der Soziologe Sighard Neckel stellt im Kontext des Urteils des BVerfG sowie der von der Politik angemahnten Strukturveränderungen fest: „Ohne soziale Differenzierung werden bei den ökologischen Verzichtsforderungen also gerade jene breiten Bevölkerungsgruppen in Haft genommen, die deutlich geringer zu den Treibhausgasen beitragen und deutlich mehr an CO_2 in den letzten Jahrzehnten eingespart haben. Damit wird auch in Ländern wie Deutschland der Klimawandel zu einem Gerechtigkeitsproblem, an dem sich soziale Konflikte um die faire Verteilung von Lasten entzünden" (Neckel 2021, S. 18). Unstrittig erscheint mittlerweile, dass eine steigende CO_2-Bepreisung nicht nur einer wirtschaftspolitischen, sondern vor allem auch einer *sozialpolitischen Flankierung* bedarf, wozu unterschiedliche Maßnahmen vorgeschlagen und öffentlich debattiert werden (vgl. Petersen und Rausch 2021). Neben bedarfsorientierte Transferzahlungen an einkommensschwache Haushalte werden vor allem auch Vorschläge diskutiert, die eher mit Grundeinkommensmodellen kompatibel wären. „Die Zahlung eines pauschalen Betrags an alle Bürger*innen (also eine Kopfpauschale) und alle Unternehmen." (ebd. 2021, S. 3). Als Begründung wird ausgeführt „Höhere CO$_2$-Preise drohen, die bestehenden gesellschaftlichen Ungleichheiten zu vergrößern, weil sie arme und kleine Haushalte besonders hart treffen werden" (ebd. 2021, S. 7).

An diesen künftigen Szenarien setzen auch die Überlegungen von Brüne Schloen an, die die für die Erreichung der Pariser Klimaziele notwendige CO$_2$-Bepreisung mit der Einführung wie auch Finanzierung eines substanziellen Grundeinkommens zu verbinden sucht. Die Ausgangsüberlegung: „ohne ein substanzielles Grundeinkommen lässt sich eine umweltwirksame CO$_2$-Steuer nicht sozial legitimieren; zwischen beiden besteht somit ein gegenseitiges Abhängigkeitsverhältnis. Man kann das auch eine synergetische Beziehung nennen" (Schloen 2020, S. 46). Vor diesem Hintergrund wird deutlich, dass die Bewältigung schon heute spürbarer großer gesellschaftlicher Herausforderungen *sektorenübergreifend* organisiert werden muss und dass hierüber auch eine neue Konjunktur für ein Grundeinkommen entstehen kann. Unabhängig davon, ob ein BGE in Kombination mit einer CO$_2$-Bepreisung die erwartete Lenkungsfunktion hin zu klimafreundlichem Verhalten erfüllt, weist dieser Diskussionsbeitrag auf eine inhaltliche und auch politikstrategische Erweiterung der Diskurse um Klimawandel und Grundeinkommen hin. Es sollte nicht unterschätzt werden, dass die unterschiedlichen zivilgesellschaftlichen NGOs um horizontale Vernetzungsaktiven bemüht sind und deren Wirkungen auf das Agenda-Setting der Politik dürfte nach den Erfahrungen der letzten Jahre unbestritten sein. So wirbt die Klimaaktivistin Luisa Neubauer bereits seit geraumer Zeit aktiv für die Einführung eines Grundeinkommens: „Deshalb verspricht man veralteten Industrien Milliarden, statt zu überlegen, ob die künstliche Arbeitsplatzsicherung nicht spätestens jetzt ein Ende finden sollte, um die Türen zu öffnen für ein bedingungsloses Grundeinkommen. Meinetwegen können wir das auch Lebensinnovationsprämie nennen".[15] Als einer der ersten, der die Idee der Finanzierung eines BGE mit Öko-Abgaben konkretisierte, war Ulrich Schachtschneider, der zugleich auch den Bezug zur Postwachstumsgesellschaft herstellte: „Kein Lebensstil wird verboten, allerdings werden ressourcenschwere schwerer und ressourcenleichte leichter. Und das nicht nur, weil die Sicherheit des Grundeinkommens Freiräume zum

---

[15] *taz FUTURZWEI N° 16 vom 10. März 2021* https://taz.de/Luisa-Neubauer-in-taz-FUTURZ WEI/!

Experimentieren und zur Sinnsuche jenseits des Konsumismus schafft, sondern auch, weil die Verteuerung von Umweltverbrauch neben dem ‚anders'
auch das ‚weniger' Konsumieren stützt: Die Gelassenheit, die wir für eine
Postwachstumsökonomie brauchen" (ders. 2014, S. 11).

6.8   Zu guter Letzt: Konstruktive Formen zur Überwindung von Denk- und Diskussionsblockaden

Offensichtlich ist in der Bevölkerung ein starkes sowie durch die Corona-
Pandemie nochmals gesteigertes Interesse anzutreffen, auch über grundsätzliche
Alternativen zum bestehenden System sozialer Sicherung nachzudenken wie auch
zu erproben. Wenn dieses System künftig stärker um Elemente individualisierter
sowie bedingungsarmer oder gar bedingungsloser Anrechte erweitert wird, birgt
dies das Potenzial einer überlegenen Alternative unseres bisherigen konservativen
Wohlfahrtsstaatsmodells. Denn dieses erfordert einen in den letzten Jahrzehnten enorm gewachsenen und deshalb zu hohen Bürokratieaufwand mit vielen
Anträgen und der Folge, dass es – wie eine Reihe empirischer Studien zeigen –
auch durch einen sehr hohen Anteil von Nichtinanspruchnahme trotz Erfüllung
der Anspruchsvoraussetzungen geprägt ist. Hier bietet auch die fortschreitende
Digitalisierung – mit einer ähnlich personalisierten wie zugriffssicheren ID wie
bspw. das gegenwärtige ELSTER-Portal bei der Finanzverwaltung – neue Möglichkeiten, steuerfinanzierte Leistungsansprüche eines Sozialstaats in Form einer
„negativen Einkommenssteuer" allen Bürgerinnen und Bürgern zu gewähren. Den
künftigen Institutionen des Sozialstaats bliebe dann die Aufgabe vorbehalten sich
auf Sachberatungen, Vermittlungen sowie Integrations- und Therapieangebote
konzentrieren zu können.

Eine Versachlichung sowie konstruktive Weiterentwicklung der zivilgesellschaftlich ohnehin seit langem belebten Debatte um ein BGE könnte in den
nächsten Jahren durch ein folgende fünf Punkte umfassendes *Strategiepaket*
substanziell weiterentwickelt werden:

1. Mit der Konstituierung des im Herbst 2021 neu gewählten Deutschen Bundestages könnten die Fraktionen gemeinsam die Einsetzung einer Enquete-
   Kommission „Sozialstaat 2030" beschließen. Dieses balanciert aus Wissenschaft und Politik bestehende Gremium könnte bis zum Ende der Legislaturperiode die Vor- wie Nachteile grundlegender Sozialstaatsmodelle diskutieren
   und sich im besten Fall auch auf einen möglichen gemeinsamen Reformpfad
   bzw. Transformationspfad bis zum 2030 verständigen. Die Einordnung zum

Grad der Praxistauglichkeit des BGE für ohnehin anstehende Sozialstaatsreformen sowie einer besseren Abstimmung von Steuern, Transfers und Abgaben vor allem im unteren Einkommenssegment[16] kann hier vorgenommen werden. Unterschiedliche Finanzierungsmodelle können abgewogen werden und ein Zeit- und Stufenplan einer möglichen Implementierungsphase entwickelt werden. Durch die Berichterstattung seitens der Medien bietet eine solche Enquete-Kommission zudem hinreichend Gelegenheit, auch umfängliche Reformmaßnahmen in öffentlichen Debatten zu klären. Gleichwohl sollte die Erwartung an eine solche Kommission nicht zu hoch sein. „Mithin vermögen Enquete-Kommissionen eine bereits vorhandene Tendenz zu verstärken, aber sie initiieren keine" (Altenhof 2002, S. 341).

2. Um eine sachliche, entscheidungsoffene Debatte einer Enquete-Kommission zu flankieren, sollte seitens der 2021 neu gebildeten Bundesregierung unter Federführung der zuständigen Fachministerien des BMAS, BMFSFJ und des BMF drei- bis fünfjährige wissenschaftlich begleitete Modellprojekte zur evidenzbasierten Weiterentwicklung und Erprobung des derzeitigen Sozialstaatsmodells angestoßen und durchgeführt werden, um künftig mit stärkerer Evidenzbasierung und weniger tradierter Prinzipientreue sozialpolitische Reformdebatten zu führen. Inhaltlich sollten sich die Modellprojekte an bedingungsarmer oder bedingungsloser Grundeinkommensgewährung orientieren und so angelegt sein, dass sowohl verallgemeinerungsfähige Wirkungsanalysen möglich sind wie auch Vergleichbarkeit zwischen den einzelnen Modellen angestrebt wird. So könnte in Modellprojekten folgende mögliche Transformationsschritte ganz konkret erprobt, wissenschaftlich begleitet und die Diskussionsgrundlage für künftige Sozialstaatsdebatten evidenzbasiert verbreitert werden:

- Die Wirkungen eines erhöhten Regelbedarfs oder auch bedingungsärmere Voraussetzungen für einen Leistungsbezug von Mindestsicherungsleistungen könnten erprobt werden.
- Weiterhin könnten die bestehenden Transferentzugsraten bei der Aufnahme einer Erwerbstätigkeit in mehreren Modellvarianten bis zu 50 % abgesenkt werden.
- Die Höhe nicht anrechenbarer finanzieller Rücklagen (Schonvermögen) könnte gesteigert werden.

---

[16] Dass an dieser Stelle drängender Reformbedarf des Steuer- und Transfersystems für Erwerbsfähige besteht, hat auch der Sachverständigenrat zur Begutachtung der gesamtwirtschaftlichen Entwicklung (SVR) im Kapitel „Aufstiegschancen sichern, Arbeitsanreize stärken" (Ziffer 648–723) in seinem Jahresgutachten 2020 identifiziert.

- Die Wirkungen einer völligen Außerkraftsetzung von Sanktionen könnten Teil einer Erprobung sein.
- Strikte Individualisierung von Anspruchsvoraussetzungen bei Verheirateten und Nicht-Verheirateten in Bedarfsgemeinschaften verbunden mit Reformen der Unterhaltspflichten.
- Vereinfachte Auszahlungsverfahren durch Finanzbehörden im Sinne eines Modells einer negativen Einkommenssteuer.
- Welchen Unterschied macht es bei Menschen, ex ante eine monatliche Grundzahlung zu erhalten anstatt ex post entsprechend geringere Steuern/Abgaben zu entrichten?

3. Neben wissenschaftlich unabhängiger Evaluierungsforschung sollte von den zuständigen Fachministerien ein offener Dialog mit einem „Reformbündnis Sozialstaat 2030" ins Leben gerufen werden, in dem neben den Gewerkschaften und Arbeitgeberverbänden als zentralen Akteuren des beitragsfinanzierten Sozialstaats auch Wohlfahrtsverbände, Kirchen, Vertretungen von Solo-Selbständigen und Kulturschaffenden zur Mitwirkung eingebunden werden. In einem solchen, die Arbeit von Parlament, Regierung wie zivilgesellschaftlichen Organisationen ergänzenden Gremium sollten vor allem auch *institutionelle Transformationsprozesse* für ein Sozialstaatsmodell 2030 konkretisiert werden.

4. Parallel zu diesen Aktivitäten könnte im Jahr 2022 ein „Sozialstaat 2030-Monitor", ebenfalls gemeinsam koordiniert durch BMAS, BMFSFJ und BMF etabliert werden, in dem über die Zeit vergleichend angelegte empirische Untersuchungen zu kurz-, mittel- wie langfristigen Veränderungen der gesellschaftlichen Stimmungen im Bereich der Sozialpolitik sowie staatlichen Daseinsfürsorge durchgeführt werden. Dabei geht es um eine *repräsentative Bestandsaufnahme* der Einschätzungen sowie der Stimmungslage zu in der Debatte befindlichen Reformoptionen.

5. Um auch die Zivilgesellschaft an einer solchen Debatte gebührend mitzunehmen und die Ebene von populistisch und polarisierend befeuerter Ja-Nein-Bürgerbegehren als direkte demokratische Einbindung zu überwinden, könnte das Thema „Sozialstaat 2030" im Rahmen des neu geschaffenen Forums von *Bürgerräten* aufgegriffen werden. Dies könnte die Chance bieten, die gegenwärtige kontroverse Debatte ein Stück weit zu befrieden. Denn von einem grundlegenden Umbau unseres Sozialstaats wären potenziell alle Bürgerinnen und Bürger betroffen, weshalb auch die geeignete Mitwirkung der Menschen am Diskussionsprozess von zentraler Bedeutung wäre. Diese Form (in Ergänzung eines Sozialstaats-Monitors) würde dem Mitwirkungsbedürfnis der Bevölkerung – wie es ja auch in der Basis von Parteien wie Organisationen

geschieht – Rechnung tragen Bei Bürgerräten handelt es sich um ein Verhand-
lungsformat eines Diskurses auf Augenhöhe, in dem Argumente hin und her
gewichtet würden. Vor allem konfliktreiche Debatten eignen sich offensichtlich in besonderer Weise als Themen für Bürgerräte. Die Verantwortung würde
am Ende bei den jeweiligen politisch Verantwortlichen verbleiben.

Mit diesem Maßnahmenbündel für einen *Change-Management-Prozess* bestünde
die Chance für Politik, Verbände, Forschung, Medien und die breite Öffentlichkeit eine informierte Faktenbasis sowie Stimmungsgrundlage zu einem politisch
wie sachlich schwierigen und komplexen Sachverhalt zu erarbeiten und die derzeitige Vision eines Grundeinkommens in eine realpolitische Reformoption zu
transformieren. Diese funktionale Verknüpfung von inkrementellen Reformen mit
einer nachhaltigen sozialpolitisch fokussierten Transformationsstrategie wäre ein
konstruktiver Weg für eine nachhaltige soziale Sicherung und könnte mithelfen, die bislang bestehenden Blockaden zu überwinden. Wir erwarten, dass in
dem *langfristigen Transformationspfad* einer schrittweisen Ablösung des primär
beitragsfinanzierten Systems der sozialen Sicherung zu einem steuerfinanzierten individuellen Grundeinkommen auch weiterhin bedarfsgeprüfte Elemente der
sozialen Sicherung zur Seite stehen werden. Ebenso zentral wird es darauf
ankommen – gemäß dem Gleichwertigkeitsgrundsatz des Grundgesetzes – mit
Investitionen in zentralen Feldern der Infrastruktur allen Bürger*innen ein angemessenes Angebot an öffentlichen Gütern der Daseinsvorsorge zu unterbreiten
und hierbei auch die zivilgesellschaftlichen Potenziale gezielt einzubeziehen und
auszuweiten.

Nach einem „Kassensturz" durch die im Herbst 2021 neu gebildenden Bundesregierung kann allerdings auch nicht völlig ausgeschlossen werden, dass es
eine Renaissance der Debatte zum Umfang und Niveau des Sozialstaats geben
könnte, wie sie bereits Anfang der 2000er Jahre in Deutschland sehr breit geführt
wurde. Denn wie im Buch ausgeführt, befindet sich das vor allem beitragsfinanzierte System der sozialen Sicherung wie auch die Bilanzen der Sozialkassen in
einem zunehmend *defizitären Zustand* mit der Folge notwendiger anwachsender
steuerfinanzierter Ausgleichszahlungen. Vor diesem Hintergrund wird – auch im
Licht der Aufarbeitung der Lernprozesse durch die Corona-Pandemie – ein breiter Dialog in der Gesellschaft erforderlich sein, welches *Niveau von Sozialstaat*
sowie der Verfügbarkeit öffentlicher Güter und Infrastrukturen die Bevölkerung
in Deutschland überhaupt bereit sein wird, sich zu leisten und von wem und
in welchem Umfang diese Sozialleistungen auch im Sinne einer generationenge-
rechten Lösung künftig finanziert werden können. Hierbei wird auch eine Rolle
spielen, ob die künftigen Lasten alleine dem Bundeshalt zugewiesen werden und

welche von den Ländern sowie den Kommunen zusätzlich übernommen werden können. Denn der Rechtfertigungsdruck zur reinen Ausweitung des Sozialstaats wird in der vergleichsweise kurz verbleibenden Zeit bis zur Erreichung der ambitionierten Klimaziele wie auch dem demographisch bedingten Belastungsdruck der sozialen Sicherungssysteme sicherlich steigen.

Vor diesem Hintergrund wird in Sozialpolitik vermutlich auch die Frage beantwortet werden müssen, wessen Bedürfnisse priorisiert werden sollen und in welchem *Tempo* Reformen und Transformationen erfolgen sollen. Grundlegende Reformvorschläge könnten leicht mit zu hohen Hoffnungen verbunden werden, die bei einem Praxistest mit großen nicht-intendierten Nebenfolgen verknüpft sein könnten. Das künftige Sozialsystem sollte dabei nach unserer Überzeugung deshalb eng verzahnt sein mit einem investierenden und koordinierenden Staat im Bereich der kommunalen Infrastruktur und Daseinsvorsage und sollte den Prinzipien der Bürgerfreundlichkeit, der nachhaltigen und inklusiven soziokulturellen Existenzsicherung verpflichtet sein. Eine bürokratieärmere Gewährung und Inanspruchnahme von Grundsicherungsleistungen muss zudem verbesserte Anreizwirkungen für sämtliche Formen der Ausübung von *Arbeit* umfassen und dabei dem Gerechtigkeitsempfinden einer breiten Mehrheit der Bevölkerung Rechnung tragen. Deshalb sollte die Zeit genutzt werden, die Zukunft unseres Sozialstaats in den Mittelpunkt einer breiten empirisch gehaltvollen sowie ergebnisoffenen Debatte zu stellen und dabei auch die Vision eines bedingungslosen Grundeinkommens als Reformoption mit einzubeziehen.

Literatur

Abgeordnetenhaus Berlin, 2021: Wortprotokoll der 67. Sitzung des Ausschuss für Integration, Arbeit und Soziales vom 27. Mai 2021, Berlin

Adriaans, J./Liebig, S./Schupp, J., 2019: Zustimmung für ein bedingungsloses Grundeinkommen ist eher bei Jungen, besser Gebildeten sowie in unteren Einkommensschichten anzutreffen, in: DIW-Wochenbericht, 86(15), S. 264–270

Agersnap, O./Jensen, A.S./Kleven, H., 2020: The Welfare Magnet Hypothesis: Evidence from an Immigrant Welfare Scheme in Denmark. NBER Working Paper 26454

Albert, E., 2019: Ein neues Modell in der Experimentierphase: Das Grundeinkommen als Instrument sozialstaatlicher Modernisierung, in: Baumgartner, A. D./Fux, B. (Hg.), Sozialstaat unter Zugzwang, Wiesbaden: Springer VS, S. 75–100

Allmendinger, J., 2019: „Eine Art Lügendetektor". Interview mit J. Allmendinger, in: Die Zeit v. 9.5. 2019, S. 70

Allmendinger, J., 2021: Es geht nur gemeinsam! Wie wir endlich Geschlechtergerechtigkeit erreichen, Berlin: Ullstein

Altenhof, R., 2002: Die Enquete-Kommissionen des Deutschen Bundestages. Wiesbaden: Westdeutscher Verlag.

Alter, R./Schrade, M./Graf Strachwitz, R., 2021: Zivilgesellschaft in der Corona-Bewährungsprobe, in: Klein, A., Sprengel, R., Neuling, J., (Hg.), Zivilgesellschaft in der Corona-Krise und ihre Gestaltungsaufgaben (Jahrbuch Engagementpolitik 2021), Frankfurt: Wochenschau Verlag, S. 121–127

Althaus, D., 2006: Für ein solidarisches Bürgergeld, in: Stimmen der Zeit, 224 (11), S. 723–728

Althaus, D., 2007: Das Solidarische Bürgergeld. Sicherheit und Freiheit ermöglichen Marktwirtschaft, in: Borchard, M. (Hg.), Das Solidarische Bürgergeld – Analysen einer Reformidee, Stuttgart: Lucius & Lucius, S. 1–12

Alscher, M./Priller, E./Burkhardt, L., 2021: Zivilgesellschaftliches Engagement, in: Statistisches Bundesamt et al., Datenreport 2021. Ein Sozialbericht für die Bundesrepublik Deutschland, a. a. O., S. 399–407

Andreß, H.-J./Kronauer, M., 2006: Arm – Reich, in: Lessenich, S./Nullmeier, F. (Hg.): Deutschland – eine gespaltene Gesellschaft, Frankfurt: Campus, S. 28–52

Arnold, D./Arntz, M./Gregory, T./Steffes, S./Zierahn, U., 2016: Herausforderungen der Digitalisierung für die Zukunft der Arbeitswelt, in: ZEW policy brief, No. 8/2016, Mannheim

Ash, T.G., 2021: Neue Lösungen für neue Probleme: warum (und wie) sich der Liberalismus im 21. Jahrhundert neu erfinden muss, in: Neue Zürcher Zeitung vom 19.1.2021. https:// www.nzz.ch/feuilleton/timothy-garton-ash-so-gelingt-die-zukunft-des-liberalismus-ld. 1596438

Atkinson, A.B., 1996: The Case for a Participation Income, in: The Political Quarterly 67(1), S. 67–70

Atkinson, A.B., 2015: Inequality. What Can Be Done? Cambridge, MA/London: Harvard University Press

Bach, S./Schupp, J., 2018: Solidarisches Grundeinkommen: alternatives Instrument für mehr Teilhabe, DIW aktuell, No. 8, Berlin: DIW.

Bach, S./Isaak, N./Kemfert, C./Kunert, U./Schill, W.-P./Schmalz, S./Wägner, N./Zakla, A., 2019: CO_2-Bepreisung im Wärme- und Verkehrssektor: Diskussion von Wirkungen und alternativen Entlastungsoptionen, Politikberatung kompakt No. 140, Berlin: DIW

Bachrach, P./Baratz, M. S., 1962: Two Faces of Power, in: The American Political Science Review, 56(4), S. 947–952

Bachrach, P./Baratz, M. S., 1963: Decisions and Nondecisions: An Analytical Framework, in: The American Political Science Review, 57(3), S. 632–642

Bachrach, P./Baratz, M. S., 1977: Macht und Armut. Eine theoretisch-empirische Untersuchung, Frankfurt am Main: Suhrkamp

Bachmann, R./Jäger, P./Jessen, R. 2021: A Split Decision: Welche Auswirkungen hätte die Abschaffung des Ehegattensplittings auf das Arbeitsangebot und die Einkommensverteilung? RWI-Materialen Heft 144, Essen: RWI

Bäcker, G./Naegele, G./Bispinck, R., 2020: Sozialpolitik und soziale Lage in Deutschland, 6. Auflage (2 Bände), Wiesbaden: Springer VS

Backhaus-Maul, H., 2018a: Unergründete Tiefen. Zum Stand der immer noch jungen Wohlfahrtsverbändeforschung, in: Heinze, R.G./Lange, J./Sesselmeier, W., (Hg.), Neue Governancestrukturen in der Wohlfahrtspflege, a. a. O., S. 17–37

Backhaus-Maul, H., 2018b: Sozialpolitische Entwicklungslinien in Deutschland, in: Grunwald, K., Langer, A. (Hg.), Sozialwirtschaft. Handbuch für Wissenschaft und Praxis, Baden-Baden: Nomos, S. 118 ff

Backhaus-Maul, H., 2019: Zentrifugalkräfte in der Freien Wohlfahrtspflege: Wohlfahrtsverbände als traditionsreiche und ressourcenstarke Akteure, in: Freise, M., Zimmer, A., (Hg.), Zivilgesellschaft und Wohlfahrtsstaat im Wandel, a. a. O., S. 83–100

Badura, B./Gross, P., 1976: Sozialpolitische Perspektiven, München: Piper

Baer, S. 2018: Kein Glücksversprechen: Deutsches Verfassungsrecht und „Das Gute Leben", in: Mayer, K.U. (Hg.), Gutes Leben oder gute Gesellschaft?, Stuttgart: Wissenschaftliche Verlagsgesellschaft, S. 179–192

Bahle, T., 2019: Soziale Mindestsicherung, in: Obinger, H./Schmidt, M. G. (Hg.), Handbuch Sozialpolitik, Wiesbaden: Springer VS, S. 761–782

Bandelow, N.C./Vogeler, C.S., 2019: Koalitionsverhandlungen als Entscheidungsfenster im deutschen politischen System? Das Beispiel PKW-Maut, in: Zohlnhöfer, R./Saalfeld,

T. (Hg.), Zwischen Stillstand, Politikwandel und Krisenmanagement. Eine Bilanz der Regierung Merkel 2013–2017, Wiesbaden: Springer VS, S. 533 ff

Banerjee, A.V./Duflo, E., 2020: Gute Ökonomie für harte Zeiten, München: Penguin

Bartsch, M./Beyer, S./Fichtner, U./Garbe, S./Gathmann, F./Knobbe, M./Kosanke, L./Medick, V./Schaible, J./Schrader, H./Traufetter, G., 2021: Das Märchen von den wechselwilligen Deutschen, in: Der Spiegel Nr. 24 vom 11.06.2021

Bauer, F./Bennett, J./Dietz, M./Fuchs, P./Gellermann, J./Globisch, C./Gottwald, M./Kupka, P./Nivorozhkin, A./Promberger, M./Lobato, R./Wolff, J./Zabel, C., 2021: Evaluation des Teilhabechancengesetzes: Erste Antworten, aber noch viele offene Fragen, IAB-Forum 16. März 2021

Baumgartner, A.D./Fux, B. (Hg.), 2019: Sozialstaat unter Zugzwang? Zwischen Reform und radikaler Neuorientierung, Wiesbaden: Springer VS

Baruth, S./Schnapp, K. U., 2015: Ministerialbürokratien als Lobbyadressaten, in: Zimmer, A./Speth, R. (Hg.), Lobby Work. Interessenvertretung als Politikgestaltung, Wiesbaden: Springer VS, S. 245 ff

BBSR (Bundesinstitut für Bau, Stadt- und Raumforschung), 2020: Regionale Lebensverhältnisse – Ein Messkonzept zur Bewertung ungleicher Lebensverhältnisse in den Teilräumen Deutschlands, BSR-Online-Publikation Nr. 06/2020

Becher, B./Hastedt, I. (Hg.), 2019: Innovative Unternehmen der Sozial- und Gesundheitswirtschaft, Wiesbaden: Springer VS

Beck, U., 1986: Risikogesellschaft. Auf dem Weg in eine andere Moderne, Frankfurt am Main: Suhrkamp

Beck, U., 2000a: Die Zukunft von Arbeit und Demokratie, Frankfurt am Main: Suhrkamp

Beck, U., 2000b: Die Seele der Demokratie: Bezahlte Bürgerarbeit, in: ders. (Hg.), Die Zukunft von Arbeit und Demokratie, Frankfurt am Main: Suhrkamp, S. 416–447

Beck, U., 2017: Die Metamorphose der Welt, Berlin: Suhrkamp

Beck-Gernsheim, E., 1994: Auf dem Weg in die postfamiliale Familie – Von der Notgemeinschaft zur Wahlverwandtschaft, in: Beck, U./Beck-Gernsheim, E. (Hg.), Riskante Freiheiten, Frankfurt am Main: Suhrkamp, S. 115–138

Becker, I./Hauser, R., 2012: Kindergrundsicherung, Kindergeld und Kinderzuschlag: Eine vergleichende Analyse aktueller Reformvorschläge, in: WSI Diskussionspapier 180, Düsseldorf.

Becker, I./Hauser, R., 2009: Soziale Gerechtigkeit – Ein magisches Viereck, Berlin: Edition Sigma.

Beckert, J., 2010: Die Finanzkrise ist auch eine Vertrauenskrise. Jahresbericht 2009 der Max-Planck-Gesellschaft zur Förderung der Wissenschaften e. V., München, S. 14–23

Beckmann, F., 2019: Minijobs in Deutschland, Wiesbaden: Springer VS

Beckmann, F., 2020: Die soziale Sicherung geringfügig Beschäftigter: Zur Bedeutung individueller Erwerbspräferenzen in Zeiten flexibilisierter Arbeit, in: Zeitschrift für Sozialreform 66(2), S. 99–127

Beckmann, F./Hoose, F./Schönauer/A.-L., 2017: Alles bleibt, wie es nicht war. Wirtschaftliche und gesellschaftliche Entwicklungen im Spannungsverhältnis von Kontinuität und Wandel, in: Hoose, F./Beckmann, F./Schönauer, A.-L. (Hg.), Fortsetzung folgt. Kontinuität und Wandel von Wirtschaft und Gesellschaft, Wiesbaden: Springer VS, S. 3–32

Beckmann, F./Heinze, R. G./Schad, D./Schupp, J., 2021a: Hartz-IV-Reformvorschlag: Weder sozialpolitischer Meilenstein noch schleichende Einführung eines bedingungslosen Grundeinkommens, Berlin: DIW Aktuell Nr. 58 vom 12.2. 2021

Beckmann, F./Heinze, R. G./Schad, D./Schupp, J., 2021b: Erzwungene Modernisierung? Arbeitsverwaltung und Grundsicherung in der Corona-Pandemie, Politikberatung kompakt 161, Berlin: DIW Berlin

Beckmann, F./Schad, D., 2021. Der soziale Arbeitsmarkt in Zeiten der Corona-Krise: Auslauf- oder Zukunftsmodell?, in: Sozialer Fortschritt 70(1), S. 3–18.

Beckmann, F./Spohr, F., 2022: Arbeitsmarkt und Arbeitsmarktpolitik: Grundlagen, Wandel, Zukunftsperspektiven, Konstanz: UVK/utb (i. E.).

Bentele, V., 2021: Wir denken neu. Damit Deutschland sich nicht weiter spaltet, München: Europa Verlag

Bergh, A./Henrekson, M., 2002: Government size and growth. A survey and interpretation in the evidence, in: Journal of Economic Surveys, 25(1), S. 91–110

Berlin-Brandenburgische Akademie der Wissenschaften (Hg.), 2008: Leitlinien Politikberatung, Berlin

Bernau, P., 2021: Amtsmüde, in: Frankfurter Allgemeine Sonntagszeitung vom 27.6.2021, S. 21

Berzel, A./Klenk, T., 2021: Metagovernance in the Social Investment State – Lessons from the German Case, MS, in: Pinheiro, R./Trondal, J. (Hg.), Organizing and Governing Local Government Institutions (i. E.)

Beyeler, M., 2020: Gemeinschaft und Sozialstaat? Transformationschancen in unterschiedlichen Wohlfahrtsregimen, in: Baumgartner, A. D. /Fux, B. (Hg.), Sozialstaat unter Zugzwang?, a. a. O., S. 281–302

Benanav, A., 2020: Automation and the Future of Work, London/New York: Verso.

Beznoska, M./Hentze, T./Hüther, M., 2021: Zum Umgang mit den Coronaschulden. Simulationsrechnungen zur Schuldenstandquote, IW-Policy Paper 7/21

Bidder, B. et al, 2021: So geht es uns, in: Der Spiegel Nr. 9 vom 27.02.2021, S. 8–16

Blätte, A., 2019. Politikberatung aus sozialwissenschaftlicher Perspektive, in: Falk, S. et al. (Hg.), Handbuch Politikberatung, a. a. O., S. 25–38

Bledow, N./Busemeyer, M. R., 2021: Lukewarm or enthusiastic supporters? Exploring union member attitudes towards social investment and compensatory policy, in: Journal of European Social Policy, Vol. 31(3), S. 267–281

Blömer, M./Peichl, A., 2019: Anreize für Erwerbstätige. Zum Austritt aus dem Arbeitslosengeld-II-System und ihre Wechselwirkungen mit dem Steuer- und Sozialversicherungssystem, Studie Im Auftrag der Friedrich-Naumann-Stiftung, Ifo Forschungsberichte 98/2019

Blömer, M./Peichl, A., 2021: Mikrosimulation verschiedener Varianten eines Bedingungslosen Grundeinkommens in Deutschland. ifo Forschungsberichte 121/2021, München

BA (Bundesagentur für Arbeit) 2020: Amtliche Nachrichten der Bundesagentur für Arbeit (ANBA), Jahreszahlen 2019, Nürnberg

BMAS (Bundesministerium für Arbeit und Soziales) (Hg.), 2020: Gesamtbericht zur Evaluation des allgemeinen gesetzlichen Mindestlohns nach § 23 Mindestlohngesetz, Forschungsbericht 558, Berlin

BMAS (Bundesministerium für Arbeit und Soziales) (Hg.), 2021a: Lebenslagen in Deutschland, Der Sechste Armuts- und Reichtumsbericht der Bundesregierung, Berlin

BMAS (Bundesministerium für Arbeit und Soziales) (Hg.), 2021b: Sozialbericht 2021, Berlin

BMF (Bundesministerium für Finanzen) (Hg.), 2021: BMF Monatsbericht April 2021, Berlin

BMFSFJ (Bundesministerium für Familie, Senioren, Frauen und Jugend) (Hg.), 2016: Siebter Altenbericht. Sorge und Mitverantwortung in der Kommune – Aufbau und Sicherung zukunftsfähiger Gemeinschaften, Berlin

BMFSFJ (Bundesministerium für Familie, Senioren, Frauen und Jugend) (Hg.), 2020: Achter Altenbericht. Ältere Menschen und Digitalisierung, BT-Drucksache 19/21650 vom 13.08.2020, Berlin

BMFSFJ (Hg.), 2020: Dritter Engagementbericht der Bundesregierung: Zukunft Zivilgesellschaft: Junges Engagement im digitalen Zeitalter, Bonn: Deutscher Bundestag/Drucksache 19/19320 vom 14.05.2020

BMFSFJ (Bundesministerium für Familie, Senioren, Frauen und Jugend) (Hg.)/Simonson, J. et al/DZA, 2021: Freiwilliges Engagement in Deutschland. Zentrale Ergebnisse des Fünften Deutschen Freiwilligensurveys, Berlin

BMF (Bundesministerium für Finanzen), 2020: Finanzbericht 2021. Stand und voraussichtliche Entwicklung der Finanzwirtschaft im gesamtwirtschaftlichen Zusammenhang, Berlin

BMI (Bundesministerium des Inneren/Bundesregierung), 2011: Demografiebericht. Bericht der Bundesregierung zur demografischen Lage und künftigen Entwicklung des Landes, Berlin

BMI (Bundesministerium des Inneren), 2019: Unser Plan für Deutschland. Gleichwertige Lebensverhältnisse überall, Berlin

BMR (Business Metropole Ruhr), 2020: Wirtschafts-Bericht Ruhr 2020, Essen

BMWE (Bundesministerium für Wirtschaft und Energie) (Hg.), 2020: Gutachten des Wissenschaftlichen Beirats beim Bundesministerium für Wirtschaft und Energie: Öffentliche Infrastruktur in Deutschland: Probleme und Reformbedarf, Berlin

BMWi (Bundesministerium für Wirtschaft und Energie), 2021: Vorschläge für eine Reform der gesetzlichen Rentenversicherung. Gutachten des Wissenschaftlichen Beirats beim BMWi, Berlin

Bode, I., 2013: Die Infrastruktur des postindustriellen Wohlfahrtsstaats, Wiesbaden: VS

Bogner, A., 2021: Die Epistemisierung des Politischen, Stuttgart: Reclam

Bogumil, J., 2017: Die verschlungenen Wege der Politikberatung. Erfahrungen aus dem Bereich der Verwaltungspolitik der Bundesländer, in: Hoose, F./Beckmann, F./Schönauer, A.-L. (Hg.), Fortsetzung folgt. Kontinuität und Wandel von Wirtschaft und Gesellschaft, a. a. O., S. 431–445

Bogumil, J./Schmid, J., 2001: Politik in Organisationen. Organisationstheoretische Ansätze und praxisbezogene Anwendungsbeispiele, Wiesbaden: VS

Bogumil, J./Seuberlich, M., 2015: Gestalten statt Verwalten. Ressortübergreifende Präventionspolitik. Erfolgsfaktoren und Hindernisse in den KeKiz-Kommunen, Schriftenreihe Arbeitspapiere wissenschaftliche Begleitforschung »Kein Kind zurücklassen!«, Band 4, Gütersloh

Bogumil, J./Jann, W., 2020: Verwaltung und Verwaltungswissenschaft in Deutschland. Eine Einführung, Wiesbaden: Springer VS (3., vollständig überarbeitete Auflage)

Bohmeyer, M./Cornelsen, C., 2019: Was würdest Du tun? Wie uns das Bedingungslose Grundeinkommen verändert, Berlin: Econ

Böick, M., 2021: Vom Markt zurück zum Staat: Was den Umbruch von 1990 mit der Krise von 2020 verbindet, in: Florack, M./Korte, K.-R./Schwanholz, J. (Hg.), Coronakratie. Demokratisches Regieren in Ausnahmezeiten, Frankfurt/M., S. 269–281

Bollinger, F., 2017: Reinvent the System. Mikrosteuer auf dem Zahlungsverkehr (automatische Mikrosteuer). Working Paper (mimeo), Zürich

Bonin, H., 2020: Stellungnahme im Ausschuss für Familie, Senioren, Frauen und Jugend, Ausschussdrucksache 19(13)84, Berlin

Bonß, W., 2000: Was wird aus der Erwerbsarbeitsgesellschaft?, in: Beck, U. (Hg.), Die Zukunft von Arbeit und Demokratie, a. a. O., S. 327–415

Bourdieu, P., 1982: Die feinen Unterschiede. Kritik der gesellschaftlichen Urteilskraft, Frankfurt/Main: Suhrkamp; zuerst 1979: La distinction. Critique sociale du jugement, Paris: Les Éditions de Minuit

Bregman, R., 2020: Utopien für Realisten. Die Zeit ist reif für die 15-Stunden-Woche, offene Grenzen und das Bedingungslose Grundeinkommen, Reinbek: Rowohlt (13. Auflage)

Brettschneider, A., 2019: Editorial: Fragmentierung und Integration – Schnittstellenprobleme und Schnittstellenmanagement im deutschen Sozialstaat. in: Sozialer Fortschritt 68 Jhg., S. 741 ff

Bröchler, S., 2004: Kalliope im Wunderland. Orientierungen, Bedarfe und Institutionalisierung von wissenschaftlicher Politikberatung im bundesdeutschen Regierungssystem, in: R. Schützeichel/T. Brüsemeister (Hg.), Die beratene Gesellschaft, Wiesbaden: VS, S. 19ff

Bruckmeier, K./Hohmeyer, K., 2018: Arbeitsaufnahmen von Arbeitslosengeld-II-Empfängern: Nachhaltige Integration bleibt schwierig, IAB-Kurzbericht No. 2/2018

Bruttel, O., 2020: Die Auswirkungen des gesetzlichen Mindestlohns – Eine Bilanz. Ifo Schnelldienst 73(4), S. 7–9

Bude, H., 2008: Die Ausgeschlossenen. Das Ende vom Traum einer gerechten Gesellschaft. München: Hanser

Bude, H., 2010: Einübung in Bürgerlichkeit, in: Bude, H./Kaiser, P./Kauffmann, B. (Hg.), Bürgerlichkeit ohne Bürgertum. In welchem Land leben wir?, München, S. 189 ff

Bude, H., 2021: Pandemie und Gesellschaft. Ein Gespräch über eine Zeitenwende (hg. Von T. Hartmann/J. Dahm/C. Krell), Bonn: Dietz, S. 12–58

Bundesarbeitsgemeinschaft der Freien Wohlfahrtspflege e. V. (BAGFW) (Hg.) 2018: Gesamtstatistik 2016, Berlin

Bundesministerium für Wirtschaft und Energie (BMWi) (Hg.), 2019: Gesundheitswirtschaft – Fakten und Zahlen, Ausgabe 2018, Ergebnisse der Gesundheitswirtschaftlichen Gesamtrechnung, Berlin

Bundesverfassungsgericht (BVerfG), 2010: Urteil des Ersten Senats vom 09. Februar 2010 – 1 BvL 1/09 – Rn. 1–220 (Regelleistungen nach SGB II), Karlsruhe

Bundesverfassungsgericht (BVerfG), 2019: Urteil des Ersten Senats vom 05. November 2019 – 1 BvL 7/16 – Rn. 1–225 (Sanktionen im Sozialrecht), Karlsruhe

Bundesverfassungsgericht (BVerfG), 2021: Beschluss des Ersten Senats vom 24. März 2021- 1 BvR 2656/18 -, Rn. 1–270 (Verfassungsbeschwerden gegen das Klimaschutzgesetz teilweise erfolgreich), Karlsruhe (http://www.bverfg.de/e/rs20210324_1bvr265618.html)

Bündnis 90/Die Grünen 2021: Deutschland. Alles ist drin. Bundestagswahlprogramm 2021, Berlin

Burkhardt, L./Schupp, J., 2019: Wachsendes ehrenamtliches Engagement: Generation der 68er häufiger auch nach dem Renteneintritt aktiv, in: DIW Wochenbericht, 86(42), S. 765–883

Busemeyer, M. R./de la Porte, C./Garritzmanna, J. L./Pavolini, E., 2018: The future of the social investment state: politics, policies, and outcomes, in: Journal of European Public Policy 25, S. 801–809

Busemeyer, M. R./Garritzmann, J. L., 2019: Bildungspolitik und der Sozialinvestitionsstaat, in: Obinger, H./Schmidt, M. G. (Hg.), Handbuch Sozialpolitik, Wiesbaden: Springer VS, S. 783–806

Busemeyer, M. R./Neimanns, E., 2019: Öffentliche Meinung und Policy Feedback, in: Obinger, H./Schmidt, M. G. (Hg.), Handbuch Sozialpolitik, Wiesbaden: Springer VS, S. 275–293

Buslei, H./Geyer, J./Haan, P./Harnisch, M., 2019: Starke Nichtinanspruchnahme von Grundsicherung deutet auf hohe verdeckte Altersarmut, in: DIW Wochenbericht, 86(49), S. 909–917

Busch, A., 2021: Wissen allein genügt nicht: Die Nutzung von politikberatenden Institutionen während der Corona-Pandemie im Vergleich, in: Florack, M./Korte, K.-R./Schwanholz, J. (Hg.), Coronakratie. Demokratisches Regieren in Ausnahmezeiten, Frankfurt/New York: Campus, S. 282–293

Butterwegge, C./Rinke, K. (Hg.), 2018: Grundeinkommen kontrovers, Weinheim/Basel: Beltz Juventa

Butterwegge, C., 2018: Weder gerecht noch sozial, in: Butterwegge, C./Rinke, K. (Hg.), Grundeinkommen kontrovers, a. a. O., S. 189–213

Castel, R., 2005: Die Stärkung des Sozialen. Leben im neuen Wohlfahrtsstaat, Hamburg: Hamburger Edition

CDU/CSU 2021: Das Programm für Stabilität und Erneuerung für ein modernes Deutschland, (https://www.csu.de/common/download/Regierungsprogramm.pdf)

Chesney, M. 2019: Eine Mikrosteuer brächte der Schweiz Konkurrenzvorteile, Interview mit U.P. Gasche vom 3.10.2019 «Eine Mikrosteuer brächte der Schweiz Konkurrenzvorteile» – infosperber

Choi, H./Varian, H., 2012: Predicting the Present with Google Trends. in: The Economic Record 88 (Special Issue) 2–9

Cohen, M.D./March, J.G./Olsen, J.P., 1972: A garbage can model of organizational choice, in: Administrative Science Quarterly (17), S. 1 ff.

Collier, P., 2018: Sozialer Kapitalismus! Mein Manifest gegen den Zerfall unserer Gesellschaft, München: Siedler

Cremer, G 2019a: Das bedingungslose Grundeinkommen: Kein Weg in das Reich der Freiheit. In: Roman-Herzog Institut (Hg.), Das bedingungslose Grundeinkommen. Zum für und wider eines gesellschaftlichen Reformkonzepts, Diskussionen 32, München: Roman Herzog Institut e. V., S. 17–27.

Cremer, G., 2019b: Für ein bedingungsloses Grundeinkommen den Sozialstaat aufgeben?, in: ORDO – Jahrbuch für die Ordnung von Wirtschaft und Gesellschaft 70(1), S. 215–238

Cremer, G., 2021: Ein Jahr Corona: Der Sozialstaat im Stresstest, in: Frankfurter Allgemeine Zeitung vom 15.3. 2021

Crouch, C., 2019: Gig Economy. Prekäre Arbeit im Zeitalter von Uber, Minijobs & Co.. Berlin: Suhrkamp

Currid-Halkett, E., 2021: Fair Gehandelt? Wie unser Konsumverhalten die Gesellschaft spaltet, München: btb

Czada, R., 2000: Konkordanz, Korporatismus und Politikverflechtung: Dimensionen der Verhandlungsdemokratie, in: Holtmann, E./Voelzkow, H., (Hg.), Zwischen Wettbewerbs- und Verhandlungsdemokratie: Analysen zum Regierungssystem der Bundesrepublik Deutschland, Wiesbaden: Westdeutscher Verlag, S. 23 ff

Czada, R., 2008: Irrwege und Umwege in die neue Wohlfahrtswelt, in: Evers, A./Heinze, R. G. (Hg.), Sozialpolitik: Ökonomisierung und Entgrenzung, Wiesbaden: VS, S. 186–207

Czada, R., 2019: Politikwenden und transformative Politik in Deutschland, in: Der moderne Staat-, H. 2/2019, S. 400–417

Czada, R., 2020: Governance-Transformation durch Richterrecht? Juristische Diskurse zur Selbstverwaltung im Gesundheitswesen, in: dms H. 2/2020, S. 300–321

Dahlbeck, E./Hilbert, J. (Hg.), 2017: Gesundheitswirtschaft als Motor der Regionalentwicklung, Wiesbaden: Springer VS

Dahlbeck, E./Hilbert, J., 2020: Mehr Gesundheit wagen: Eine regionale Gestaltungschance für mehr Lebensqualität und wirtschaftliche Entwicklung vor Ort, in: Lange, J. (Hg.), Mehr Gesundheit wagen. Gesundheitsregionen als Zukunftstreiber für Lebensqualität, gute Arbeit und nachhaltiges Wachstum, Loccumer Protokolle, Ev. Akademie Loccum, S. 9–28

Dahrendorf, R., 2019 [1986]: Ein garantiertes Mindesteinkommen als konstitutionelles Anrecht, in: Kovce, P./Priddat, B. P. (Hg.), Bedingungsloses Grundeinkommen, S. 331–336, Berlin: Suhrkamp

DAK Gesundheit, 2019: Regionale Pflegekompetenzzentren. Innovationsstrategie für die Langzeitpflege vor Ort. Online verfügbar unter: https://rekopflege.de/wp-content/upl oads/2019/02/Handout_ReKo.pdf

Dallinger, U., 2016: Sozialpolitik im internationalen Vergleich, Konstanz: utb

Daum, T., 2017: Das Kapital sind wir. Zur Kritik der digitalen Ökonomie. Hamburg: Edition Nautilus.

Decker, O./Weißmann, M./Kiess, J./Brähler, E., 2010: Die Mitte in der Krise. Rechtsextreme Einstellungen in Deutschland 2010, Berlin: FES

Dengler, K./Matthes, B., 2021: Auch komplexere Tätigkeiten könnten zunehmend automatisiert werden. IAB-Kurzbericht Nr. 13/2021.

Deutscher Bundestag 2019: Faire Chancen für jedes Kind – Kindergrundsicherung einführen. Bundestagsdrucksache 19/14326 vom 22.10.2019

Deutscher Bundestag, 2019: Volumen der jährlichen Finanztransaktionen in Deutschland, Wissenschaftliche Dienste, Sachstand WD 4 – 3000 – 008/19

Deutscher Bundestag 2020: Kinderarmut überwinden, Kindergrundsicherung einführen. Bundestagsdrucksache 19/17768 vom 11.03.2020

Deutscher Bundestag, 2020: Petition 108191, Einführung eines Bedingungslosen Grundeinkommens vom 14.03.2020 (https://epetitionen.bundestag.de/petitionen/_2020/_03/_14/ Petition_108191.nc.html)

Deutscher Städtetag, 2019: Städtetag, Gemeindebund und VKU: Daseinsvorsorge für zukunftsfeste und lebenswerte Städte und Kommunen!, Pressemitteilung vom 22.06.2019, (https://www.staedtetag.de/presse/pressemeldungen/staedtetag-gemeindeb und-und-vku-daseinsvorsorge-fuer-zukunftsfeste-und-lebenswerte-staedte-und-kom munen)

Dietrich, H./Hess, D., 2021: Neue Mittelklasse? Ein empirischer Beitrag zur Reckwitz-Debatte. Infas Lagemaß, Ausgabe 11, S. 10–13.

Dobberstein, B., 2021: „Kindergeld für alle". Post beim Netzwerk Grundeinkommen vom 22.4.2021, (https://www.grundeinkommen.de/22/04/2021/kindergeld-fuer-alle.html)

Dörre, K., 2020: Die Corona-Pandemie – eine Katastrophe mit Sprengkraft, in: Berliner Journal für Soziologie, 30 (2), S. 165–190

Dörre, K./Rosa, H./Becker, K./Bose, S./Seyd, B., (Hg.), 2019: Große Transformation? Zur Zukunft moderner Gesellschaften. Sonderband des Berliner Journals für Soziologie. Wiesbaden: Springer VS

Ebert, T., 2020: Das Dilemma der Alterssicherung. Plädoyer für eine umfassende Systemreform. WISO-Diskurs No. 12/2020, Bonn: Friedrich-Ebert-Stiftung

Ehrenberg, A., 2011: Das Unbehagen in der Gesellschaft, Berlin: Suhrkamp

Eichhorst, W. et al., 2001: Benchmarking Deutschland: Arbeitsmarkt und Beschäftigung. Bericht der Arbeitsgruppe Benchmarking, Berlin/Heidelberg: Springer

Eichhorst, W./Thode, E./Winter, F., 2004: Benchmarking Deutschland 2004. Arbeitsmarkt und Beschäftigung, Berlin/Heidelberg: Springer

Eichhorst, W./Marx, P., 2019: Der Wandel der Arbeitswelt als Herausforderung für die Sozialpolitik, in: Obinger, H./Schmidt, M. G. (Hg.), Handbuch Sozialpolitik, Wiesbaden: Springer VS, S. 409–430

Eichhorst, W./Schroeder, W., 2019: Soziale Innovationen in der Arbeitsmarktpolitik, in: Zivilgesellschaft und Wohlfahrtsstaat im Wandel, Wiesbaden: Springer VS, S. 205–226

Elmer, A./Matusiewicz, D. (Hg.), 2019: Die digitale Transformation der Pflege: Wandel. Innovation. Smart Services, MWV

Enste, D. H., 2004: Die Wohlfahrtsverbände in Deutschland. Eine ordnungspolitische Analyse und Reformagenda, Köln (IW)

Ernst, G./Zühlke-Robine, K., 2018: Dienstleistungen – Wissenschaft und Forschung. Arbeit und Innovation, Baden-Baden: Nomos

Esping-Andersen, G., 1990: The Three Worlds of Welfare Capitalism, Cambridge: Polity Press

Esping-Andersen, G., 1999: Social Foundations of Postindustrial Economies, Oxford: Oxford University Press

Esping-Andersen, G., 2006: Warum brauchen wir eine Reform des Sozialstaats?, in: Leviathan 34 (1), S. 61–81

Esping-Andersen, G., 2015: Welfare Regimes and Social Stratification, in: Journal of European Social Policy 25(1), S. 124–134

Eurich, J./Glatz-Schmallegger, M./Parpan-Blaser, A. (Hg.), 2018: Gestaltung von Innovationen in Organisationen des Sozialwesens, Wiesbaden: Springer VS

Evans, M., 2018: Der „Faktor Arbeit" macht den Unterschied: Die Governance sozialer Dienstleistungsarbeit und die Institutionalisierung von Arbeitgeberverbänden im deutschen Pflegemarkt, in: Heinze, R.G./Lange, J./Sesselmeier, J., (Hg.), Neue Governancestrukturen in der Wohlfahrtspflege, a. a. O., S. 155–194

Evans, M./Ludwig, C., 2019: Zwischen Aufwertung, Abwertung und Polarisierung. Chancen der Tarif- und Lohnpolitik für eine arbeitspolitische „High-Road-Strategie" in der Altenpflege, Hans Böckler Stiftung: Working Paper Nr. 128, Düsseldorf

Evers, A., 2017: Lokale Governance. Engagement und die Rolle der Wohlfahrtsverbände, in: Hoose, F./Beckmann, F./Schönauer, A.-L. (Hg.), Fortsetzung folgt. Kontinuität und Wandel von Wirtschaft und Gesellschaft, a. a. O., S. 231–250

Falk, S./Glaab, M./Römmele, A./Schober, H./Thunert, M. (Hg.), 2019: Handbuch Politikberatung, 2., völlig neu bearbeitete Auflage, Wiesbaden: Springer VS

Freie Demokratische Partei (FDP), 2021: Nie gab es mehr zu tun. Wahlprogramm der Freien Demokratischen Partei zur Bundestagswahl 2021, (programmentwurf-nie-gab-es-mehr-zu-tun-2.pdf (fdp.de))

Feige, E.L., 2000: Taxation for the 21st Century: The Automated Payment Transaction (Apt) Tax, in: Economic Policy 15(31), S. 475–511

Fischer, U., 2018: Eine feministische Utopie? Grundeinkommen und Geschlechtergerechtigkeit, in: Butterwegge, C./Rinke, K. (Hg.), Grundeinkommen kontrovers, Weinheim/Basel: Beltz Juventa, S. 93–112

Flassbeck, H./Spiecker, F./Meinhardt, V./Vesper, D., 2012: Irrweg Grundeinkommen. Die große Umverteilung von unten nach oben muss beendet werden, Frankfurt am Main: Westend Verlag

Florack, M./Korte, K.-R./Schwanholz, J., 2021: »Coronakratie«: Konturen einer neuen demokratischen Normalität, in: dies. (Hg.), Coronakratie. Demokratisches Regieren in Ausnahmezeiten, a. a. O., S. 11–22

Foundational Economy Collective, 2019: Die Ökonomie des Alltagslebens. Für eine neue Infrastrukturpolitik, Berlin: Suhrkamp

Fleisch, E./Franz, C./Herrmann, A./Mönninghoff, A., 2021: Die digitale Pille. Eine Reise in die Zukunft unseres Gesundheitssystems, Frankfurt/M.: Campus

Freise, M./Zimmer, A. (Hg.), 2019: Zivilgesellschaft und Wohlfahrtsstaat im Wandel, Wiesbaden: Springer VS

Friedrichsen, J./Schmacker, R., 2019: Die Angst vor Stigmatisierung hindert Menschen daran, Transferleistungen in Anspruch zu nehmen, DIW Wochenbericht 86(26):456–461

Fux, B./Albert, E., 2019: Individualisierender oder kollektivierender Sozialstaat – Pfadwechsel als Option?, in: Baumgartner, A.D./Fux, B., (Hg.), Sozialstaat unter Zugzwang?, Wiesbaden: Springer VS, S. 325–357

Fux, B./Baumgartner, A.D., 2019: Demokratische Sozialintegration: Über Chancen und Grenzen wohlfahrtsstaatlicher Reformen, in: Baumgartner, A.D./Fux, B. (Hg.), Sozialstaat unter Zugzwang?, Wiesbaden: Springer VS, S. 411–431

Generali Deutschland AG, 2017: Generali Altersstudie 2017. Wie ältere Menschen in Deutschland denken und leben, Berlin/Heidelberg

Gentilini, U./Grosh, M./Rigolini, J./Yemtsov, R., (Eds.) 2020: Exploring Universal Basic Income a Guide to Navigating Concepts, Evidence, and Practices, Washington, DC: World Bank Group.

Giddens, A., 2005: „Durchwachsene Bilanz", Interview, in: Mitbestimmung H. 3/2005, S. 48 ff

Giddens, A., 2007: Vom negativen zum positiven Sozialstaat, in: perspektive 21, H. 33, S. 53 ff

Gilroy, P./Krimmer, H./Dufft, N./Kreutter, P./Olfe, P., 2018: Denkanstöße Zur Digitalisierung Der Zivilgesellschaft. Ein Mutmacherpapier. Berlin: ZiviZ

Gimmel, J. 2017: Mußevolle Arbeit oder ruheloser Müßiggang, in: Dobler, G./Riedl, P.P., (Hg.), Muße und Gesellschaft, S. 47–59, Tübingen: Mohr Siebeck

Glotz, P. 1986: Freiwillige Arbeitslosigkeit. Zur neueren Diskussion um das „garantierte Grundeinkommen", in: Opielka, M./Vobruba, G. (Hg.), Das garantierte Grundeinkommen, a. a. O., S. 135–148

Grabka, M.M./Braband, C./Goebler, K., 2020: Beschäftigte in Minijobs sind VerliererInnen der coronabedingten Rezession, in: DIW Wochenbericht 87(45): 842–847

Grande, E., 2021: Entwicklungen und Herausforderungen der Zivilgesellschaft in Deutschland, in: Grande, B./Grande, E./Hahn, U., (Hg.), Zivilgesellschaft in der Bundesrepublik Deutschland, a. a. O., S. 165–181

Grande, B./Grande, E./Hahn, U. (Hg.), 2021: Zivilgesellschaft in der Bundesrepublik Deutschland., Bielefeld: transcript

Grande, E./Hutter, S., 2020: Wer hilft den Helfern? Die Zivilgesellschaft in der Corona-Krise, in: WZB Mitteilungen H. 168, S. 27–29

Gretschmann, K./Heinze, R. G./Hilbert, J./Schulz, E./Voelzkow, H., 1989: Neue Technologien und Soziale Sicherung. Antworten auf die Herausforderungen des Wohlfahrtsstaates, Opladen: Westdeutscher Verlag

Grözinger, G./Maschke, M./Offe, C., 2006: Die Teilhabegesellschaft – Modell Eines Wohlfahrtsstaates, Frankfurt am Main: Campus

Groh-Samberg, O./Büchler, T./Gerlitz, J-Y., 2020: Soziale Lagen in multidimensionaler Längsschnittbetrachtung. Begleitforschung zum Sechsten Armuts- und Reichtumsbericht der Bundesregierung, Berlin

Grohs, S., 2010: Modernisierung kommunaler Sozialpolitik. Anpassungsstrategien im Wohlfahrtskorporatismus, Wiesbaden: VS

Grohs, S., 2018: Wohlfahrtsverbände als föderale Organisationen. Die Rolle der Mitgliedschaftslogik im Governancewandel?, in: Heinze, R.G./Lange, J./Sesselmeier, W. (Hg.), Neue Governancestrukturen in der Wohlfahrtspflege, a. a. O., S. 79–102

Grohs, S., 2020: Historische und theoretische Bezüge zum (Selbst-)Verständnis von öffentlicher Verwaltung, in: P. Gromann (Hg.), Soziale Arbeit in der öffentlichen Sozialverwaltung, BASA-online-Modul 0–8.7 (Version v. 9/2020)

Grohs, S./Schneiders, K./Heinze, R. G., 2014: Mission Wohlfahrtsmarkt. Institutionelle Rahmenbedingungen, Strukturen und Verbreitung von Social Entrepreneurship in Deutschland, Baden-Baden: Nomos

Grohs, S./Schneiders, K./Heinze, R. G., 2017: Outsiders and Intrapreneurs: The Institutional Embeddedness of Social Entrepreneurship in Germany, in: Voluntas 28, S. 2569–2591

Grünewald, S., 2019: Wie tickt Deutschland? Psychologie einer aufgewühlten Gesellschaft, Köln: Kiepenheuer und Witsch

Grunwald, K./Langer, A. (Hg.), 2018: Sozialwirtschaft. Handbuch für Wissenschaft und Praxis, Baden-Baden: Nomos

Haagh, L., 2019: Review Article: The Political Economy of Governance Capacity and Institutional Change: The Case of Basic Income Security Reform in European Welfare States, in: Social Policy & Society, 18(2), S. 243–263

Haagh, L./Rohregger, B., 2019: Universal basic income policies and their potential for addressing health inequities, Copenhagen (WHO Regional Office for Europe)

Haipeter, T./Hoose, F./Rosenbohm, S. (Hg.), 2021: Arbeitspolitik in digitalen Zeiten. Entwicklungslinien einer nachhaltigen Regulierung und Gestaltung von Arbeit, Baden-Baden: Nomos

Häusermann, S., 2015: Sozialpolitik, in: Wenzelburger, G./Zohlnhöfer, R. (Hg.), Handbuch Policy-Forschung, Wiesbaden: Springer VS, S. 591–613

Habermacher, F./Kirchgässner, G., 2013: Das bedingungslose Grundeinkommen: Vielleicht wünschenswert, aber nicht bezahlbar, in: Wirtschaftsdienst 93(9), S. 593–595

Hank, K./Steinbach, A., 2020: Familiale Generationen-Beziehungen, in: Aus Politik und Zeitgeschichte (APuZ), 70 (H. 52–53), S. 18–24

Hassel, A., 2018: Unconditional basic income is a dead end, in: Downes, A./Lansley, S. (Hg.), It'a Basic Income, S. 113–117, Bristol: Polity Press

Hatzfeld, U./Weis, P., 2021: Die „neuen Innenstädte": zwischen Multifunktionalität und Gemeingut, Friedrich-Ebert-Stiftung WISO-Direkt 14/2021, Bonn

Hauser, R. 2007: Alternativen einer Grundsicherung – soziale und ökonomische Aspekte, in: Heinrich Böll Stiftung (Hg.), Die Zukunft sozialer Sicherheit, Band 2, Berlin: Böll Stiftung, S. 62–78,

Heckman, J.J., 2006. Skill Formation and the Economics of Investing in Disadvantaged Children, in: Science 312, S. 1900–1902

Heilmann, T./Schön, N. (Hg.), 2020: NEUSTAAT. Politik und Staat müssen sich verändern, München: Finanzbuch Verlag

Heinrich-Böll-Stiftung (Hg.), 2020: Öffentlicher Raum. Politik der gesellschaftlichen Teilhabe und Zusammenkunft, Frankfurt/M.: Campus

Heinze, R. G., 2011: Die erschöpfte Mitte, Weinheim/Basel: Beltz-Juventa

Heinze, R. G., 2020a: Wohnen und Teilhabe im Alter: Innovation durch Vernetzung, in: Gesellschaft • Wirtschaft •Politik (GWP) 69(2), S. 182–193

Heinze, R. G., 2020b: Gesellschaftsgestaltung durch Neujustierung von Zivilgesellschaft, Staat und Markt, Wiesbaden: Springer VS

Heinze, R. G./Offe, C. (Hg.), 1990: Formen der Eigenarbeit: Theorie, Empirie, Vorschläge, Opladen: Westdeutscher Verlag

Heinze, R. G./Streeck, W., 2000: Institutionelle Modernisierung und Öffnung des Arbeitsmarktes: Für eine neue Beschäftigungspolitik, in: Kocka, J./Offe, C., (Hg.), Geschichte und Zukunft der Arbeit, Frankfurt/New York: Campus, S. 234–261

Heinze, R. G./Streeck, W., 2003: Optionen für den Einstieg in den Arbeitsmarkt oder: Ein Lehrstück für einen gescheiterten Politikwechsel, in: Vierteljahreshefte für Wirtschaftsforschung H. 1, S. 25–35

Heinze, R. G./Olk, T./Hilbert, J., 1988: Der neue Sozialstaat: Analyse u. Reformperspektiven, Lambertus

Heinze, R. G./Naegele, G./Schneiders, K., 2011: Wirtschaftliche Potentiale des Alters, Stuttgart: Kohlhammer

Heinze, R. G./Beckmann, F./Hoose, F./Schönauer, A.-L., 2017: „Ich mach' mein Ding" – Wie Subjektivierung und Digitalisierung das soziale Engagement verändern, in: Bonner Akademie für Forschung und Lehre praktischer Politik (BAPP) (Hg.), Integration vor Ort. Praxiserfahrungen aus dem Ruhrgebiet, Bonn, S. 20–27

Heinze, R. G./Lange, J./Sesselmeier, W. (Hg.), 2018: Neue Governancestrukturen in der Wohlfahrtspflege, Baden-Baden: Nomos

Heinze, R. G./Kurtenbach, S./Üblacker, J. (Hg.), 2019: Digitalisierung und Nachbarschaft, Baden-Baden: Nomos

Heinze, R. G./Paetzel, U./Bölting, T. (Hg.), 2019a: Wasser, Wohnen, Werte. Genossenschaften schaffen Mehrwert, Essen: InWIS/Emschergenossenschaft

Hemerijck, A. (Ed.), 2017: The Uses of Social Investment, Oxford: Oxford University Press

Hensche, D., 2009: Befreiung von der Arbeit oder in der Arbeit, in: Neuendorff, H./Peter, G./ Wolf, F.O., (Hg.), Arbeit und Freiheit im Widerspruch? Bedingungsloses Grundeinkommen – ein Modell im Meinungsstreit, Hamburg: VSA-Verlag, S. 210–213

Herweg, N., 2015: Multiple Streams Ansatz, in: Wenzelburger, G./Zohlnhöfer, R. (Hg.), Handbuch Policy-Forschung, a. a. O., S. 325–353

Herweg, N./Zahariadis, N./Zohlnhöfer, R., 2018: The Multiple Streams Framework: Foundations, Refinemens, and Empirical Applications, in: Weible, C.M./Sabatier, P.A. (Hg.), Theories of the Policy Process, New York, S. 17–53

Hipp, L./Bünning, M., 2020: Parenthood as a Driver of Increased Gender Inequality During Covid-10? Exploratory Evidence from Germany, in: European Societies 23(sup1), S. 658–673

Hoffmann, E./Lozano Alcántara, A./Gordo, L. R., 2021: »My home is my castle«: Verbundenheit mit der eigenen Wohnung im Alter, in: Statistisches Bundesamt et al (Hg.), Datenreport 2021, S. 88–92

Hoynes, H./Rothstein, J., 2019: Universal Basic Income in the United States and Advanced Countries, in: Annual Review of Economics 11, S. 929–958

Hummel, K./Timm, G., (Hg.), 2020: Demokratie und Wohlfahrtspflege, Baden-Baden: Nomos

IAB (Hg.), 2020: Befunde der IAB-Forschung zur Corona-Krise – Zwischenbilanz und Ausblick, Nürnberg/26.08.2020 (http://doku.iab.de/grauepap/2020/IAB_Befunde_COVID-19.pdf)

Igl, G., 1988: Die Freien Wohlfahrtsverbände, in: v. Maydell, B./Kannengießer, W., (Hg.), Handbuch Sozialpolitik, Pfullingen, S. 182–189

ILO, 2021: The Report World Employment and Social Outlook 2021: The Role of Digital Labour Platforms in Transforming the World of Work, Genf: ILO

Institut der Deutschen Wirtschaft (IW): Corona kostet 300 Milliarden Euro BIP, IW-Nachricht vom 24.05.2021

Jain Family Institute 2021: Guaranteed Income in the U.S.A Toolkit of Best Practices, Resources, and Existing Models of Planned and Ongoing Research in the U.S. New York (mimeo), (https://www.jainfamilyinstitute.org/news/overview-toolkit-on-guaranteed-income-in-the-u.s./)

Jansen, S. A./Heinze, R. G./Beckmann, M. (Hg.), 2013: Sozialunternehmen in Deutschland: Analysen, Trends und Handlungsempfehlungen, VS Springer

Jessen, J./Spiess, C.K./Waights, S./Wrohlich, K., 2021: Sharing the Caring? The Gender Division of Care Work During the Covid-19 Pandemic in Germany, IZA Discussion Paper No. 14457

Jürgens, K./Hoffmann, R./Schildmann, C. 2017: Arbeit transformieren!, Bielefeld: transcript-Verlag.

Jursch, B./Kroh, M./Krieger, M./Legewie, N./Löbel, L.M., 2020: Patenschaften zwischen Geflüchteten und Einheimischen: Determinanten von Zufriedenheit in der Tandembeziehung, in: Gesemann F./Nentwig-Gesemann I./Seidel A./Walther B. (Hg.), Engagement für Integration und Teilhabe in der Einwanderungsgesellschaft, Wiesbaden: Springer VS, S. 307–326

Kaegie, U./Zängl, P., 2019: Was ist Management?, in: Wöhrle, A. et al. (Hg.), Organisationsentwicklung – Change Management, Baden-Baden: Nomos, S. 77–127

Kalina, T./Weinkopf, C., 2021: Niedriglohnbeschäftigung 2019 – deutlicher Rückgang vor allem in Ostdeutschland, IAQ-Report 06 (https://doi.org/10.17185/duepublico/74521)

Kaufmann, F.X., 2002: Sozialpolitik und Sozialstaat: Soziologische Analysen, Wiesbaden: VS Verlag für Sozialwissenschaften

Kaufmann, F.X., 2003: Varianten des Wohlfahrtsstaats, Frankfurt am Main: Suhrkamp

Kaufmann, F.-X., 2015: Christentum und Sozialstaat, in: Wegner, G. (Hg.), Die Legitimität des Sozialstaates. Religion–Gender–Neoliberalismus, Leipzig, S. 63–74

Kelle, N./Burkhardt, L./Kausmann, C./Simonson, J./Schupp, J./Tesch-Römer, C. 2021: Auswirkungen von Referenzzeiträumen auf die Selbstangaben zum freiwilligen Engagement: Ergebnisse einer experimentellen Studie, SOEPpapers on Multidisciplinary Panel Data Research 1125, DIW Berlin

Kersten, J./Neu, C./Vogel, B., 2015: Der Wert gleicher Lebensverhältnisse, Bonn: FES

Ketterer, H., 2019a: Bedingungsloses Grundeinkommen und Postwachstum, in. Petersen, D.J. et al. (Hg.), Perspektiven einer pluralen Ökonomik, Wiesbaden: Springer VS, S. 395–428

Ketterer, H., 2019b: Bedingungsloses Grundeinkommen als materielle und symbolische Ermöglichungsstruktur von Praktiken für die gesellschaftliche Transformation, in: Dörre, K. et al. (Hg.), Große Transformation? (Sonderband des Berliner Journals für Soziologie) Wiesbaden: Springer VS, S. 333–348

Kingdon, J.W., 2003: Agendas, Alternatives, and Public Policies, 2nd Edition, Boston/Toronto

Klein, A., 2021: Zivilgesellschaft im Ausnahmezustand: Corona und die Folgen, in: Klein, A./Sprengel, R./Neuling, J. (Hg.), Zivilgesellschaft in der Corona-Krise und ihre Gestaltungsaufgaben, a. a. O., S. 113–120

Klenk, T./Nullmeier, F., 2010: Politische Krisentheorien und die Renaissance von Konjunkturprogrammen, in: dms – der moderne staat (2), S. 273 ff

Klös, H.P./Schäfer, H., 2021: Der deutsche Arbeitsmarkt in der zweiten Welle der Pandemie. IW-Kurzbericht 7/2021

Knuth, M., 2018: Sozialer Arbeitsmarkt – ein Ansatz zur Erfüllung des Teilhabeauftrags des SGB II, in: Zeitschrift für Wirtschaftspolitik, 67(2), S. 174–188

Koch, H., 2021: Pilotprojekt Grundeinkommen: Nur eine schöne Idee, in: TAZ vom 02.06.2021

Kocka, J., 2006: Arbeiten an der Zukunft, in: ders. (Hg.), Zukunftsfähigkeit Deutschlands, Sozialwissenschaftliche Essays, Berlin (WZB-Jahrbuch), S. 9 ff

Kocka, J., 2020: Der Sozialstaat, ein Langzeitprojekt. Wie Bismarck sich nicht durchsetzen konnte und doch Bleibendes schuf, in: WZB-Mitteilungen H. 160, S. 6ff

Kohl, J., 2000: Der Sozialstaat: die deutsche Version des Wohlfahrtsstaates – Überlegungen zu seiner typologischen Verortung, in: Leibfried, S./Wagschal, U., (Hg.), Der deutsche Sozialstaat. Bilanzen – Reformen – Perspektiven, Frankfurt/New York: Campus, S. 115–152

Kommission Verlässlicher Generationenvertrag, 2020: Bericht der Kommission Verlässlicher Generationenvertrag Band I – Empfehlungen, Bundesministerium für Arbeit und Soziales (BMAS)

Kopf, H./Müller, S./Rüede, D./Lurtz, K./Russo, P., (Hg.), 2015: Soziale Innovationen in Deutschland. Von der Idee zur gesellschaftlichen Wirkung, Wiesbaden: Springer VS

Köppe, S./Nullmeier, F./Wiesner, A., 2007: Legitimationswandel des bundesdeutschen Sozialstaats, in: Sozialer Fortschritt 56 (9–10), S. 227–236

Korte, K.-R., 2019: Politikberatung von innen, in: Falk, S. et al. (Hg.), Handbuch Politikberatung, a. a. O., S. 129 ff

Korte, K.-R., 2021: Kuratiertes Regieren: Bausteine der Resilienz, in: Florack, M./Korte, K.-R./Schwanholz, J., (Hg.), Coronakratie. Demokratisches Regieren in Ausnahmezeiten, a. a. O., S. 25–42

Kovce, P., 2020: Bedingungsloses Grundeinkommen als Grundrecht?, in: Aus Politik und Zeitgeschichte (APuZ), H. 39–40, S. 39 ff

Kovce, P./Priddat, B.P. (Hg.), 2019: Bedingungsloses Grundeinkommen. Grundlagentexte, Berlin: Suhrkamp

Krämer, R., 2018: Grundeinkommen – Ökonomisch und finanziell nie bedingungslos, in: WSI-Mitteilungen 71(4), S. 331–333

Krebs, T./Scheffel, M., 2021: Raus aus der Minijobfalle. Reformen zur Entlastung geringer Einkommen und ihre Auswirkungen auf Beschäftigung, Wachstum und Verteilung sowie die öffentlichen Finanzen, in: Bertelsmann Stiftung (Hg.), Gutachten, Berlin: Bertelsmann Stiftung

Krockow, C. v., 1976: Reform als politisches Prinzip, München: Piper

Kronauer, M., 2020: Bedingungsloses Grundeinkommen oder besser ein Recht auf Arbeit?, in: WSI Mitteilungen 73(2), S. 143–145

Krupp, H.-J., 2007: Bürgerversicherung für das Alter – Gesetzliche Rentenversicherung als Bürgerversicherung, in: Wirtschaftsdienst 87 (1), S. 23–30

Kubek, V./Weber, H., 2020: Arbeit in der Sozialwirtschaft, in: Ernst, G., et al. (Hg.), Digitale Transformation. Arbeit in Dienstleistungssystemen, Baden-Baden: Nomos, S. 263–274

Kubis, A./Rebien, M. 2019: Langzeitarbeitslosigkeit in Zeiten von Fachkräfteengpässen, in: Wirtschaftspolitische Blätter, Jg. 66, S. 39–57

Kucklick, C., 2015: Die granulare Gesellschaft. Wie das Digitale unsere Wirklichkeit auflöst (2. Aufl.), Berlin: Ullstein

Kumkar, N./Schimank, U., 2021: Drei-Klassen-Gesellschaft? Bruch? Konfrontation? Eine Auseinandersetzung mit Andreas Reckwitz' Diagnose der »Spätmoderne«, in: Leviathan H. 1/2021, S. 7–32

Lammert, N., 2020: Die Zukunft des Sozialstaats, in: Roters, W./Gräf, H./Wollmann, H., (Hg.), Zukunft denken und verantworten. Herausforderungen für Politik, Wissenschaft und Gesellschaft im 21. Jahrhundert, Wiesbaden, S. 215–222

Lee, K.-F., 2019: AI Superpowers. China, Silicon Valley und die neue Weltordnung, Frankfurt/M.: Campus, zuerst: Lee, K.-F., 2018: AI Superpowers. China, Silicon Valley, and the New World Order Boston – New York: Houghton Mifflin Harcourt

Lee, S., 2018: Attitudes Toward Universal Basic Income and Welfare State in Europe: A Research Note, in: Basic Income Studies, 13 (1), S. 1–9

Leibfried, S., 2001: Über die Hinfälligkeit des Staates der Daseinsvorsorge, Beitrag Schader Stiftung (https://www.schader-stiftung.de/themen/gemeinwohl-und-verantwortung/fokus/oeffentliche-daseinsvorsorge/artikel/ueber-die-hinfaelligkeit-des-staates-der-das einsvorsorge/)

Lengfeld, H./Hirschle, J., 2009: Die Angst der Mittelschicht vor dem sozialen Abstieg. Eine Längsschnittanalyse 1984–2007, in: Zeitschrift für Soziologie 38(5), S. 379 –399

León, M., 2017: Social Investment and Childcare Expansion: A Perfect Match?, in: A. Hemerijck (Ed.), The Uses of Social Investment, a. a. O., S. 118–127

Leggewie, C., 2007: Das Ohr der Macht und die Kunst der Konsultation: Zur Einleitung, in:
ders. (Hg.), Von der Politik- zur Gesellschaftssteuerung. Neue Wege öffentlicher Konsultation, S. 7 ff, Frankfurt/New York: Campus

Leggewie, C., 2021: Neues vom Grand Hotel Abgrund. Der Paradigmenwechsel vom Kos-
mopolitismus zur Kosmo-Politik, in: Zeitschrift für Vergleichende Politikwissenschaft,
15(1), S. 119–136

Lehmbruch, G., 2000: Institutionelle Schranken einer ausgehandelten Reform des Wohl-
fahrtsstaates. Das Bündnis für Arbeit und seine Erfolgsbedingungen., in: Czada,
R./Wollmann, H., (Hg.), Von der Bonner zur Berliner Republik, Wiesbaden: Springer
VS, S. 89ff

Lessenich, S., 2003: Dynamischer Immobilismus: Kontinuität und Wandel im deutschen
Sozialmodell, Frankfurt am Main: Campus Verlag

Lessenich, S., 2009: Das Grundeinkommen in der gesellschaftspolitischen Debatte. Expertise im Auftrag der Friedrich-Ebert-Stiftung. WISO-Diskurs – Expertisen und Dokumen-
tationen zur Wirtschafts- und Sozialpolitik, Bonn

Liebermann, S., 2015: Aus dem Geist der Demokratie: Bedingungsloses Grundeinkommen.
Frankfurt am Main: Humanities Online.

Lindemann, K., 2018: Das Grundeinkommen – oder: Die heimliche Abkehr von kollek-
tivrechtlicher Gestaltung, in: WSI-Mitteilungen 71 (4), S. 334–336

Lüders, K./Schroeder W., 2020: Die Legitimität des Sozialstaats, in: Kneip, S./Merkel,
W./Weßels, B., (Hg.), Legitimitätsprobleme. Zur Lage der Demokratie in Deutschland,
Wiesbaden: Springer VS, S. 341–364

Lünsmann-Schmidt, S., 2021: Lauter gute Leute. Das Ehrenamt in den Sozialen Diensten
zwischen Legitimationsnutzen und Transaktionskostenregulierung, Wiesbaden: Springer
VS

Luhmann, N., 2000: Die Politik der Gesellschaft. Frankfurt/M.: Suhrkamp

Lutz, B., 1984: Der kurze Traum immerwährender Prosperität: Eine Neuinterpretation der
industriell-kapitalistischen Entwicklung im Europa des 20. Jahrhunderts, Frankfurt am
Main: Campus

Maier, T./Zika, G./Kalinowski, M./Steeg, S./Mönnig, A./Wolter, M.I./Hummel,
M./Schneemann, C., 2020: COVID-19-Krise: Die Arbeit geht weiter, der Wohlstand
macht Pause, bibb report 4/2020 (Bundesinstitut für Berufsbildung)

Maaß, V., 2001: Experimentierklauseln für die Verwaltung und ihre verfassungsrechtlichen
Grenzen, Berlin: Duncker und Humblot

McGrane, S., 2020: A Guaranteed Monthly Check Changed His Life. Now He Sends Out
650, in: The New York Times am 06.11.2020

Manow, P., 2018: Die politische Ökonomie des Populismus, Berlin: Suhrkamp

Manow, P., 2019: Wohlfahrtsstaatsregime, in: Obinger, H./ Schmidt, M.G., (Hg.), Handbuch
Sozialpolitik, a. a. O., S. 297–313

Manow, P., 2020: (Ent-)Demokratisierung der Demokratie, Berlin: Suhrkamp

Marcinkowski, F., 2015: Die „Medialisierung" der Politik. Veränderte Bedingungen politischer Interessenvermittlung, in: A. Zimmer/R. Speth (Hg.), Lobby Work. Interessenvertretung als Politikgestaltung, a. a. O., S. 71 ff

Marshall, T. H., 1992: Bürgerrechte und soziale Klassen. Zur Soziologie des Wohlfahrtsstaates, Frankfurt/New York: Campus

Mason, P., 2016: Postkapitalismus: Grundrisse einer kommenden Ökonomie, Berlin: Suhrkamp

Mason, P., 2019: Klare, lichte Zukunft. Eine radikale Verteidigung des Humanismus, Berlin: Suhrkamp

Matthes, J. (Hg.), 1983: Krise der Arbeitsgesellschaft? Verhandlungen des 21. Deutschen Soziologentages in Bamberg 1982, Frankfurt/New York: Campus

Mau, S., 2017: Das metrische Wir. Über die Quantifizierung des Sozialen, Berlin: Suhrkamp

Mau, S., 2019: Lütten Klein. Leben in der ostdeutschen Transformationsgesellschaft, Berlin: Suhrkamp

Mau, S., 2021: Konturen einer neuen Klassengesellschaft? Einige Anmerkungen zur Konzeption der Mittelklasse bei Andreas Reckwitz, in: Leviathan H. 2/2021, S. 164–173

Mazzucato, M., 2019: Wie kommt der Wert in die Welt? Von Schöpfern und Abschöpfern, Frankfurt/New York: Campus

Mazzucato, M., 2021: Mission. Auf dem Weg zu einer neuen Wirtschaft, Frankfurt/New York: Campus

Mein Grundeinkommen e.V. 2020a: Unser Jahr 2019. Transparenz- und Finanzbericht. Mein.Grundeinkommen E.V., Berlin. unser-jahr-2019.pdf (mein-grundeinkommen.de)

Mein Grundeinkommen e. V., 2020b: Pilotprojekt Grundeinkommen. Wie verändert ein Grundeinkommen unsere Gesellschaft? Wir wollen es wissen (Projektmagazin), Berlin. https://images.meinbge.de/image/upload/v1/pilot/projektmappe/Pilotprojekt_Grundeinkommen_Magazin.pdf

Meinhardt, V./Zwiener, R., 1997: Steuerfinanzierung von versicherungsfremden Leistungen in der Sozialversicherung, in: Vierteljahreshefte zur Wirtschaftsforschung, 66(3–4), S. 352–361

Milanovic, B., 2020: Kapitalismus global. Über die Zukunft des Systems, das die Welt beherrscht. Berlin: Suhrkamp

Mitschke, J., 1985: Steuer- und Transferordnung aus einem Guß, Baden-Baden: Nomos

Münkler, H., 2010: Regierungsversagen, Staatsversagen und die Krise der Demokratie, in: Berliner Republik (5), S. 48 ff

Münkler, H./Münkler, M., 2019: Abschied vom Abstieg. Eine Agenda für Deutschland, Berlin: Rowohlt

Nachtwey, O., 2016: Die Abstiegsgesellschaft: über das Aufbegehren in der regressiven Moderne, Berlin: Suhrkamp

Naegele, G. (Hg.), 2010: Soziale Lebenslaufpolitik, Wiesbaden: VS

Neckel, S., 2021. Keine Einstellungsfrage – Infrastrukturen als kollektive Bedingungen nachhaltigen Lebens, in: agora 42, Ausgabe 3, S. 14–18

Neu, C. (Hg.), 2009: Daseinsvorsorge. Eine gesellschaftswissenschaftliche Annäherung, Wiesbaden: VS

Niemeier, E., 2020: Politische Ursachen für Rentenprobleme und Altersarmut erfordern grundlegende Reformen, in: Wirtschaftsdienst, 100(8), S. 597–599

Nullmeier, F., 2002: Auf dem Weg zu Wohlfahrtsmärkten?, in: Süß, W. (Hg.), Deutschland in den neunziger Jahren, Opladen, S. 269 ff

Nullmeier, F., 2016: Politische Theorie des Komparativs, in: Mittelweg 36 – Zeitschrift des Hamburger Instituts für Sozialforschung, Heft 2, S. 56–73

Nullmeier, F., 2019a: Begründungen des Wohlfahrtsstaates, in: Obinger, H./Schmidt, M.G. (Hg.), Handbuch Sozialpolitik, Wiesbaden: Springer VS, S. 57–76

Nullmeier, F., 2019b: Die Sozialstaatsentwicklung im vereinten Deutschland. Sozialpolitik der Jahre 1990 bis 2013, in: Schroeder, W./Schulze, M. (Hg.), Wohlfahrtsstaat und Interessen-organisationen im Wandel, Baden-Baden: Nomos, S. 19–40

Nullmeier, F., 2019c: Nachhaltige Gestaltung sozialpolitischer Politikberatung, Düsseldorf: FGW

Nullmeier, F., 2021: Sozialstaat, in: Andersen, U./Bogumil, J./Marschall S./Woyke, W. (Hg.), Handwörterbuch des politischen Systems der Bundesrepublik Deutschland, Wiesbaden: Springer VS (8. überarbeitete und erweiterte Auflage), S. 836–842

Nullmeier, F./Rüb, F., 1993: Die Transformation der Sozialpolitik. Vom Sozialstaat zum Sicherungsstaat, Frankfurt/M./New York: Campus

Nussbaum, M. C., 2014: Politische Emotionen, Berlin: Suhrkamp

Obinger, H./Schmidt, M. G. (Hg.), 2019: Handbuch Sozialpolitik, Wiesbaden: Springer VS

Obinger, H./Schmidt, M. G., 2019: Einleitung, in: dies. (Hg.), Handbuch Sozialpolitik, Wiesbaden: Springer VS, S. 1–8

Obinger, H./Petersen, K., 2019: Die historische Entwicklung des Wohlfahrtsstaates: Von den Anfängen bis zum Ende des Goldenen Zeitalters, in: Obinger, H./Schmidt, M. G. (Hg.), Handbuch Sozialpolitik, Wiesbaden: Springer VS, S. 9–31

Obuch, K./Grabbe, C., 2019: Sozialunternehmertum und Social Entrepreneurship in Deutschland: Change Maker im Kommen?, in: Freise, M./Zimmer, A. (Hg.), Zivilgesellschaft und Wohlfahrtsstaat im Wandel, a. a. O., S. 143–168

OECD, 2019: Employment Outlook (2019) – The Future of Work, Paris: OECD

OECD, 2020: Employment Outlook (2020) – Worker Security and the Covid-19 Crisis, Paris: OECD

Offe, C., 1977: Einleitung, in: P. Bachrach/M. S. Baratz, Macht und Armut, a. a. O., S. 7–34

Offe, C., 1984: Contradictions of the Welfare State, London: Hutchinson

Offe, C., 1994: Vollbeschäftigung. Zur Kritik einer falsch gestellten Frage, in: Gewerkschaftliche Monatshefte (45), S. 796–806

Offe, C., 2015: Temporalstrukturen sozialer Macht, in: H. Straßheim/T. Ulbricht (Hg.), Zeit der Politik. Demokratisches Regieren in einer beschleunigten Welt, Baden-Baden: Nomos, Leviathan-Sonderband 30, S. 29–51

Offe, C., 2019[1990]: Akzeptanz und Legitimität strategischer Optionen in der Sozialpolitik, in: ders. (Hg.), Der Wohlfahrtsstaat und seine Bürger, Ausgewählte Schriften, Wiesbaden: Springer VS, S. 123–142

Offe, C., 2019[1995]: Schock, Fehlkonstrukt oder Droge? Über drei Lesarten der Sozialstaatskrise, in: ders. (Hg.), Der Wohlfahrtsstaat und seine Bürger, Ausgewählte Schriften, Wiesbaden: Springer VS, S. 143–156

Offe, C./Heinze R.G., 1990: Organisierte Eigenarbeit: Das Modell Kooperationsring, Frankfurt/New York: Campus

Oostendorp, A./Paulus, A., 2021: Grundeinkommen – Was Wäre Wenn? Warum unsere Vorhersagen verzerrt sind und wie Experimente sie verbessern können. Impuls#01 der Stiftung Grundeinkommen, München

Opielka, M., 2004: Sozialpolitik. Grundlagen und vergleichende Perspektiven, Reinbek: Rowohlt

Opielka, M., 2019 [1984]: Das garantierte Einkommen – ein sozialstaatliches Paradoxon? Warum ein garantiertes Einkommen den Sozialstaat zerstören, retten oder aufheben kann, in: Kovce, P./Priddat, B.P. (Hg.), Bedingungsloses Grundeinkommen, Berlin: Suhrkamp, S. 300–321

Opielka, M./Ostner, I. (Hg.), 1987: Umbau des Sozialstaates, Essen: Klartext

Opielka, M./Vobruba, G. (Hg.), 1986: Das garantierte Grundeinkommen. Entwicklung und Perspektiven einer Forderung, Frankfurt/M.: Fischer

Opielka, M./Müller, M./Bendixen, T./Kreft, J., 2010: Dilemmata und ihre Lösung in der Idee des Grundeinkommens?, in: Opielka, M./Müller, M./Bendixen, T./Kreft, J. (Hg.), Grundeinkommen und Werteorientierungen, Wiesbaden: VS, S. 147–149

Osterkamp R., 2015: Ist ein bedingungsloses Grundeinkommen in Deutschland finanzierbar?, in: Osterkamp R. (Hg), Auf dem Prüfstand: Ein bedingungsloses Grundeinkommen für Deutschland, Baden-Baden: Nomos, S. 225–245

Ott, E./Landsberg, G., 2018: Vorwort, in: Deutscher Städte- und Gemeindebund/Deutscher Genossenschafts- und Raiffeisenverband (Hg.), Genossenschaften und Kommunen, a. a. O., S. 3

Paine, T., 2019 [1797]: Agrarische Gerechtigkeit, in: Kovce, P./Priddat, B. P. (Hg.), Bedingungsloses Grundeinkommen, a. a. O., S. 78–98

Pabst, S./Rothgang, H., 2000: Reformfähigkeit und Reformblockaden: Kontinuität und Wandel bei Einführung der Pflegeversicherung, in: Leibfried, S./Wagschal, U. (Hg.), Der deutsche Sozialstaat. Bilanzen–Reformen–Perspektiven, Frankfurt: Campus, S. 340–377

Parnack, C./Rebmann, S./Rudzio, K., 2021: Wird Pflege zu Hause unbezahlbar?, in: Die Zeit, Nr. 27 v. 1.7. 2021, S. 19

Patzwaldt, K., 2007: Was leistete Politikberatung in den rot-grünen Arbeitsmarktreformen?, in: Wolf, K. D. (Hg.), Staat und Gesellschaft – fähig zur Reform?, Baden-Baden: Nomos, S. 211 ff

Paul, F./Walter, A., 2019: Frauen in sozialen Dienstleistungsberufen: Verliererinnen der neuen Wohlfahrtsstaatlichkeit?, in: Freise, M./Zimmer, A., (Hg.), Zivilgesellschaft und Wohlfahrtsstaat im Wandel, a. a. O., S. 169–193

Peter, A./Rudolf, C., 2021: Ein feministischer Blick auf eine zukunftsfähige Versorgungsökonomie, in: Makronom, Economists for Future (https://makronom.de/ein-feministischer-blick-auf-eine-zukunftsfaehige-versorgungsoekonomie-39582)

Petersen, T./Rausch, T., 2021. CO2 braucht einen Preis – Mit einer wirtschaftspolitische Flankierung. Policy Brief #2021/02 der Bertelsmann Stiftung.

Plumpe, W., 2012: Ohne Krisen keine Harmonie: Eine kleine Geschichte der Gleichgewichtsstörungen in der Wirtschaft, in: Kursbuch 170 („Krisen lieben"), Hamburg: Murmann Verlag, S. 64–83

Pörksen, B., 2018: Die Große Gereiztheit, München: Hanser

Polanyi, K., 1978 [1944]: The Great Transformation. Politische und ökonomische Ursprünge von Gesellschaften und Wirtschaftssystemen, Frankfurt/M.: Suhrkamp

Pongratz, H.J./Bührmann, A.D., 2018: Diskontinuität und Diversität beruflicher Selbstständigkeit, in: Bührmann, A.D./Fachinger, U./Welskop-Deffaa, E.-M. (Hg.), Hybride Erwerbsformen. Digitalisierung, Diversität und sozialpolitische Gestaltungsoptionen, Wiesbaden: Springer VS, S. 51ff

Priddat, B.P., 2019: Arbeit und Muße. Über die europäische Hoffnung der Verwandlung von Arbeit in höhere Tätigkeit, Marburg: Metropolis

Promberger, M., 2020: Resilienz: Was Organisationen und Regierungen aus der Corona-Krise lernen können, in: WSI-Mitteilungen, 73(6), 462–467

Rat für Arbeitswelt, 2021: Vielfältige Ressourcen stärken – Zukunft gestalten. Impulse für eine nachhaltige Arbeitswelt zwischen Pandemie und Wandel, Berlin

Reckwitz, A., 2017: Die Gesellschaft der Singularitäten, Berlin: Suhrkamp

Reckwitz, A., 2019a: Das Ende der Illusionen. Politik, Ökonomie und Kultur in der Spätmoderne, Berlin: Suhrkamp

Reckwitz, A., 2019b: Ein kurzes Gespräch mit Andreas Reckwitz, in: Soziologie – Forum der Deutschen Gesellschaft für Soziologie 48(2), S. 236–240

Reckwitz, A., 2020: Verblendet vom Augenblick, in: Die Zeit v. 10.6. 2020, S. 45

Rehder, B., 2015: Justizialisierung statt Korporatismus? Verrechtlichung der Interessenvermittlung in den Arbeitsbeziehungen, in: Zimmer, A./Speth, R. (Hg.), Lobby Work. Interessenvertretung als Politikgestaltung, a. a. O., S. 53 ff

Rehder, B., 2021: „Unorganisierte" Interessen: Zivilgesellschaft unter Druck von Basis, Politik und Medien, in: Florack, M./Korte, K.-R./Schwanholz, J., (Hg.), Coronakratie. a. a. O., S. 223–235

Reichenbachs, M., 2018: Der Korporatismus ist tot, lang lebe der Korporatismus! Über die Klassifizierung von Staat-Verbändebeziehungen und wieso sich Deutschland in der Ära des regulierten Wohlfahrtskorporatismus befindet, in: Heinze, R.G./Lange, J./Sesselmeier, W. (Hg.), Neue Governancestrukturen in der Wohlfahrtspflege, a. a. O., S. 103–127

Reuter, T., 2016: Das bedingungslose Grundeinkommen als liberaler Entwurf. Philosophische Argumente für mehr Gerechtigkeit. Wiesbaden: Springer VS.

Rieger, E., 2019: „Gesetzgebung der Zukunft". Ideen in der Sozialpolitik und der Soziologie, in: Baumgartner, A.D./Fux, B., (Hg.), Sozialstaat unter Zugzwang?, Wiesbaden: Springer VS, S. 43–72

Ritter, G. A., 2006: Der Preis der deutschen Einheit. Die Wiedervereinigung und die Krise des Sozialstaats, München: C.H. Beck

Rixen, T., 2019: Die Verwaltung des Überschusses, in: R. Zohlnhöfer, T. /Saalfeld (Hg.), Zwischen Stillstand, Politikwandel und Krisenmanagement. Eine Bilanz der Regierung Merkel 2013–2017, Wiesbaden: Springer VS

RKI, 2021: Faktenblatt: Soziale Unterschiede in der COVID-19-Sterblichkeit während der zweiten Infektionswelle in Deutschland (16.03.2021)

Roman Herzog Institut (Hg.), 2019: Das bedingungslose Grundeinkommen: zum Für und Wider eines gesellschaftspolitischen Reformkonzepts, München

Rosa, H., 2016: Resonanz. Eine Soziologie der Weltbeziehung, Berlin: Suhrkamp

Rosa, H., 2020: Pfadabhängigkeit, Bifurkationspunkte und die Rolle der Soziologie. Ein soziologischer Deutungsversuch der Corona-Krise, in: Berliner Journal für Soziologie (30. Jhg.), S. 191–213

Rosa, H., 2021: „Die Umwege fehlen jetzt". Interview in der TAZ vom 24.4.2021 (https://taz.de/Soziologe-Hartmut-Rosa-im-Gespraech/!5763329/)

Rosanvallon, P., 1982: Nach der Sozialdemokratie. Die Kosten der Solidarität oder Die Gesellschaft auf der Suche nach sich selbst, in: Freibeuter H. 11, S. 63–75

Roth, R., 2020: Zukunftsfähigkeit: Impulse der Zivilgesellschaft, in: Roters, W./Gräf, H./Wollmann, H. (Hg.), Zukunft denken und verantworten, a. a. O., S. 329–351

Rüb, F. W./Alnor, K./Spohr, F. 2009: Die Kunst des Reformierens. Konzeptionelle Überlegungen zu einer erfolgreichen Regierungsstrategie, in: Schriftenreihe: Zukunft Regieren. Beiträge für eine gestaltungsfähige Politik, Gütersloh: Bertelsmann Stiftung

Rüb, F.W., 2011: Inkompatible Welten? Politik und die Grenzen wissenschaftlicher Politikberatung, in: Lamping, W./Schridde, H. (Hg.), Der konsultative Staat, Opladen/Farmington Hills, S. 63ff

Rüb, F. W., 2014a: Rapide Politikwechsel in der Bundesrepublik. Eine konzeptionelle Annäherung an ein unerforschtes Phänomen, in: ders. (Hg.), Rapide Politikwechsel in der Bundesrepublik. Theoretischer Rahmen und empirische Befunde, Baden-Baden: Nomos (Sonderband 6 der „Zeitschrift für Politik"), S. 9–45

Rüb, F. W., 2014b: Bausteine für ein Modell rapider Politikwechsel, in: ders. (Hg.), Rapide Politikwechsel in der Bundesrepublik. Theoretischer Rahmen und empirische Befunde, a. a. O., S. 251–270

Rüppel, M., 2020: Bedingungsloses Grundeinkommen in der Politikfeldanalyse – Welche Kriterien müssen Grundeinkommensmodelle für eine erfolgreiche Agendaplatzierung erfüllen? Analyse anhand des Solidarischen Bürgergeldes von Dieter Althaus, Masterarbeit an der Universität Potsdam (Politikwissenschaft)

Rürup, B., 2019: Interview, in: ZEIT-Online, 15.11.2019 (https://www.zeit.de/2019/47/gru ndrente-bert-ruerup-rentensystem-altersarmut-einkommen)

Rürup, B., 2021: Rentenpolitik ist mehr als Mathematik, Handelsblatt Research Institute (Der Chefökonom vom 11.6. 2021)

Sachverständigenrat zur Begutachtung der gesamtwirtschaftlichen Entwicklung (SVR), 2007: Das Erreichte Nicht Verspielen. Jahresgutachten 2007/08, Stuttgart: Metzler-Poeschel

Sachverständigenrat zur Begutachtung der gesamtwirtschaftlichen Entwicklung (SVR), 2019: Den Strukturwandel meistern. Jahresgutachten 2019/20, Stuttgart: Metzler-Poeschel

Sachverständigenrat zur Begutachtung der gesamtwirtschaftlichen Entwicklung (SVR), 2020: Corona-Krise gemeinsam bewältigen, Resilienz und Wachstum stärken. Jahresgutachten 2020/21, Stuttgart: Metzler-Poeschel

Sachweh, P., 2021: Klassen und Klassenkonflikte in der postindustriellen Gesellschaft. Soziale Spaltungen und soziokulturelle Polarisierung in den Mittelklassen, in: Leviathan H. 2/2021, S. 181–188

Schachtschneider, U., 2014: Freiheit, Gleichheit, Gelassenheit. Mit einem Ökologischen Grundeinkommen aus der Wachstumsfalle. München: oekonom

Schäfer, A./Zürn, M., 2021: Die demokratische Regression. Die politischen Ursachen des autoritären Populismus, Berlin: Suhrkamp

Scharpf, F.W., 1993: Von der Finanzierung der Arbeitslosigkeit. Zur Subventionierung niedriger Erwerbseinkommen, in: Gewerkschaftliche Monatshefte 44(7), S. 433–443

Scheller, H., 2017: Kommunale Infrastrukturpolitik. Zwischen Konsolidierung und aktiver Gestaltung, in: APuZ H. 16–17, S. 39–46

Schimank, U., 2011: Wohlfahrtsgesellschaften als funktionaler Antagonismus von Kapitalismus und Demokratie. MPIfG Working Paper (11/2), Köln

Schimank, U., 2019: Politische Gesellschaftsgestaltung heute – sozial- und gesellschaftstheoretische Erwägungen angesichts von Transformationsvorhaben wie der „Energiewende", in: dms. der moderne Staat H. 2/2019, S. 251–265

Schloen, B., 2020: Grundeinkommen und seine Finanzierung. Klimasolidarisch und menschenwürdig, 2., überarb. Auflage, Wiesbaden: Springer Gabler

Schmähl, W., 2012: Von der Rente als Zuschuss zum Lebensunterhalt zur ,Zuschuss-Rente', in: Wirtschaftsdienst, 92(5), S. 304–313

Schmale, I., 2017: Sozialgenossenschaften: eine wieder entdeckte Rechts- und Wirtschaftsform in der Sozialwirtschaft, in: Schmale, I./Blome-Drees, J., (Hg.), Genossenschaft innovativ, Genossenschaften als neue Organisationsform in der Sozialwirtschaft, Wiesbaden: Springer VS, S. 11 ff,

Schmid, G./Schroeder, W., 2020: Die Krise nutzen: Es ist Zeit für eine Arbeitsversicherung, in: WZB Mitteilungen H. 168, S. 56–59

Schmid, J., 1996: Wohlfahrtsstaaten im Vergleich. Wiesbaden: VS Verlag für Sozialwissenschaften

Schmid, J., 2011: Mikropolitik – Pluralismus mit harten Bandagen?, in: Bandelow, N. C./Hegelich, S., (Hg.) Pluralismus – Strategien – Entscheidungen, S. 324 ff, Wiesbaden: Westdeutscher Verlag

Schmid, J., 2018: Schwankende Riesen? Riesige Schwankungen? Die unklare Stellung der Wohlfahrtsverbände im deutschen Modell, in: Heinze, R.G./Lange, J./Sesselmeier, W. (Hg.), Neue Governancestrukturen in der Wohlfahrtspflege, a. a. O., S. 39–53

Schmid, T. (Hg.), 1984: Befreiung von falscher Arbeit. Thesen zum garantierten Mindesteinkommen, Berlin: Wagenbach.

Schmidt, M. G., 2003: Rot-grüne Sozialpolitik (1998–2002), in: Egle, C./Ostheim, T./Zohlnhöfer, R. (Hg.), Das rot-grüne Projekt. Eine Bilanz der Regierung Schröder 1998–2002, Wiesbaden: Westdeutscher Verlag, S. 239–258

Schmidt, M. G., 2007: Die Sozialpolitik der zweiten rot-grünen Koalition (2002–2005), in: Egle, C./Zohlnhöfer, R. (Hg.), Ende des rot-grünen Projektes. Eine Bilanz der Regierung Schröder 2002–2005, Wiesbaden: VS Verlag, S. 295–312

Schmidt, M. G., 2014: Rapide Politikwechsel – Kommentar, in: Rüb, F. W. (Hg.), Rapide Politikwechsel in der Bundesrepublik. Theoretischer Rahmen und empirische Befunde, a. a. O., S. 239–249

Schmidt, M.G., 2021: Geschichte der Zivilgesellschaft in der Bundesrepublik Deutschland, in: Grande, B./ Grande, E./Hahn, U. (Hg.), Zivilgesellschaft in der Bundesrepublik Deutschland, a. a. O., S. 21–33

Schneider, H., 2017: Das Bedingungslose Grundeinkommen: Der Löchrige Traum vom Schlaraffenland, Bonn: IZA-Standpunkte Nr. 88

Schneiders, K., 2020: Sozialwirtschaft und soziale Arbeit, Stuttgart: Kohlhammer

Schöb, R., 2020: Der starke Sozialstaat: Weniger ist mehr. Campus

Schönert, C./Freise, M., 2019: Soziale Investitionen als Strategie im deutschen Wohlfahrtsstaat, in: Freise, M./Zimmer, A., (Hg.), Zivilgesellschaft und Wohlfahrtsstaat im Wandel, a. a. O., S. 55–80

Schroeder, W., 2018: Interessenvertretung in der Altenpflege. Zwischen Staatszentrierung und Selbstorganisation, Wiesbaden: VS Springer

Schroeder, W., 2019: Interessenvermittlung: Die IG Metall als sozialpolitischer Akteur, in: Schroeder, W./Schulze, M., (Hg.), Wohlfahrtsstaat und Interessenorganisationen im Wandel, Baden-Baden: Nomos, S. 219–238

Schroeder, W., 2021: „Arbeit, Familie und Freizeit finden fast gleichzeitig statt". Interview, in: Frankfurter Rundschau vom 25.6. 2021 (https://www.fr.de/rhein-main/arbeit-familie-und-freizeit-finden-fast-gleichzeitig-statt-90825535.html)

Schroeder, W. (Hg.), 2017: Konfessionelle Wohlfahrtsverbände im Umbruch, Wiesbaden: VS Springer

Schroeder, W./Weinert, R., 2006: Teilhabegesellschaft via investiven und infrastrukturellen Sozialstaat, in: Grözinger, G./Maschke, M./Offe, C. (Hg.), Die Teilhabegesellschaft. Modell eines neuen Wohlfahrtsstaates, Frankfurt: Campus, S. 194–206

Schroeder, W./Klenk, T./Berzel, A./Stöber, M./Akel, A., 2018: Vorbeugende Sozialpolitik als Antwort auf soziale Ungleichheiten und neue soziale Risiken. Kommunikation und Steuerung vorbeugender Sozialpolitik in den Bundesländern, Düsseldorf: FGW

Schroeder, W./Bitzegeio, U./Fischer, S. (Hg.), 2020: Digitale Industrie. Algorithmische Arbeit. Gesellschaftliche Transformation, Bonn: Dietz

Schulz, T., 2018: Zukunfts-Medizin. Wie das Silicon Valley Krankheiten besiegen und unser Leben verlängern will, München: DVA

Schulze-Böing, M., 2021: Sozialwirtschaft – Chance für den sozialen Arbeitsmarkt? Neue Perspektiven durch das neue Förderinstrument im SGB II, in: Sozialer Fortschritt, 70(1), S. 41 ff

Schulze Buschoff, K./Hassel, A., 2019: Beschäftigungsrekorde bei zunehmender Ungleichheit auf dem Arbeitsmarkt. Arbeitsmarktentwicklung und -politik in der dritten Regierung Merkel (2013 bis 2017), in: R. Zohlnhöfer, T. /Saalfeld (Hg.), Zwischen Stillstand, Politikwandel und Krisenmanagement. Eine Bilanz der Regierung Merkel 2013–2017, Wiesbaden: Springer VS, S. 397 ff.

Schupp, J./Volz, J./Wagner, G./Zwiener, R., 1999: Zuschüsse zu den Sozialversicherungsbeiträgen im Niedriglohnbereich: Wenig zielgerichtet und teuer, in: Wochenbericht des DIW Berlin 66(27), S. 499–509

Schupp, J., 2020a: Was das BGE-Pilotprojekt leisten kann – und was nicht. Beitrag im Makronom vom 31.8.2020 (https://makronom.de/was-das-bge-pilotprojekt-leisten-kann-und-was-nicht-36874)

Schupp, J., 2020b: Bedingungsarme Grundsicherung statt bedingungslosem Grundeinkommen jetzt! (Kommentar), in: DIW Wochenbericht,87(15–16), S. 296

Schupp, J., 2020c: Bedingungsloses Grundeinkommen: Viel Zustimmung, aber auch große Ablehnung, in: Wirtschaftsdienst, 100(2), S. 112–116.

Schupp, J., 2020d: Keine Forschung zum Grundeinkommen könnte das höhere Risiko darstellen, Kommentar in: DIW Wochenbericht 87(36), S. 632–632

SEED (Stockton Economic Empowerment Demonstration), 2018. Our vision for Seed: A Discussion Paper (mimeo) (https://www.stocktondemonstration.org/)

Seibt, G., 2021: Nimm das, FDP. Identitätsstreit, Verwaltungselend, Staatsphlegma: Wird der Liberalismus seine Chance nutzen?, in: Süddeutsche Zeitung vom 19.3. 2021

Shafik, M., 2021: What We Owe Each Other. A New Social Contract, London: The Bodly Head

Shiller, R.J., 2020: Narrative Wirtschaft. Wie Geschichten die Wirtschaft beeinflussen – ein revolutionärer Erklärungsansatz, Kulmbach: Plassen

Siller, P., 2020: Politik der öffentlichen Räume und Netze? Anforderungen an eine neue Infrastrukturpolitik, in: Heinrich-Böll-Stiftung (Hg.), Öffentliche Räume, a. a. O., S. 11–95

Simmank, M./Vogel, B., 2020: Städte halten den Atem an, Dörfer atmen tief durch – Corona auf dem Land: Soziologische Momentaufnahmen, SOFI Göttingen (April 2020) (http://www.sofi-goettingen.de/fileadmin/Maike_Simmank/SOFI_Corona_auf_dem_Land.pdf)

Sirovátka, T./Guzi, M./Saxonberg, S. 2019: Satisfaction with Democracy and Perceived Performance of the Welfare State in Europe, in: Journal of European Social Policy 29(2), S. 241–256

Sörensen, E./Torfing, J., 2017: Metagoverning Collaborative Innovation in Governance Networks, in: American Review of Public Administration, Vol. 47(7) S. 826–839

SPD (Sozialdemokratische Partei Deutschlands), 2021: Das Zukunftsprogramm. (https://www.spd.de/fileadmin/Dokumente/Beschluesse/Parteispitze/20210321_Zukunftsprogramm_Leitantrag.pdf)

Spermann, A., 2017: Basic Income in Germany: Proposals for Randomised Controlled Trials using Nudges, in: Basic Income Studies 12 (2), S. 1–9

Speth, R., 2015: Public Affairs Agenturen, in: Zimmer, A./Speth, R., (Hg.), Lobby Work. Interessenvertretung als Politikgestaltung, a. a. O., S. 155ff

SPIEGEL 2020: „Das 1.200 € – Experiment". Interview von Florian Diekmann mit Jürgen Schupp, SPIEGEL-Online vom 18.8.2020

Spieß, C.K., 2018: Die Ökonomie frühkindlicher Bildung und Betreuung: Ist sie in Deutschland angekommen?, in: Erlinghagen, M./Hank, K./Kreyenfeld, M. (Hg.), Innovation und Wissenstransfer in der empirischen Sozial- und Verhaltensforschung, Frankfurt am Main – New York: Campus, S. 267–29

Spohr, F., 2015: Pfadwechsel in der Arbeitsmarktpolitik. Eine Analyse aktivierender Reformen in Großbritannien, Deutschland und Schweden anhand des Multiple Streams Ansatz, Baden-Baden: Nomos

Staab, P., 2019: Digitaler Kapitalismus, Berlin: Suhrkamp

Städtler-Mach, B./Ignatzi, H. (Hg.), 2020: Grauer Pflegemarkt. 24-Stunden-Unterstützung durch osteuropäische Betreuungskräfte, Göttingen: Vandenhoeck & Ruprecht

Statistisches Bundesamt (Destatis), Wissenschaftszentrum Berlin für Sozialforschung (WZB), Bundesinstitut für Bevölkerungsforschung (BiB), 2021: Datenreport 2021. Ein Sozialbericht für die Bundesrepublik Deutschland, Bonn (bpb)

Steinke, J./Bibisidis, T., 2018: Die Sicherung und Weiterentwicklung des Sozialstaates ist nichts für Sprinter. Oder: Worum es bei Debatten um die Zukunft der Freien Wohlfahrtspflege gehen sollte, in: Heinze, R.G./Lange, J./Sesselmeier, W. (Hg.), Neue Governancestrukturen in der Wohlfahrtspflege, a. a. O., S. 265–280

Stelter, D., 2021: Ein Traum von einem Land. Deutschland 2040, Frankfurt/M.: Campus

Stern, A., 2016: Raising the Floor. How a Universal Basic Income Can Renew Our Economy and Rebuild The American Dream: New York: Public Affairs

Stettes, O., 2020: (Keine) Angst vor Robotern? Aktualisierte Befunde zu potenziellen Beschäftigungseffekten der Digitalisierung, IW-Trends 47(4)

Stöbe-Blossey, S./Köhling, K./Hackstein, P./Ruth, M., 2019: Integration durch Bildung als Kooperationsaufgabe: Potenziale vorbeugender Sozialpolitik, Wiesbaden: Springer VS

Stöbe-Blossey, S./Brussig, M./Ruth, M./Drescher, S./Alfuss, C., 2020: Schnittstellen in der Sozialpolitik: Differenzierung und Integration in der Absicherung sozialer Risiken, Universität Duisburg-Essen (IAQ)

Strasser, J., 1999: Wenn der Arbeitsgesellschaft die Arbeit ausgeht, Zürich: Pendo

Straubhaar, T., 2008: Warum das „bedingungslose Grundeinkommen" mehr ist als ein sozial-utopisches Konzept, in: Roman Herzog Institut (Hg.), Bedingungsloses Grundeinkommen. Eine Perspektive für die Soziale Marktwirtschaft?, München, S. 6–9

Straubhaar, T. 2017: Radikal Gerecht. Wie das bedingungslose Grundeinkommen den Sozialstaat revolutioniert, Hamburg: Edition Körber-Stiftung

Straubhaar, T., 2018: Was ist ein Grundeinkommen und wie funktioniert es? In: Butterwegge, C./Rinken, K., (Hg.), Grundeinkommen kontrovers, Weinheim-Basel: Beltz Juventa, S. 10–31

Straubhaar, T., 2021: Grundeinkommen jetzt! Nur so ist die Marktwirtschaft zu retten. Basel: NZZ Libro

Streeck, W., 2013: Gekaufte Zeit. Die vertagte Krise des demokratischen Kapitalismus, Berlin: Suhrkamp

Streeck, W., 2017: Wissenschaftliche Politikberatung. Was wird verlangt, was kann sie bieten?, in: Hoose, F./Beckmann, F./Schönauer, A.-L. (Hg.), Fortsetzung folgt. Kontinuität und Wandel von Wirtschaft und Gesellschaft, a. a. O., S. 489–506

Streeck, W., 2019: Vorwort, in: Foundational Economy Collective, Die Ökonomie des Alltagslebens, a. a. O., S. 7–31

Streeck, W./Heinze, R. G., 1999: An Arbeit fehlt es nicht, in: Der Spiegel Nr. 19, S. 38–45

Streeck, W./Thelen, K., 2005: Introduction: Institutional change in advanced political economies, in: dies (ED.) Beyond Continuity, Oxford: Oxford University Press, S. 1–39

Strohschneider, P., 2020: Zumutungen. Wissenschaft in Zeiten von Populismus, Moralisierung und Szientokratie, Hamburg: kursbuch.edition

Strünck, C., 2017: Experimentelle Sozialpolitik. Ein Kampf gegen Kostenträgerlogik und Fragmentierung im deutschen Wohlfahrtsstaat, in: Hoose, F./Beckmann, F./Schönauer, A.-L. (Hg.), Fortsetzung folgt. a. a. O., S. 309–325

Sunde, U., 2021: Land der Verdränger, in: Frankfurter Allgemeine Zeitung vom 2.8.2021, S. 18

Tennstedt, F./Leibfried, S., 1985: Politik der Armut und Die Spaltung des Sozialstaats, Frankfurt am Main: Suhrkamp

Tiemann, H./Wagner, G.G., 2013: Die Wissenschaftliche Politikberatung der Bundesregierung neu organisieren, RatSWD Working Paper No. 220, Berlin

Tormey, S., 2015: Vom Ende der repräsentativen Politik, Hamburg: Hamburger Edition

Trampusch, C., 2009: Der erschöpfte Sozialstaat. Transformation eines Politikfeldes, Frankfurt/New York: Campus

Treeck, van, T., 2021: Resilienz: Für ein neues Leitbild der Wirtschaftspolitik in Zeiten der allgemeinen Verunsicherung, in: Florack, M./Korte, K.-R./Schwanholz, J., (Hg.), Coronakratie, a. a. O., S. 205–213

Ullrich, C. G., 2005: Soziologie des Wohlfahrtsstaates, Frankfurt/New York: Campus

Vahland, K., 2020: Ende der Monokultur, in: Süddeutsche Zeitung vom 4.8. 2020, S. 4

Van Parijs, P., 2019 [1991]: Warum Surfer durchgefüttert werden sollten, in: Kovce, P./Priddat, B. P. (Hg.), Bedingungsloses Grundeinkommen, Berlin: Suhrkamp, S. 373–411

Van Parijs, P., Vanderborght, Y., 2017: Basic income. A Radical Proposal for a Free Society and a Sane Economy, Cambridge/London: Harvard University Press

Vatter, A./Milic, T./Rousselot, B., 2020: Beteiligung an Direktdemokratischen Verfahren, in: Faas, T./Gabriel, O.W./Maier, J., (Hg.), Politikwissenschaftliche Einstellungs- Und Verhaltensforschung, Baden-Baden: Nomos, S. 348–375

Vesper, D., 2020: 30 Jahre Deutsche Einheit. Ein finanzpolitischer Blick auf Länder und Gemeinden in Ost und West. Berlin, WISO DISKURS 08/2020 der Friedrich-Ebert-Stiftung, (http://library.fes.de/pdf-files/wiso/16397.pdf)

Vilain, M., 2020: Sozialwirtschaft vor der digitalen Herausforderung, in: Ernst, G. et al. (Hg.), Digitale Transformation. Arbeit in Dienstleistungssystemen, Baden-Baden: Nomos, S. 89–104

Vinnova-Engström, R., 2020: Public Sector Innovation – The case of Sweden (Vinnova-Rapport-VR 2020:02), Stockholm

Vobruba, G., 2019: Entkopplung von Arbeit und Einkommen (3. Auflage), Wiesbaden: Springer VS

Vogel, B., 2020: Covid-19 als Weckruf? Plädoyer für eine neue Politik öffentlicher Güter, in: WSI Mitteilungen H. 6/2020, S. 468–471

Voigt, L., 2019: Let the good times roll. Eine Bilanz der Sozialpolitik der dritten Großen Koalition 2013–2017, in: Zohlnhöfer, R./Saalfeld, T. (Hg.), Zwischen Stillstand, Politikwandel und Krisenmanagement. Eine Bilanz der Regierung Merkel 2013–2017, a. a. O., S. 415 ff

Wachtler, B./Michalski, N./Nowossadeck, E./Diercke, M./Wahrendorf, M. et al. 2020: Socioeconomic inequalities in the risk of SARS-CoV-2 infection – First results from an analysis of surveillance data from Germany. Journal of Health Monitoring 5(S7), S. 18–29, DOI https://doi.org/10.25646/7057

Wagschal, U., 2019: Steuerpolitik als Sozialpolitik, in: Obinger, H./Schmidt, M.G., (Hg.), Handbuch Sozialpolitik, Wiesbaden: Springer VS, S. 807–832

Wanger, S., 2020: Entwicklung von Erwerbstätigkeit, Arbeitszeit und Arbeitsvolumen nach Geschlecht, IAB -Forschungsbericht 16–2020, Nürnberg

Weick, K. E., 1995: Der Prozess des Organisierens, Frankfurt: Suhrkamp

Weingart, P., 2019: Wissensgesellschaft und wissenschaftliche Politikberatung, in: Falk, S. et al (Hg.), Handbuch Politikberatung, a. a. O., S. 68 ff

Welzer, H. 2019: Alles könnte anders sein. Eine Gesellschaftsutopie für freie Menschen. Frankfurt am Main: Fischer

Werding, M., 2009: Der Arbeitsmarkt als Motor für eine dynamische gesellschaftliche Mitte, Bad Homburg

Werding, M./Läpple, B. 2019: Wie variabel ist der demografische Alterungsprozess? Effekte von Geburten und Zuwanderung – Folgen für die soziale Sicherung, Kurzstudie, Bertelsmann Stiftung Gütersloh

Werding, M., 2020: Rentenfinanzen und fiskalische Tragfähigkeit: Aktueller Rechtsstand und Effekte verschiedener Reformen (No. 06/2020), Arbeitspapier

Werner, G., 2017: Ist der Mensch Mittel oder Zweck?, in: Kovce, P. (Hg.), Das bedingungslose Grundeinkommen. Die Debatte, Stuttgart: Verlag Freies Geistesleben, S. 210–223,

Werner, G., 2018 [2007]: Einkommen für alle. (Überarb. und akt. Neuausgabe), Köln: Kiepenheuer & Witsch

Werner, G.W./Eichhorn, W./Friedrich, L., 2013: Bedingungsloses Grundeinkommen, Soziale Marktwirtschaft, Finanzierungsfrage: Begriffserklärungen und Ergebnisse, in: Wirtschaftsdienst 93 (9), S. 588–592

Widerquist, K. 2013: Independence, Propertylessness, and Basic Income: A Theory of Freedom as the Power to Say No, New York: Palgrave Macmillan

Wieda, C./Grohs, S./Beinborn, N., 2020: Kommunale Prävention für Kinder und Familien. Erfahrungen aus Europa, Gütersloh: Bertelsmann Stiftung

Wiesenthal, H., 2006: Gesellschaftssteuerung und gesellschaftliche Selbststeuerung, Wiesbaden: Westdeutscher Verlag

Wiesenthal, H., 2019b: Institutionelle Transformationen gestern – und morgen?, in: Dörre, K. et al. (Hg.), Große Transformation?, a. a. O., S. 367–382

Wiesenthal, H., 2019a: Einleitung, in: ders., Rationalität und Organisation 2, Transformationspfade, Wiesbaden: Springer VS, S. 1 ff

Willke, H., 2014: Regieren. Politische Steuerung komplexer Gesellschaften, Wiesbaden: Westdeutscher Verlag

Willke, H., 2020: Die Krise der politischen Steuerung (Gespräch mit Josef Oberneder), in: Reinbacher, P./Oberneder, J./Wesenauer, A., (Hg.), Warum Komplexität nützlich ist. Auf der Suche nach Antworten mit Helmut Willke, Wiesbaden: Springer VS, S. 215 ff.

Winker, G., 2020: Aufbau einer solidarischen und nachhaltigen Care-Ökonomie. Ein Plädoyer in Zeiten von Corona, in: Volkmer, M./Werner, K. (Hg.), Die Corona-Gesellschaft. Analysen zur Lage und Perspektiven für die Zukunft, Bielefeld: transcript, S. 395–404

Wiss. Beirat beim Bundesministerium der Finanzen, 2021: Bedingungsloses Grundeinkommen (Gutachten). Berlin

Wiss. Beirat beim Bundesministerium für Wirtschaft und Energie, 2020: Öffentliche Infrastruktur in Deutschland: Probleme und Reformbedarf (Gutachten), Berlin

Wissenschaftlicher Dienst, 2019: Volumen der jährlichen Finanztransaktionen in Deutschland. WD 4 – 3000 – 008/19, Berlin

Wohlfahrt, N., 2017: Strategische Neuausrichtung der Freien Wohlfahrtspflege in Folge von Ökonomisierung, in: Ceylan, R./Kiefer, M., (Hg.), Ökonomisierung und Säkularisierung. Neue Herausforderungen der konfessionellen Wohlfahrtspflege in Deutschland, a. a. O., S. 211 ff

Wolf, M., 2021: Schneller ist nicht immer besser: Sanktionen können sich längerfristig auf die Beschäftigungsqualität auswirken, (https://www.iab-forum.de/schneller-ist-nicht-immer-besser-sanktionen-koennen-sich-laengerfristig-auf-die-beschaeftigungsqualitaet-auswirken/)

Woratschka, R., 2021: Reformideen des Pflegebevollmächtigten „Es braucht mutige Konzepte", in: Tagesspiegel am 18.05.2021, (https://www.tagesspiegel.de/politik/reformideen-des-pflegebevollmaechtigten-es-braucht-mutige-konzepte/27201934.html)

Younes, N./Reips, U.-D., 2017: The changing psychology of culture in German-speaking countries: A Google Ngram study, in: International Journal of Psychology 53(S1), S. 53–62

Zahariadis, N., 2007: The Multiple Stream Framework: Structure, Limitations, Prospects, in: Sabatier, P.A., (Hg.), Theories of the Policy-Process, Boulder (2. Aufl.), S. 65 ff

Zimmer, A./Paul, F., 2018: Zur volkswirtschaftlichen Bedeutung der Sozialwirtschaft, in: Grunwald, K./Langer, A., (Hg.): Sozialwirtschaft, a. a. O., S. 103 ff

Zimmer, A./Speth, R., 2015: Einleitung. Von Interessenvertretung zu „Lobby Work", in: Zimmer, A./Speth, R. (Hg.), Lobby Work. Interessenvertretung als Politikgestaltung, a. a. O., S. 9 ff

Zinn, S./Kreyenfeld, M./Bayer, M. 2020: Kinderbetreuung in Corona-Zeiten: Mütter tragen die Hauptlast, aber Väter holen auf, DIW aktuell 51 vom 28. Juli 2020, Berlin: DIW

Zohlnhöfer, R. (2019). Zwischen Stagnation, Reform und Krisenreaktion, in: Zwischen Stillstand, Politikwandel und Krisenmanagement, S. 645–664, Wiesbaden: Springer VS

Zohnlhöfer, R./Herweg, N., 2014: Paradigmatischer Wandel in der deutschen Arbeitsmarktpolitik: Die Hartz-Gesetze, in: Rüb, F. W. (Hg.), Rapide Politikwechsel in der Bundesrepublik. Theoretischer Rahmen und empirische Befunde, a. a. O., S. 93–125

The manufacturer's authorised representative in the EU is Springer
Nature Customer Service Centre GmbH, Europaplatz 3, 69115 Heidelberg,
Germany. If you have any concerns regarding our products, please
contact ProductSafety@springernature.com

Printed and bound by CPI Group (UK) Ltd, Croydon, CR0 4YY
24/04/2026
02096336-0002